MedR   Schriftenreihe Medizinrecht

Springer
*Berlin
Heidelberg
New York
Barcelona
Hongkong
London
Mailand
Paris
Tokio*

Thomas Gutmann · Ulrich Schroth

Organlebendspende in Europa

Rechtliche Regelungsmodelle, ethische Diskussion und praktische Dynamik

Unter Mitarbeit von Daniela Baur

Mit 15 Abbildungen

Springer

Dr. iur. Thomas Gutmann, M. A.
Ludwig-Maximilians-Universität München
Leopold-Wenger-Institut, Abt. B
Professor-Huber-Platz 2
D-80539 München
t.gutmann@jura.uni-muenchen.de

Prof. Dr. iur. Ulrich Schroth
Ludwig-Maximilians-Universität München
Institut für die Gesamten Strafrechtswissenschaften
Professor-Huber-Platz 2
D-80539 München
ulrich.schroth@jura.uni-muenchen.de

ISSN 1431-1151
ISBN-13:978-3-540-42785-8   e-ISBN-13:978-3-642-59405-2
DOI: 10.1007/978-3-642-59405-2

Springer-Verlag Berlin Heidelberg New York

Die Deutsche Bibliothek - CIP-Einheitsaufnahme
Gutmann, Thomas: Organlebendspende in Europa: rechtliche Regelungsmodelle, ethische Diskussion und praktische Dynamik / Thomas Gutmann; Ulrich Schroth. Unter Mitarb. von D. Baur. - Berlin; Heidelberg; New York; Barcelona; Hongkong; London; Mailand; Paris; Tokio: Springer, 2002
(MedR, Schriftenreihe Medizinrecht)
ISBN-13:978-3-540-42785-8

Dieses Werk ist urheberrechtlich geschützt. Die dadurch begründeten Rechte, insbesondere die der Übersetzung, des Nachdrucks, des Vortrags, der Entnahme von Abbildungen und Tabellen, der Funksendung, der Mikroverfilmung oder der Vervielfältigung auf anderen Wegen und der Speicherung in Datenverarbeitungsanlagen, bleiben, auch bei nur auszugsweiser Verwertung, vorbehalten. Eine Vervielfältigung dieses Werkes oder von Teilen dieses Werkes ist auch im Einzelfall nur in den Grenzen der gesetzlichen Bestimmungen des Urheberrechtsgesetzes der Bundesrepublik Deutschland vom 9. September 1965 in der jeweils geltenden Fassung zulässig. Sie ist grundsätzlich vergütungspflichtig. Zuwiderhandlungen unterliegen den Strafbestimmungen des Urheberrechtsgesetzes.

Springer-Verlag Berlin Heidelberg New York
ist ein Unternehmen der BertelsmannSpringer Science+Business Media GmbH

http://www.springer.de

© Springer-Verlag Berlin Heidelberg 2002
Softcover reprint of the hardcover 1st edition 2002

Die Wiedergabe von Gebrauchsnamen, Handelsnamen, Warenbezeichnungen usw. in diesem Werk berechtigt auch ohne besondere Kennzeichnung nicht zu der Annahme, dass solche Namen im Sinne der Warenzeichen- und Markenschutz-Gesetzgebung als frei zu betrachten wären und daher von jedermann benutzt werden dürften.

Umschlaggestaltung: Erich Kirchner, Heidelberg

SPIN 10856160   64/2202-5 4 3 2 1 0 - Gedruckt auf säurefreiem Papier

Dieses Buch entstand als wissenschaftliches Gutachten im Auftrag der Deutschen Stiftung Lebendspende e.V., Hamburg.

Vorwort

Das vorliegende Werk will die rechtlichen Voraussetzungen und Grenzen der Lebendspende von Organen in Deutschland darstellen, eine umfassende rechtsvergleichende Analyse der europäischen Gesetzgebung zur Lebendorgantransplantation bieten, die ethischen Grundlagen dieser stark an Bedeutung gewinnenden Therapieform aufzeigen und auf dieser Grundlage schließlich einen Vorschlag zur Novellierung des deutschen Transplantationsgesetzes unterbreiten. Eine Reihe der vorgestellten Ergebnisse sind Früchte der wissenschaftlichen Kooperation der seit 1991 bestehenden „Interdisziplinären Arbeitsgruppe Lebendspende an der Ludwig-Maximilians-Universität München".

Die Kapitel I, IV, V und VI entstanden in Zusammenarbeit der Autoren; für den rechtsvergleichenden Teil (Kapitel II und III) trägt Thomas Gutmann die alleinige Verantwortung.

Die Verfasser danken der Deutschen Stiftung Lebendspende e.V., Hamburg, für ihre großzügige Förderung dieses Forschungsprojekts,

sowie Abdallah S. Daar (Sultan Qaboos University, Department of Surgery, College of Medicine Muscat/Oman, Toronto); Antonellus Elsässer (Katholische Universität Eichstätt); Bijan Fateh Moghadam (Ludwig-Maximilians-Universität München, Universität Cardiff); Håkan Gäbel (Socialstyrelsen, The National Board of Health and Welfare, Stockholm); Alessandro Genzone (Torino); Johannes Gründel (Institut für Moraltheologie und Christliche Sozialethik, Ludwig-Maximilians-Universität München); Pauline van Hal (Stichting Donorvoorlichting, Hilversum); Christiane Hensel (Bibliothek des Max-Planck-Instituts für ausländisches und internationales Sozialrecht, München); Hans-Georg Hermann (Leopold-Wenger-Institut, Ludwig-Maximilians-Universität München); Günther F. Hillebrand (Klinikum Großhadern, Ludwig-Maximilians-Universität München); Arnt Jakobsen (Rikshospitalet, Oslo); Juraj Ješko (Botschaft der Slowakischen Republik, Berlin); Walter Land (Abteilung für Transplantationschirurgie, Klinikum Großhadern, Ludwig-Maximilians-Universität München); Michaela Moritz (Österreichisches Bundesinstitut für Gesundheitswesen, Wien); Jennie Mullins (ULTRA, London); David Price (De Montfort University, Leicester); Gerhard Opelz (Collaborative Transplant Study [CTS], Universität Heidelberg); Brigitte Ossadnik und Heiner Smit (Deutsche Stiftung Organtransplantation); Phil Pocock (UK Transplant, London); François Rault (FRANCE ADOT, Paris); Kaija Salmela (Central Hospital, University of Helsinki); Klaus A. Schneewind (Institut für Psychologie, Ludwig-Maximilians-Universität München); Claudia Schwarz; der Botschaft der Republik Slowenien (Berlin); Beatriz Spínola Tártalo (Universidad Complutense de Madrid); Gilbert Thiel (Universität und Kantonsspital Basel); Jan

Trangel (Generalkonsulat der Slowakischen Republik, München); Peter Wamser (AKH Wien) sowie der World Health Organisation (WHO, Genf).

Inhalt

I. Die rechtliche Situation in der Bundesrepublik 1

1. Einleitung. 1
2. Das Hauptproblem: Die Beschränkung des Spenderkreises durch § 8 Abs. 2 Satz 1 TPG 2
2.1. Der Weg der Gesetzgebung 2
2.2. Probleme der Bestimmungen des § 8 Abs. 1 Satz 2 TPG 5
    2.2.1. Insbesondere: Die sogenannte Überkreuz-Spende. ... 6
    2.2.1.1. Die Problemlage. 6
    2.2.1.2. Ist die Überkreuz-Spende mit § 8 Abs. 1 Satz 2 TPG vereinbar?. 7
    2.2.1.3. Strafrechtliche Risiken der Beteiligten an einer nicht den Anforderungen des § 8 Abs. 1 Satz 2 TPG entsprechenden Überkreuz-Spende 9
    2.2.1.4. Sozialversicherungsrechtliche Probleme 12
    2.2.1.5. Fällt die Überkreuz-Spende unter das Verbot des Organhandels? 13
    2.2.1.6. Parlamentarische Initiativen zur Überkreuz-Spende .. 15
    2.2.2. Austauschmodelle für Lebend- und Leichenorgane. ... 16
    2.2.3. Die altruistische Spende unter einander fremden Personen. 16
    2.2.4. Das Problem der „Offenkundigkeit" 16
    2.2.5. Probleme der Rechtfertigung des Straftatbestandes des § 19 Abs. 2 i.V.m. § 8 Abs. 1 Satz 2 TPG. 17
    2.2.6. Unklarheiten in bezug auf den Begriff „Organe, die sich nicht wieder bilden könen". 18
    2.2.7. Der Beschluß des Bundesverfassungsgerichts vom 13.8.1999 20
    2.2.7.1. Die Entscheidung. 21
    2.2.7.2. Folgerungen 23
    2.2.8. Zusammenfassende Bewertung des § 8 Abs. 1 Satz 2 TPG und seines Straftatbestandes. 24
3. Wie weit geht die Subsidiarität der Lebendspende nach dem Transplantationsgesetz? 25

3.1.	Legitimationsprobleme des Subsidiaritätsprinzips.	25
3.2.	Die Regelung des § 8 Abs. 1 Satz 1 Nr. 3 TPG	29
4.	Die Probleme der Spender mit erhöhtem Risiko	31
4.1.	Die Regelung in § 8 Abs. 1 Satz 1 Nr. 1 Buchstabe c TPG. . . .	31
4.2.	Normative Betrachtungskriterien.	32
5.	§ 8 Abs. 1 Satz 1 Nr. 2 TPG und das Problem der Empfänger mit verminderten Erfolgsaussichten.	33
6.	Die Kommissionen.	35
6.1.	Formelle Vorschriften.	35
6.2.	Materielle Entscheidungskriterien	37
7.	Die übrigen Einzelnormen des § 8 TPG.	38
8.	Zwischenergebnis.	40

II. Die rechtliche Regelung der Lebendspende im europäischen Vergleich 41

1.	Einführung	41
2.	Gemeinsame Standards der Transplantationsgesetzgebung in den europäischen Einzelstaaten – ein Querschnittsvergleich.	44
2.1.	„Informed Consent" des Spenders	44
2.2.	Formale Anforderungen an die Einwilligungen.	46
2.3.	Generelle Beschränkung im Hinblick auf die Freiwilligkeit der Einwilligung.	47
2.4.	„Informed Consent" des Empfängers.	48
2.5.	Sicherheit und Risikobegrenzung für den Spender	48
2.6.	Verfahrenslösungen	50
2.7.	Weitere Bestimmungen	53
2.8.	Strafrechtliche Normen.	53
3.	Unterschiedliche Regelungsmodelle für die Hauptprobleme. . .	54
3.1.	Das Problem des Spenderkreises	55
	3.1.1. Minderjährige und nicht einwilligungsfähige Personen.	55
	3.1.2. Das Zentralproblem: Die Begrenzung des Kreises erwachsener und einsichtsfähiger potentieller Organlebendspender.	60
	3.1.2.1. Die Ausgangslage.	60
	3.1.2.2. Restriktionsmodelle	64
	(1) Starke Restriktion.	64
	(2) Mittlere Restriktion	66
	(3) Keine Restriktion	71
	3.1.2.3. Neuere Tendenzen in der europäischen Gesetzgebung.	71
	3.1.2.4. Schlussfolgerungen für eine angemessene gesetzliche Regelung des Spenderkreises	75
	3.1.2.5. Anonymität.	75

3.2.	Das Problem der Subsidiarität der Lebendorganspende.......	76

III. Rechtliche Maßnahmen gegen die Kommerzialisierung der Lebendorganspende in Europa..................... **83**

1.	Die Problemlage..	83
2.	Die legislatorische Antwort............................	83
3.	Offene Fragen...	88

IV. Die Praxis der Organlebendspende..................... **91**

1.	Organe..	91
2.	Die Risiken der Spender................................	91
3.	Die Erfolgsraten.......................................	93
4.	Das Geschlecht der Spender(innen)......................	94
5.	Die quantitative Dynamik der Lebendorganspende.........	94
6.	Nichtverwandte Lebendspender...........................	102
7.	Neuere internationale Entwicklungen....................	105

V. Die Ethik der Lebendspende........................... **107**

1.	Ethischer Diskurs und standesethische Positionspapiere......	107
2.	Die ethischen Grundlagen der Lebendspende von Organen...	108
2.1.	Hippokrates und das Prinzip des Respekts vor der Autonomie des Patienten................................	108
2.2.	„Ethische" Zumutungen.................................	112
2.3.	Freiwilligkeit.......................................	114
2.4.	Spenderregister......................................	117
2.5.	Die Absicherung des Lebendorganspenders................	117
2.6.	„Emotional", aber nicht genetisch verwandte Spender.......	118
2.7.	Die Überkreuz-Spende.................................	118
2.8.	Austauschmodelle für Lebend- und Leichenorgane.........	120
2.9.	Die Lebendorganspende unter einander fremden Menschen...	120

VI. Vorschlag zur Novellierung des Transplantationsgesetzes................................ **123**

VII. Zusammenfassung................................... **127**

Anmerkungen... **133**

Anhang:

A. Verzeichnis der zitierten Gesetze und Verordnungen **231**

B. Gesetz über die Spende, Entnahme und Übertragung von Organen (Transplantationsgesetz – TPG), BGBl. 1997 I, 2631 ff. **239**

C. Tabelle: Internationale Daten zur Organspende und Transplantation für das Jahr 1999. . . . . **255**

D. Literatur. **259**

I. Die rechtliche Situation in der Bundesrepublik

1. Einleitung

Die Bedeutung der Lebendspende von Organen hat im vergangenen Jahrzehnt weltweit deutlich zugenommen.[1] Dies gilt in besonderem Maß für die Bundesrepublik, wo der Anteil der Lebendspenden an der Gesamtzahl der übertragenen Nieren von 1,7 % im Jahr 1990 auf 16,7 % im Jahr 1999 gestiegen ist.[2] Es steht zu erwarten, daß sich dieser Anteil ungeachtet eines geringfügigen Rückgangs im Jahr 2000[3] mittelfristig weiter in Richtung der Verhältnisse in den USA bewegen wird, wo – zählt man nicht Organe, sondern Spender – im Jahr 1999 bereits 45,3 % (1990: 32,7 %) der Nierenspenden von lebenden Personen stammten.[4] Zugleich hat sich die Zahl der Lebend-Lebersegmentspenden in Deutschland von 5 im Jahr 1991 auf 41 im Jahr 1999 und schließlich 90 im Jahr 2000 erhöht.[5]

Nach dem – durch den interdisziplinären Diskurs von Ärzten, Psychologen, Juristen, theologischen und philosophischen Ethikern vorbereiteten – Neubeginn des seither auch „emotional" verwandte und (in einem Fall) fremde Lebendspender einschließenden Münchener Programms im Jahr 1994[6] hat sich die Lebend-Nierentransplantation auch unter nichtverwandten Personen an den meisten deutschen Transplantationszentren zu einem Standardverfahren entwickelt.[7] Es ist heute nicht zuletzt der Zuwachs der Lebendspende, der den Rückgang der Zahl der postmortal gewonnenen Nieren kompensiert und die Zahl der Organtransplantationen in Deutschland in den letzten Jahren halbwegs konstant gehalten hat.

Der Grund für diese Entwicklung liegt zum einen in den Vorteilen der Lebendorgantransplantation gegenüber der Verwendung von Organen Verstorbener:[8] Sie stellt eine Möglichkeit für die Patienten dar, den wegen der weiter zunehmenden Knappheit postmortal gespendeter Organe immer längeren – und nicht selten zu langen – Wartezeiten bei postmortal gewonnenen Organen zu entgehen; sie bietet medizinisch überlegene Ergebnisse[9], einen elektiven, also planbaren Eingriff, die Möglichkeit einer medizinischen und vor allem psychologischen Vorbereitung der Betroffenen, die Möglichkeit einer präemptiven Transplantation, d.h. einer Transplantation vor Beginn der zwar lebenserhaltenden, aber die Gesundheit des Patienten weiter nachhaltig verschlechternden Dialysebehandlung, sowie regelmäßig einen persönlichen Gewinn an Lebensqualität und Selbstwertgefühl auch für den Spender.[10]

Der Anstieg der Zahl der Lebendorganspenden, auch unter Nichtverwandten, liegt zum anderen in einer normativen Neubewertung der Lebendorgantransplantation begründet, die ihren Niederschlag zunächst in der ethischen Diskussion[11] und zunehmend auch in der internationalen Transplantationsgesetzgebung[12] gefunden hat. Das am 1. Dezember 1997 in Kraft getretene Transplantationsgesetz für die Bundesrepublik Deutschland spiegelt diese Neubewertung allerdings nur zum Teil wider.

2. Das Hauptproblem: Die Beschränkung des Spenderkreises durch § 8 Abs. 2 Satz 1 TPG

Bis zum Inkrafttreten des deutschen Transplantationsgesetzes standen der Transplantation eines lebend gespendeten Organs zwischen Personen, die nicht in einem bestimmten Näheverhältnis zueinander standen, keine rechtlichen Hindernisse – auch nicht die Körperverletzungsparagraphen des Strafgesetzbuches (§§ 223 ff. einschließlich § 226a a.F. StGB) – entgegen, sofern der Spender medizinisch geeignet sowie die Übertragung des Organs medizinisch indiziert war und der Eingriff gemäß allgemeinen straf- und deliktsrechtlichen Prinzipien nach angemessener ärztlicher Aufklärung durch eine wirksame Einwilligung des Spenders legitimiert wurde.

Dies hat sich durch das Gesetz geändert. § 8 Abs. 1 Satz 2 des Transplantationsgesetzes lautet: *„Die Entnahme von Organen, die sich nicht wieder bilden können, ist [...] nur zulässig zum Zwecke der Übertragung auf Verwandte ersten oder zweiten Grades, Ehegatten, Verlobte oder andere Personen, die dem Spender in besonderer persönlicher Verbundenheit offenkundig nahestehen"*. Ein Verstoß gegen diese Norm ist für den Arzt mit Freiheitsstrafe bis zu fünf Jahren oder mit Geldstrafe bedroht (§ 19 Abs. 2 TPG).

2.1. Der Weg der Gesetzgebung

Der rechtspolitische Hintergrund dieser Norm erschließt sich erst im Blick auf die Diskussion, die ihrer Formulierung vorausging.

Im Gesetzgebungsverfahren war es gelungen, weit restriktivere Entwürfe als die nunmehr geltende Bestimmung zu verhindern.

In der bundesdeutschen Transplantationsmedizin hatten Vorbehalte gegenüber der Lebendspende von Organen Tradition.[13] Eine restriktive Haltung war – in starkem Gegensatz zu anderen Staaten, wie den USA[14], der Schweiz[15], Schweden oder Norwegen[16] – insbesondere bei der Frage des erwünschten Spenderkreises geradezu Allgemeingut. So stand der Kodex der Arbeitsgemeinschaft der Transplantationszentren in der Bundesrepublik Deutschland e.V. der Lebendspende zwischen nichtverwandten Personen „grundsätzlich" ablehnend gegenüber. Die Arbeitsgemeinschaft hatte „beschlossen, daß Organtransplantationen zwischen Nicht-Verwandten grundsätzlich nicht vorgenommen werden. Streng begründete Abweichungen davon können nach sehr sorgfältiger Abwägung getroffen werden (z.B. Organspenden zwischen Ehepartnern)."[17]

Diese Vorbehalte ließen sich während der Diskussion der seit 1991[18] erarbeiteten Vorschläge für eine gesetzliche Regelung der Lebendspende von Organen nur schrittweise abbauen. Schon 1990 hatte die Bundesregierung in Beantwortung ei-

2. Die Beschränkung des Spenderkreises (§ 8 Abs. 2 Satz 1 TPG)

ner parlamentarischen Anfrage erklärt, die restriktive Ansicht des Transplantationskodexes zu teilen und „die Entwicklung noch weitergehender Möglichkeiten der Lebendspenden nicht zu begrüßen", wenngleich ein generelles strafrechtliches Verbot der Lebendspende von Organen nicht angemessen scheine.[19] Entsprechend wollte auch der erste[20] Gesetzesentwurf zum Thema, der Vorschlag der Arbeitsgemeinschaft der deutschen Transplantationszentren aus dem Jahr 1991, die Lebendspende nichtregenerierbarer Organe auf „nahe Verwandte" beschränkt sehen.[21]

Ein erster Entwurf einer Arbeitsgruppe leitender Medizinalbeamter der Bundesländer sah sodann sogar vor, daß Organe, Organteile und Gewebe, die sich nicht neu bilden, also vor allem Nieren (und daneben Lungenlappen und Teile der Bauchspeicheldrüse) „grundsätzlich nur bei genetisch Verwandten des Empfängers oder der Empfängerin" entnommen werden dürfen.[22] Der Text wurde, obwohl er sogar Adoptiveltern die Spende für ihr Kind „grundsätzlich" untersagt hätte, zunächst von der Gesundheitsministerkonferenz der Länder im November 1992 als „geeignete Grundlage zur Regelung dieser Rechtsmaterie" begrüßt.[23] Nach einer Anhörung im Dezember 1992, auf der erstmals verfassungsrechtliche Kritik[24] an diesen Restriktionsintentionen laut wurde[25], wurde dieser Mustergesetzentwurf im April 1993 in einer überarbeiteten Fassung veröffentlicht. Er wollte nun nur noch festschreiben, daß nicht regenerierbare Organe „in der Regel nur bei Verwandten des Empfängers oder der Empfängerin" entnommen werden dürfen.[26] Zur Begründung wurde festgestellt, daß eine Beschränkung auf genetisch Verwandte „zu eng" erschiene und „mit dem Grundgesetz nicht vereinbar" sei.[27] Dessen ungeachtet griff ein auf der Basis dieses überarbeiteten Entwurfs im Juni 1994 von den Ländern Bremen und Hessen in den Bundesrat eingebrachter Gesetzesantrag auf die von den eigenen Beamten bereits als verfassungswidrig eingestufte ursprüngliche Forderung einer Beschränkung der Lebendspende nichtregenerierbarer Organe auf „genetisch verwandte"[28] Spender zurück, zur gleichen Zeit tauchte diese Formulierung auch in einem Entschließungsantrag der SPD-Fraktion im Deutschen Bundestag auf.[29] In ähnlicher Weise wollte schließlich ein 1995 von der Bundestagsfraktion BÜNDNIS 90 / DIE GRÜNEN eingebrachter Gesetzesentwurf eine Beschränkung der Übertragung der Organe lebender Spender „auf Verwandte ersten und zweiten Grades"[30] festschreiben.

Mit der Grundgesetznovelle vom 27.10.1994[31] erhielt der Bund die konkurrierende Gesetzgebungskompetenz für Regelungen zur Transplantation von Organen und Geweben (Art. 74 Abs. 1 Nr. 26 GG). Seit 1993 wurden deshalb im Bundesministerium für Gesundheit mehrere Entwürfe zu einem Transplantationsgesetz erstellt, die im Hinblick auf den Kreis potentieller Lebendspender schrittweise der Kritik nachgaben und weniger restriktive Formulierungen fanden. Ein erster Diskussionsentwurf des Ministeriums vom 16.11.1993 wollte die Lebendspende von Organen, die sich nicht neu bilden, erlauben „wenn der Spender mit dem vorgesehenen Empfänger verheiratet oder im ersten oder zweiten Grad verwandt ist".[32] Der Entwurf vom 31.1.1994 sprach von der möglichen Übertragung auf „Verwandte ersten oder zweiten Grades, den Ehegatten oder eine volljährige Person, die mit dem Spender in einer auf Dauer angelegten häuslichen Lebensgemeinschaft lebt".[33] Angesichts weiter anhaltender Kritik[34] erlaubte der Entwurf vom 17.03.1995 schließlich die Übertragung nichtregenerierbarer Organe auf „Verwandte ersten und zweiten Grades, Ehegatten, Verlobte oder andere Personen [...], die mit dem Spender in besonderer Weise persönlich verbunden sind".[35] Der Entwurf des Ministeriums wurde schließlich im April 1996 mit wenigen Änderungen als gemeinsamer „Omnibus"-Antrag[36] der Fraktionen der CDU/CSU, SPD und F.D.P in den Bundestag eingebracht, in erster Lesung beraten und an die Ausschüsse überwiesen. § 7 Abs. 1 S. 2 dieses interfraktionellen Entwurfs (im folgenden: E-TPG) lautete nun: „Die Entnahme von Organen, die sich nicht wieder bilden können, ist [...] nur zulässig zum Zwecke der Übertragung auf Verwandte ersten oder zweiten Grades, Ehegatten, Verlobte oder andere Personen, die dem Spender in besonderer persönlicher und sittlicher Verbundenheit offenkundig nahestehen."

Während der Beratungen dieses Entwurfs erfuhr auch diese Fassung des § 7 Abs. 1 Satz 2 E-TPG starke Kritik.

Diese bezog sich zunächst auf das Tatbestandsmerkmal der „sittlichen Verbundenheit".

Schnell wurde deutlich, daß das federführende Ministerium eine plausible Begründung dafür, warum der Zusatz des „Sittlichen" sehr spät[37] noch in den Entwurfstext eingefügt wurde, schuldig bleiben mußte, während dieser Einschub zugleich ernstzunehmende rechtliche Probleme verursacht hätte. Manches deutet darauf hin, daß diesem Zusatz in den Augen seiner ursprünglichen Befürworter die Funktion hätte zukommen sollen, von diesen als „unsittlich" empfundene Nähebeziehungen – etwa solche homosexueller Natur – zu diskriminieren. In dieser Funktion hätte das Tatbestandsmerkmal einer verfassungsrechtlichen Prüfung jedoch unter keinen Umständen standgehalten. Als Voraussetzung der Zulässigkeit einer Organspende kann die Rechtsordnung nicht verlangen, daß ein in der Intim- oder zumindest Privatsphäre angesiedeltes Verhältnis zwischen zwei Menschen von der herrschenden Sozialmoral der Mehrheit der Bevölkerung goutiert werden müßte.

Das federführende Ministerium für Gesundheit hat infolgedessen versucht, für den Begriff des „Sittlichen" andere Bedeutungsgehalte nahezulegen. Auch hierdurch ist es jedoch nicht gelungen, den Terminus mit Sinn zu erfüllen. Denn einerseits konnte mit „sittlicher Verbundenheit" nicht lediglich gemeint sein, daß durch dieses Erfordernis Beziehungen ausgeschlossen werden sollen, die nur durch „vermögenswerte Vorteile"[38] motiviert sind; ist diese Bedeutung doch einerseits bereits im Begriff der „besonderen persönlichen Verbundenheit" enthalten und andererseits schon mit dem Verbot des Organhandels ausgesprochen. Eine verfassungskonforme Auslegung des so verstandenen Begriffs der „sittlichen Verbundenheit" hätte seinen Regelungsgehalt deshalb auf Null reduziert.

Noch weniger Sinn hatte schließlich die Begründung des Ministeriums, derzufolge der Begriff „sittliche Verbundenheit" meine, daß „die Motivation des Spenders [...] in einem [...] innerlich akzeptierten Gefühl der sittlichen Pflicht liegen" solle.[39] Es mußte doppelt verfehlt erscheinen, den Spendern Beweggründe dieser Art vorschreiben zu wollen: Zum einen hat ein liberaler Rechtsstaat Freiheitssphären nicht nur für den Fall zu schützen, daß die Bürger von ihnen in foro interno in einer vom Staat als besonders moralisch ausgezeichneten Geisteshaltung Gebrauch machen. Zum anderen gibt es keine ernstzunehmende Stimme in der moraltheoretischen Literatur, die eine „sittliche Pflicht" zur Lebendspende eines Or-

2. Die Beschränkung des Spenderkreises (§ 8 Abs. 2 Satz 1 TPG)

gans zu begründen versuchte. Wie hätte der Gesetzgeber also von seinen Bürgern verlangen können, sich in grundrechtlich geschützten Freiheitsbereichen von einer nichtexistenten moralischen Pflicht motivieren zu lassen?[40]

Da ein Verstoß gegen die Regelung des § 8 Abs. 1 Satz 2 TPG (§ 7 Abs. 1 Satz 2 E-TPG) überdies einen Straftatbestand darstellt, war der Umstand, daß der Begriff der „sittlichen Verbundenheit" keiner sinnvollen Interpretation zugänglich ist, zugleich ein verfassungsrechtliches Problem. Er hätte nicht die Mindestanforderungen erfüllt, die Art. 103 Abs. 2 GG an die Bestimmtheit von Strafnormen stellt.[41] Konsequenterweise wurde der problematische Zusatz während der Beratungen der Ausschüsse für Gesundheit und für Recht gestrichen.[42]

Die in § 8 Absatz 1 Satz 2 TPG schließlich gewählte Formulierung, nach der die Lebendspende erlaubt sein soll zugunsten von „Personen, [...] die dem Spender in besonderer persönlicher [...] Verbundenheit offenkundig nahestehen", erschien flexibel genug, um so verschiedene Beziehungen wie Verwandtschaft dritten oder vierten Grades, Schwägerschaft, enge Freundschaft oder Lebenspartnerschaft unter einem Begriff vereinigen zu können. Sie trägt zudem dem Umstand Rechnung, daß eine große und weiter zunehmende Zahl von Menschen ihre wichtigsten persönlichen und sozialen Bindungen außerhalb der traditionellen Modelle von Ehe und Familie sucht und findet.[43]

Dennoch wurde bereits vor Erlaß des Gesetzes bezweifelt, daß ein gesetzliches Verbot der Organspende außerhalb so definierter Nähebeziehungen wirklich erforderlich ist. So wurde darauf hingewiesen, daß die Gefahr der Kommerzialisierung der Organspende zumindest dann gebannt wäre, wenn eine Fremdspende an den Organpool der Vermittlungsstelle erfolgte und das Organ von dieser unter strenger Wahrung der Anonymität des Spenders nach den Vorschriften und Kriterien für postmortal gespendete Organe einem durch Computer bestimmten Patienten zugeteilt würde.[44]

2.2. Probleme der Bestimmungen des § 8 Abs. 1 Satz 2 TPG

Die gesetzliche Definition des Spenderkreises hat sich als zu eng erwiesen. Sie schließt nicht nur die altruistische Spende eines Organs zugunsten einer fremden Person (2.2.3.) aus, sondern auch eine ganze Reihe anderer ungewöhnlicher, ethisch aber vertretbarer Modelle der Lebendorganspende, die seit einigen Jahren zunehmend die Aufmerksamkeit der Transplantationsmedizin und der medizinischen Ethik auf sich ziehen (2.2.2.). Ein Hauptproblem besteht in den Hindernissen, welche die Norm der sogenannten „Überkreuz"-Spende in den Weg legt (2.2.1.). Die Hauptprobleme des § 8 Abs. 1 Satz 2 TPG sollen zunächst anhand dieser Konstellation behandelt werden.

2.2.1. Insbesondere: Die sogenannte Überkreuz-Spende

2.2.1.1. Die Problemlage

Bei der sogenannten „Überkreuz-Spende" („cross-donation", „cross-over-donation" bzw. „organ swapping") handelt es sich um Fälle, in denen die Lebendspende eines Organs zwischen Personen, die einander im Rahmen des § 8 Abs. 1 Satz 2 TPG Organe spenden dürften (in der Regel Ehepaare), aus medizinischen Gründen, meist wegen einer Blutgruppenunverträglichkeit oder eines positiven T-Zellen-cross-matchs zwischen den Partnern, nicht in Frage kommt. In solchen Fällen besteht die Möglichkeit, ein solches Paar mit einem geeigneten zweiten Paar mit dem gleichen Problem zusammenzubringen und zwei Lebendspenden dergestalt „kreuzweise" durchzuführen, daß die beiden terminal nierenkranken Empfänger ihr Organ jeweils vom Spender aus dem anderen Paar erhalten.

Die nach den Regeln der Blutgruppeninkompatibilität einzig ideale Konstellation zur Überkreuz-Spende liegt vor, wenn bei einem Paar der Spender Blutgruppe A und der Empfänger Blutgruppe B besitzen und es sich bei dem zweiten Paar genau umgekehrt verhält.[45] Die in der Praxis regelmäßig zu erwartenden überkreuz-spendewilligen Paare, bei denen der potentielle Spender mit Blutgruppe A, B oder AB nicht für den Empfänger spenden kann, weil dieser Blutgruppe 0 hat, würden hingegen kaum ein anderes Paar zum Organtausch finden, denn Nieren von Spendern mit Blutgruppe 0 können in der Regel auf jeden Empfänger übertragen werden – für Paare, in denen der potentielle Spender diese Blutgruppe aufweist, ist die Cross-Spende mithin uninteressant. Letzteres ist nur im Fall eines positiven HLA-cross-matchs zwischen Spender und Empfänger anders[46], das allerdings nicht selten im Fall nierenkranker Empfängerinnen auftritt, die gegenüber ihrem Partner, dem potentiellen Spender, während einer Schwangerschaft immunisiert wurden.

Die Cross-Spende ist deshalb jedenfalls bei einer Beschränkung auf Ehepaare nicht „die" Lösung der Organknappheit: Der Anteil von Ehepaaren mit einem dialysepflichtigen Partner, die von einer Cross-Spende mit anderen Ehepaaren profitieren könnten, läge nur bei etwa 3%[47] bis 5%[48]; zudem müßten die Betroffenen – wie schon 1986 von Rapaport gefordert[49] – letztlich in einem computergestützten, ganz Deutschland oder gar Europa umfassenden Pool zusammengeführt werden[50], was allerdings eine Reihe von Koordinationsproblemen mit sich bringen würde.[51] Bis heute haben sich in Deutschland bereits etwa 60-70 Paare, die eine Überkreuz-Spende wünschen, bei zwei Transplantationszentren registrieren lassen.[52] Eine höhere quantitative Bedeutung könnte die Überkreuz-Spende allerdings dann erreichen, wenn diese nicht auf Ehepaare beschränkt bliebe[53]; auch in diesem Fall blieben Spender der Blutgruppe 0 für Zwecke des Ringtauschs aus den genannten Gründen jedoch notorisch knapp.[54]

Wenngleich das zahlenmäßige Potential der Überkreuz-Spende bei der Niere also nicht extrem hoch ist, so könnte sie ungeachtet einer ganzen Reihe juristischer[55], ethischer[56] und technischer[57] Detailprobleme, die sie im Einzelfall aufwirft, angesichts der immer noch rückläufigen postmortalen Organspenden doch deut-

2. Die Beschränkung des Spenderkreises (§ 8 Abs. 2 Satz 1 TPG)

lich an Bedeutung gewinnen; zudem ist die erhebliche Relevanz, die diese Option für die geeigneten Paare hat, völlig unabhängig von dem quantitativen Beitrag der Überkreuz-Spende zur Linderung des Organmangels als solchem.[58]

2.2.1.2. Ist die Überkreuz-Spende mit § 8 Abs. 1 Satz 2 TPG vereinbar?

Das von § 8 Abs. 1 Satz 2 TPG geforderte Näheverhältnis muß unmittelbar jeweils zwischen dem Spender und dem Empfänger eines bestimmten Organs bestehen.[59] Im Rahmen einer Überkreuz-Spende besteht zwischen den jeweiligen („kreuzweisen") Spender-Empfänger-Dyaden (also Spender A / Empfänger B und vice versa), die sich gerade über eine Registrierung oder, wie in einem Fall geschehen, über ein Zeitungsinserat kennengelernt haben, jedoch grundsätzlich keine „offenkundige besondere persönliche Verbundenheit". Sie genügen damit nicht den Anforderungen des § 8 Abs. 1 Satz 2 TPG; die Durchführung einer Überkreuz-Spende wäre mithin mit einem erheblichen strafrechtlichen Risiko behaftet.

Gegen diesen Befund wurden seitens der rechtswissenschaftlichen Literatur Einwände erhoben, die im Ergebnis jedoch nicht geeignet sind, der Überkreuz-Spende *de lege lata* den Weg zu bahnen.

So wurde vorgebracht, eine „besondere persönliche Verbundenheit" könne bei der Überkreuz-Spende sehr schnell angenommen, ja regelmäßig unterstellt werden, da Paare, die sich durch eine zum Zwecke der Überkreuz-Spende gestartete Suche kennenlernten, als „Leidensgenossen" durch den Austausch ihrer persönlichen Erfahrungen „schon kurz nach ihrem ersten Zusammentreffen ein inniges Verhältnis zueinander aufgebaut haben" können.[60]

Das sympathische Argument überzeugt bei näherer Betrachtung jedoch nicht. Es ist auch nicht durch eine verfassungskonforme Auslegung des zu eng geratenen § 8 Abs. 1 Satz 2 TPG im Lichte des Sozialstaatsprinzips[61] und – vor allem – der betroffenen Grundrechte der überkreuz-spendewilligen Paare oder sonstiger Personen in atypischen Spender-Empfänger-Konstellationen zu stützen. Nach der ständigen Rechtsprechung des Bundesverfassungsgerichts darf im Wege der Auslegung einem nach Wortlaut und Sinn eindeutigen Gesetz nicht ein entgegengesetzter Sinn verliehen, der normative Gehalt der auszulegenden Norm nicht grundlegend neu bestimmt und das gesetzgeberische Ziel nicht in einem wesentlichen Punkt verfehlt werden.[62] Eine Auslegung darf m.a.W. dem Willen des Gesetzgebers nicht zuwiderlaufen.[63]

Der gesetzgeberische Wille ist in diesem Fall jedoch hinreichend klar. Wenn der Bundestag den voraussetzungsvollen psychologischen Fachterminus der „engen persönlichen Verbundenheit" bzw. der „close personal relationship"[64] auch nicht unmittelbar als Rechtsbegriff der Vorschrift des § 8 Abs. 1 Satz 2 TPG zugrundegelegt hat, so hat er sich an diesen doch deutlich angelehnt. Schon die Aufzählung der in Betracht kommenden Beziehungen in der Norm – Verwandte ersten oder zweiten Grades, Ehegatten, Verlobte – deutet darauf hin, daß die Beziehung „offenkundige besondere persönliche Verbundenheit" eine ähnliche Qualität aufweisen soll[65] und einen ähnlichen „Assoziationsgrad in äußerer und innerer

Hinsicht" fordert.[66] Die – insoweit nicht überholte[67] – Begründung des Gesetzesentwurfs macht zusätzlich deutlich, daß das Leitbild der von § 8 Abs. 1 Satz 2 letzte Alternative umschriebenen Beziehung in einer auf Dauer angelegten nichtehelichen Lebensgemeinschaft auf der Basis einer „gemeinsame[n] Lebensplanung mit innerer Bindung" besteht. Die Begründung fügt ergänzend hinzu, daß

> „ein vergleichbares enges persönliches Verhältnis mit gemeinsamer Lebensplanung und innerer Bindung auch zwischen in räumlicher Trennung lebenden Personen bestehen [kann], wenn die Bindung über einen längeren Zeitraum gewachsen ist. Die persönliche Verbundenheit erweist sich dann anhand anderer offenkundiger Tatsachen, wie z.B. ein enges Freundschaftsverhältnis mit häufigen engen persönlichen Kontakten über einen längeren Zeitraum."[68]

Das geforderte „sich Nahestehen in besonderer persönlicher Verbundenheit" setzt bereits nach dem Wortlaut der Norm und dem Bedeutungsgehalt der Begriffs der „besonderen persönlichen Verbundenheit"[69] grundsätzlich eine biographisch gewachsene Beziehungsgeschichte und wechselseitige Zusammengehörigkeits[70]- bzw. Verantwortungsgefühle sowie eine häufige, enge und persönliche Interaktion über einen längeren Zeitraum voraus.[71]

Diese Interpretation, die jüngst durch das erste obergerichtliche Urteil zu § 8 Abs. 1 Satz 2 TPG[72] bestätigt wurde, stellt hohe Anforderungen an die Nähebeziehung der Beteiligten, wenngleich festzuhalten ist, daß eine „Mindestdauer" der Beziehung in der Tat nirgends definiert ist[73] und sich auch die in der Gesetzesbegründung enthaltene Forderung nach einer „gemeinsamen Lebensplanung" nicht zwingend aus dem Wortlaut des Gesetzes ergibt[74] und insoweit ohne Bedeutung ist.

Der Interpretationsspielraum für die Auslegung der Vorschrift ist aus dem genannten Grund jedoch begrenzt und jedenfalls für den Normalfall einer Überkreuz-Spende zu eng. Es ist nicht möglich, eine Beziehung von der Art, wie sie zwischen Personen besteht, die sich gerade erst anläßlich einer möglichen Organspende kennengelernt haben, unter den Terminus des „Nahestehens in offenkundiger besonderer persönlicher Verbundenheit" zu subsumieren. Der Umstand allein, daß Personen, wie dies bei der Überkreuzspende der Fall ist, bestimmte Leidenserfahrungen und eine ähnliche Lebenssituation teilen bzw. eine „Schicksalsgemeinschaft" bilden, begründet als solcher das Vorliegen einer engen persönlichen Beziehung keinesfalls[75] – auch dann nicht, wenn die so vom Schicksal (oder einer Vermittlungsagentur) Zusammengeführten „die Absicht erkennen lassen, die so entstandene Beziehung über den Transplantationsanlaß hinaus als eine persönliche, zwischenmenschliche fortzuführen".[76] Auch wenn schließlich bei einer solchen Überkreuzspende jeder Spender nur über einen „Umweg" bewirkt, daß sein eigener Partner ein Organ enthält, der Akt des Spenders phänomenologisch betrachtet also primär auf den je eigenen Partner bezogen ist und auch der Empfänger von dem Bewußtsein geleitet sein wird, die entscheidende Hilfe von seinem eigenen Partner zu erhalten[77], verlangt das Transplantationsgesetz nach seinem

2. Die Beschränkung des Spenderkreises (§ 8 Abs. 2 Satz 1 TPG)

Wortlaut eine tatsächliche und nicht nur eine „virtuelle"[78] Nähebeziehung zwischen Spender und Empfänger.

Die Cross-Spende ist auf der Grundlage der Vorschriften des Spenderkreises also nur dann erlaubt, wenn die „Überkreuz-Spende"-willigen untereinander vor dem Doppeleingriff eine enge persönliche Beziehung aufbauen.[79] Daß sich diese Beziehung erst „aus Anlaß" einer möglichen Lebendspende entwickelt hat, schadet nach dem Wortlaut des Gesetzes nicht.[80] Allerdings ist der Aufbau einer solchen Beziehung auch auf der Grundlage gemeinsamer Leidenserfahrungen ein Unterfangen, das sich nicht in nur ein paar Wochen oder Monaten bewerkstelligen läßt und das von den Betroffenen häufig auch gar nicht gewollt werden wird. Hinzu kommt, daß die – soll die Überkreuz-Spende quantitative Bedeutung erhalten – schon aus logistischen Gründe nötige Überregionalität eines denkbaren Vermittlungspools und die damit regelmäßig gegebene geographische Entfernung zwischen den Paaren den Aufbau solcher Beziehungen weiter erschweren. Im Normalfall wird er illusorisch sein.

Als Zwischenergebnis ist damit festzuhalten:
Im Regelfall verhindert § 8 Abs. 1 Satz 2 TPG die Überkreuz-Spende auch dann, wenn sie immunologisch möglich und ethisch unbedenklich[81] ist.

2.2.1.3. Strafrechtliche Risiken der Beteiligten an einer nicht den Anforderungen des § 8 Abs. 1 Satz 2 TPG entsprechenden Überkreuz-Spende

Strafbarkeit des Arztes

Ein Verstoß gegen die Begrenzung des Spenderkreises in § 8 Abs. 1 Satz 2 des Transplantationsgesetzes ist für den Arzt mit Strafe bedroht (§ 19 Abs. 2 letzte Alternative TPG).

Strafbarkeit des Spenders und des Empfängers

Ungeklärt ist gegenwärtig, ob sich auch Organspender und Organempfänger wegen Teilnahme an dieser Tat strafbar machen können.
Auf § 19 Abs. 2 TPG findet als Norm des Nebenstrafrechts gemäß § 1 EGStGB der Allgemeine Teil des Strafgesetzbuchs mit seinen Regelungen zur Teilnahme (§§ 26, 27 StGB) Anwendung. Damit ist – die vom Bundesverfassungsgericht übersehene[82] – Möglichkeit, daß sich auch Spender und Empfänger eines Organs, das entgegen der Vorschrift des § 8 Abs. 1 Satz 2 TPG übertragen wird, der Strafverfolgung aussetzen, grundsätzlich gegeben.

Im Fall des Organempfängers steht eine mögliche Strafbarkeit wegen Beihilfe zur unerlaubten Organentnahme (§ 19 Abs. 2 letzte Alternative TPG i.V.m. § 27 StGB) im Vordergrund. Der Empfänger würde dadurch, daß er sich zur Übertragung des entgegen § 8 Abs. 1 Satz 2 TPG entnommenen Organs auf sich vorsätzlich zur Verfügung stellte, dem täterschaftlich handelnden entnehmenden Arzt eine für die Begehung von dessen rechtswidriger Tat kausale Hilfe leisten. Ohne eine solchermaßen zum Operationszeitpunkt empfangsbereite und auf die Operation vorbereitete Person wäre die Tat für den entnehmenden Arzt und den Spender zum Scheitern verurteilt und sinnlos.

Zugleich kann der Empfänger nicht erwarten, über die Rechtsfigur der „notwendigen Teilnahme" von möglicher Bestrafung ausgenommen zu werden.[83] Zum einen hat der Gesetzgeber eine solche Einschränkung in der Begründung des Transplantationsgesetzes auch nicht angedeutet. Zum anderen ist nicht zu vermuten, daß die Rechtsprechung diese Ausnahmeregel[84] zur grundsätzlichen Pönalisierung von Anstiftung und Teilnahme (§§ 26, 27 StGB) auf den Straftatbestand des § 19 Absatz 2 letzte Alternative i.V.m. § 8 Abs. 1 Satz 2 TPG anwenden wird. Dies ergibt sich im Falle des Organempfängers bereits aus dem Wortlaut des Straftatbestands. Das Tatbestandsmerkmal der „Entnahme" eines Organs erfordert begrifflich zwar notwendigerweise die Beteiligung derjenigen Person, der das entsprechende Organ entnommen wird, nicht aber diejenige des Empfängers, dem ein solches Organ danach übertragen werden kann. Insoweit handelt es sich bei der denkbaren Beihilfehandlung des Empfängers zwar um ein Verhalten, dessen Fehlen die Tat faktisch sinnlos werden ließe, nicht jedoch um ein dem Handeln des Täters gegenüber tatbestandlich unmittelbar komplementäres Verhalten[85], wie es die Figur der „notwendigen" Teilnahme erfordert. Der potentielle Empfänger des Organs begeht keinen „tatbestandsnotwendigen Tätigkeitsakt"[86] und ist schon deshalb nicht „notwendig" beteiligt. Für ihn gelten uneingeschränkt die allgemeinen Teilnahmeregeln des Strafgesetzbuchs.

Aber auch der nicht von § 8 Abs. 1 Satz 2 TPG gedeckte Lebendorganspender kann nicht erwarten, über die Rechtsfigur der „notwendigen Teilnahme" vor möglicher Bestrafung geschützt zu sein.[87] Eine Straflosigkeit der Teilnahme des Organspenders, dem ein Organ entgegen § 19 Absatz 2 i.V.m. § 8 Abs. 1 Satz 2 TPG entnommen würde, kommt zum einen nicht nach dem weithin anerkannten Grundsatz in Betracht, wonach der notwendigerweise an einem Delikt Beteiligte straflos ist, wenn sein Verhalten das Maß des zur Tatbestandsverwirklichung Notwendigen nicht überschreitet.[88] Ein Lebendorganspender würde mit seinem „Tatbeitrag" dieses Maß eines nach ständiger Rechtsprechung[89] allein straflosen „rollenwahrenden" Teilnahmeverhaltens regelmäßig schon deshalb deutlich überschreiten, weil er sich das Organ nicht lediglich entnehmen läßt, sondern vielmehr die Spende selbst initiiert.

Hinzu kommt hinsichtlich des Spenders wie des Empfängers, daß auch der zweite dem Prinzip der notwendigen Teilnahme wesentlich zugrundeliegende Gedanke, demzufolge jede Tatbeteiligung des durch den Tatbestand Geschützten straflos bleiben muß[90], bei der hier in Frage stehenden Norm nicht greift. Der Straftatbestand des § 19 Absatz 2 letzte Alternative i.V.m. § 8 Abs. 1 Satz 2 TPG muß so verstanden werden, daß er nach dem Willen des Gesetzgebers in einer al-

2. Die Beschränkung des Spenderkreises (§ 8 Abs. 2 Satz 1 TPG)

Wortlaut eine tatsächliche und nicht nur eine „virtuelle"[78] Nähebeziehung zwischen Spender und Empfänger.

Die Cross-Spende ist auf der Grundlage der Vorschriften des Spenderkreises also nur dann erlaubt, wenn die „Überkreuz-Spende"-willigen untereinander vor dem Doppeleingriff eine enge persönliche Beziehung aufbauen.[79] Daß sich diese Beziehung erst „aus Anlaß" einer möglichen Lebendspende entwickelt hat, schadet nach dem Wortlaut des Gesetzes nicht.[80] Allerdings ist der Aufbau einer solchen Beziehung auch auf der Grundlage gemeinsamer Leidenserfahrungen ein Unterfangen, das sich nicht in nur ein paar Wochen oder Monaten bewerkstelligen läßt und das von den Betroffenen häufig auch gar nicht gewollt werden wird. Hinzu kommt, daß die – soll die Überkreuz-Spende quantitative Bedeutung erhalten – schon aus logistischen Gründe nötige Überregionalität eines denkbaren Vermittlungspools und die damit regelmäßig gegebene geographische Entfernung zwischen den Paaren den Aufbau solcher Beziehungen weiter erschweren. Im Normalfall wird er illusorisch sein.

Als Zwischenergebnis ist damit festzuhalten:
Im Regelfall verhindert § 8 Abs. 1 Satz 2 TPG die Überkreuz-Spende auch dann, wenn sie immunologisch möglich und ethisch unbedenklich[81] ist.

2.2.1.3. Strafrechtliche Risiken der Beteiligten an einer nicht den Anforderungen des § 8 Abs. 1 Satz 2 TPG entsprechenden Überkreuz-Spende

Strafbarkeit des Arztes

Ein Verstoß gegen die Begrenzung des Spenderkreises in § 8 Abs. 1 Satz 2 des Transplantationsgesetzes ist für den Arzt mit Strafe bedroht (§ 19 Abs. 2 letzte Alternative TPG).

Strafbarkeit des Spenders und des Empfängers

Ungeklärt ist gegenwärtig, ob sich auch Organspender und Organempfänger wegen Teilnahme an dieser Tat strafbar machen können.
Auf § 19 Abs. 2 TPG findet als Norm des Nebenstrafrechts gemäß § 1 EGStGB der Allgemeine Teil des Strafgesetzbuchs mit seinen Regelungen zur Teilnahme (§§ 26, 27 StGB) Anwendung. Damit ist – die vom Bundesverfassungsgericht übersehene[82] – Möglichkeit, daß sich auch Spender und Empfänger eines Organs, das entgegen der Vorschrift des § 8 Abs. 1 Satz 2 TPG übertragen wird, der Strafverfolgung aussetzen, grundsätzlich gegeben.

Im Fall des Organempfängers steht eine mögliche Strafbarkeit wegen Beihilfe zur unerlaubten Organentnahme (§ 19 Abs. 2 letzte Alternative TPG i.V.m. § 27 StGB) im Vordergrund. Der Empfänger würde dadurch, daß er sich zur Übertragung des entgegen § 8 Abs. 1 Satz 2 TPG entnommenen Organs auf sich vorsätzlich zur Verfügung stellte, dem täterschaftlich handelnden entnehmenden Arzt eine für die Begehung von dessen rechtswidriger Tat kausale Hilfe leisten. Ohne eine solchermaßen zum Operationszeitpunkt empfangsbereite und auf die Operation vorbereitete Person wäre die Tat für den entnehmenden Arzt und den Spender zum Scheitern verurteilt und sinnlos.

Zugleich kann der Empfänger nicht erwarten, über die Rechtsfigur der „notwendigen Teilnahme" von möglicher Bestrafung ausgenommen zu werden.[83] Zum einen hat der Gesetzgeber eine solche Einschränkung in der Begründung des Transplantationsgesetzes auch nicht angedeutet. Zum anderen ist nicht zu vermuten, daß die Rechtsprechung diese Ausnahmeregel[84] zur grundsätzlichen Pönalisierung von Anstiftung und Teilnahme (§§ 26, 27 StGB) auf den Straftatbestand des § 19 Absatz 2 letzte Alternative i.V.m. § 8 Abs. 1 Satz 2 TPG anwenden wird. Dies ergibt sich im Falle des Organempfängers bereits aus dem Wortlaut des Straftatbestands. Das Tatbestandsmerkmal der „Entnahme" eines Organs erfordert begrifflich zwar notwendigerweise die Beteiligung derjenigen Person, der das entsprechende Organ entnommen wird, nicht aber diejenige des Empfängers, dem ein solches Organ danach übertragen werden kann. Insoweit handelt es sich bei der denkbaren Beihilfehandlung des Empfängers zwar um ein Verhalten, dessen Fehlen die Tat faktisch sinnlos werden ließe, nicht jedoch um ein dem Handeln des Täters gegenüber tatbestandlich unmittelbar komplementäres Verhalten[85], wie es die Figur der „notwendigen" Teilnahme erfordert. Der potentielle Empfänger des Organs begeht keinen „tatbestandsnotwendigen Tätigkeitsakt"[86] und ist schon deshalb nicht „notwendig" beteiligt. Für ihn gelten uneingeschränkt die allgemeinen Teilnahmeregeln des Strafgesetzbuchs.

Aber auch der nicht von § 8 Abs. 1 Satz 2 TPG gedeckte Lebendorganspender kann nicht erwarten, über die Rechtsfigur der „notwendigen Teilnahme" vor möglicher Bestrafung geschützt zu sein.[87] Eine Straflosigkeit der Teilnahme des Organspenders, dem ein Organ entgegen § 19 Absatz 2 i.V.m. § 8 Abs. 1 Satz 2 TPG entnommen würde, kommt zum einen nicht nach dem weithin anerkannten Grundsatz in Betracht, wonach der notwendigerweise an einem Delikt Beteiligte straflos ist, wenn sein Verhalten das Maß des zur Tatbestandsverwirklichung Notwendigen nicht überschreitet.[88] Ein Lebendorganspender würde mit seinem „Tatbeitrag" dieses Maß eines nach ständiger Rechtsprechung[89] allein straflosen „rollenwahrenden" Teilnahmeverhaltens regelmäßig schon deshalb deutlich überschreiten, weil er sich das Organ nicht lediglich entnehmen läßt, sondern vielmehr die Spende selbst initiiert.

Hinzu kommt hinsichtlich des Spenders wie des Empfängers, daß auch der zweite dem Prinzip der notwendigen Teilnahme wesentlich zugrundeliegende Gedanke, demzufolge jede Tatbeteiligung des durch den Tatbestand Geschützten straflos bleiben muß[90], bei der hier in Frage stehenden Norm nicht greift. Der Straftatbestand des § 19 Absatz 2 letzte Alternative i.V.m. § 8 Abs. 1 Satz 2 TPG muß so verstanden werden, daß er nach dem Willen des Gesetzgebers in einer al-

2. Die Beschränkung des Spenderkreises (§ 8 Abs. 2 Satz 1 TPG)

ternativen Schutzgüterkombination auch Rechtsgüter schützen will, die nicht den Betroffenen zugewiesen sind, sondern gerade vor ihnen geschützt werden sollen. Die Auslegung der Norm zeigt, daß durch sie Spender und Empfänger geradezu wechselseitig voreinander in Schutz genommen werden sollen: Die Vorschrift des § 8 Abs. 1 Satz 2 i.V.m. § 19 Abs. 2 TPG soll ausweislich ihrer Begründung im Vorfeld zugleich der Umsetzung und Absicherung des in §§ 17, 18 TPG ausgesprochenen strafbewehrten Verbotes des Organhandels dienen.[91] Diesbezüglich hat der Gesetzgeber sowohl den Organspender als auch den Organempfänger unter Strafe gestellt: Macht sich der Organspender strafbar, wenn er für sein Organ Geld verlangt, so macht sich der Organempfänger strafbar, wenn er sich ein Organ, das Gegenstand des Handeltreibens war, übertragen läßt. Angesichts einer derartigen Gesetzgebungssituation ist es insgesamt naheliegend, davon auszugehen, Organspender und Organempfänger als Teilnehmer an einem Verstoß des das Organ entnehmenden Arztes gegen die Begrenzung des Spenderkreises in § 8 Abs. 1 Satz 2 des Transplantationsgesetzes anzusehen.

Im Ergebnis ist festzuhalten:

Ein Verstoß gegen die Begrenzung des Spenderkreises in § 8 Abs. 1 Satz 2 des Transplantationsgesetzes ist im Regelfall auch für den Spender und den Empfänger mit Strafe bedroht (§ 19 Abs. 2 TPG i.V.m. § 1 EGStGB, §§ 26 f. StGB). Der Normalfall einer in der Bundesrepublik Deutschland durchgeführten Überkreuz-Spende steht damit für alle Beteiligten unter dem Damoklesschwert des Strafgesetzes.

Auslandsstrafbarkeit

Aber auch dann, wenn überkreuz-spendewillige deutsche Patienten, die die Anforderungen des § 8 Abs. 1 Satz 2 TPG (noch) nicht erfüllen, zur Vornahme des Eingriffs ins Ausland ausweichen, bestehen strafrechtliche Risiken für alle Beteiligten. Zwar wird die Regelungsreichweite des Transplantationsgesetzes insoweit durch das Territorialitätsprinzip begrenzt; der Gesetzgeber hat für § 19 Abs. 2 TPG, anders als für den Organhandel, keine Auslandsstrafbarkeit vorgesehen. Die genannten Risiken sind indes dem weiten Begriff des Tatorts im deutschen Strafgesetzbuch (§ 9 Abs. 1 StGB) geschuldet. Die Entnahme eines Organs ist, wie sich bereits aus den in § 8 TPG gesetzlich definierten Entnahmevoraussetzungen (Aufklärungsverfahren etc.) ergibt, ein mehraktiges Geschehen. Ist bei solchen mehraktigen Geschehen aber auch nur ein Handlungsteil bzw. Teilerfolg im Inland begangen worden, so ist nach herrschender Ansicht die Tat in jeder Hinsicht als Inlandstat zu behandeln und demzufolge dem deutschen Strafrecht unterworfen.[92] Reist also der explantierende Arzt nur zur Entnahmeoperation mit seinen Patienten ins Ausland, nachdem er die Entnahme mit den Patienten zuvor in Deutschland in wesentlichen Aspekten vorbereitet hat, spricht Überwiegendes für die Annahme, daß er den Straftatbestand des § 8 Abs. 1 Satz 2 i.V.m. § 19 Abs. 2 TPG als Täter verwirklicht.

Darüberhinaus setzen sich alle Beteiligten den „hypertrophen Strafbarkeitsrisiken"[93] aus, die durch die Bestimmung des § 9 Abs. 2 Satz 2 StGB[94] vermittelt werden. Dieser Norm zufolge gilt für die Teilnahme an einer im Ausland nicht mit Strafe bedrohten Tat deutsches Strafrecht, wenn der Teilnehmer an dieser Auslandstat im Inland gehandelt hat. Jeder inländische Beitrag eines Arztes oder Psychologen, des Spenders, Empfängers oder weiterer Personen zu einer nicht den Anforderungen des § 8 Abs. 1 Satz 2 TPG genügenden Cross-Spende im Ausland oder zu deren Vorbereitung kann also grundsätzlich die Strafdrohung des § 8 Abs. 1 Satz 2 TPG i.V.m. § 19 Abs. 2 TPG, § 1 EGStGB, §§ 26 ff. StGB auslösen.

Rechtfertigender Notstand?

Ob, wie einzelne Stimmen in der juristischen Literatur annehmen[95], den Beteiligten in Fällen von gegen die Spenderkreisvorschrift des Transplantationsgesetzes verstoßenden Überkreuz-Spenden der Rekurs auf den rechtfertigenden Notstand eröffnet ist, erscheint mehr als zweifelhaft. § 34 Satz 1 StGB erlaubt zwar, wenn die Voraussetzungen dieses Rechtfertigungsgrundes vorliegen, ein Eingreifen zugunsten des überwiegenden Interesses: „Wer in einer gegenwärtigen, nicht anders abwendbaren Gefahr für Leib, Leben, [...] eine Tat begeht, um die Gefahr von sich oder einem anderen abzuwenden, handelt nicht rechtswidrig, wenn bei Abwägung der widerstreitenden Interessen, namentlich der betroffenen Rechtsgüter und des Grades der ihnen drohenden Gefahren, das geschützte Interesse das beeinträchtigte wesentlich überwiegt", was angesichts der erheblichen Interessen der Beteiligten im Fall der Cross-Spende in der Tat regelmäßig der Fall wäre.

Nach § 34 Satz 2 StGB gilt dies aber nur, soweit die Tat ein „angemessenes Mittel" ist, die Gefahr abzuwenden. Mit der letztgenannten Klausel soll sichergestellt werden, „daß das Verhalten des Notstandstäters auch nach den anerkannten Wertvorstellungen der Allgemeinheit als eine sachgemäße und dem Recht entsprechende Lösung der Konfliktlage erscheint".[96] Dies ist dann nicht der Fall, wenn der Gesetzgeber, wie hier, die betreffende – im übrigen nicht individuelle, sondern strukturelle – Konfliktlage bereits abgewogen und mit § 8 Abs. 1 Satz 2 TPG deutlich gemacht hat, daß eine Beeinträchtigung der individuellen Interessen von Spendern und Empfängern, die der Norm nicht genügen, hingenommen werden muß. Wäre gegenüber § 8 Abs. 1 Satz 2 TPG der Rekurs auf den rechtfertigenden Notstand eröffnet, würde diese Norm leerlaufen. Aus dem Notstandsrecht kann jedoch keine Regel gemacht werden, die eine allgemeine Praxis gestattet.[97]

Auch das Notstandsrecht bietet deshalb keine „Ausweichmöglichkeit", die den rechtspolitischen Handlungsbedarf in bezug auf die verfehlte Vorschrift des § 8 Abs. 1 Satz 2 TPG entfallen ließe.

2.2.1.4. Sozialversicherungsrechtliche Probleme

Der Weg ins Ausland birgt eine weitere Gefahr für die Patienten.

2. Die Beschränkung des Spenderkreises (§ 8 Abs. 2 Satz 1 TPG)

Grundsätzlich sind, wie das Bundessozialgericht 1972[98] und nochmals 1996[99] entschieden hat, alle mit der Organentnahme verbundenen Aufwendungen von der für den Empfänger zuständigen Krankenkasse zu tragen;[100] subsidiär können sozialhilferechtliche Ansprüche bestehen.[101] Nachdem das Bundessozialgericht jedoch 1997 anläßlich eines Falles des Kaufs einer Niere durch einen Deutschen in Indien festgestellt hatte, daß § 18 Abs. 1 des Fünften Buches SGB (Kostenübernahme bei Behandlung im Ausland) keine Leistungspflicht der Krankenkasse bei solchen Behandlungen begründet, die im Inland aus rechtlichen Erwägungen nicht durchgeführt oder gar „als strafwürdiges Unrecht eingestuft" werden[102], war davon auszugehen, daß auch die Kosten einer in Deutschland im konkreten Fall von § 8 Abs. 1 Satz 2 TPG untersagten und im Ausland vorgenommenen Organübertragung nicht von der Krankenkasse des deutschen Organempfängers übernommen werden müssen. In der Tat hat das Landessozialgericht Nordrhein-Westfalen im Januar 2001 die gegen die betreffende Krankenkasse gerichtete Klage des deutschen Paares, das am 23. Mai 1999 im Kantonsspital Basel die wohl erste europäische Cross-Transplantation mit deutschen Beteiligten und einem Schweizer Paar durchführen ließ[103], auf Übernahme der Kosten des Eingriffs mit einer angesichts der gegebenen Gesetzeslage zutreffenden Begründung abgewiesen.[104] Die Weigerung der Krankenkassen, für einen solchen, ethisch offensichtlich völlig gerechtfertigten Fall der Überkreuz-Spende – trotz der mit dem Eingriff gegenüber der Dialysebehandlung des Patienten verbundenen Einsparungen in Höhe von mehreren hunderttausend DM – die Kosten zu übernehmen, mag mit guten Gründen „abstoßend"[105] genannt werden; angesichts der durch die Vorschrift des § 8 Abs. 1 Satz 2 TPG definierten Rechtslage werden andere Entscheidungen *de lege lata* jedoch kaum möglich sein.

Diese Situation wirft allerdings die Frage auf, ob es dem Rechtsstaat Bundesrepublik angesichts des in Art. 20 Abs. 1 GG normierten Sozialstaatsprinzips angemessen ist, schwerkranke Bürger zur Durchführung eines medizinisch heilbringenden und ethisch völlig legitimen Eingriffs erst ins Ausland zu zwingen und sie dann auf Schulden von mehr als DM 100.000,-- sitzenzulassen. Man wird daran zweifeln und behaupten dürfen, daß die deutsche Regelung weder dem sozialstaatlichen Leitbild des Grundgesetzes, demzufolge der Staat existentielle Voraussetzungen für die Entfaltung von Freiheit und die Mindestvoraussetzungen für ein menschenwürdiges Dasein schaffen soll[106], noch dem Stand rationaler Gesetzgebung auf diesem Gebiet entspricht.

2.2.1.5. Fällt die Überkreuz-Spende unter das Verbot des Organhandels?

Allein die Frage, ob die Überkreuz-Spende eines Organs von dem strafbewehrten Verbot des Organhandels in §§ 17, 18 TPG (und dessen Erstreckung auf Auslandsstraftaten, § 24 TPG i.V.m. § 5 Nr. 15 StGB) erfaßt wird, mag verwundern. Sie zu stellen ist jedoch berechtigt, führt man sich vor Augen, daß dem Gesetzgeber auch eine angemessene Formulierung des Organhandelsverbots nicht gelungen ist. Er ist nicht nur daran gescheitert, auf überzeugende Weise das Rechtsgut zu benennen, dessen Schutz diese Vorschriften in ihrer gegenwärtigen Form dienen sollen[107], er hat es, wie die mittlerweile vorliegenden Analysen aufgezeigt haben, vor allem auch in juristisch-handwerklicher Hinsicht nicht vermocht, das, was er wollte, auch in angemessener und hinreichend bestimmter Weise umzusetzen.[108]

Das Organhandelsverbot lehnt sich mit dem Begriff des „Handeltreibens" terminologisch in einer bewußten Entscheidung des Gesetzgebers an das Betäubungsmittelstrafrecht an.[109] Daß die Parallele zwischen einem Organverkäufer und einem Drogenhändler bereits im Ansatz hinkt, zeigt sich jedoch schon daran, daß sie die weitere Parallele zwischen dem altruistischen Lebendspender eines heilbringenden Organs und einer Person impliziert, die freigiebig Rauschgift verschenkt. Vor allem hat das Transplantationsgesetz mit dem Verbot des „Handeltreibens" mit Organen sehr viel mehr kriminalisiert als nur die Kommerzialisierung der Organspende. Der Begriff des „Handeltreibens" wird im Betäubungsmittelstrafrecht, das der Bekämpfung organisierter Kriminalität gilt, so weit interpretiert[110], daß er, auf den Bereich der Transplantationsmedizin übertragen, bereits ein Vorteilsstreben im weitesten Sinn, d.h. jede eigennützige Tätigkeit, die auf den Umsatz von Organen gerichtet ist bzw. den Umsatz von Organen fördert, unter Strafe stellt.[111]

Nimmt man dies beim Wort, so ist bereits das Handeln der Ehefrau, die sich von der Spende für ihren (geliebten) Mann auch einen Aufschwung des gemeinsamen Betriebs oder eine Erhöhung des Familieneinkommens erwartet, von dem strafbewehrten Verbot des Organhandels erfaßt.[112] Bedenkt man schließlich, daß der Begriff des Handeltreibens in seiner herrschenden Interpretation nicht voraussetzt, daß Leistung bzw. Gegenleistung gerade dem Handeltreibenden zufließen, und rechnet man mit der überwiegenden Meinung im Betäubungsmittelstrafrecht auch das Trachten nach immateriellen Vorteilen zu den eigennützigen Tätigkeiten, die das Vorliegen eines Organhandels begründen, stünde die „Überkreuz-Spende" als „Naturalhandel"[113] grundsätzlich unter Organhandelsverdacht.

Das Landessozialgericht Nordrhein-Westfalen hat sich in seiner Entscheidung vom Januar 2001 den Stimmen in der rechtswissenschaftlichen Literatur, die die mangelnde Konsistenz und die unklaren Grenzen des Organhandelstatbestands des Transplantationsgesetz beklagen, angeschlossen und angenommen, daß der Wortlaut der §§ 17 und 18 TPG unter Berücksichtigung der Gesetzesmaterialien darauf hindeute, daß die Überkreuzspende als Organhandel verboten und unter Strafe gestellt sei. Da das Merkmal „Umsatz" des Begriffs „Handeltreiben" bereits zu bejahen sei, wenn einvernehmlich „Dinge" übertragen werden sollen, ohne daß hierfür erforderlich sei, daß Leistung und Gegenleistung den Handeltreibenden zuflössen oder daß ein Geldbetrag fließe, bedürfe es keiner Vertiefung, daß bei der Überkreuzspende ein „Umsatz" in vorgenanntem Sinn erfolge.[114]

Der Senat des Landessozialgerichts hält dieses Ergebnis allerdings mit der Literatur, die er in Bezug nimmt, für verfehlt und plädiert mit dieser dafür, die Regelungen der §§ 17, 18 TPG teleologisch zu reduzieren: Der Gesetzgeber sei bei der Formulierung der Vorschrift von einem widersprüchlichen Willen getragen gewesen. Er habe nur die kommerzialisierte Organvergabe ausschließen wollen, habe aber gleichwohl an den Begriff des Handeltreibens im Sinn des Betäubungsmittelgesetzes angeknüpft, das eine völlig andere Zielrichtung verfolge. Die Annahme

2. Die Beschränkung des Spenderkreises (§ 8 Abs. 2 Satz 1 TPG)

liege nahe, daß der Gesetzgeber den weiten Inhalt des betäubungsmittelrechtlichen Begriffs des „Handeltreibens" nicht vollends erkannt habe, er sei insoweit einem „verkürzten Verständnis" des Begriffs erlegen. Im Ergebnis sei davon auszugehen, daß aufgrund teleologischer, d.h. dem Sinn und Zweck der Norm entsprechender Reduktion des vom Gesetzgeber zu weit verstandenen Tatbestandsmerkmals „Handeltreiben" in §§ 17, 18 TPG die Überkreuz-Spende jedenfalls nicht generell verboten sei.[115]

In der Tat besteht das Bedürfnis nach einer teleologischen Reduktion der §§ 17, 18 TPG[116], d.h. nach einer angemessenen Korrektur dieser Vorschriften mit juristischen Mitteln. Diese muß gleichsam auf einen sinnvollen und auch verfassungsrechtlich vertretbaren Inhalt „heruntergefahren" werden, um ihre Anwendbarkeit auf Konstellationen wie die Überkreuz-Spende zu verhindern – ohne dabei die Intentionen des Bundestags zu mißachten. Auch hier bestehen aber ganz zwangsläufig erhebliche Unsicherheiten, die Patienten und Ärzte „mit einem Problemknäuel konfrontieren", das für die Beteiligten kaum zu entwirren ist.[117] So hat das Landessozialgericht Nordrhein-Westfalen die Revision gegen seine Entscheidung nicht zuletzt deshalb zugelassen, weil es nach seiner Ansicht erst noch der grundsätzlichen Klärung durch das Bundessozialgericht bedürfe, ob die Überkreuzspende als „Handeltreiben" nach §§ 16 ff. TPG verboten ist oder nicht.[118] Ob sich schließlich die Strafgerichte den Bemühungen um eine teleologische Reduktion der Norm anschließen werden, ist fraglich. Die an einer Überkreuz-Spende Beteiligten sind jedenfalls einem erheblichen Strafbarkeitsrisiko ausgesetzt.

Im Ergebnis ist festzustellen, daß der Gesetzgeber an seinem Ziel, mit dem Transplantationsgesetz Rechtssicherheit zu schaffen, auch unter diesem Aspekt gescheitert ist. Insoweit besteht Bedarf nach einer Novellierung, die den Inhalt des Verbotes des Organhandels erstens so bestimmt, daß seine Adressaten anhand der gesetzlichen Regelung voraussehen können, ob ein Verhalten strafbar ist, und die zweitens keinesfalls strafwürdige Konstellationen wie die Überkreuz-Spende auch eindeutig aus ihrem Anwendungsbereich ausnimmt.

2.2.1.6. Parlamentarische Initiativen zur Überkreuz-Spende

Wie die Antwort der Parlamentarischen Staatssekretärin Nickels vom 23. April 1999 auf die parlamentarische Anfrage der Bundestagsabgeordneten Reichard (Dresden, CDU/CSU) in bezug auf die „Verbesserung der Organspende-Möglichkeiten, z.B. durch Genehmigung von Ringtauschlösungen"[119] gezeigt hat, besteht gegenwärtig zumindest seitens der Bundesregierung keine Bereitschaft, über dieses Problem nachzudenken. Die Antwort der Staatssekretärin beschränkte sich insoweit im wesentlichen auf eine Wiederholung der Gesetzesbegründung aus dem Jahr 1996. Eine Auseinandersetzung insbesondere mit der zwischenzeitlichen Entwicklung der ethischen und rechtlichen Diskussion dieser Problematik ist nicht erkennbar.

2.2.2. Austauschmodelle für Lebend- und Leichenorgane

Noch eindeutiger als Überkreuz-Lebendspenden verhindert § 8 Abs. 1 Satz 2 TPG die Implementierung von international zunehmend diskutierten Austauschmodellen für Lebend- und Leichenorgane, d.h. der Möglichkeit, dem dialysepflichtigen Patienten ein postmortal gewonnenes Nierentransplantat im Austausch gegen ein zu seinen Gunsten von einem Lebendspender an den „Wartelistenpool" der Vermittlungsstelle gespendetes Organ zuzuteilen („list-paired exchange of kidneys").[120]

2.2.3. Die altruistische Spende unter einander fremden Pesonen

Vollends schließt die Norm schließlich Lebendorganspenden unter einander fremden Menschen aus – Fälle also, wie den des Leiters der Sektionen Organtransplantation und Thoraxchirurgie der Klinik für Chirurgie an der Medizinischen Universität zu Lübeck, Prof. Dr. Jochem Hoyer, der im Juli 1996 in München eine Niere zugunsten eines Patienten auf der Münchener Warteliste spendete, der nach Blutgruppe und HLA-Kompatibilität bestimmt wurde.[121] Diesbezüglich ist nochmals festzuhalten, daß die Gefahr der Kommerzialisierung der Organspende zumindest dann gebannt wäre, wenn eine Fremdspende an den Organpool der Vermittlungsstelle erfolgte und das Organ von dieser unter strenger Wahrung der Anonymität des Spenders nach den Vorschriften und Kriterien für postmortal gespendete Organe einem durch Computer bestimmten Patienten zugeteilt würde.[122] Der deutsche Gesetzgeber ist bei seinem Verbot der altruistischen Lebendspende unter Fremden, wie jüngst von rechtsmedizinischer Seite nochmals beklagt wurde[123], in der Tat „über das Ziel hinausgeschossen".[124]

2.2.4. Das Problem der „Offenkundigkeit" der Nähebeziehung

Das Merkmal der „Offenkundigkeit" wird von einem von Beamten des seinerzeit federführenden Bundesministeriums für Gesundheit verfaßten Kommentar so verstanden, daß die besondere persönliche Beziehung „bei näherer Betrachtung zweifelsfrei"[125] sein müsse, wenngleich dies nicht erfordere, daß dies „für jeden auf den ersten Blick" der Fall sei. Das Landessozialgericht Nordrhein-Westfalen hat sich demgegenüber der Ansicht eines der Verfasser der vorliegenden Studie angeschlossen, derzufolge das Merkmal „offenkundig" meine, daß die besondere persönliche Verbundenheit „für jeden ersichtlich oder erkennbar sein" müsse.[126] Offenkundigkeit schließe aus, daß die Feststellung, ob eine solche Verbundenheit vorliegt, erst nach entsprechenden Erkundigungen und Ermittlungen getroffen werden könne. Auf der Grundlage dieser Ansicht würde die gesetzlich geforderte Nähebeziehung im Falle einer Überkreuz-Lebendspende auch aus diesem Grund in der Regel nicht in Betracht kommen.[127]

Eine eindeutige Entscheidung zwischen den angeführten Auslegungsvarianten des Begriffs erscheint nicht möglich. Auch insoweit bestehen mithin Interpretati-

2. Die Beschränkung des Spenderkreises (§ 8 Abs. 2 Satz 1 TPG)

onsprobleme, die – entgegen der Entscheidung des Bundesverfassungsgerichts (hierzu sogleich) – daran zweifeln lassen, daß § 8 Abs. 1 Satz 2 TPG den recht verstandenen Anforderungen des in Art. 103 Abs. 2 GG niedergelegten Bestimmtheitsgebotes genügt.

2.2.5. Probleme einer Rechtfertigung des Straftatbestandes des § 19 Abs. 2 i.V.m. § 8 Abs. 1 Satz 2 TPG

Ein Verstoß gegen die Spenderkreisvorschrift des § 8 Abs. 1 Satz 2 TPG ist, wie am Beispiel der Überkreuz-Spende ausgeführt wurde, durch § 19 Abs. 2 TPG für den Arzt mit Freiheitsstrafe bis zu fünf Jahren oder mit Geldstrafe bedroht; Organspender und -empfänger setzen sich, auch bei einer Transplantation im Ausland, dem Risiko einer Bestrafung wegen Anstiftung oder Beihilfe zu dieser Tat aus.

Diese Strafbestimmung sieht sich, wenngleich sie durch das Bundesverfassungsgericht nicht verworfen wurde (hierzu sogleich), erheblichen Legitimitätsdefiziten ausgesetzt.[128] Sie ist nicht nur nicht mit dem Bestimmtheitsgebot des § 103 Abs. 2 GG vereinbar[129], sondern auch rechtspolitisch aus mehreren Gründen verfehlt.

§ 19 Abs. 2 i.V.m. § 8 Abs. 1 Satz 2 TPG verletzt erstens den Grundsatz, daß strafrechtliche Normen nur sozialschädliches Verhalten unter Strafe stellen dürfen.[130] Das Strafrecht soll

> „die Grundlagen eines geordneten Gemeinschaftslebens schützen. Es wird als ultima ratio dieses Schutzes eingesetzt, wenn ein bestimmtes Verhalten über sein Verbotensein hinaus in besonderer Weise sozialschädlich und für das geordnete Zusammenleben der Menschen unerträglich, seine Verhinderung daher besonders dringlich ist."[131]

Hierbei sollen die Androhung und gar die Verhängung und Vollziehung von Strafe „den Vorwurf zum Ausdruck bringen, „der Täter habe 'elementare Werte des Gemeinschaftslebens' verletzt."[132] Bei der freiwilligen und nichtkommerziellen Lebendspende eines Organs unter einander nicht nahestehenden Menschen liegt jedoch kein sozialschädliches, sondern ein in hohem Maße fremd- und sozialnützliches Verhalten vor, bei dem der Organspender zudem – nach entsprechender Aufklärung – ausschließlich in seine eigenen Rechtsgüter eingreift.

Der Tatbestand des § 19 Abs. 2 i.V.m. § 8 Abs. 1 Satz 2 TPG pönalisiert eine Handlung (hier: die Entnahme eines Organs durch einen Arzt) auch und gerade in solchen Fällen, in denen diese nur dazu dient, Leben und Gesundheit eines Dritten zu erhalten. Der bloße Umstand, daß ein Arzt, ethischen Prinzipien seiner Berufsausübung folgend, das Organ eines erwachsenen, aufgeklärten, und nach seiner Überzeugung freiverantwortlich handelnden Menschen entnimmt, der mit seiner Spende einer ihm nicht besonders verbundenen Person aus altruistischen Gründen helfen möchte, ist unter Schuld- und Verhältnismäßigkeitsgesichtspunkten jedoch schlechthin nicht strafwürdig.[133]

Zweitens inkriminiert die Norm ein Verhalten, das allenfalls im Vorfeld abstrakter Rechtsgutsgefährdung liegt. Soweit sie dazu dient, Organhandel im Vorfeld zu verhindern, ist festzustellen, daß dieses Ziel bereits durch das gesetzlich normierte Kommissionsverfahren (§ 8 Abs. 3 TPG) mit hinreichender Sicherheit erreicht werden kann. Ein Handeln, bei dem durch ein rechtlich definiertes Procedere in jedem Einzelfall eine mögliche Gefährdung der betroffenen Rechtsgüter mit hinreichender Effizienz ausgeschlossen werden kann, kann nicht mehr als abstraktes Gefährdungsdelikt begriffen und pönalisiert werden, ohne die Konturen des Begriffs der Gefährdung vollständig aufzulösen. Zudem ist das strafbewehrte Organhandelsverbot im Sinne von § 17 i.V.m. § 18 TPG bereits selbst ein abstraktes Gefährdungsdelikt. Es dient dazu, die Gefahren, die durch Organhandel drohen, nämlich die der Ausbeutung des Spenders bzw. des Empfängers, zu bekämpfen. Wenn nun der Gesetzgeber durch § 19 Abs. 2 i.V.m. § 8 Abs. 1 Satz 2 TPG nun, um den Organhandel auszuschließen, flankierend die altruistische freiwillige Lebendspende fremder Personen verbietet, so sanktioniert er damit das Vorfeld des Vorfeldes des Rechtsgüterschutzes und dehnt damit das Konzept eines auf den Schutz von Rechtsgütern bezogenen Strafrechts bis zum Zerreißen.

Soweit die Norm über §§ 17 f. TPG hinaus flankierend dem Organhandel entgegenwirken soll, wird der ärztliche „Täter" drittens schließlich nicht für eigenes, sondern vielmehr für vermutetes Verhalten Dritter bestraft. Das Anknüpfen einer Strafdrohung an ein solches Handeln höchstens mittelbarer Gefährlichkeit rückt den Betroffenen „in die Nähe eines bloßen Mittels zum Zweck; das aber läßt die Strafdrohung als mit dem verfassungsrechtlich geschützten Wert- und Achtungsanspruch nicht mehr vereinbar erscheinen".[134]

Ergebnis:

Nach alledem erscheint die Wertung begründet, daß der Straftatbestand des § 19 Abs. 2 i.V.m. § 8 Abs. 1 Satz 2 TPG mehr Schaden an den Prinzipien einer grundrechtsorientierten Strafrechtsordnung anrichtet als er andererseits an Rechtsgüterschutz vermitteln kann. Insoweit erscheint eine rechtspolitische Korrektur dieser Norm als dringendes Desiderat.

2.2.6. Unklarheiten in bezug auf den Begriff „Organe, die sich nicht wieder bilden können"

Die strafbewehrte Spenderkreisregelung des § 8 Abs. 1 Satz 2 TPG gilt nur für „Organe [und Organteile[135]], die sich nicht wieder bilden können." Völlig unklar ist, ob unter diesen Begriff auch die Spende eines Lebersegmentes bzw. -lappens fällt.

In medizinischer Hinsicht ist diese Frage eindeutig zu beantworten: Die Leber ist, wie man seit jeher weiß[136], ein regenerierbares Organ.[137] Der Regenerationsprozeß der Leber nach einer Lebendspende wird in der neuesten Fachliteratur als „prompt und vollständig" bezeichnet.[138] Selbst im Fall der Entnahme des größeren rechten Leberlappens hat sich die Lebermasse sowohl beim Spender als auch beim Empfänger bereits nach einer Woche verdoppelt und binnen zwei Wochen nahezu

2. Die Beschränkung des Spenderkreises (§ 8 Abs. 2 Satz 1 TPG)

vollständig wiedergebildet, sofern dieser Prozeß nicht durch außergewöhnliche Komplikationen verzögert wird.[139] Mit der Spende eines Leberteils sind weder ein „irreversibler Substanzverlust"[140] noch Einbußen der Organfunktion verbunden. Die Leber ist damit ein „Organ, das sich wieder bilden kann", wobei nach der Formulierung der Norm bedeutungslos ist, daß der entnommene Leberlappen nicht als solcher und in seiner „alten" Form nachwächst[141], sondern sich die Leber in neuer Form regeneriert.

Nach dem Wortlaut des Gesetzes wird die Lebendspende einer Leber mithin ganz eindeutig nicht vom Anwendungsbereich des § 8 Abs. 1 Satz 2 TPG erfaßt. Diese Auslegung findet eine weitere Stütze in den Materialien des Gesetzgebers, der – nachdem er die „klassischen" regenerierbaren Körpermaterialien wie Blut und Knochenmark bereits vom Anwendungsbereich des Gesetzes ausgenommen hatte[142] – als Beispiele für „nicht regenerierungsfähige Organe und Organteile" seinerzeit nur „Nieren, Lungenlappen oder Teile der Bauchspeicheldrüse", nicht aber die Leber nannte[143], obwohl Mitte der 90er Jahre die Bedeutung der Lebersegment-Leberspende bereits um ein Vielfaches über derjenigen der Lungen- oder Pankreasspende lag.

Im Hinblick auf die gesetzgeberischen Ziele, die mit dieser Norm verfolgt werden sollen (Sicherstellung der Freiwilligkeit der Entscheidung des Spenders sowie ein paternalistischer Schutz des Spenders davor, sich selbst gesundheitlich zu schaden) ist dieser Befund nahezu absurd: Gerade die Spende eines Leberteils, die insbesondere im Fall der Entnahme des rechten Leberlappens mit weit höheren Risiken für den Spender verbunden ist als die Nephroureterektomie[144], wird von einer Schutzvorschrift für den Spender nicht erfaßt. Die Regenerationsfähigkeit eines Organs ist als gesetzliches Differenzierungskriterium in diesem Sinn folglich ungeeignet.[145] Einmal mehr ist ein ganz erheblicher handwerklicher Konstruktionsmangel des Transplantationsgesetzes festzustellen.

Das genannte Problem läßt sich de lege lata nur insoweit angemessen behandeln, wenn man es nicht als „primär medizinisches"[146] betrachtet, sondern mit juristischen Mitteln angeht. Eine Auslegung nach dem Sinn und dem angegeben Schutzzweck der Norm mag in der Tat nahelegen, die Spende eines Leberteils solange unter § 8 Abs. 1 Satz 2 TPG zu subsumieren, als diese verfehlte Vorschrift besteht. Eine solche „teleologische Extension" der Norm ist jedoch mit Unsicherheiten behaftet, die spätestens dann verfassungsrechtliche Dimension gewinnen, wenn man sich nochmals vor Augen hält, daß § 8 Abs. 1 Satz 2 TPG i.V.m. § 19 Abs. 2 TPG einen Straftatbestand formuliert. Der Versuch, diesen Straftatbestand so zu verstehen, daß er die Lebendspende eines Leberteils mit umfaßte, würde unter zwei verschiedenen Aspekten mit dem verfassungsrechtlichen Grundsatz des *nullum crimen sine lege certa* des Art. 103 Abs. 2 GG kollidieren.

Das genannte Verfassungsprinzip enthält zunächst die Anforderung, daß Strafnormen so bestimmt sein müssen, daß der Adressat im Regelfall anhand der gesetzlichen Regelung voraussehen kann, ob ein Verhalten strafbar ist. Hierbei ist der Wortsinn einer Strafnorm aus der Sicht des Adressaten zu erfassen:[147] „Ein unbestimmtes und dadurch undeutliches Gesetz kann den Bürger nicht vor Willkür schützen, weil es keine greifbare Selbstbindung der staatlichen Strafgewalt bringt; es widerspricht dem Grundsatz der Gewaltenteilung, weil es dem Richter beliebige Auslegungen und damit ein Übergreifen in den Bereich der Legislative gestattet; es kann keine generalpräventive Wirkung entfalten, weil der einzelne nicht erkennen kann, was ihm verboten werden soll."[148] Diesem Bestimmtheitsgebot genügt § 8 Abs. 1 Satz 2 TPG im Hinblick auf die Leber-Lebendspende nicht; der Gesetzgeber wußte ganz offenbar selbst nicht, was er hier regeln wollte.

Zugleich und vor allem folgt aus Art. 103 Abs. 2 GG das Verbot strafbegründender Analogie. Der mögliche Wortsinn eines strafgesetzlichen Begriffs bildet die nicht zu überschreitende Grenze seiner Auslegung.[149] Dies sperrt, wie das Bundesverfassungsgerichts jüngst nochmals verdeutlicht hat, insbesondere Versuche einer „erweiternden" Auslegung bzw. einer tatbestandsausweitenden Interpretation von Strafnormen.[150] Eine solche läge jedoch vor, würde man entgegen dem insoweit eindeutigen Wortlaut der Norm und angesichts der bestenfalls indifferenten Absichten des Gesetzgebers einen Arzt wegen der Durchführung einer Leber-Lebendtransplantation zwischen nicht den Spenderkreis-Vorschriften des § 8 Abs. 1 Satz 2 TPG genügenden Personen bestrafen.

Festzuhalten ist jedenfalls: Bereits die aufgeführten inneren Widersprüche des § 8 Abs. 1 Satz 2 TPG bilden einen hinreichenden Anlaß für eine Novellierung der Norm.

2.2.7. Der Beschluß des Bundesverfassungsgerichts vom 13.8.1999

Im Jahr 1999 ist der Versuch gescheitert, die genannte Restriktion des Spenderkreises mit drei Verfassungsbeschwerden[151] gegen § 8 Abs. 1 Satz 2 und § 19 Abs. 2 letzte Alternative TPG außer Kraft zu setzen.

Bei den drei Beschwerdeführern handelte es sich um einen an terminaler Niereninsuffizienz und Diabetes erkrankten, wegen Erschöpfung der Gefäßsituation absehbar nicht mehr dialysierbaren und deshalb dringend auf eine Niere angewiesenen Patienten, einen potentiellen Lebendspender, der aus ausschließlich altruistischen und humanitären Gründen eine seiner Nieren an den ihm ursprünglich nicht bekannten, durch Computer bestimmten Empfänger spenden wollte, und drittens den Leiter der Sektion Organtransplantation und Thorax-Chirugie der Klinik für Chirurgie an der Medizinischen Universität zu Lübeck, Prof. Dr. Jochem Hoyer, der diesen durch § 8 Abs. 1 Satz 2 i.V.m. § 19 Abs. 2 TPG gesetzlich untersagten Eingriff durchführen wollte.

Die Beschwerdeführer rügten die Verletzung mehrerer Grundrechte[152] und machten insbesondere geltend, daß in Fällen dieser Art, aber auch bei Konstellationen der Überkreuz-Spende, anstelle des rigiden Verbots des § 8 Abs. 1 Satz 2 TPG „Sicherheit durch Verfahren", d.h. eine nach genauer Prüfung erfolgende Einzelfallentscheidung ebenso wie bei einander nahestehenden Personen (§ 8 Abs. 3 TPG) hinreichend sei, um Zweifel an der Freiwilligkeit der Spenderentscheidung bzw. an der nichtkommerziellen Motivation des Spenders auszuschließen und so den Zielsetzungen des Gesetzes zu genügen.

Das Verfahren vor dem Bundesverfassungsgericht, dessen Erster Senat in umfassender Weise Stellungnahmen eingeholt hatte[153], endete am 11.8.1999 durch den in der Sache umfassend begründeten Beschluß der 1. Kammer des Ersten

2. Die Beschränkung des Spenderkreises (§ 8 Abs. 2 Satz 1 TPG)

Senats, die Beschwerden nicht zur Entscheidung anzunehmen. Die Kammer hat damit den in diesem Kapitel analysierten status quo der rechtlichen Voraussetzungen der Lebendorganspende in Deutschland bestätigt.

2.2.7.1. Die Entscheidung

Die Kammer führte im wesentlichen aus, § 8 Abs. 1 Satz 2 und § 19 Abs. 2 letzte Alternative TPG genügten in formeller Hinsicht den Anforderungen des Grundgesetzes; insbesondere sei das Zitiergebot des Art. 19 Abs. 1 Satz 2 GG nicht verletzt. Die angegriffenen Vorschriften verstießen auch weder gegen das rechtsstaatliche Bestimmtheitserfordernis noch gegen Art. 103 Abs. 2 GG. Zwar sei zu konzedieren, daß das Tatbestandsmerkmal der „Personen, die dem Spender in besonderer persönlicher Verbundenheit offenkundig nahestehen", durch den Wortlaut allein noch nicht hinreichend bestimmt sei, der Inhalt der Norm lasse sich mit Hilfe der üblichen Auslegungsmethoden jedoch feststellen. Die gleichwohl verbleibenden Auslegungsschwierigkeiten überstiegen nicht das rechtsstaatlich hinnehmbare Maß an Unbestimmtheit oder die Grenzen des Art. 103 Abs. 2 GG.

In materieller Hinsicht begegne es keinen verfassungsrechtlichen Bedenken, daß der Gesetzgeber die Entnahme von Organen, die sich nicht wieder bilden können, nur zum Zweck einer Übertragung auf Verwandte, Ehegatten, Verlobte oder andere Personen, die dem Spender in besonderer persönlicher Verbundenheit offenkundig nahestehen, erlaubt habe. Die Regelung des § 8 Abs. 1 Satz 2 TPG verletze Art. 2 Abs. 2 Satz 1 GG, das Grundrecht auf Leben und körperliche Unversehrtheit des potentiellen Lebendorganempfängers, im Ergebnis nicht. Die angegriffenen Vorschriften stellten zwar einen Eingriff in dieses Grundrecht dar, seien die Möglichkeiten der Organentnahme von lebenden Spendern durch § 8 Abs. 1 Satz 2 TPG doch gegenüber der vor dem Inkrafttreten des Transplantationsgesetzes bestehenden Lage beschränkt worden. Der Gesetzgeber habe hierdurch die Therapiemöglichkeiten von Patienten, die auf Ersatzorgane, insbesondere eine Ersatzniere, angewiesen sind, kausal zurechenbar nachhaltig beeinträchtigt.

Der von § 8 Abs. 1 Satz 2 TPG ausgehende Grundrechtseingriff sei im Ergebnis jedoch gerechtfertigt. Zwar müßten nach der ständigen Rechtsprechung des Bundesverfassungsgerichts Eingriffe in das Grundrecht aus Art. 2 Abs. 2 Satz 1 GG verhältnismäßig sein und Konflikte zwischen den Schutzgütern dieses Grundrechts und anderen Rechtsgütern nach Maßgabe des Verhältnismäßigkeitsprinzips durch Abwägung der einander widerstreitenden Interessen gelöst werden. Allerdings habe der Gesetzgeber bei der verhältnismäßigen Zuordnung der Rechtsgüter, die bei der Organtransplantation in Frage stünden, einen weiten Beurteilungs- und Gestaltungsspielraum, den er mit seiner Regelung des Spenderkreises nicht überschritten habe.

Alle drei vom Gesetzgeber zur Begründung der restriktiven Regelung des § 8 Abs. 1 Satz 2 TPG genannten Ziele – mit der Norm solle der Vorrang der postmortalen Organentnahme gegenüber der Entnahme eines Organs einer lebenden

Person zum Ausdruck gebracht werden, da die Organentnahme für den lebenden Spender kein Heileingriff sei, sondern ihm grundsätzlich körperlich schaden und ihn gesundheitlich gefährden könne; zudem solle die Freiwilligkeit der Organspende sichergestellt und jeder Form des Organhandels vorgebeugt werden – beruhten auf vernünftigen Gründen des Allgemeinwohls, die den Gesetzgeber grundsätzlich zu einem Grundrechtseingriff berechtigten. Die mit § 8 Abs. 1 Satz 2 TPG verfolgten Ziele sollten überdies dazu beitragen, in einem sensiblen Bereich wie der Transplantationsmedizin ein Höchstmaß an Seriosität und Rechtssicherheit herzustellen. Auch mit der Einschätzung, daß die Freiwilligkeit der Organspende grundsätzlich nur bei einem verwandtschaftlichen oder sonstigen Näheverhältnis vermutet werden könne, habe der Gesetzgeber seinen Beurteilungsspielraum nicht überschritten. Letzteres gelte auch im Hinblick auf das Ziel, den Spender vor den Folgen seiner Spendeentscheidung zu schützen. Zwar bedürfe der Schutz des Menschen vor sich selbst als Rechtfertigungsgrund staatlicher Maßnahmen in Ansehung der durch Art. 2 Abs. 1 GG verbürgten allgemeinen Handlungsfreiheit grundsätzlich seinerseits einer verfassungsrechtlichen Rechtfertigung, da auch selbstgefährdendes Verhalten Ausübung grundrechtlicher Freiheit sei, dies ändere aber nichts daran, daß es ein legitimes Gemeinwohlanliegen sei, Menschen davor zu bewahren, sich selbst einen größeren persönlichen Schaden zuzufügen. So sei es zwar richtig, daß bei einer Vermittlung durch eine Vermittlungsstelle im Sinn des § 12 TPG ähnlich wie bei postmortal gespendeten Organen die Gefahr eines Organhandels durch die Anonymität der Vermittlung praktisch ausgeschlossen und auch die Freiwilligkeit der Spenderentscheidung bei einer solchen Konstruktion gesichert wäre. Damit wäre aber noch nicht das Problem gelöst, daß jede Organentnahme für den Spender mit gewissen Risiken verbunden ist; der vom Gesetzgeber legitimerweise verfolgte „Schutz des Spenders vor sich selbst" wäre deshalb bei einer anonymen Vermittlung durch eine Vermittlungsstelle nicht erreicht.

Angesichts des dem Gesetzgeber zukommenden weiten Beurteilungs- und Gestaltungsspielraums könne das Gericht auch nicht feststellen, daß die Restriktion des Spenderkreises zur Zweckerreichung nicht erforderlich sei. Ob mit der Prüfung der gesetzlichen Voraussetzungen der Lebendspende in jedem Einzelfall entsprechend dem Kommissions-Verfahren, das der Gesetzgeber in § 8 Abs. 3 Satz 2 bis 4 TPG zur Voraussetzung einer Lebendspende unter Verwandten vorgesehen hat, tatsächlich ein gleich wirksames, aber weniger belastendes Mittel zur Verfügung stehe, unterliege alleine der Einschätzung des Gesetzgebers, die in Ansehung seines weiten Beurteilungsspielraums ebenfalls von Verfassungs wegen nicht zu beanstanden sei.

§ 8 Abs. 1 Satz 2 TPG sei schließlich auch verhältnismäßig im engeren Sinn, da die Lebendspende für den potentiellen Organempfänger in aller Regel nicht das einzige Mittel der Lebenserhaltung oder Gesundheitsverbesserung sei. Transplantationsbedürftige Patienten hätten vielmehr regelmäßig die Möglichkeit, ihre lebensbedrohende Krankheit durch die Implantation eines postmortal gespendeten Organs zu kurieren. Zwar sei die Transplantation eines bei einem lebenden Menschen entnommenen Organs medizinisch vorzugswürdig; immerhin sei es aber möglich, ein postmortal entnommenes Organ zu transplantieren und dadurch eine

wirkungsvolle Maßnahme der Lebenserhaltung und Gesundheitsförderung vorzunehmen. Endlich seien auch weitere Grundrechte der Betroffenen (das Grundrecht auf allgemeine Handlungsfreiheit des Organspenders, Art. 2 Abs. 1 GG;[154] das Grundrecht auf Berufsfreiheit des Arztes, Art. 12 Abs. 1 GG; sowie das Recht auf Glaubens-, Gewissens- und Weltanschauungsfreiheit der Betroffenen, Art. 4 Abs. 1 GG) nicht verletzt; auch ein Verstoß gegen den allgemeinen Gleichheitssatz (Art. 3 Abs. 1 GG) sei nicht ersichtlich.

Im Hinblick auf § 19 Abs. 2 TPG sei eine Grundrechtsverletzung schließlich auch nicht wegen eines Verstoßes gegen das Gebot schuldangemessenen Strafens, das in der Verfassung verankerte Schuldprinzip oder das Übermaßverbot gegeben.

2.2.7.2. Folgerungen

Der Beschluß des Bundesverfassungsgerichts ist in der rechtswissenschaftlichen Literatur auf nachdrückliche Kritik gestoßen.[155] Diese entzündete sich an den wenig überzeugenden Ausführungen der Kammer zur formellen Verfassungsmäßigkeit des Gesetzes (Art. 19 Abs. 1 Satz 2 GG) und insbesondere zur Erforderlichkeit und Verhältnismäßigkeit des Eingriffes in die Grundrechte der Betroffenen sowie daran, daß die Kammer das Konzept des Gesetzespaternalismus nicht nur mit einer keineswegs durch die bisherige Rechtsprechung des Gerichts gedeckten verfassungsrechtlichen Dignität ausgestattet, sondern den bevormundenden staatlichen Schutz des Menschen vor sich selbst darüber hinaus als Rechtfertigung für einen schwerwiegenden Grundrechtseingriff bei einer dritten Person (hier: dem Organempfänger) legitimiert hat.

Die Entscheidung spiegelt insbesondere ein übergroßes Maß an Zurückhaltung des Gerichts gegenüber einem Gesetz wider, das vom Bundestag 1997 zwar mit einer Mehrheit von fast drei Vierteln der Stimmen beschlossen wurde, aber gerade im Hinblick auf die Regelungen zur Lebendspende kaum Gegenstand angemessener parlamentarischer Diskussion gewesen war.

Im Hinblick auf diesen Beschluß des Bundesverfassungsgerichts ist an dieser Stelle festzuhalten, daß das Gericht nur über die Frage zu entscheiden, ob § 8 Abs. 1 Satz 2 TPG die Grundrechte der Beschwerdeführer verletzt, nicht aber über die rechtspolitische Angemessenheit der Norm zu befinden hatte. Zur Diskussion hat nunmehr indes die Frage zu stehen, ob der Gesetzgeber beim Erlaß des § 8 Abs. 1 Satz 2 TPG von seinem „weiten Beurteilungsspielraum", den ihm die Kammer an entscheidender Stelle konzedierte, in vernünftiger, überzeugender und angemessener Weise Gebrauch gemacht hat. Aus den in diesem Kapitel genannten Gründen war dies nicht der Fall; deshalb besteht Bedarf an einer Reformulierung der Norm. Schon die Feststellung, daß der Gesetzgeber mit der Beschränkung des Spenderkreises bei der Lebendspende die Therapiemöglichkeiten von Menschen, die auf eine Transplantation angewiesen sind, „nachhaltig beeinträchtigt" und in das Grundrecht auf Leben und körperliche Unversehrtheit dieser Patienten eingreift, spricht in rechtspolitischer Perspektive ein vernichtendes Urteil über ein Gesetz, das erlassen wurde, um gerade diese Rechtsgüter zu schützen.[156]

2.2.8. Zusammenfassende Bewertung des § 8 Abs. 1 Satz 2 TPG und seines Straftatbestandes

§ 8 Abs. 1 Satz 2 TPG beschränkt in nachhaltiger Weise die Lebendspende von Organen und greift in nicht erforderlicher und damit unverhältnismäßiger Weise in die Grundrechte potentieller Lebendorganspender und -empfänger, insbesondere in das Grundrecht auf Leben und körperliche Unversehrtheit des potentiellen Lebendorganempfängers aus Art. 2 Abs. 2 Satz 1 GG und das Grundrecht auf allgemeine Handlungsfreiheit des potentiellen Spenders aus Art. 2 Abs. 1 GG, ein. Die Vorschrift verhindert insbesondere im Hinblick auf die Möglichkeiten der Überkreuz- sowie der altruistischen Fremdspende, daß schwerkranken Menschen geholfen werden kann. Insbesondere verbietet § 8 Abs. 1 Satz 2 TPG im Regelfall eine Überkreuz-Spende auch dann, wenn sie immunologisch möglich und ethisch unbedenklich ist. Die Patienten können in diesem gesetzlichen „Graubereich" weder bei einer Transplantation im Inland noch im Ausland sichergehen, vor Strafverfolgung geschützt zu sein und die Kosten des Eingriffs erstattet zu erhalten.

Die Norm ist zudem in mehrfacher Weise unbestimmt und läßt Arzt und Patienten mit erheblichen Interpretationsproblemen zurück. Bereits die aufgeführten inneren Widersprüche des § 8 Abs. 1 Satz 2 TPG bilden einen hinreichenden Anlaß für eine Novellierung der Norm.

Der Straftatbestand des § 19 Abs. 2 i.V.m. § 8 Abs. 1 Satz 2 TPG, der nicht nur den Arzt, sondern grundsätzlich auch Lebendspender und -empfänger mit Strafe bedroht, ist nicht mit den Prinzipien einer grundrechtsorientierten Strafrechtsordnung in Einklang zu bringen. Diese Norm inkriminiert nicht nur ein Verhalten, das allenfalls im Vorfeld abstrakter Rechtsgutsgefährdung liegt, sondern pönalisiert eine Handlung (hier: die Entnahme eines Organs durch einen Arzt) auch und gerade in Fällen, in denen diese nur dazu dient, Leben und Gesundheit eines Dritten zu erhalten. Der bloße Umstand, daß ein Arzt, ethischen Prinzipien seiner Berufsausübung folgend, das Organ eines erwachsenen, aufgeklärten, und nach seiner Überzeugung freiverantwortlich handelnden Menschen entnimmt, der mit seiner Spende einer ihm nicht besonders verbundenen Person aus altruistischen Gründen helfen möchte, ist unter Schuld- und Verhältnismäßigkeitsgesichtspunkten jedoch nicht strafwürdig. Der ärztliche „Täter" wird zudem letztlich nicht für eigenes, sondern vielmehr für vermutetes Verhalten Dritter bestraft.

Insgesamt erscheint eine korrigierende Novellierung der §§ 8 Abs. 1 Satz 2 und 19 Abs. 2 TPG als dringende Notwendigkeit.

3. Wie weit geht die Subsidiarität der Lebendspende nach dem Transplantationsgesetz?

3.1. Legitimationsprobleme des Subsidiaritätsprinzips

Die Lebendspende setzt einen Eingriff beim gesunden Menschen voraus, der bei der Verwendung eines postmortal gewonnenen Organs vermieden werden kann. Das Prinzip der Schadensvermeidung spricht deshalb zunächst dafür, der Übertragung von Organen Toter den Vorzug zu geben. Doch wieweit kann ein solcher Grundsatz der Subsidiarität der Lebendspende angesichts des Selbstbestimmungsrechts der Patienten reichen?

§ 8 Absatz Abs. 1 Satz 1 Nr. 3 TPG schreibt vor, daß die Entnahme von Organen einer lebenden Person nur zulässig ist, wenn „ein geeignetes Organ eines [verstorbenen] Spenders [...] im Zeitpunkt der Organentnahme nicht zur Verfügung steht". Hintergrund dieser Bestimmung ist der in der Gesetzesbegründung formulierte Grundsatz, demzufolge die Organspende von Toten „klaren Vorrang gegenüber der Lebendspende" habe.[157]

Die ratio dieser Subsidiaritätsregel ist bei näherer Betrachtung äußerst problematisch. Sie ist überzeugend in dem Sinn, daß es generell zu begrüßen wäre, wenn durch ein ausreichendes Angebot an postmortal entnommenen Organen der Organmangel als Grund für die Vornahme von Lebendorgantransplantationen entfiele. Sie ist vernünftig insoweit, als die Möglichkeit der Lebendspende nicht dazu führen soll, daß das Bemühen um die Gewinnung postmortal gespendeter Organe insgesamt vernachlässigt wird.[158] Nicht zu rechtfertigen ist der Grundsatz der Subsidiarität der Lebendspende jedoch, wenn er dazu dienen soll, im konkreten Fall Personen, die zur Lebendorgantransplantation entschlossen sind, diese zu untersagen und dem potentiellen Lebendorganempfänger ein postmortal gewonnenes Organ aufzudrängen. Hierfür sind wenigstens sechs Gründe anzuführen:

(1) Neue Großstudien zeigen, daß jedenfalls bei der Niere der zu erwartende medizinische Erfolg der Transplantation bei Verwendung eines Organs vom lebenden Spender statistisch erheblich höher ist als bei Verwendung eines postmortalen Organs.[159] Die durchschnittliche Drei-Jahres-Überlebensrate der transplantierten Nieren beträgt nach amerikanischen Untersuchungen aus dem Jahr 1995 85% bei Spenden unter Ehegatten, 82 % bei Eltern-auf-Kind-Spenden, 81% bei mit dem Empfänger weder verwandten noch verheirateten Spendern, aber nur 70 % bei der postmortalen Organspende:

Eine Fortführung dieser Studie im Jahr 1999 ergab bereits eine 87%ige Dreijahres-Transplantatüberlebensrate selbst bei nicht verwandten Spendern bzw. 86% für Eltern-Kind-Spenden; dies entsprach mehr als 10 Prozentpunkten Unterschied zu den Erfolgsquoten bei der üblichen Verwendung nicht vollständig HLA-kompatibler Nieren von verstorbenen Personen.[160] Für die USA gilt mithin, daß Lebendnierenspenden selbst dann, wenn, wie in einem Zwanzigstel aller Fälle, keine relevante Gewebeübereinstimmung zwischen Spender und Empfänger (6 HLA-mismatches) vorliegt, immer noch die gleichen Erfolgsaussichten haben wie die seltenen Fälle von Leichenorganübertragungen mit keinem HLA-mismatch.[161]

Graphik 1: Vergleich der 3-Jahres-Transplantat-Überlebensraten (Erstnieren) zwischen lebend gespendeten Organen und Organen Verstorbener (USA, nach Terasaki et al., 1995/1997)[162]

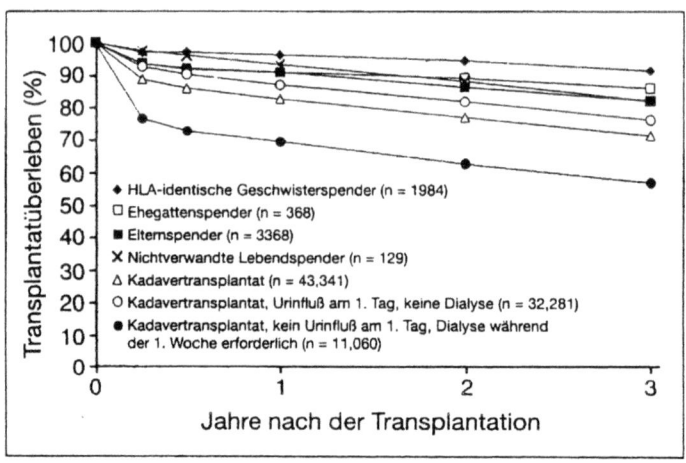

Es verwundert deshalb nicht, wenn der Verfasser dieser Untersuchung zu dem Schluß kommt, daß aus medizinischer Sicht „der Lebendspender die erste Wahl sein sollte, wenn er stark motiviert ist."[163] Die Lebendtransplantation einer Niere, resümieren die neuen „United Kingdom guidelines for living donor kidney transplantation", biete „den Empfängern die beste Hoffnung auf langfristige Rehabilitation."[164]

Diese erheblichen Unterschiede in den Erfolgsaussichten der beiden Therapien Lebend- und Verstorbenen-Organspende verschärfen sich zusätzlich dadurch, daß mit zunehmender Dauer der Dialysebehandlung die Langzeitfunktion des schließlich transplantierten Organs abnimmt. Nach neuesten Untersuchungen liegt die berechnete Vierjahres-Transplantatüberlebensrate lebend gespendeter Nieren bei Patienten, die eine längere Hämodialyse hinter sich haben, mit 65% ganz erheblich, nämlich um 14 Prozentpunkte, unter derjenigen bei Patienten, die zu oder vor dem Beginn ihrer Dialysepflichtigkeit ein gespendetes Organ enthielten (79%).[165] Insoweit liegt es regelmäßig im medizinischen Interesse von Patienten, die an terminaler Niereninsuffizienz leiden, eine präemptive Transplantation[166] zu erhalten[167], ja die Lebendspende einer Niere muß in dieser Perspektive als ein nicht nur lebensqualitätsverbessernder, sondern vielmehr lebensverlängernder, bisweilen gar lebensrettender Akt begriffen werden.[168] Dies gilt insbesondere für die Diabetiker unter den Patienten.[169] Ebendiese Lebendspende wäre jedoch ausgeschlossen, wenn die Patienten verpflichtet würden, auf ein postmortal gewonnenes Transplantat zu warten.

3. Subsidiarität der Lebendspende

Vollends abwegig wird der Grundsatz der Subsidiarität der Lebendspende, wenn man in Rechnung stellt, daß sich, bedingt durch die sich verschärfende Organknappheit und die steigenden Wartelisten[170], die durchschnittlichen Wartezeiten für Patienten auf der Warteliste für Nieren erheblich verlängert haben und weiter verlängern werden.[171] Diese Wartezeiten sind in medizinischer Hinsicht fatal. Sie führen insbesondere im Bereich der Lebertransplantation dazu, daß bis zu 20 % der Patienten auf den Wartelisten versterben.[172] Auf der Warteliste für Nieren bei der Stiftung Eurotransplant verloren im Jahr 1999 397 Patienten ihr Leben; von 1994 bis 1999 waren es 2.122. Im gleichen Jahr mußten zudem weitere 322 Patienten wegen ihres schlechten Allgemeinzustandes durch eine überlange Wartezeit von der Liste gestrichen werden.[173] Insofern kann das Subsidiaritätsprinzip auch nicht auf sinnvolle Weise so verstanden werden, daß die Patienten zunächst eine hinreichend lange Zeit auf ein postmortal gewonnenes Organ zu warten hätten, bevor man ihnen unter dem Gesichtspunkt der „Erforderlichkeit" die Lebendorgantransplantation erlaubt.[174]

Die Nierentransplantation erhöht im Vergleich zur Dialysebehandlung die Lebenserwartung der Patienten deutlich.[175] Hierbei gibt es eine große Zahl von Patienten (insbesondere Diabetiker), deren Lebenserwartung bzw. Sterbewahrscheinlichkeit in besonderer Weise davon abhängt, wieviel Zeit zwischen dem Beginn ihrer Dialysepflichtigkeit und der Organübertragung vergeht: Der berechnete durchschnittliche Gewinn an weiterer Lebenszeit, der für einen an Diabetes mellitus leidenden Patienten mit einer Nierentransplantation (im Vergleich zur fortgesetzten Dialysebehandlung) verbunden ist, beträgt 11 Jahre; für Diabetiker der Altersgruppe 20-39 Jahre beträgt er gar 17 (25 anstatt 8) Jahre, in der Altersgruppe der 40-59-jährigen immerhin 14 (22 anstatt 8) Jahre.[176]

Die so verstandene Subsidiaritätsklausel würde (außerhalb der Ebene der Makroallokation von Gesundheitsleistungen) damit den wohl einzigartigen Fall darstellen, daß durch Gesetz Patienten eine medizinisch eindeutig schlechtere Therapie aufgezwungen würde.[177] Im Hinblick bereits auf die umfassenden staatlichen Schutzpflichten[178] für das grundrechtlich geschützte Rechtsgut der körperlichen Unversehrtheit und Gesundheit, insbesondere aber auf den Abwehraspekt dieses Grundrechts[179] erscheint dies verfassungsrechtlich mehr als bedenklich.

(2) Zwar würde die große Mehrheit der Spender-Empfänger-Paare, die sich auf eine Lebendtransplantation vorbereiten, den Eingriff beim Spender vermeiden und sich für ein postmortal entnommenes Organ entscheiden, wenn ein solches (was angesichts immer länger werdender Wartezeiten ohnehin unwahrscheinlich genug ist) vor dem Eingriff vermittelt würde; immer wieder begegnen aber auch Empfänger, die für sich die Übertragung des Organs eines Toten kategorisch ablehnen. Eine Reihe von Patienten, die auf ein Organ angewiesen sind, haben erhebliche psychische Probleme mit oder moralisch genährte Vorbehalte gegenüber der Vorstellung, ein Organ gerade eines toten Menschen zu erhalten. Die Entscheidung darüber, was ein Teil des eigenen Körpers werden soll, unterfällt jedoch dem Kernbereich des grundrechtlich geschützten Persönlichkeits- und Selbstbestimmungsrechts des Empfängers (Art. 2 Abs. 1 i.V.m. Art. 1 Abs. 1 GG), seinem Grundrecht auf körperliche Unversehrtheit (Art. 2 Abs. 2 GG), das auch ein Freiheitsrecht ist[180] sowie unter Umständen auch seiner Religions- und Weltanschau-

ungsfreiheit (Art. 4 Abs. 1 GG). Die Verfügung über den eigenen Körper dürfte die grundlegendste Dimension der menschlichen Persönlichkeit überhaupt bezeichnen, sie ist jedenfalls „die elementarste Form der praktischen Selbstbeziehung."[181] Es ist nicht ersichtlich, wie eine Regel verfassungsrechtlicher Prüfung standhalten könnte, die Patienten vor die Wahl stellt, sich entweder anstelle eines vom Lebenden zu spendenden Organs das Organ eines Toten aufdrängen zu lassen oder aber auf die heilende oder gar lebensrettende Transplantation gänzlich zu verzichten.

(3) Hinzu kommt im Hinblick auf den Lebendorganspender, daß das gesetzgeberische Ziel, mit dem diese erheblichen Grundrechtseingriffe gerechtfertigt werden sollen, nur in dem Versuch besteht, mündige, ärztlich aufgeklärte Erwachsene gegen ihren erklärten Willen von einem rational begründbaren und in seinen Risiken überschaubaren Eingriff in die eigene körperliche Integrität zugunsten eines nahestehenden Menschen abzuhalten. Gesetzlicher Paternalismus dieser Art sieht sich in einem liberalen Rechtsstaat jedoch, wie gezeigt, einem prinzipiellen Legitimationsdefizit ausgesetzt; vertretbar erscheint er im Hinblick auf die erheblichen Komplikationsrisiken für die Spender allenfalls in den problematischen Konstellationen von sehr kurzfristig angesetzten Leber-Lebendspenden zugunsten unmittelbar lebensbedrohter, hochdringlicher Empfänger.

(4) Angesichts dieses Befundes erscheint insbesondere die für die Subsidiaritätsregelung gegebene Begründung problematisch, daß die Lebendspende eines Organs nicht dazu führen soll, „daß das Bemühen um postmortale Organspender vernachlässigt wird".[182] Wenn diese Begründung, wie dies naheliegt, so verstanden werden soll, daß die Entscheidung der konkreten Patienten, eine Lebendspende durchzuführen, dem Ziel untergeordnet werden soll, die Zahl postmortaler Organspenden insgesamt zu erhöhen, so wird man dies nicht anders bezeichnen können als eine staatlich angeordnete Instrumentalisierung der Betroffenen zugunsten eines politischen Ziels, das in dieser Form den Bezug zu den Rechtsgütern, denen es dienen soll, offensichtlich verloren hat.

(5) Es ist im übrigen nicht nur rechtlich, sondern auch ethisch nicht zu begründen, Patienten gegen ihren Willen von der Lebendspende weg- und zur Annahme eines Leichenorgans hinzudrängen. Auch moralisch ist es – jedenfalls für den Bereich der Nierentransplantation – vertretbar, wenn sich Spender und Empfänger auf die Lebendspende beschränken wollen. Zwar ist das Ziel, Eingriffe bei gesunden Menschen nach Möglichkeit zu vermeiden, selbstverständlich ethisch fundiert und bedeutsam. Doch das hippokratische Argument (das in etwa lautet: „Ein nierenkranker Patient, der lieber einen Lebendspender operieren läßt, anstatt auf das Organ eines Toten zu warten, handelt unethisch und sollte darin nicht unterstützt werden") ist schief.[183] Es blendet die Entscheidung des Spenders aus. Wenn dieser, angemessen informiert, kraft eigener autonomer Entscheidung den Wunsch des ihm nahestehenden Empfängers mitträgt, nur sein Organ annehmen zu wollen, würde ein falsch verstandener Grundsatz der Subsidiarität der Lebendspende dazu führen, erwachsene Menschen in ihren höchstpersönlichen und intimen Entscheidungen mit der Macht des Staates „vor sich selbst" zu schützen. Wie sollte das zu rechtfertigen sein?

Wiederum macht der Respekt vor der Autonomie der Patienten den verantwortungsvollen Arzt nicht zum Handlanger. Natürlich muß sich ein transplantierender Arzt seiner besonderen Verantwortung gegenüber dem Spender bewußt sein, dem als einem Gesunden eine Operation und damit Belastungen und Risiken zugemutet werden. Der Arzt wird deshalb gegenüber Spender und Empfänger die relativen Vorteile des Wartens auf die Vermittlung eines postmortalen Organs und die Möglichkeit, den Eingriff beim Spender zu vermeiden, nachdrücklich klarstellen. Zur ärztlichen Verantwortung gehört es jedoch auch, Patienten, die sich nach gehöriger Aufklärung, reiflicher Überlegung und Beratung für die Lebendspende und nur für diese entscheiden, in dieser höchstpersönlichen Entscheidung zu respektieren.

(6) Schließlich erscheint es unter dem Gesichtspunkt der Organallokation unter Bedingungen einer sich ständig verschärfenden Knappheit an Transplantaten auch der Rechtfertigung bedürftig, warum ein postmortal entnommenes Organ einem Patienten, der ein Lebendorgan erhalten könnte und möchte, aufgezwungen und damit zugleich dem nächstplazierten Anwärter auf der Eurotransplant-Warteliste[184] vorenthalten werden soll.[185]

Eine gesetzliche Regelung der Lebendspende sollte aus diesen Gründen – jedenfalls für den Bereich der Nierentransplantation – auf Subsidiaritätsvorschriften für die Organlebendspende verzichten.

3.2. Die Regelung des § 8 Abs. 1 Satz 1 Nr. 3 TPG

Im deutschen Transplantationsgesetz kommt die verfehlte Subsidiaritätsregel bei näherer Hinsicht kaum zum Tragen. § 8 Abs. 1 Satz 1 Nr. 3 TPG, demzufolge die Entnahme von Organen einer lebenden Person nur zulässig ist, wenn „ein geeignetes Organ eines [verstorbenen] Spenders [...] im Zeitpunkt der Organentnahme nicht zur Verfügung steht", ist aus drei Gründen von beschränkter praktischer Relevanz: Erstens läßt sich angesichts der dargestellten überlegenen Ergebnisse der Lebendtransplantation bezweifeln, ob jedes angebotene Leichenorgan in diesem Sinne „geeignet" ist;[186] das Merkmal der „Geeignetheit" ist jedenfalls streng zu interpretieren.[187] Zweitens bezieht sich die Vorschrift in ihrem in der Schlußfassung des Gesetzesverfahrens nochmals veränderten[188] Wortlaut nur mehr auf den „Zeitpunkt der Organentnahme" beim lebenden Spender, der rechtlich eng zu verstehen und faktisch flexibel ist. Das Gesetz verbietet es dem Patienten und dem ihn behandelnden Arzt nach seinem Wortlaut nicht, die Organentnahme zu verschieben oder ein von der Vermittlungsstelle (Eurotransplant) angebotenes Leichenorgan abzulehnen, wenn dieses während der Vorbereitung auf die Lebendspende, aber vor dem geplanten „Zeitpunkt der Organentnahme" angeboten wird. Drittens kann sich der potentielle Empfänger eines lebend gespendeten Organs, der Konflikte mit der Subsidiaritätsvorschrift vermeiden will, einfach von der Warteliste streichen lassen. § 8 Absatz Abs. 1 Satz 1 Nr. 3 TPG wird im Konfliktfall deshalb in aller Regel leer laufen. Aus diesem Grund wird man annehmen dürfen, daß die Vorschrift in ihrer gegenwärtigen Form mit dem Grundgesetz vereinbar ist. Warum diese grundsätzlich verfassungsrechtlich bedenkliche und nur wegen ihrer gesetzestechnischen Verfehltheit unschädliche Vorschrift – trotz entsprechender Kritik im Gesetzgebungsverfahren[189] – überhaupt den Weg in den Gesetzestext gefunden hat, wird wohl ein Rätsel bleiben.

Nun wird allerdings vereinzelt behauptet, man könne potentielle Empfänger eines lebend gespendeten Organs – etwa vermittels standesrechtlicher oder -ethischer Vorschriften für den transplantierenden Arzt – zwingen, sich auf die Warteliste setzen zu lassen und auf dieser zu verbleiben.[190] Die Bundesärztekammer hat sich in ihren „Empfehlungen zur Lebendorganspende" dieser Position angeschlossen und aus dem Wortlaut von § 8 Abs. 1 Satz 1 Nr. 3 TPG geschlossen, der Empfänger müsse (!) „deshalb (!) [...] rechtzeitig auf die Warteliste im Transplantationszentrum aufgenommen und bei der Vermittlungsstelle als transplantabel gemeldet werden."[191]

Darf man also von potentiellen Organempfängern verlangen, jede Möglichkeit auszunutzen, das Organ eines Toten zu erhalten, bevor sie zur Lebendspende zugelassen werden?

Auch hier lautet die Antwort aus den oben genannten Gründen nein.[192] Spender und Empfänger können auch abgesehen von den höheren Erfolgsaussichten der Lebendorganübertragung gute Gründe haben, die Lebendspende eines Organs der Verwendung eines postmortal entnommenen vorzuziehen. In jedem Fall ist die Freiheit der Entscheidung, was ein Teil des eigenen Körpers werden soll, wie gezeigt, grundrechtlich geschützt. Will ein Empfänger kein postmortal entnommenes Organ, darf dies von Rechts wegen nicht damit sanktioniert werden, ihm eine Lebendorganübertragung zu untersagen. Zudem steht außer Frage, daß das Transplantationsgesetz keine Vorschrift enthält, die es Ausländern, die nicht im Eurotransplant-Gebiet leben und dort nicht auf der Warteliste geführt werden, verbieten würde, in Deutschland eine Lebendorganübertragung durchführen zu lassen.

Im übrigen besagt der Satz, daß die Entnahme von Organen einer lebenden Person nur zulässig ist, wenn „ein geeignetes Organ eines [verstorbenen] Spenders [...] im Zeitpunkt der Organentnahme nicht zur Verfügung steht", nicht, daß ein Patient, der eine Lebendorganübertragung durchführen lassen möchte, verpflichtet wäre, das „Zur-Verfügung-Stehen" eines postmortalen Organs herbeizuführen. Ob ein Patient auf eine Warteliste angemeldet werden möchte, unterliegt vielmehr – grundrechtlich ist dies ohnehin klar – auch nach den Vorschriften des Transplantationsgesetzes allein seiner Entscheidung (§ 13 Abs. 3 Satz 1 TPG). An die Ausübung dieser Entscheidungsbefugnis wurden durch den Gesetzgeber keinerlei Sanktionen im Hinblick auf eine Lebendorganübertragung geknüpft;[193] er hätte dies aus verfassungsrechtlichen Gründen auch schwerlich gekonnt. Umsoweniger könnten solche Sanktionen mit grundrechtseinschränkender Wirkung für Patienten durch ärztliche Standesorganisationen wie etwa die – nicht einmal öffentlich-rechtlich verfaßte – Bundesärztekammer ausgesprochen werden.[194] Letztere ist in keiner Weise legitimiert, Patienten gegen ihren Willen von der Lebendorganspende weg- und zur Transplantation nach postmortaler Organspende hinzudrängen. Die genannte „Empfehlung" der Bundesärztekammer ist deshalb weder rechtlich haltbar noch ethisch zu rechtfertigen. Im Hinblick auf die geschützten Rechtspositionen der betroffenen Empfänger ist es den behandelnden Ärzten schlechthin un-

3. Subsidiarität der Lebendspende

tersagt, diese Empfehlung der Bundesärztekammer gegen den erklärten Willen ihrer Patienten umzusetzen.

Zugleich verbietet sich auch der Weg, Patienten, die kein Organ eines toten Spenders wünschen, lediglich „pro forma" anzumelden und im Falle der Vermittlung eines Organs dieses aus vorgeschobenen „medizinischen" oder logistischen Gründen abzulehnen.[195] Ein solches Vorgehen wäre für Patienten und Ärzte entwürdigend und würde nur sachlich ungerechtfertigte Meldekosten produzieren sowie den Vermittlungsvorgang der knappen postmortalen Organe verzögern.

Zusammenfassend läßt sich deshalb festhalten: Der Grundsatz der Subsidiarität der Lebendspende ist prinzipiell verfehlt. In der Fassung, die er im deutschen Transplantationsgesetzgefunden hat, läuft er jedoch weitgehend leer und ist deshalb unschädlich.

4. Das Problem der Spender mit erhöhtem Risiko

4.1. Die Regelung in § 8 Abs. 1 Satz 1 Nr. 1 Buchstabe c TPG

Die Qualitätssicherung in der Transplantationsmedizin gebietet nicht zuletzt im Interesse der Patienten, die Praxis der Lebendspende vorurteilslos zu beobachten und ihre Ergebnisse und Risiken, insbesondere die für den Organspender, offen zu dokumentieren. Hierzu erscheint ein Lebendspende-Register nach Schweizer Vorbild[196] unbedingt sinnvoll.

Mit der Ausweitung der Lebendspende verändert sich jedoch auch die Zusammensetzung des Spenderkreises. Insbesondere an den Zentren mit der größten Erfahrung häufen sich Konstellationen, in denen bei der zur Spende entschlossenen Person bestimmte Risikofaktoren – etwa Gefäßanomalien oder Vorerkrankungen – vorliegen. Das Transplantationsgesetz ist zur Beantwortung der Frage, wie mit diesen Spendern umgegangen werden soll und darf, wenig hilfreich. Es normiert in § 8 Abs. 1 Satz 1 Nr. 1 Buchstabe c, daß die Entnahme von Organen einer lebenden Person nur zulässig ist, wenn die Person „nach ärztlicher Beurteilung als Spender geeignet ist und voraussichtlich nicht über das Operationsrisiko hinaus gefährdet oder über die unmittelbaren Folgen der Entnahme hinaus gesundheitlich schwer beeinträchtigt wird". „Das Operationsrisiko" muß hierbei das jeweils individuelle, gegebenenfalls auch erhöhte Operationsrisiko meinen, denn „das allgemeine Operationsrisiko"[197] gibt es nicht. Das Gesetz verbietet rechtlich also nicht die Organspende eines Spenders mit individuell erhöhtem Operationsrisiko. Bei anderer Auslegung wäre die Vorschrift inkonsistent, da einem Lebend-Nierenspender mit einem gegebenfalls individuell leicht erhöhten Operationsrisiko die Spende auch dann gesetzlich verwehrt würde, wenn sein „Gesamtrisiko" immer noch geringer wäre als das etwa eines sonst völlig gesunden Leber- oder Lungenteilspenders.[198]

Im Ergebnis werden die rechtlichen Grenzen der Organentnahme bei einem Spender mit erhöhtem Operationsrisiko demnach, da das Transplantationsgesetz gegenüber den Körperverletzungsdelikten des Strafgesetzbuchs eine Spezialregelung darstellt[199], auf klare Weise erst durch § 216 StGB (Tötung auf Verlangen) gezogen.

4.2. Normative Beurteilungskriterien

Die Beantwortung der Frage, wann das Eingehen eines Risikos vernünftig ist, ist in wesentlicher Hinsicht eine nichtvertretbare Entscheidung, die nur der Betroffene selbst im Lichte seiner Wertungen und seiner Vorstellungen eines gelungenen Lebens treffen kann.[200] Es gibt Lebendspender, für die es, nach umfassender Aufklärung, im Hinblick auf ihr Selbstbild, ihre Lebensumstände und ihre Beziehung zum Empfänger und dessen Situation, eine individuell in jeder Hinsicht rationale Entscheidung sein kann, auch bei erhöhtem Risiko eine Niere zu spenden oder das höhere Risiko einer Leber- oder Lungenteilspende einzugehen. Diese Menschen können den moralischen Anspruch erheben, in solch existentiellen, höchstpersönlichen Entscheidungen prinzipiell respektiert zu werden.[201] Auch verfassungsrechtlich gilt, daß selbstgefährdendes Verhalten Ausübung grundrechtlicher Freiheit ist und prinzipiell den Schutz des Grundgesetzes genießt.[202]

Daß in solchen Fällen die Anforderungen an die ärztliche Sorgfalt und an die Aufklärung des Spenders besonders hoch sind, versteht sich von selbst. Hier verbietet sich zudem in besonderem Maß ein offensives Vorgehen des Zentrums bei der „Spenderrekrutierung", und selbstverständlich kann der verantwortliche Arzt auch kraft seiner Autonomie eine Operation, die ihm für den Spender zu riskant erscheint, ablehnen. Die Entnahme eines Organs bei einem Spender mit einem vertretbar erhöhten Operationsrisiko ist m.a.W. also nicht geboten, aber moralisch wie rechtlich erlaubt, soweit sich der sich der Spannung von Patientenautonomie und ärztlicher Verantwortung bewußte Arzt, der hinreichend, und das heißt in diesem Fall: im Ergebnis schonungslos aufgeklärte Spender und der Empfänger einig sind (und die übrigen Voraussetzungen des § 8 TPG vorliegen). Diese Entscheidung fällt mithin in die individuelle Arzt-Patienten-Beziehung. Von außen, etwa standesrechtlich oder -ethisch, ist sie, wenn man das Selbstbestimmungsrecht von Spender und Arzt ernstnimmt, kaum zu normieren.

Hierin dürfte auch der Grund dafür liegen, daß das Transplantationsgesetz in seinem § 16 Abs. 1 Nr. 4 die Bundesärztekammer zwar beauftragt hat, in Richtlinien Stand der Erkenntnisse der medizinischen Wissenschaft bezüglich der „Anforderungen an die im Zusammenhang mit einer Organentnahme zum Schutz der Organempfänger erforderlichen Maßnahmen" festzustellen, ihr jedoch gerade keine Richtlinienkompetenz im Hinblick auf die Beachtung von vorgeblich medizinischen Ausschlußfaktoren beim Spender übertragen hat. Eine solche ergibt sich auch nicht aus der Richtlinienkompetenz der Bundesärztekammer für „die Anforderungen an die im Zusammenhang mit einer Organentnahme und -übertragung erforderlichen Maßnahmen zur Qualitätssicherung" nach § 16 Abs. 1 Nr. 6 TPG, da schon das Ziel der Qualitätssicherung[203] als solches keine Befugnis zum Ein-

4. Das Problem der Spender mit erhöhtem Risiko

griff in Rechtspositionen der Patienten und in den Kernbereich des Arzt-Patienten-Verhältnisses darstellt. Bei verfassungsrechtlicher Betrachtung können Fragen, die für die Grundrechte der betroffenen Patienten so bedeutsam sind wie die Möglichkeiten und Grenzen der Organlebendspende, wie eben bereits ausgeführt wurde, ohnehin nicht einfach ärztlicher Selbstverantwortung überlassen bleiben. Vor diesem Hintergrund erscheinen die „Empfehlungen", die die Bundesärztekammer unaufgefordert und offensichtlich ohne nähere Auseinandersetzung mit dem einschlägigen juristischen und medizin-ethischen Schrifttum zu der hier interessierenden Frage erlassen hat, problematisch.[204] Insbesondere ist auch die Auslegung von § 8 Abs. 1 Satz 1 Nr. 1 Buchstabe c TPG durch diese „Empfehlungen" nicht überzeugend, die diese Passage so verstehen wollen, daß „die Lebendorganspende oder ihre Folgen [...] Leben und Gesundheit des Spenders nicht mehr gefährden [dürfen] als ein vergleichbarer Heileingriff bei einem im übrigen gesunden Patienten."[205] Dies ist weder dem Gesetz zu entnehmen noch auf andere Weise rechtlich oder ethisch herzuleiten. Begründen läßt sich allenfalls die in den entsprechenden amerikanischen Empfehlungen aufgestellte Forderung, daß die Vorteile des Eingriffs für Spender und Empfänger – die im Licht ihrer Bewertung durch die aufgeklärten Betroffenen selbst zu sehen sind – die mit der Organentnahme und -übertragung verbundenen Risiken überwiegen sollten[206] – ein Kriterium, das sehr viel mehr erlaubt als die Formulierung der Bundesärztekammer.

Im Ergebnis muß – und sollte – trotz des außerordentlich wichtigen Ziels, die Ergebnisse der Therapieform Lebendspende zu optimieren, auch die Möglichkeit der Lebendspende „nichtoptimaler" Spender in weiten Grenzen akzeptiert werden. Das Transplantationsgesetz läßt bei angemessener Auslegung den hierzu nötigen rechtlichen Spielraum.

5. § 8 Abs. 1 Satz 1 Nr. 2 TPG und das Problem der Empfänger mit verminderten Erfolgsaussichten

Das wichtige Ziel, die Ergebnisse der Therapieform Lebendspende insgesamt zu optimieren, kann in Einzelfällen mit Rechten und legitimen moralischen Erwartungen potentieller Lebendorganspender und -empfänger kollidieren. Dies ist in besonderer Weise bei der Gruppe der Empfänger mit verminderten Erfolgsaussichten der Fall: In einer Reihe von Fällen haben die potentiellen Empfänger eines lebend gespendeten Organs besondere klinische (d.h. z.B. operationstechnische, immunologische oder infektiöse) Risiken[207] oder eine wegen ihrer Grunderkrankung möglicherweise eingeschränkte Lebenserwartung, oder aber es besteht die Gefahr einer verminderten Überlebensdauer des Transplantats. Der Akt des Spenders vermag in solchen Fällen unter Umständen nur einen begrenzten Nutzen zu stiften.

Im Rahmen der Diskussion über Entwürfe zu den genannten „Empfehlungen zur Lebendorganspende" der Bundesärztekammer wurde der Vorschlag diskutiert, nur Lebendspenden zuzulassen, die in hinreichendem Maß dem Kriterium der Erfolgsaussicht entsprechen, und dies bedeutet im Ergebnis: diese Eingriffe zugunsten zu kranker, zu alter oder durch ihre Vorerkrankung zu geschädigter Personen standesrechtlich bzw. standesethisch zu untersagen.[208]

Wäre eine solche Normierung möglich? Die Antwort lautet nein. Durch § 8 Abs. 1 Satz 1 Nr. 2 TPG ist lediglich vorgeschrieben, die Lebendorganübertragung müsse „nach ärztlicher Beurteilung geeignet [sein], das Leben [des Empfängers] zu erhalten oder bei ihm eine schwerwiegende Krankheit zu heilen, ihre Verschlimmerung zu verhüten oder ihre Beschwerden zu lindern". Der Gesetzgeber hat hier mit guten Gründen nur eine Minimalforderung aufgestellt. Weitere Einschränkungen erscheinen kaum möglich. Es stellt eines der grundlegenden ethischen und verfassungsrechtlichen Prinzipien der deutschen Rechtsordnung dar, daß das individuelle Recht auf Leben (und die staatliche Schutzpflicht für dieses Leben) keine Bewertung einzelner Leben nach ihrer medizinischen oder sonstigen „Qualität" oder ihrer mutmaßlichen Dauer zuläßt und insoweit krankes Leben in seinem Recht auf Fortbestand nicht anders behandelt werden darf als gesundes.[209] Eine Art Mindesterfolgsdauer für Lebendspenden zu verlangen, wäre aber nolens volens gleichbedeutend damit, „heilungsunwertes Leben" zu definieren. Man würde so beispielsweise einer Ehefrau vorschreiben, wann sie ihrem kranken Ehemann nicht mehr durch eine Lebendspende helfen darf, weil sich unter dem Gesichtspunkt der „Qualitätssicherung" ein solches Vorgehen nicht mehr „lohnte". Dies wäre ethisch und rechtlich unter keinen Umständen vertretbar.

Im Rahmen der gesetzlichen Vorschriften ist die Frage, wie hoch die Erfolgsaussicht einer Lebendorganübertragung sein muß, um den Eingriff zu rechtfertigen, vielmehr allein eine persönliche Wertentscheidung der – über die medizinischen Fakten und Erwartungen wiederum mit besonderem Nachdruck aufzuklärenden – Patienten einerseits und des behandelnden Arztes andererseits. Auch in diesem Zusammenhang gilt, daß die Kosten/Nutzen-Bilanz eines Eingriffs ohne Bezugnahme auf die individuellen, lebens- und beziehungsbezogenen Wertungen des Spenders und des Empfängers nicht zu bestimmen ist. Insofern muß gelten: Lebendorganspender dürfen niemals in „klinisch hoffnungslosen" Situationen herangezogen werden[210], und im Regelfall sollte eine Lebendspende selbstverständlich nur dann durchgeführt werden, wenn gute Erfolgsaussichten bestehen und mit einer verbesserten Lebensqualität für den Empfänger für einen hinreichend langen Zeitraum zu rechnen ist.[211] Im Einzelfall kann dies jedoch anders sein. Auch die *United Kingdom guidelines for living donor kidney transplantation* der British Transplantation Society und der Renal Association aus dem Jahr 2000 gehen davon aus, daß es Fälle von Empfängern mit erhöhtem Risiko gibt, für die die Lebendorgantransplantation die angemessenste Form der Behandlung darstellt.[212] Auch hier gilt wiederum, daß der Respekt vor der Autonomie der Patienten den verantwortungsvollen Arzt nicht zum Handlanger macht. Er trifft seine eigene Entscheidung über die Vertretbarkeit des Eingriffs. Eine Organentnahme zugunsten „suboptimaler" Empfänger ist demnach zwar nicht unbedingt geboten, aber moralisch wie rechtlich gleichermaßen erlaubt. Auch insoweit läßt das Transplantationsgesetz hinreichende Spielräume.

6. Die Kommissionen (§ 8 Abs. 3 TPG)

6.1. Formelle Vorschriften

Der am 1. Dezember 1999 in Kraft getretene § 8 Abs. 3 TPG schreibt vor, daß die Entnahme von Organen bei einem Lebenden erst durchgeführt werden darf, nachdem eine nach Landesrecht gebildete Kommission, die zumindest aus je einer „in psychologischen Fragen erfahrenen Person", einer Person mit der Befähigung zum Richteramt und einem vom Transplantationszentrum unabhängigen Arzt besteht, gutachtlich dazu Stellung genommen hat, „ob begründete tatsächliche Anhaltspunkte dafür vorliegen, daß die Einwilligung in die Organspende nicht freiwillig erfolgt oder das Organ Gegenstand verbotenen Handeltreibens ist". Der Wortlaut der Vorschrift ist so zu verstehen, daß sich der Gutachtensauftrag der Kommissionen auch auf die Einwilligung des Empfängers bezieht.

Das Gesetz verfolgt insoweit eine „reine" Verfahrensregelung. Die Stellungnahme der Kommission soll letztlich empfehlenden Charakter haben. Ihr kommt nicht zuletzt deshalb kein „Vetorecht" zu, weil in diesem Fall von ihr unmittelbar die Realisierung wesentlicher Grundrechtspositionen von Spendern und Empfängern abhängen würde und nach der Rechtsprechung des Bundesverfassungsgerichts zur Grundrechtssicherung durch Verfahren[213] dann weit höhere Anforderungen an ihre Zusammensetzung und ihr Entscheidungsverfahren zu stellen gewesen wären.[214] Das Kommissionsverfahren soll zudem nicht mehr als eine „zusätzliche verfahrensrechtliche Sicherheit"[215] sein. In diesem Zusammenhang ist die Klarstellung in der Entwurfsbegründung zutreffend, daß die Kommissionsentscheidung die verantwortlichen Ärzte hinsichtlich des Vorliegens einer rechtswirksamen Einwilligung des Organspenders nicht entlasten könne.[216]

Das Ergebnis der Stellungnahme der Kommission bindet den Arzt somit nicht formell, er ist aber, bevor er das Organ entnimmt, gesetzlich verpflichtet, die Stellungnahme der Kommission abzuwarten. Steht eine Verletzung dieser Verpflichtung auch nicht unter Strafe, so kann sie doch strafrechtliche Auswirkungen haben. Stellt nämlich die Kommission fest, daß beispielsweise begründete Anhaltspunkte dafür gegeben sind, daß die Organspende nicht freiwillig erfolgt ist, so ist der Arzt nach den Körperverletzungsdelikten strafbar, wenn der Organspender unfreiwillig gehandelt hat bzw. nach dem strafbewehrten Organhandelsverbot, wenn Organhandel vorgelegen hat. Der Arzt wird dann zumeist auch vorsätzlich gehandelt haben, da er sich ja über die begründeten Einwände der Kommission hinweggesetzt hat und damit zumeist ein Tatbestands- oder Erlaubnistatbestandsirrtum nicht in Betracht kommt. Der Vorsatzzurechnung kann er nur dadurch entgehen, daß er in begründeter Form darlegt, daß er trotz der Bedenken der Kommission, derzufolge Anhaltspunkte für Unfreiwilligkeit vorlagen, von der Freiwilligkeit des Organspenders ausgegangen ist. Die Entscheidung der Kommission wird insoweit in der Regel materielle Bindungswirkung entfalten.

Ob sich der bundesrepublikanische Föderalismus an der Aufgabe, diese Kommissionen einzurichten, bewährt, ist einstweilen noch nicht abzusehen. Arbeitsweise und Entscheidungskriterien der Kommissionen werden jedoch Gegenstand einer von der Deutschen Forschungsgemeinschaft geförderten Untersuchung sein.[217] Vorläufig ist festzustellen, daß sich die – größtenteils mit Verspätung – verabschiedeten Länderregelungen[218] stark unterscheiden. Überwiegend wurde die Einrichtung der Kommissionen zwar den jeweiligen Landesärztekammern übertragen; während jedoch z.B. Baden-Württemberg die Kommissionsarbeit weitgehend normiert und den Vorschriften des Verwaltungsverfahrensgesetzes unterstellt hat, fehlen gesetzliche Verfahrensregelungen etwa in Schleswig-Holstein ganz. Manche Bundesländer haben eine zentrale Kommission eingerichtet, während sich der Flächenstaat Bayern in seinem insgesamt vorbildlichen Ausführungsgesetz für die Einrichtung je einer Kommission an jedem Transplantationszentrum entschieden hat.

Nicht abschließend zu entscheiden ist zum gegenwärtigen Zeitpunkt auch, ob die Kommissionen in allen Ländern so ausgestattet sind, daß sie professionell arbeiten und ihre Aufgabe wirklich erfüllen können. Ungeklärt ist darüber hinaus in einzelnen Bundesländern die Finanzierung der in sachlicher Hinsicht obligaten Einbeziehung eines gerichtlich vereidigten Übersetzers für Fälle, in denen die potentiellen Spender und Empfänger die deutsche Sprache nicht oder nicht ausreichend beherrschen, sowie, in einigen Ländern, die Übernahme für den an größeren Zentren erheblichen Verwaltungsaufwand für die Kommissionsarbeit. Schließlich wurden bislang offenbar noch nicht in allen Bundesländern Überlegungen angestellt, wie bei hochdringlichen Fällen im Bereich der Lebersegment-Lebendspende das Zusammentreten einer den gesetzlichen Anforderungen genügenden Kommission binnen kurzer Zeit sichergestellt werden kann.

Im Hinblick auf die Verfahrensweise der Kommissionen dürfte die unverzichtbare persönliche Anhörung der Spender (und der Empfänger!) durch die Kommissionen einheitlicher Standard werden. Die Annahme, daß die Kommission ihren gutachterlichen (!) Auftrag erfüllen könnte, ohne mit dem Betroffenen wenigstens gesprochen zu haben, wäre abwegig. Insofern erscheint es befremdlich, daß es gerade die Bundesärztekammer ist, die die Ansicht vertritt, daß die mündliche Anhörung sämtlicher Spenderwilliger – sofern nicht landesgesetzlich vorgeschrieben – „nicht zwingend notwendig", sondern allenfalls „empfehlenswert" sei.[219] Ebensowenig vertretbar dürfte die Annahme sein, die Kommission könnte ihre Aufgabe anhand nur eines Gesprächs mit dem Spender und Empfänger erfüllen. Insoweit sind – mit der sachlich gebotenen Ausnahme von hochdringlichen Fällen vor allem bei der Lebersegmentspende – zwingend mehrere Gespräche, und im Interesse der Betroffenen auch der Einsatz psychodiagnostischer Instrumentarien in gewissem Umfang vonnöten. Zudem hängt der Erfolg des Kommissionsverfahrens entscheidend davon ab, daß es gelingt, zu den Patienten, die über Vorgänge aus ihrem Intimbereich Auskunft geben sollen, soweit als möglich ein Vertrauensverhältnis[220] aufzubauen. Hierbei versteht es sich von selbst, daß es in diesem Verfahren nur um einen hinreichenden Grad an Sicherheit in der Feststellung von Anhaltspunkten für das Vorliegen von mangelnder Freiwilligkeit oder Organhandel gehen kann und nicht um eine mit absoluter Sicherheit zu treffende positive Feststellung von Autonomie und Motivation der Betroffenen. Dieses hinreichende, vertretbare Maß an Sicherheit muß aber auch angestrebt und verfahrensmäßig ab-

6. Die Kommissionen

gesichert werden, soll § 8 Abs. 3 des Transplantationsgesetzes nicht zur bloßen Alibivorschrift verkommen.

6.2. Materielle Entscheidungskriterien

Wichtiger noch als die bestehenden formalen Vorschriften für die Vorgehensweise der Kommissionen ist die Klärung ihrer materiellen Entscheidungskriterien. Beide von der Kommission zu prüfenden Aspekte (Freiwilligkeit der Einwilligung und Ausschluß des Organhandels) sind diskussionsbedürftig. So ist das bereits erörterte[221] intrikate Problem einer rechtlich angemessenen, teleologisch reduzierenden Auslegung der Organhandelsparagraphen (§§ 17, 18 TPG) in gleichsam „erster Instanz" notwendigerweise in den Kommissionen zu leisten, die mit den konkreten Fällen als erste konfrontiert werden und die im Rahmen ihres gutachterlichen Auftrags zwangsläufig zu ihrem Verständnis der anzuwendenden Normen Stellung beziehen müssen.

Die Freiwilligkeit des Spenders (und des Empfängers), die der Arzt um der Rechtswirksamkeit der jeweiligen Einwilligung willen sicherstellen und zu der die Kommission gutachtlich Stellung nehmen muß, meint viererlei: Erstens die Entscheidungsfähigkeit des Spenders im Sinne der Basiskompetenz, überhaupt verstehen zu können, auf was er sich einläßt. Zweitens die Freiheit des Spenders und des Empfängers von äußerem Zwang und Druck – die gerade auch in der Familie vorkommen können. Drittens schließlich meint sie *informed consent*, d.h. den Umstand, daß der Betreffende seine Entscheidung im Lichte einer angemessenen ärztlichen Aufklärung und im Bewußtsein der Risiken trifft, auf die er sich einläßt. Hinsichtlich dieses dritten Aspekts gilt, daß es zwar ganz eindeutig nicht die Aufgabe der Kommissionen ist, die medizinische Indikation zur Lebendorgantransplantation nachzuprüfen, daß sie unter Freiwilligkeitsgesichtspunkten jedoch sehr wohl nachzufragen haben, inwieweit Spender und Empfänger die erfolgte ärztliche Aufklärung wenigstens in ihren Grundzügen verstanden und verarbeitet haben. Dies gilt insbesondere natürlich in den genannten Fällen, in denen für einen der Beteiligten ein erhöhtes Risiko vorliegt, oder in denen die langfristige Erfolgsaussicht der Lebendspende, etwa wegen der Grunderkrankung des Empfängers, in höherem Maß in Frage steht als dies normalerweise der Fall ist. Viertens schließlich müssen die Entscheidungen zur Lebendorganspende und zur Annahme eines lebend gespendeten Organs bei den Betreffenden hinreichend stabil sein, um als freiwillig gelten zu können. Mängel im Bereich des dritten und vierten Aspekts des Freiwilligkeitsbegriffs sind grundsätzlich behebbar, so daß die Kommissionen in solchen Fällen die Betroffenen nicht endgültig, sondern nur vorläufig ‚ablehnen' bzw. das Verfahren zur Klärung der Stabilität der Entscheidung bzw. zur Durchführung einer erneuten ärztlichen Aufklärung aussetzen sollten.

Bei notwendigerweise vorläufiger Einschätzung deutet Überwiegendes darauf hin, daß sich die Kommissionslösung bewähren wird. Das Verfahren schafft Sicherheit für alle Beteiligten, ohne die Patienten über Gebühr zu belasten. Der faktische Entlastungseffekt für den verantwortlichen Arzt, dem die gutachtliche, also in ihrem Ergebnis zwar nicht rechtlich (wohl aber regelmäßig faktisch) bindende

Stellungnahme der Kommission zugute kommt, ist hoch, wenngleich die juristische Verantwortung für den Eingriff in letzter Hinsicht immer bei ihm verbleibt. Im Hinblick auf § 8 Abs. 3 TPG besteht mithin zum gegenwärtigen Zeitpunkt kein rechtspolitischer Handlungsbedarf auf Bundesebene.

7. Die übrigen Einzelnormen des § 8 TPG

Neben den dargestellten verfehlten Regelungen enthält § 8 des deutschen Transplantationsgesetzes eine Reihe von weiteren, sinnvollen Einzelnormen, die dem internationalen gesetzgeberischen Standard auf diesem Gebiet entsprechen, ja teilweise als vorbildlich gelten dürfen.[222]

So beschränkt § 8 TPG die Organentnahme beim Lebenden strafbewehrt auf volljährige und einwilligungsfähige Personen (Abs. 1 Satz 1 Nr. 1 a i.V.m. § 19 Abs. 2 TPG) und schließt durch die von ihm vorausgesetzte Charakterisierung der Einwilligung als höchstpersönlichen Akt zugleich Entscheidungen durch Betreuer oder gewillkürte Stellvertreter aus[223] – eine Entscheidung, auf die im Rahmen der folgenden rechtsvergleichenden Analyse nochmals näher einzugehen sein wird. Zudem trifft das Transplantationsgesetz detaillierte Regelungen zu Art, Umfang und Umständen der Aufklärung und der Einwilligungserklärung des Spenders (Abs. 1 Satz 1 Nr. 1 b, Abs. 2).

Weil die Explantation des Organs beim Spender kein Heileingriff ist, sind an seine Aufklärung nach einhelliger Meinung bereits aufgrund der allgemeinen Grundsätze der rechtfertigenden Einwilligung höchste Anforderungen zu stellen.[224] Das Transplantationsgesetz geht deshalb zwar über dogmatisch Bekanntes nicht hinaus, stellt aber Notwendiges klar, wenn es festlegt, daß der Organspender „über die Art des Eingriffs, den Umfang und mögliche, auch mittelbare Folgen der beabsichtigten Organentnahme für seine Gesundheit sowie über die zu erwartende Erfolgsaussicht der Organübertragung und sonstige Umstände, denen er erkennbar eine Bedeutung für die Organspende beimißt, durch einen Arzt aufzuklären" ist (Abs. 2 Satz 1 TPG). Solche „mittelbaren Folgen" und „sonstigen Umstände" stellen bei der Lebendspende von Organen vor allem die psychischen Auswirkungen einer gelungenen (oder gar gescheiterten) Transplantation dar, einschließlich der Auswirkungen auf die Beziehungsgestaltung zwischen Spender und Empfänger.[225] Angesichts der strengen Anforderungen des Gesetzes dürfte sich deshalb die Heranziehung eines einschlägig erfahrenen Psychologen bei der Aufklärung potentieller Spender und Empfänger schon aus rechtlichen Gründen nachdrücklich empfehlen.[226]

Hinsichtlich der ärztlichen Aufklärung des Spenders gibt das Transplantationsgesetz zudem verfahrensrechtliche Vorgaben: Sie hat in Anwesenheit eines weiteren Arztes zu erfolgen, der weder an der Entnahme noch an der Übertragung des Organs beteiligt ist noch Weisungen eines Arztes untersteht, der an diesen Maßnahmen beteiligt ist; soweit erforderlich, sind weitere sachverständige Personen hinzuzuziehen (Abs. 2 Satz 2 TPG). Mit dieser Regel wurde ein – wenn auch nicht hinreichend konsequenter – Versuch unternommen, die Figur eines „donor advo-

7. Die übrigen Einzelnormen des § 8 TPG

cate", d.h. einer Person mit der Funktion, im Prozeß der Vorbereitung einer möglichen Organspende nur die Interessen des Spenders wahrzunehmen[227], rechtlich umzusetzen. Der Inhalt der Aufklärung und die Einwilligungserklärung sind schließlich in einer Niederschrift aufzuzeichnen, die auch Angaben über die versicherungsrechtliche Absicherung der Risiken des Spenders enthalten muß (Abs. 2 Satz 3 und 4). Selbstverständlich ist schließlich, daß die Einwilligung „schriftlich oder mündlich widerrufen werden" kann (Abs. 2 Satz 5).

Durch § 19 Abs. 2 i.V.m. § 8 Abs. 1 Satz 1 Nr. 1 b TPG steht, bei vorsätzlichem Handeln, die Entnahme eines Organs unter Strafe, wenn und soweit der Organspender nicht vorschriftsgemäß aufgeklärt worden ist oder überhaupt nicht eingewilligt hat. Soweit diese Bestimmung eingreift und zugleich die allgemeinen Tatbestände der Körperverletzung zur Anwendung kämen, ist der strafrechtliche Tatbestand des Transplantationsgesetzes als speziellere Regelung anzusehen.[228] Gemäß § 19 Abs. 2 i.V.m. § 8 Abs. 1 Nr. 4 TPG macht sich schließlich strafbar, wer ein Organ entnimmt, ohne approbierter Arzt zu sein; eine Vorschrift, durch die der Gesetzgeber einen spezifischen Ausbildungsstand des Arztes garantiert, der einen komplexen körperlichen Eingriff vornimmt. In allen genannten Fällen ist auch der Versuch unter Strafe gestellt (§ 19 Abs. 4 TPG).

Nicht strafbewehrt sind Verletzungen der weiteren Pflichten, die dem transplantierenden Arzt bei der Lebendspende auferlegt sind. So ist vor allem ein Verstoß gegen das verfehlte Subsidiaritätsprinzip des § 8 Abs. 1 Satz 1 Nr. 3 TPG keiner strafrechtlichen Sanktion unterworfen; ebensowenig ist dies ein Verstoß gegen die Vorschrift des § 8 Absatz 1 Satz 1 Nr. 1 c TPG, derzufolge eine Organspende nur zulässig ist, wenn nach ärztlicher Beurteilung der Spender geeignet ist und voraussichtlich nicht über das Operationsrisiko hinaus gefährdet wird sowie nicht über die unmittelbaren Folgen der Entnahme gesundheitlich schwer beeinträchtigt wird. Verstößt der Arzt hiergegen, hat er zuvor jedoch über die entsprechenden Risiken aufgeklärt, so macht er sich nach dem Transplantationsgesetz also nicht strafbar. Die Rechtfertigung für diesen Verzicht auf eine Strafdrohung liegt in dem Umstand, daß sich der Organspender in diesen Fällen letztlich selbst gefährden will und hierfür im Einzelfall gute Gründe haben mag. Bedeutungslos ist insoweit, daß in Fällen dieser Art keine autonome Selbst-, sondern eine einverständliche Fremdgefährdung vorliegt. In rechtlicher, insbesondere strafrechtlicher Hinsicht ist letztere nach den gleichen Maßstäben zu bemessen wie erstere, da beide normativ gleichwertig sind.[229] Bei der autonomen Selbstgefährdung ist allgemein anerkannt, daß sie einem Dritten nicht als strafbares Verhalten zugerechnet werden kann.[230]

Schließlich verpflichtet das Transplantationsgesetz die Transplantationszentren in § 10 Abs. 2 Nr. 5, „vor und nach einer Organübertragung Maßnahmen für eine erforderliche psychische Betreuung der Patienten im Krankenhaus sicherzustellen." Diese ist bei der Lebendspende von Organen im Hinblick auf den Spender und die Beziehung zwischen Spender und Empfänger in sehr viel intensiverer Weise zu leisten als bei der postmortalen Spende. Diese Betreuung gehört zur Krankenhausbehandlung im Sinne des § 39 Abs. 1 SGB V.[231]

8. Zwischenergebnis

Die Regelung der Lebendorganspende im deutschen Transplantationsgesetz krankt insbesondere an zwei Punkten: Zum einen an der verfehlten Beschränkung des Spenderkreises in § 8 Abs. 1 Satz 2 TPG, zum anderen an einem falsch verstandenen Prinzip der Nachrangigkeit der Lebendspende (§ 8 Abs. 1 Satz 1 Nr. 4 TPG). Darüber hinaus ist der Gesetzgeber an der Aufgabe gescheitert, das Verbot des Organhandels in angemessener Weise rechtstechnisch umzusetzen.

Diese Aspekte sind im Blick zu behalten, wenn im folgenden nun der Versuch einer umfassenden rechtsvergleichenden Analyse der europäischen Gesetzgebung zur Lebendorgantransplantation unternommen wird. Diese Untersuchung soll insbesondere dem Ziel dienen, Alternativen zu den problematischen Teilen des deutschen Gesetzes auszumachen und der Frage nachzugehen, ob und inwieweit sich hinsichtlich der nationalen Lösungen für diese legislatorischen Probleme bereits ein europäischer Standard nachweisen läßt.

II. Die rechtliche Regelung der Lebendspende im europäischen Vergleich

1. Einführung

Obwohl Fragen der Organtransplantation sowohl auf nationaler als auch auf internationaler Ebene Gegenstand standesrechtlicher und ethischer Kodizes von Ärzteorganisationen und Internationalen Organisationen sind[232] und alle Rechtsordnungen der westlichen Welt über – größtenteils äußerst differenzierte – zivil- und strafrechtliche Regeln und Prinzipien zur Beurteilung medizinischer Eingriffe und zur Einwilligung in diese verfügen[233], haben fast[234] alle europäischen (und auch die meisten außereuropäischen) Staaten mittlerweile Transplantationsgesetze erlassen. Die Mehrzahl dieser Regelungen enthält auch Vorschriften zur Organlebendspende. Der Zugriff des Gesetzgebers will hierbei regelmäßig in erster Linie zwei Zielen dienen, nämlich Schutzvorschriften insbesondere für Personen zu erlassen, die in Gefahr sind, unter Druck gesetzt oder ausgebeutet zu werden[235], und für den gesamten Bereich Rechtssicherheit zu schaffen[236] – ein Anliegen, das, wie das deutsche Beispiel zeigt, nicht immer erreicht wird.

Für gesetzliche Regelungen auf dem Gebiet der Organlebendspende spricht indes auch das Demokratieprinzip. Nach ihm ist das Parlament verpflichtet, die für die Grundrechtsverwirklichung der Bürger maßgeblichen Regelungen, soweit diese staatlicher Normierung zugänglich sind, im wesentlichen selbst und durch Gesetz zu treffen.[237] Fragen, die für die Grundrechte der betroffenen Patienten und potentiellen Organspender so bedeutsam sind wie die Möglichkeiten und Grenzen der Organlebendspende, können im demokratischen Rechtsstaat nicht allein ärztlicher Selbstverantwortung überlassen bleiben.[238] Die Legitimation von Beschränkungen der Lebendspende fordert vielmehr den parlamentarischen Gesetzgeber. Gerade für diesen Bereich wird man jedoch jenen Stimmen nicht widersprechen können, die betonen, daß die weitere Entwicklung der Organtransplantation nicht nur eine Frage des medizinischen Fortschritts, sondern auch der gesetzgeberischen Technik ist.[239]

Betrachtet man die gesetzlichen Regelungen der europäischen Einzelstaaten, so scheint zunächst ein recht einheitlicher europäischer Standard bei der Lebendspende von Organen[240] erkennbar zu sein. Trotz unterschiedlicher Rechtskulturen und -traditionen nähern sich die europäischen Staaten der Materie auf vergleichbare Weise (siehe unten, 2.). Die Notwendigkeit des *informed consent* etwa, d.h. einer auf hinreichender ärztlicher Aufklärung basierenden, freiwilligen Einwilligung insbesondere des Spenders, wird von allen Gesetzen entweder vorausgesetzt[241] oder – in aller Regel – ganz explizit normiert.[242] Dieses grundlegende medizinrechtliche Prinzip des Respekts vor der Autonomie der Person ist allen europäischen Rechtsordnungen gemeinsam. Unterschiede bestehen insofern lediglich in der Regelungsdichte der Vorschriften, insbesondere hinsichtlich der formellen und prozeduralen Voraussetzungen für die Erteilung der Einwilligung, aber auch in der Umschreibung jener Risiken, die dem Organlebendspender von Gesetzes wegen nicht mehr zugemutet werden dürfen.

Soweit es jedoch um die beiden zentralen Probleme geht, die mit der Lebendspende verbunden sind, nämlich die Frage des zugelassenen Spenderkreises und das Problem der Nachrangigkeit der Lebendspende gegenüber der Leichenorganspende und anderen Therapieformen (Stichwort: Subsidiarität), kann von einem einheitlichen Standard in Europa keine Rede mehr sein (siehe unten, 3.). Die nationalen Regelungsmodelle bewegen sich hier in einem Spannungsfeld, das von paternalistischen bis hin zu liberalen Lösungsansätzen reicht.

Über die nationalen Transplantationsgesetze hinaus existieren diverse Regelungen, Verträge und Entwürfe auf europäischer Ebene, die an dieser Stelle ebenfalls vergleichend herangezogen werden sollen, um zu zeigen, in welche Richtung die Vereinheitlichungstendenzen auf dem Gebiet der Lebendorganspende gehen und wo ihre Grenzen liegen. Zu nennen ist hier zunächst die Resolution des Europarates zur Harmonisierung der Gesetzgebung der Mitgliedsstaaten in bezug auf Entnahme und Transplantation von menschlichen Substanzen von 1978, die den Charakter eines Mustergesetzes hat.[243]

Auch in der 1996 vom Europarat verabschiedeten Konvention zum Schutz der Menschenrechte und Menschenwürde in bezug auf die Anwendung von Biologie und Medizin, besser bekannt als „Bioethikkonvention", und in dem erläuternden Bericht hierzu finden sich Aussagen zur Lebendorganspende.[244] Bei der Bioethikkonvention handelt es sich um einen völkerrechtlichen Vertrag, der jedoch noch nicht in Kraft getreten ist, weil er bislang noch nicht von einer ausreichenden Anzahl von Mitgliedsstaaten ratifiziert wurde. Auch die Bundesrepublik Deutschland hat die Konvention bislang nicht unterzeichnet und ist daher rechtlich nicht an sie gebunden. Nach Inkrafttreten des Vertrags wird er für jene Staaten, die ihn unterzeichnet und ratifiziert haben, eine völkerrechtliche Umsetzungspflicht begründen[245] und gegebenfalls eine Anpassung der nationalen Gesetze notwendig machen, wobei Artikel 27 der Konvention klarstellt, daß dadurch nicht die Möglichkeit einer Vertragspartei beschränkt wird, einen über das Übereinkommen hinausgehenden Schutz zu gewähren.

Aus dem Jahr 1997 liegt eine Empfehlung des Europarats an die Mitgliedsstaaten in bezug auf Lebertransplantationen von lebenden verwandten Spendern vor.[246]

Des weiteren hat der Lenkungsausschuß für Bioethik des Europarats 1999 und 2000 diverse Entwurfsversionen eines Zusatzprotokolls samt erläuterndem Bericht zur Bioethikkonvention über die Transplantation von Organen und Geweben menschlichen Ursprungs vorgelegt.[247] Auch diese Texte entfalten bislang keine rechtliche Wirkung, zumal das Entwurfsstadium noch nicht abgeschlossen ist, und können im übrigen von der Bundesrepublik, die die Bioethik-Konvention nicht unterzeichnet hat, bislang weder unterzeichnet noch ratifiziert werden.[248]

Obwohl angesichts der Unterschiede der einzelnen Rechtskulturen eine vollständige Uniformität der europäischen Transplantationsgesetze kein sinnvolles Ziel darstellt[249], ist dennoch eine weitere Vereinheitlichung der rechtlichen Rahmenbedingungen für die Lebendspende auf europäischer Ebene zur Erlangung von

1. Einführung

mehr Rechtssicherheit in diesem sensiblen Bereich wünschenswert. Insbesondere bei den beiden Schwerpunktproblemen Spenderkreis und Subsidiarität wird aber zu hinterfragen sein, ob die vom Europarat verfolgten Konzepte inhaltlich mehr leisten können, als einen kleinsten gemeinsamen Nenner zu zementieren.

Die Europäische Union (EU) sieht sich insbesondere unter den Aspekten der Zusammenarbeit im Gesundheitswesen (Art. 152 des EG-Vertrags) und des Verbraucherschutzes (Art. 153 des EG-Vertrags) aufgefordert, für das Gebiet der Organtransplantation regulatorisch und unterstützend tätig zu werden.[250] Gemäß Art. 152 Abs. 4 Satz 1 Ziffer a) EG-Vertrag in der Fassung des Vertrags von Amsterdam vom 2.10.1997 sind insbesondere dem Rat der EU „Maßnahmen zur Festlegung hoher Qualitäts- und Sicherheitsstandards für Organe und Substanzen menschlichen Ursprungs" im Sinne von „Schutzmaßnahmen" überantwortet. Hierbei glaubt man in Brüssel, auch zum Zwecke „der Gewährleistung eines hohen Verbraucherschutzniveaus" berufen zu sein, Qualitäts- und Sicherheitsstandards gerade zum Schutz der Gesundheit von Lebendspendern und -empfängern zu formulieren.[251] Außer vorbereitenden Maßnahmen, wie etwa der Finanzierung der insbesondere von der Universität Leicester durchgeführten und 1996 abgeschlossenen EUROTOLD-Studie durch die Kommission der Europäischen Gemeinschaft[252] sowie einer Resolution des Europaparlaments gegen den Handel mit Organen[253], ist in dieser Richtung indes bislang wenig geschehen, und die aus den genannten Vorschriften hergeleitete, vorwiegend medizinisch-technische, auf Anforderungen an Transplantationszentren und Laboratorien zielende[254] Kompetenz der EU würde im übrigen auch keine Eingriffe in die jeweils wesentlichen nationalen Bestimmungen zur Zulässigkeit und zu den Voraussetzungen der Lebendorganspende erlauben. Im Hinblick auf die starken Unterschiede unter den Transplantationszentren, die hinsichtlich der medizinischen Evaluation, der Ausschlußkriterien und der Aufklärung potentieller Lebendspender nicht nur für die USA[255], sondern auch für Europa[256] festgestellt wurden, wären jedoch zumindest Empfehlungen für einen einheitlichen Standard auf europäischer Ebene begrüßenswert.

Den folgenden Ausführungen vorausgeschickt sei die Einschränkung, daß eine Analyse des geltenden nationalen Rechts in einem Staat nur in dem Maß den Rückschluß auf die Rechtswirklichkeit zuläßt, als die betroffenen Patienten und Ärzte sich an die bestehenden rechtlichen Vorgaben halten. Wie das Beispiel des illegalen Organtourismus von Patienten aus wohl nahezu allen westeuropäischen Staaten in Länder der Dritten Welt und zum Teil auch Osteuropas zeigt, ist dies nicht durchgehend der Fall. In Rechtsordnungen, die im Umbruch begriffen sind oder die nur eingeschränkt über Kontrollmechanismen verfügen – man denke etwa an Rußland – wird man deshalb aus den gesetzlichen Vorgaben zur Organlebendspende nur mit Vorbehalten Aussagen für die herrschende Praxis herleiten dürfen. Die Rechtskultur der meisten europäischen Staaten dürfte hingegen zumindest grundsätzlich die Gewähr dafür bieten, daß das im folgenden beschriebene jeweils geltende nationale Recht auch Anwendung findet.

2. Gemeinsame Standards der Transplantationsgesetzgebung in den europäischen Einzelstaaten – ein Querschnittsvergleich

2.1. „Informed Consent" des Spenders

Kein Rechtsystem eines europäischen Landes kennt eine Rechtspflicht zur Organlebendspende.[257] Es ist vielmehr das Hauptanliegen der internationalen Gesetzgebung zur Lebendorganspende, sicherzustellen, daß der „informed consent", d.h. eine auf ausreichender ärztlicher Aufklärung beruhende freiwillig gegebene Einwilligung des potentiellen Spenders in die Entnahme, vorliegt.

Obwohl dies an sich selbstverständlich scheint, schreiben die Gesetze Belgiens[258], Frankreichs[259], Portugals[260] und Spaniens[261] vor, daß der Spender seine Zustimmung ausdrücklich, freiwillig und bewußt erteilen muß. Auch die Transplantationsgesetze Finnlands[262], Griechenlands[263], Italiens[264], der Niederlande[265], Polens[266] und der Russischen Föderation[267] verlangen eine freiwillige Zustimmung.

Im Hinblick darauf, daß es sich bei der Lebendspende eines Organs um einen nichttherapeutischen Eingriff bei einem gesunden Menschen handelt, sind an die Aufklärung des Spenders besonders hohe Anforderungen zu stellen.[268] Spezialgesetzliche Vorschriften hierfür scheinen deshalb sinnvoll[269]; im internationalen Vergleich variieren die diesbezüglich getroffenen Regelungen jedoch stark. Die Transplantationsgesetze Dänemarks[270], Finnlands[271], Griechenlands[272], Italiens[273], Norwegens[274], Polens[275], Portugals[276], der Russischen Föderation[277], Schwedens[278], der Slowakischen Republik[279], Ungarns[280] und Zyperns[281] fordern, daß der potentielle Lebendspender ordnungsgemäß durch einen Arzt über die Natur des Eingriffs, seine Konsequenzen und Risiken aufgeklärt wird. Eine noch umfassendere, insgesamt überzeugend erscheinende Regelung findet man in Spanien, wo die geforderte Aufklärung darüber hinaus auch die voraussehbaren physischen, mentalen und psychischen Konsequenzen der Spende und ihre möglichen Auswirkungen auf das persönliche, familiäre und berufliche Leben des Spenders sowie die durch die Transplantation erhofften Vorteile für den Empfänger umfassen muß.[282] In ganz ähnlicher Weise muß der Spender auch in Frankreich vor dem Eingriff kraft Gesetzes über alle Risiken und möglichen Folgen der Organentnahme informiert werden;[283] hier schreibt eine Verordnung ergänzend vor, daß sich die Aufklärung auf die vorhersehbaren Folgen sowohl physischer als auch psychischer Natur einschließlich möglicher Rückwirkungen der Organentnahme auf das persönliche, berufliche und familiäre Leben des Spenders sowie auf die zu erwartenden Folgen der Transplantation für den Organempfänger zu erstrecken hat.[284] Die Aufklärung hat durch den zuständigen Arzt am Transplantationszentrum zu erfolgen.[285] Ähnlich ist dies in Belgien[286], Luxemburg[287], den Niederlanden[288] und der Türkei[289] geregelt. In Slowenien ist zusätzlich bestimmt, daß die Aufklärung in keiner Weise suggestiv sein darf und daß sie Informationen über die Rechte und Schutzmaßnahmen umfassen muß, die das Gesetz für den Spender bereithält.[290]

2. Gemeinsame Standards

Handelt es sich bei der potentiellen Spenderin oder Empfängerin um eine schwangere Frau, so schreibt das polnische Transplantationsgesetz ausdrücklich vor, daß auch über die möglichen Konsequenzen für das ungeborene Kind aufzuklären ist.[291]

In Österreich ist die Lebendspende von Organen zwar spezialgesetzlich nicht geregelt, ihre grundsätzliche Rechtmäßigkeit wird vom Gesetzgeber aber vorausgesetzt.[292] Nach den in Österreich geltenden allgemeinen zivil- und strafrechtlichen Grundsätzen ist die Lebendorganspende ebenfalls nur bei einer ausdrücklich, persönlich, frei, bestimmt und verständlich erklärten Einwilligung des volljährigen Spenders, die auf einer umfassenden und zeitgerechten ärztlichen Aufklärung über Risiken, Folgen, Aussichten und Alternativen des Eingriffs beruht und nicht abgenötigt wurde, zulässig.[293]

Das britische Transplantationsgesetz[294] schweigt, was die Einwilligung durch den Spender angeht; das für therapeutische Eingriffe entwickelte Prinzip des „informed consent", nach dem der einwilligungsfähige Patient seine Einwilligung in den Eingriff nach angemessener ärztlicher Aufklärung ausdrücklich und freiwillig geben muß, gilt allerdings ohnehin auch für die Einwilligung in eine Organentnahme.[295] Lediglich in den aufgrund einer Ermächtigung im Gesetz erlassenen Vorschriften über die Lebendspende[296] zwischen nicht genetisch verwandten Personen finden sich im britischen Recht explizite Regeln zur Erteilung der Einwilligung.[297] Danach muß der Spender nach Aufklärung durch einen registrierten praktischen Arzt über die Art und Weise des medizinischen Vorgehens und die damit verbundenen Risiken in die Entnahme eingewilligt haben. Der Spender muß die Aufklärung verstanden haben und seine Einwilligung darf weder auf die Ausübung von Zwang oder Druck noch auf das Angebot von Anreizen zurückzuführen sein.[298]

Nach dem Schweizer Entwurf eines Transplantationsgesetzes vom September 2001 dürfen Organe, Gewebe oder Zellen einer lebenden Person nur entnommen werden, wenn der Spender umfassend informiert worden ist und frei zugestimmt hat.[299] Die Anforderungen an die Aufklärung des Spenders sollen durch Festlegungen des Bundesrats näher umschrieben werden.[300] Ebensowenig darf in Polen der aufklärende Arzt unmittelbar an dem Verfahren der Transplantation beteiligt sein.[301] Das finnische Gesetz bestimmt, daß die Information von einem Arzt zu erteilen ist, der nicht als Arzt für den Empfänger tätig sein darf.[302]

Um den Respekt für die Autonomie des Spenders zu gewährleisten, haben viele europäische Staaten Normen erlassen, nach denen der Spender seine Entscheidung für die Organspende bis zum Zeitpunkt der Operation rückgängig machen kann. Explizit ist diese jederzeitige Widerruflichkeit der Einwilligung durch den Spender in Belgien[303], Finnland[304], Griechenland[305], Italien[306], den Niederlanden[307], Portugal[308] und Slowenien[309] geregelt. Darüber hinausgehend garantieren etwa Frankreich[310], Spanien[311] und Ungarn[312] ausdrücklich, daß der Widerruf an keine Form gebunden ist. Auch das polnische Gesetz setzt die Möglichkeit des Widerrufs der Einwilligung voraus, verlangt aber, daß die Aufklärung des potentiellen Spenders auch die Konsequenzen umfaßt, die ein Widerruf der Einwilligung während der finalen Phase der Vorbereitung des Empfängers für die Transplantation für diesen haben kann.[313]

Natürlich darf eine solche Rücknahme der Einwilligung durch den Spender nicht dazu führen, daß er sich damit irgendwelchen Rechtsansprüchen aussetzt. Zumindest Ungarn[314] und Spanien[315] schreiben vor, daß der ursprünglich Spendebereite seine Zustimmung jederzeit zurückziehen kann, ohne damit Haftungsansprüche jedwelcher Art gegen sich auszulösen.

In Großbritannien wird die Widerrufbarkeit der Einwilligung, die allerdings bereits in dem common law-Prinzip des „informed consent" enthalten ist[316], explizit lediglich in den Vorschriften für die Lebendorgantransplantation zwischen genetisch nicht verwandten Spendern angesprochen. Danach kann die Organspende nur genehmigt werden, wenn der Spender versteht, daß er seine Einwilligung zurückziehen kann, dies aber nicht getan hat.[317]

Vor dem Hintergrund, daß die europäischen Einzelstaaten in der Gesetzgebung bezüglich des „informed consent" bereits heute weitgehend ähnliche Konzepte verfolgen, um die Autonomie des Spenders zu schützen, kann es nicht überraschen, daß auch die Formulierungen des Lenkungsausschusses für Bioethik des Europarates im Entwurf eines Zusatzprotokolls zur Bioethikkonvention über die Transplantation von Organen und Geweben menschlichen Ursprungs nichts grundlegend Neues beinhalten. Letztlich wird hier nur wiederholt, was ohnehin schon allgemeiner Standard in Europa ist. So verlangt der Entwurf, daß der Spender vorab angemessen über Zweck, Natur, Konsequenzen und Risiken der Entnahme informiert wird.[318] Die zu vermittelnde Information muß auch die Rechte und Sicherungen beinhalten, die das Gesetz zum Schutz des Spenders bereitstellt, insbesondere das Recht auf unabhängige Beratung über die oben genannten Risiken durch einen erfahrenen und nicht in die Organentnahme oder Transplantation involvierten Arzt oder vergleichbaren Spezialisten.[319] Erst nach einer freiwilligen, informierten und klar bestimmten Einwilligung, die jederzeit frei widerruflich ist, darf eine Organ- oder Gewebeentnahme beim lebenden Spender vorgenommen werden.[320] Im Entwurf eines erläuternden Berichtes zu einer früheren, aber insofern gleichlautenden Version des Zusatzprotokolls wird die Formfreiheit und Voraussetzungslosigkeit des Widerrufes besonders herausgehoben: „Der Spender muß nur nein sagen und zwar zu jedem beliebigen Zeitpunkt, selbst wenn ein Eingriff unter lokaler Anästhesie bereits begonnen hat, es sei denn, daß der Abbruch des Eingriffs ein größeres Risiko darstellt als seine Durchführung".[321]

2.2. *Formale Anforderungen an die Einwilligungen*

Das österreichische Recht kennt keine Formerfordernisse für die Einwilligung in die Organentnahme.[322] Dagegen muß in Dänemark[323], Finnland[324], Luxemburg[325], den Niederlanden[326], Norwegen[327], Polen,[328] der Russischen Föderation[329], der Slowakischen Republik[330], Slowenien[331], Zypern[332] und nach dem Entwurf des Schweizer Transplantationsgesetzes[333] die Einwilligung des Spenders schriftlich abgegeben werden. In Schweden wird eine schriftliche Einwilligung verlangt, wenn es sich um ein nichtregenerierbares Organ handelt oder wenn die Wahrscheinlichkeit besteht, daß durch den Eingriff beträchtliche Unannehmlichkeiten oder Verletzungen für den Spender hervorgerufen werden.[334]

2. Gemeinsame Standards

In Belgien muß die Einwilligung schriftlich in Anwesenheit eines volljährigen Zeugen abgegeben werden[335]. Ungarn verlangt eine Erklärung in Anwesenheit eines Notars.[336] In Griechenland muß die Einwilligungserklärung des Spenders entweder in notarieller Form oder mit einer durch die Polizeibehörde beglaubigten Unterschrift des potentiellen Spenders versehen oder mündlich in Anwesenheit zweier Zeugen abgegeben und auf Tonträger aufgenommen werden.[337]

Einige Staaten sichern den „informed consent" noch weiter formal ab. Dies geschieht zumeist im Zusammenhang mit umfassenderen Verfahrenslösungen, die gesondert darzustellen sind (siehe unten, 2.6.).

Nach dem Mustergesetzesentwurf des Europarats zur Gesetzgebungsharmonisierung von 1978 sollte die Schriftform dann erforderlich sein, wenn es sich um die Entnahme nichtregenerierbarer Substanzen oder um eine mit Risiken für den Spender verbundene Entnahme handelt.[338] Die neuere Europaratskonvention zu Menschenrechten und Biomedizin verlangt hingegen, daß die Einwilligungserklärung des Spenders bei jeder Organentnahme inhaltlich genau bestimmt und ausdrücklich entweder schriftlich oder vor einem offiziellen Gremium abgegeben werden muß.[339] Ebenso ist dies im Entwurf eines Zusatzprotokolls zur Bioethikkonvention über die Transplantation von Organen und Geweben menschlichen Ursprungs vorgesehen.[340]

2.3. Generelle Beschränkungen im Hinblick auf die Freiwilligkeit der Einwilligung

Nach dem spanischen Dekret darf unter keinen Umständen eine Entnahme oder Nutzung von Organen von Lebendspendern stattfinden, wenn irgendwelche Anhaltspunkte eine ökonomische, soziale oder psychologische Konditionierung des Spendeaktes nahelegen.[341]

Eine generelle Beschränkung enthält das Transplantationsgesetz der Russischen Föderation, wonach einer vom Empfänger aufgrund ihrer Funktion oder in irgendeiner anderern Weise abhängigen Person kein Organ zu Transplantationszwecken entnommen werden darf.[342]

Der Umstand, daß sich jemand in einem „besonderen Gewaltverhältnis" – etwa im Strafvollzug – befindet, kann an sich kein Grund sein, ihm die Lebendspende eines Organs für eine nahestehende Person zu untersagen, insbesondere nicht mit der Begründung, sein Status als Häftling stelle diesbezüglich die Freiwilligkeit seiner Entscheidung in Frage.[343] Anders als einige lateinamerikanische Staaten[344] verbietet deshalb, soweit ersichtlich, außer der Slowakei[345] kein europäisches Land die Lebendspende von Häftlingen generell. Anders mag man dies im Hinblick auf die Rechtmäßigkeitsgrenzen für staatliches Handeln dann sehen, wenn Häftlingen Vergünstigungen für den Fall einer Organlebendspende für eine ihnen unbekannte Person bzw. für einen Empfängerpool in Aussicht gestellt werden.[346]

Ist der Lebendspender verheiratet, wird sowohl in der Türkei[347] als auch in Belgien[348] – dort unter der Voraussetzung, daß der Eingriff schwerwiegende Konsequenzen für den Spender haben kann oder es sich um ein nichtregenerierbares Organ handelt – zusätzlich die Einwilligung des mit dem Spender zusammenlebenden Ehegattens für die Organentnahme verlangt. Wenn man jedoch das grundlegende ethische Prinzip des Respekts für die Autonomie des Patienten – hier: des Spenders – in Betracht zieht, dann scheint ein solcherart gesetzlich normiertes Vetorecht des Ehegatten nicht gerechtfertigt.

2.4. „Informed Consent" des Empfängers

In der medizinischen Ethik besteht ein unangefochtener Konsens dahingehend, daß dem auf dem fundamentalen ethischen Grundsatz des Respekts für seine Autonomie beruhenden Recht des Patienten, ein Organ auch abzulehnen, in jedem Fall und unbedingt Geltung zu verschaffen ist.[349] Das Prinzip des „informed consent" bzw. „informed choice" auch des Empfängers eines lebendgespendeten Organs ist sowohl in der Tradition des common law[350] als auch in der mitteleuropäischen Rechtstradition verankert.

Nichtsdestoweniger normieren einige Staaten und auch der Europarat[351] ausdrücklich die Notwendigkeit einer auf hinreichender Aufklärung beruhenden freiwilligen Einwilligung auch des Organempfängers in die Transplantation. Italien[352] und Portugal[353] verlangen die ausdrückliche, die Russische Föderation[354], die Slowakische Republik[355] und Ungarn[356] die schriftliche Zustimmung des Empfängers, bzw. wenn es sich um eine geistig oder rechtlich nicht handlungsfähige Person handelt, der für diese verantwortlichen Verwandten bzw. gesetzlichen Vertreter. In Polen muß der Empfänger seine Einwilligung in die Organtransplantation nach Aufklärung über die Risiken, die sich aus der Organentnahme für den Gesundheitszustand des Spenders ergeben können, erteilen[357], und in Griechenland dürfen zumindest keine Einwände des Empfängers vorliegen.[358]

Da es sich bei der Implantation eines Organs, anders als bei der Entnahme zum Zweck der Lebendspende, um einen therapeutischen Eingriff handelt, stellen die den europäischen Rechtsordnungen gemeinsamen Prinzipien einer Einwilligung durch die gesetzlichen Vertreter rechtlich nicht selbst entscheidungsfähiger[359] minderjähriger bzw. volljähriger, aber nicht einwilligungsfähiger Empfänger oder aber einem Handeln des Arztes nach Notstandsprinzipien[360] oder kraft richterlicher Entscheidung keine grundsätzlichen Hindernisse entgegen.[361] In Italien[362] und in der Russischen Föderation[363] gibt es darüber hinaus ausdrückliche Ausnahmen vom Prinzip der expliziten Einwilligung für Sonderfälle, in denen eine Verzögerung des angemessenen Vorgehens das Leben des Empfängers bedroht und es unmöglich ist, seine Einwilligung einzuholen. Aber auch in den meisten anderen Staaten erlaubt das Rechtssystem in solchen Fällen die Entscheidung auf der Grundlage von stellvertretenden oder mutmaßlichen Einwilligungen oder nach Notstandsgesichtspunkten.

2.5. Sicherheit und Risikobegrenzung für den Spender

Fast alle Staaten verbieten in ihren Transplantationsgesetzen die Entnahme, wenn ein erhöhtes Risiko für den Spender besteht. Solche Bestimmungen sind für

2. Gemeinsame Standards

liberale Rechtsstaaten, die die Frage, welche Risiken vernünftigerweise eingegangen werden können, weitgehend dem Einzelnen überlassen müssen, nicht unproblematisch[364]; oberhalb einer gewissen Risikoschwelle vermag hier jedoch das öffentliche Interesse am Schutz potentieller Organspender[365] ein gewisses Gewicht zu erlangen. Einen universellen Rechtsstandard stellt insoweit der Grundsatz dar, daß die Organentnahme nicht das Leben des Spenders beenden oder unmittelbar bedrohen darf.[366] Darüber hinaus gibt es allerdings Unterschiede hinsichtlich des Grades des erlaubten Risikos und der Beurteilung etwaiger Risiken; in diesem Punkt zeichnen sich die meisten Transplantationsgesetze allerdings durch ein erhebliches Maß an Vagheit aus.[367]

Eine Entnahme von Substanzen, die ein vorhersehbares beträchtliches Risiko für Leben oder Gesundheit des Spenders darstellt, verbieten die Gesetze Dänemarks[368], Finnlands[369], Griechenlands[370], Norwegens[371], Portugals[372], der Russischen Föderation[373], Schwedens[374] und Zyperns.[375] Das polnische Gesetz verlangt zudem, daß das Explantationsrisiko sich im Rahmen des für vergleichbare Eingriffe Üblichen hält.[376] In der Türkei darf die Operation zumindest das Leben des Spenders nicht gefährden.[377] In Spanien dürfen nur solche Organe gespendet werden, deren Entnahme das Leben des Spenders nicht bedroht und deren Funktion vom Organismus des Spenders in geeigneter und ausreichender Weise kompensiert werden kann.[378]

Manche Staaten unternehmen hier den schwierigen Versuch, auf gesetzlichem Weg Risiko-Nutzen-Bilanzen zu definieren. So darf in Belgien eine Entnahme von Organen oder Geweben, die den Spender beeinträchtigen könnte, oder von nichtregenerierbaren Organen und Geweben nur bei Lebensgefahr für den Empfänger vorgenommen werden;[379] ähnlich darf eine Organentnahme, die bleibende Auswirkungen auf die Gesundheit des Spenders haben wird, in den Niederlanden nur vorgenommen werden, wenn sich der zukünftige Empfänger des Organs in Lebensgefahr befindet und dieser nicht ohne weiteres in anderer Weise begegnet werden kann[380] – zwei Bestimmungen, die in der Rechtspraxis allerdings weit ausgelegt werden und so entgegen ihrem Wortlaut[381] der Lebendspende von Nieren in den beiden Ländern nicht entgegenzustehen scheinen. In Slowenien schließlich darf das Gesundheitsrisiko für den Spender nicht außer Verhältnis zu dem erwarteten Nutzen für den Empfänger stehen.[382]

Nicht explizit durch Gesetz, jedoch durch die Prinzipien des common law werden den Risiken, die ein erwachsener und einwilligungsfähiger Organspender in Großbritannien eingehen darf, Grenzen gesetzt. Wenngleich die Einwilligung des Spenders zivil-, d.h. deliktsrechtliche Ansprüche (tort action) ausschließt, setzen strafrechtliche Prinzipien der rechtfertigenden Kraft der Einwilligung des Organspenders gewisse, wenn auch weite Grenzen, deren genaue Bestimmung für den Fall der Organspende jedoch Unsicherheiten aufweist.[383] Im Hinblick darauf, daß das Risiko, das einer Lebendorganspende innewohnt, mit einem fremdnützigen Akt verbunden ist, ist auch in England jedenfalls die Lebendorganspende etwa eines Leber- oder Lungenlappens möglich.[384]

Nach dem Schweizer Entwurf eines Transplantationsgesetzes darf eine Organ-, Gewebe- oder Zellentnahme bei einer lebenden Person nicht stattfinden, wenn für ihr Leben oder ihre Gesundheit ein ernsthaftes Risiko besteht.[385]

Der Mustergesetzentwurf des Europarats zur Gesetzesharmonisierung von 1978 schlug vor: „Stellt die Entnahme von Substanzen ein voraussehbares beträchtliches Risiko für Leben oder Gesundheit des Spenders dar, darf eine Entnahme nur in Ausnahmefällen erlaubt werden, wenn dies durch die Motive des Spenders, die familiäre Beziehung mit dem Empfänger und die medizinischen Erfordernisse des Falles gerechtfertigt ist. Dennoch kann ein Staat eine solche Entnahme verbieten".[386] Nach dem Entwurf des Zusatzprotokolls zur Bioethikkonvention sollen vor der Organentnahme geeignete medizinische Untersuchungen und Maßnahmen erfolgen, um physische und psychische Risiken für die Gesundheit des Spenders zu ermitteln und zu reduzieren. Besteht ein ernsthaftes Risiko für Leben oder Gesundheit des Spenders, so darf die Organentnahme nicht ausgeführt werden.[387] Der erläuternde Entwurf zum Zusatzprotokoll stellt klar, daß es bei dieser Bestimmung allein auf die Einschätzung des Risikos durch die Ärzte oder durch das Gremium, das die Transplantation zu autorisierten habe, ankommen soll – nicht hingegen auf die von Spender oder Empfänger, die ja jederzeit die Einwilligung in die Transplantation verweigern könnten, falls ihnen das Risiko als nicht akzeptabel erscheine.[388] Bei der Beurteilung der mit einer Transplantation verbundenen Risiken müßten die Interessen des Spenders Vorrang haben, obwohl – so heißt es recht vage – unter gewissen Umständen auch das Verhältnis des Risikos des Spenders zum Nutzen des Empfängers in die Abwägung einbezogen werden dürfe.[389]

Generell ist die fremdnützige Entnahme von Organen und Geweben, insbesondere dann, wenn es sich um nicht regenerierbare handelt, nur für therapeutische Zwecke erlaubt. In einigen Transplantationsgesetzen ist dies ausdrücklich normiert, wie – neben der Bundesrepublik – beispielsweise in Frankreich, wo Organentnahmen beim lebenden Spender nur „im direkten therapeutischen Interesse des Empfängers" durchgeführt werden dürfen.[390] In der überwiegenden Anzahl der anderen europäischen Staaten ist die nicht zum Zwecke der Behandlung des Spenders durchgeführte Organentnahme bereits nach allgemeinen strafrechtlichen Prinzipien nur in Fällen möglich, in denen ein therapeutischer Nutzen für einen Empfänger angestrebt wird – wie etwa in Österreich.[391]

2.6. Verfahrenslösungen

Nach strafrechtlichen Grundsätzen kann in Frankreich ein Eingriff – auch der ärztliche – in das Rechtsgut der körperlichen Unversehrtheit nicht allein durch die Einwilligung des Patienten gerechtfertigt werden. Der Eingriff bedarf vielmehr einer gesetzlichen Erlaubnis („autorisation de la loi"),[392] in deren Rahmen die Einwilligung regelmäßig nur ein Element unter mehreren darstellt.[393] Insofern kommt den Vorschriften des französischen Transplantationsgesetzes eine verstärkte und strafrechtlich sanktionierbare Bedeutung zu. Dies gilt auch für Verfahrensvorschriften. So muß der potentielle Lebendorganspender in Frankreich seine Einwilligung gegenüber dem Vorsitzenden Richter eines in etwa dem deutschen Landgericht entsprechenden Gerichts, des *tribunal de grande instance*, oder gegenüber einem von diesem benannten Richter erklären;[394] im Notfall ist der Oberstaatsanwalt am *tribunal* befugt, die Erklärung entgegenzunehmen.[395] Der Amtsträger hat

2. Gemeinsame Standards

die Einwilligung, nachdem er überprüft hat, ob die gesetzlichen Entnahmebestimmungen vorliegen und der Spender ausreichend aufgeklärt wurde, zur Niederschrift zu geben und sie gemeinsam mit dem Spender zu unterzeichnen.[396]

Die spanische Regelung schreibt – ebenfalls vor dem Hintergrund eines strafrechtlichen Prinzips, demzufolge nicht die Einwilligung des Betroffenen allein, sondern nur das Vorliegen der Voraussetzungen eines gesetzlich näher definierten Ausnahmetatbestandes die Strafbarkeit auch des Arztes nach den Körperverletzungsdelikten ausschließt[397] – ein detailliertes Verfahren vor: So muß der aufklärende Arzt, der weder an der Entnahme noch an der Transplantation beteiligt sein darf, ein ärztliches Zertifikat über den Gesundheitszustand des Spenders, die diesem erteilte Aufklärung, die mitgeteilten Motive für die Lebendspende und gegebenenfalls über Anzeichen von Druck von außen auf den Spender erstellen.[398] Voraussetzung der Lebendspende ist weiter, daß der Lebendspender seine Einwilligung schriftlich vor dem zuständigen Richter des örtlichen Standesamtes erteilt, nachdem der die Entnahme vornehmende Arzt eine Stellungnahme abgegeben hat. In diesem Verfahren ist außerdem die Anwesenheit des aufklärenden Arztes, des für die Transplantation verantwortlichen Arztes und der Person, die innerhalb des Transplantationszentrum für die Genehmigung verantwortlich ist, vorgeschrieben.[399] Die schriftliche Einwilligungserklärung muß vom potentiellen Lebendspender, dem die Entnahme vornehmenden Arzt und den übrigen Verfahrensbeteiligten als zwingende Voraussetzung für die Entnahme unterzeichnet werden. Dabei kann jeder der Beteiligten sein Veto gegen die Spende einlegen, wenn er daran zweifelt, daß die Einwilligung des Spenders ausdrücklich, freiwillig, bewußt und uneigennützig erteilt wurde.[400] Zwischen der Unterzeichnung des Dokumentes und der Organentnahme müssen mindestens 24 Stunden liegen.[401] Darüber hinaus ist bei Lebendspenden auch das Ethikkommittee des Transplantationsklinikums einzuschalten.[402]

In Italien sind nach dem Bürgerlichen Gesetzbuch Verfügungsakte über den eigenen Körper verboten, wenn sie eine bleibende Einbuße der körperlichen Integrität zur Folge haben.[403] In den Gesetzen zur Lebendtransplantation von Nieren[404] und von Teilen einer Leber[405] sind die Voraussetzungen festgelegt, unter denen von diesem grundsätzlichen Verbot abgewichen werden kann. Die Verfügungserklärung, eine Niere oder ein Leberteil an einen bestimmten Empfänger zu spenden, muß gegenüber dem Amtsrichter des Wohnortes des Spenders oder des Sitzes des Transplantationsklinikums abgegeben werden.[406] Dieser besorgt, wenn er überzeugt ist, daß die Einwilligung freiwillig und aus eigenem Interesse des Spenders erfolgte, die schriftliche Ausfertigung der diesbezüglichen Erklärungen.[407] Die Einwilligungserklärung ist bedingungsfeindlich und darf keine zusätzlichen Willenserklärungen enthalten.[408] Damit die Transplantation ausgeführt werden kann, muß der Direktor eines ministeriell autorisierten Transplantationsklinikums nach Durchführung aller notwendigen Untersuchungen ein ärztliches Kollegium einberufen, an dem ein Vertrauensarzt des Spenders teilnimmt, und in dem auch Fragen der Histokompatibilität und des Vorliegens einer klinischen Indikation für die Transplantation behandelt werden.[409] Die abschließende Stellungnahme des Kollegiums mit einem günstigen medizinisch-technischen Urteil ist an den Bezirksarzt zu überstellen, der sie nach eigener Prüfung innerhalb von 24 Stunden an den oben genannten Amtsrichter weiterleitet.[410] Dieser hat innerhalb von drei Tagen durch Beschluß über die Genehmigung der Transplantation zu entscheiden. Im Falle der Ablehnung ist der Rechtsweg gegeben.[411]

Bestimmungen über ein Genehmigungsverfahren finden sich in Großbritannien nur in den Vorschriften für die Entnahme beim genetisch nicht verwandten Spender[412], der hierdurch vor „jeder Form von Ausbeutung geschützt"[413] werden soll. Macht ein registrierter praktischer Arzt einen solchen Fall zum Gegenstand eines Verfahrens vor der Genehmigungsbehörde ULTRA, so ist eine Befreiung von dem grundsätzlichen Organspendeverbot zwischen genetisch nicht verwandten Spendern[414] zu erteilen, wenn folgende Voraussetzungen erfüllt sind: ULTRA muß zu der Überzeugung gelangt sein, daß keine Bezahlung stattfand oder stattfinden wird und daß der registrierte praktische Arzt, der die Angelegenheit vor ULTRA gebracht hat, die klinische Verantwortung für den Spender hat.[415] Außerdem müssen sowohl Spender als auch Empfänger von einer von ULTRA als qualifiziert erachteten Person befragt werden.[416] Diese Person muß dann wiederum für ULTRA einen Bericht erstellen, aus dem hervorgeht, daß die Voraussetzung für die legale Entnahme und Transplantation, nämlich die freiwillige, weder auf Anreiz noch auf Zwang beruhende, nicht widerrufene Einwilligung nach umfassender Aufklärung durch einen praktizierenden Arzt, vorliegt. Außerdem muß der Bericht etwaige Kommunikationsprobleme mit Spender oder Empfänger wiedergeben und erläutern, wie diese Kommunikationsprobleme überwunden wurden.[417]

In Finnland bedarf die Entnahme von Organen und nichtregenerierbaren Geweben der Zustimmung des Nationalen Gesundheitsamtes. Dem Antrag auf Zustimmung, der von dem Krankenhaus einzureichen ist, in dem die Entnahme stattfinden soll, muß ein Bericht von Experten der Transplantationschirugie und Psychiatrie begefügt sein.[418] Auf den Bericht darf nur dann verzichtet werden, wenn es um Anträge geht, die die Entnahme erneuerbarer Gewebe regeln. Die Zustimmung des Gesundheitsamtes wird in der Regel unbürokratisch erteilt.[419]

In Polen ist eine Verfahrenslösung für solche Fälle vorgesehen, in denen es um die Entnahme von Organen, Zellen oder Gewebe – ausgenommen Knochenmark oder regenerierbare Zellen und Gewebe – geht und der Spender mit dem zukünftigen Empfänger weder in gerader Linie noch über Adoption verwandt, noch dessen Bruder, Schwester oder Ehegatte ist, aber mit ihm eine enge Beziehung unterhält. In diesen Fällen entscheidet das lokale Gericht, das für den Wohnort oder Aufenthaltsort des Spenders zuständig ist, auf Antrag des Spenders in einem nichtstreitigen Verfahren über die Zulässigkeit der Entnahme.[420] Der vom Gericht unverzüglich zu prüfende Antrag muß die schriftliche Einwilligung des Empfängers in die Organentnahme beim Spender sowie eine Bescheinigung des die Transplantation ausführenden Arztes enthalten, aus der die Begründetheit und Zweckmäßigkeit der Entnahme sowie die Erfüllung der gesetzlichen Anforderungen bezüglich Aufklärung, Einwilligung und Spendersicherheit hervorgehen.[421]

In Slowenien wird für die Entnahme einer Niere oder von Leberteilen die Zustimmung der Ethikkommission für Transplantationen verlangt.[422]

Nach den Vorschriften in der Russischen Föderation muß eine eigens in der Klinik eingerichtete medizinische Kommission entscheiden, ob die Transplantation notwendig und der Eingriff zulässig ist.[423]

2. Gemeinsame Standards

In Ungarn muß in jedem Einzelfall eine einstimmige Zustimmung einer speziell zusammengesetzten Gruppe aus drei Ärzten vorliegen, die nicht in die Entnahme und Transplantation involviert sind.[424]

Nach dem ersten Entwurf des Schweizer Transplantationsgesetzes sollte eine Kommission auf kantonaler Ebene in jedem Einzelfall überprüfen, ob einem lebenden Spender Organe, Gewebe oder Zellen entnommen werden dürfen.[425] Erst nach ihrer Zustimmung sollte eine Organentnahme stattfinden dürfen.[426] Aus dem erläuterndem Bericht zum Gesetzesentwurf ergab sich eine umfassende Überprüfungskompetenz der Kommission: Sie sollte abklären, ob sämtliche Voraussetzungen für die Lebendspende erfüllt sind, namentlich, ob die spendende Person frei zugestimmt hat und keine finanziellen Interessen im Spiel sind.[427] Gemeinsam mit den behandelnden ärztlichen Fachpersonen sollte es ihr auch obliegen, zu entscheiden, ob das Risiko für Leben oder Gesundheit des Spenders medizinisch vertretbar ist.[428] Der zweite Entwurf vom September 2001 hat diese grundsätzlich sinnvolle Einrichtung mit der Begründung gestrichen, die Lebendspende würde durch den mit der Kommission verbundenen administrativen Aufwand gehemmt.[429]

2.7. Weitere Bestimmungen

Soweit dies festzustellen war, ist die Organtransplantation in den meisten europäischen Staaten auf Kliniken beschränkt, die staatlicherseits hierfür besonders zugelassen sind. Unterschiede bestehen insoweit wiederum nur in der gesetzlichen Regelungsdichte der Akkreditierung von Kliniken zu diesem Zweck. Paradigmatisch für die Entscheidung des Gesetzgebers, nicht nur – wie es deutsche Transplantationsgesetz tut[430] – den Grundsatz der Zulassungsbedürftigkeit und einen Verweis auf entsprechende allgemeine Vorschriften, sondern sämtliche materiellen und Verfahrensfragen einschließlich medizinischer Sicherheitsvorschriften[431] speziell für die Transplantationsmedizin auf dem Verordnungsweg festzulegen, ist Frankreich.[432] Dort sehen strenge Vorschriften auch den Widerruf der Zulassung der Klinik zu Transplantationen im Falle der Zuwiderhandlung gegen gesetzliche Bestimmungen vor.[433]

2.8. Strafrechtliche Normen

Die nicht durch eine Einwilligung des Spenders bzw. ausnahmsweise auf andere Weise rechtlich autorisierte Entnahme eines Organs bei einer lebenden Person wird in allen europäischen Rechtsordnungen durch Straftatbestände untersagt, die die Körperverletzung pönalisieren. Dies gilt jeweils, soweit nicht spezielle Vorschriften für den Bereich der Organtransplantation geschaffen wurden. Dies ist in einigen Staaten in der Tat der Fall.

So hat das französische Gesetz den Tatbestand einer „eigenmächtigen Organentnahme" definiert, der denjenigen, der einem erwachsenen Lebendspender ohne dessen rechtswirksame und den Formvorschriften entsprechende Einwilligung ein

Organ entnimmt, mit bis zu sieben Jahren Haft und Geldstrafe bis FF 700.000,-- bedroht.[434] Dasselbe gilt, bei reduzierter Strafdrohung, im Falle von Geweben, Zellen oder anderen Körperprodukten im Sinne des Gesetzes.[435] Das belgische Gesetz sieht im Falle einer Organentnahme ohne Einwilligung des Spenders eine Freiheitsstrafe von drei Monaten bis zu einem Jahr und/oder Geldstrafe vor.[436] Gleiches gilt, wenn eine Entnahme nicht regenerierbarer Organe oder Gewebe oder ein Eingriff, der die Gesundheit des Spenders beeinträchtigen könnte, ohne die in Belgien nötige Zustimmung des mit dem Spender zusammenlebenden Ehegattens vorgenommen wird[437], sowie dann, wenn der Arzt es unterläßt, dem Spender oder weiteren Personen, deren Einwilligung vorgeschrieben ist, die notwendige Aufklärung zukommen zu lassen.[438]

Auch in Schweden macht sich strafbar, wer unter vorsätzlicher Verletzung der Informationspflicht oder anderer im Transplantationsgesetz statuierter Pflichten ein Organ entnimmt.[439]

Laut Entwurf des Schweizer Transplantationsgesetzes soll die vorsätzlich Entnahme von Organen, Zellen und Geweben bei lebenden Personen, die für Leben oder Gesundheit des Spenders eine ernsthaftes Risiko schafft, mit Gefängnis oder Geldbuße bis zu 200.000 Franken bestraft werden. Für die gewerbsmäßige Begehungsweise ist eine Gefängnisstrafe bis zu 5 Jahren oder Geldbuße bis 500.000 Franken vorgesehen, im Falle der Fahrlässigkeit sollen 6 Monate Gefängnis oder bis zu 100.000 Franken Geldbuße angedroht werden.[440]

Daneben verfügen alle europäischen Rechtsordnungen über Straftatbestände, die die Nötigung einer Person untersagen; es kann davon ausgegangen werden, daß diese Vorschriften auch die Nötigung zu einer Organlebend-„Spende" erfassen. Eine Spezialregelung besteht, soweit ersichtlich, nur im Transplantationsgesetz der Russischen Föderation, nach der sich strafbar macht, wer einen Lebendspender zur Zustimmung in eine Organ- und/oder Gewebeentnahme zwingt.[441]

3. Unterschiedliche Regelungsmodelle für die Hauptprobleme

Von einem im wesentlichen einheitlichen europäischen Gesetzgebungsmodell kann nicht mehr gesprochen werden, soweit es um die beiden zentralen Probleme der Lebendorganspende geht, nämlich um die Frage des zugelassenen Spenderkreises und das Problem der Nachrangigkeit der Lebendspende gegenüber der Leichenorganspende und anderen Therapieformen (Stichwort: Subsidiarität). Die nationalen, zwischen- und überstaatlichen Regelungsmodelle bewegen sich hier in einem Spannungsfeld, das von paternalistischen bis hin zu liberalen Lösungsansätzen reicht.

3.1. Das Problem des Spenderkreises

3.1.1. Minderjährige und nicht einwilligungsfähige Personen

Bei dem Problem der Organentnahme bei Minderjährigen und Nichteinwilligungsfähigen ist ein gemeinsamer europäischer Standard weder in der Gesetzgebung[442] noch in den Einstellungen der Ärzteschaft[443] in Sicht.

Im Hinblick auf die Aufgaben der Legislative gibt es auf diesem Feld zwei konträre Positionen: Einerseits haben Gesetze, die hier ein Totalverbot aussprechen, den Vorteil der Rechtssicherheit für sich. Gleichzeitig maximieren sie den durchgehenden rechtlichen Schutzanspruch dieser Personengruppen. Andererseits jedoch kann die Entnahme eines Organs bei einem Minderjährigen in bestimmten Ausnahmefällen ethisch gerechtfertigt sein, während ein totales Verbot insofern problematisch ist, als es den in der Realität bestehenden Unterschieden zwischen mehr oder minder reifen Minderjährigen nicht gerecht wird. In ganz besonderen Ausnahmefällen kann ein völliges Verbot sogar zu tragischen Ungerechtigkeiten führen.[444] Dennoch sollte man, wie der Schlußbericht der US Task Force zur Organtransplantation ausführt, zumindest davon ausgehen, daß es „gewichtige Vorbehalte gegen die Heranziehung von Kindern (insbesondere solchen im präadoleszenten Alter) und geistig zurückgebliebenen Personen" als Beschaffungsquelle von Organen gibt, da sie gewöhnlich nicht in der Lage sind, eine wirksame Einwilligung in die Entnahme abzugeben. Die US Task Force schlägt daher eine unabhängige gerichtliche Überprüfung jeglichen Ansinnens einer Organentnahme bei rechtlich inkompetenten Personen vor.[445] Darüber hinaus scheint es angemessen, daß eine solche genehmigende Stelle der Organentnahme – wenn überhaupt – nur zustimmen darf, nachdem ein unabhängiger (Kinder)psychologe dazu Stellung genommen hat.

Wo die Organspende Minderjähriger und nicht Einwilligungsfähiger nicht wie etwa in Spanien[446] oder Italien[447] spezialgesetzlich untersagt ist, verbieten es die allgemeinen Prinzipien des jeweils geltenden Straf- und Zivilrechts in der Regel, daß Eltern für ihre Kinder in die fremdnützige Entnahme nichtregenerierbarer Organe einwilligen. Dies gilt jedoch nicht ausnahmslos. In einigen wenigen Staaten ist es erlaubt, unter bestimmten Voraussetzungen auch Minderjährige und nicht Einwilligungsfähige als Spender heranzuziehen. In aller Regel wird dann jedoch versucht, Schutz und Sicherheit für die Betroffenen durch die Bereitstellung von Verfahrenslösungen zu gewährleisten.

Im britischen Human Organ Transplant Act[448] wird das Problem des minderjährigen Spenders nicht angesprochen. Nach common law-Prinzipien ist davon auszugehen, daß ein Minderjähriger, der zumindest das 16. Lebensjahr vollendet hat, zwar nicht, wie bei therapeutischen Eingriffen, kraft eigener Entscheidung[449], aber mit der Einwilligung seiner Eltern sowie zusätzlich einer gerichtlichen Genehmigung als Lebender grundsätzlich auch ein nichtregenerierbares Organ spenden kann.[450] Die Frage, ob die Eltern eines jüngeren Kindes aus eigener Rechtsmacht wirksam in die Entnahme etwa einer Niere des Kindes einwilligen könnten, ist umstritten[451], wird jedoch – trotz einiger gerichtlicher Entscheidungen in diesem

Sinn aus den USA, deren Präzedenzwirkung bestritten wird[452] – überwiegend ablehnend beantwortet.[453] Die *United Kingdom guidelines for living donor kidney transplantation* der British Transplantation Society und der Renal Association aus dem Jahr 2000 mahnen im Hinblick auf die Organspende Minderjähriger insgesamt äußerste Zurückhaltung an.[454] Wie in Großbritannien richtet sich übrigens auch in den USA die Frage der Organspende von Minderjährigen nach den allgemeinen Rechtsprinzipien des common law[455]; spezialgesetzliche Regeln fehlen wenigstens auf der Bundesebene. Die American Medical Association und das amerikanische *Consensus statement on the live organ donor* lehnen die Lebendorganspende von Minderjährigen zwar für den Regelfall ab, stellen zugleich aber Kriterien für Ausnahmefälle auf.[456]

Inwieweit in Österreich nach allgemeinen zivil- und strafrechtlichen Grundsätzen der gesetzliche Vertreter eines Minderjährigen kraft eigener Macht für diesen eine rechtswirksame Einwilligung in die Entnahme eines Organs erteilen kann, ist ebenfalls umstritten; möglich ist dies aber jedenfalls mit Genehmigung des Pflegschafts- oder Vormundschaftsrichters im Falle eines urteilsfähigen, selbst zustimmenden Minderjährigen.[457] Die Organentnahme bei einer nicht urteilsfähigen geistig behinderten oder psychisch kranken volljährigen Person scheidet nach österreichischem Recht jedoch aus.[458]

Wenn besondere Gründe vorliegen, dann können in Norwegen, dem europäischen Land mit dem höchsten prozentualen Anteil lebender Nierenspender im Verhältnis zur Bevölkerung (1999: 18,5 ppm)[459], auch Minderjährige in die Entnahme einwilligen, vorausgesetzt, es liegen die Zustimmung des Vormunds und der Person, die die elterliche Sorge und Gewalt ausübt, sowie die Zustimmung des Direktoriums der Gesundheitsdienste vor.[460]

In Luxemburg ist eine Entnahme bei Minderjährigen zum Nutzen des Bruders oder der Schwester des Spenders möglich, wenn er schriftlich eingewilligt hat und sein gesetzlicher Vertreter sowie ein Komitee aus drei vom Gesundheitsminister ernannten Experten dem Eingriff zugestimmt haben.[461]

In Schweden ist die Entnahme biologischer Materialien für Transplantationszwecke bei Minderjährigen oder Einwilligungsunfähigen erlaubt, wenn Spender und Empfänger miteinander verwandt sind und medizinisch kompatibles Material nicht von einer anderen Person beschafft werden kann.[462] Gegen den Willen des Spenders darf die Entnahme nicht vorgenommen werden.[463] Benötigt wird zudem die Genehmigung durch die Nationale Gesundheits- und Wohlfahrtsbehörde, die im Falle der Entnahme nicht regenerierbarer biologischer Materialien nur zu erteilen ist, wenn besondere Gründe den Eingriff rechtfertigen.[464] Nach Mitteilung der nationalen Gesundheits- und Wohlfahrtsbehörde hat es bislang allerdings keinen Fall einer Lebendspende eines nicht regenerierbaren Organs durch einen Minderjährigen in Schweden gegeben.[465]

In der Türkei kann die Organ- oder Gewebeentnahme bei unter 18jährigen oder nicht Geschäftsfähigen schon dann erlaubt werden, wenn die betreffende Person in Anwesenheit zweier Zeugen und ohne jeden Druck ein entsprechendes Dokument angefertigt und unterschrieben hat, oder wenn in Anwesenheit von zwei Zeugen eine mündliche Befragung vorgenommen wurde und der Spender dann eine von einem Arzt gegengezeichnete Erklärung unterschreibt.[466] Obwohl das türkische

3. Unterschiedliche Regelungsmodelle für die Hauptprobleme 57

Transplantationsgesetz bestimmt, daß Ärzte die Organ- oder Gewebeentnahme bei Personen zu verweigern haben, die aus mentalen oder psychischen Gründen entscheidungsunfähig sind[467], scheint die obengenannte türkische Vorschrift zum Schutz dieser Gruppen potentieller Spender nicht ausreichend.

Ursprünglich durfte auch in Dänemark ein Eingriff auch bei einer unter 18jährigen Person mit deren Einwilligung vorgenommen werden, wenn es besondere Gründe hierfür gab und die die elterliche Gewalt ausübenden Personen zugestimmt hatten.[468] Im Jahr 2000 jedoch wurde das dänische Gesetz dahingehend geändert, daß die Einwilligung in eine Entnahme nichtregenerierbaren Gewebes von Personen unter 18 Jahren nicht länger möglich ist.[469]

In Belgien schließlich ist die Zulässigkeit einer Lebendorganspende von Minderjährigen davon abhängig, ob die Entnahme schwerwiegende Konsequenzen für den Spender haben kann oder es sich um nicht regenerierbare Organe und Gewebe handelt. Grundsätzlich darf unter 18jährigen Personen kein Organ oder Gewebe zu Transplantationszwecken entnommen werden.[470] Der Schutz von Jugendlichen geht nach dem belgischen Gesetz sogar über das Minderjährigenalter hinaus: Selbst bei volljährigen Personen über 18 Jahren[471] ist, solange sie noch nicht 21 Jahre alt sind, die Zustimmung derjenigen nötig, die nach dem Zivilgesetzbuch der Heirat eines Minderjährigen zustimmen müssen.[472] Für den Fall jedoch, daß die Organ- oder Gewebeentnahme in aller Regel keine schwerwiegenden Auswirkungen auf den Spender hat oder es sich um regenerierbare Organe und Gewebe handelt, kann in Belgien eine Entnahme auch bei unter 18jährigen durchgeführt werden. Voraussetzung dafür ist, daß es sich um eine Transplantation auf Bruder oder Schwester des Spenders handelt und daß der Spender, wenn er 15 Jahre oder älter ist, vorher selbst zugestimmt hat. Ist der minderjährige Spender verheiratet, muß auch der mit ihm zusammenlebende Ehegatte zustimmen. Darüber hinaus müssen die Personen in die Entnahme einwilligen, deren Zustimmung bei der Eheschließung eines Minderjährigen nach dem belgischen Zivilrecht erforderlich ist.[473]

Keine ganz einheitliche Linie war bisher auch den Regelungsbemühungen auf europäischer Ebene zu entnehmen. Während die Resolution des Europaparlaments gegen den Handel mit Organen vom 14.9.1993 die Kommission der Europäischen Gemeinschaft aufforderte, einen Verhaltenskodex für die Transplantationsmedizin zu schaffen, der die Entnahme von Organen (gemeint sind offenbar solche nichtregenerierbarer Natur) bei Minderjährigen und nicht geschäftsfähigen Erwachsenen schlechthin untersagt,[474] formulierte das Mustergesetz des Europarats von 1978 zwar ein grundsätzliches Verbot der Entnahme von nichtregenerierbarem Gewebe bei Geschäftsunfähigen, sah aber zugunsten der hier permissiveren Mitgliedstaaten zugleich ein Verfahren vor, das die Entnahme in besonderen Fällen erlaubt: „Die Entnahme nicht regenerierbarer Substanzen bei rechtlich geschäftsunfähigen Personen ist verboten. Ein Staat kann jedoch eine solche Entnahme ausnahmsweise aus therapeutischen oder diagnostischen Gründen gestatten, wenn ein Spender, der die Bedeutung der Sache einschätzen kann, eingewilligt hat, sein gesetzlicher Stellvertreter und eine geeignete Genehmigungsstelle der Entnahme zugestimmt haben und Spender und Empfänger genetisch eng miteinander verwandt sind. Die Entnahme von Substanzen, die ein voraussehbares beträchtliches Risiko für Leben oder Gesundheit eines geschäftsunfähigen Spenders darstellt, ist verboten."[475]

Einige Reihe nationaler Vorschriften erlaubt Ausnahmen in Übereinstimmung mit den Leitlinien der Weltgesundheitsorganisation (WHO) zur Transplantation menschlicher Organe[476] nur dann, wenn es sich um regenerative Gewebe (Stichwort: Knochenmarkspende) handelt:

So ist in Frankreich die Organentnahme beim lebenden Minderjährigen untersagt; eine Ausnahme hiervon besteht jedoch für die Knochenmarksspende unter Geschwistern, für die, bei Einwilligung beider sorgeberechtigter Eltern bzw. des gesetzlichen Vertreters und der „natürlichen" Zustimmung des Minderjährigen, eine differenzierte Verfahrensregelung unter Einschaltung eines durch den Gesundheitsminister ernannten Expertenkommittees besteht.[477] Ausnahmslos verboten ist hingegen die Lebendspende von erwachsenen Personen, die (weil sie nicht oder nicht mehr in der Lage sind, ihre Interessen selbst wahrzunehmen) Subjekt gesetzlicher Schutzmaßnahmen sind[478], also unter Erwachsenenvormundschaft, -pflegschaft oder gerichtlicher Betreuung stehen.[479]

In den Niederlanden ist die Entnahme eines nichtregenerierbaren Organs bei Minderjährigen sowie bei volljährigen Personen, die nicht in der Lage ist, in dieser Angelegenheit eine vernünftige Einschätzung ihrer Interessen vorzunehmen, ebenfalls nicht gestattet.[480] Die Entnahme regenierbarer Organe bei diesem Personenkreis ist in den Niederlanden an strenge, jeweils nach Alter und Urteilsfähigkeit gestaffelte Bedingungen geknüpft, wobei gemeinsame Voraussetzung ist, daß es sich jeweils um eine Transplantation auf einen Blutsverwandten handelt, der sich in einer nicht ohne weiteres anders abwendbaren Lebensgefahr befindet.[481]

Abgesehen von Sonderregelungen für Knochenmarksspenden für Verwandte in unmittelbarer, nicht anders abwendbarer Lebensgefahr[482], finden sich im polnischen Gesetz keine ausdrücklichen Regelungen über Minderjährige als potentielle Lebendspender von Organen. Da der Spender jedoch unbeschränkt geschäftsfähig sein muß,[483] scheiden Minderjährige ebenso aus wie psychisch kranke und andere nicht einwilligungsfähige Personen.[484]

Körperteile dürfen in Slowenien über 18jährigen Personen grundsätzlich nur entnommen werden, wenn diese urteilsfähig sind. Mit Zustimmung der Ethikkommission für Transplantationen und unter strengen Voraussetzungen[485] ist die Entnahme regenerierbarer Gewebe von Urteilsunfähigen oder unter 18jährigen ausnahmsweise erlaubt, wenn es sich bei dem Empfänger um Bruder oder Schwester handelt.[486]

Auch in Portugal ist die Lebendspende nicht regenerativer Substanzen bei Minderjährigen und nichteinwilligungsfähigen Personen verboten.[487] Die Entnahme regenerativer Substanzen von Minderjährigen ist mit Einwilligung der Eltern erlaubt – jedoch nicht gegen den Willen des Minderjährigen.[488] Bei nicht einwilligungsfähigen Erwachsenen bedarf es der Zustimmung des Gerichts.[489]

In Finnland dürfen unter 18jährige nur regenerierbare Gewebe spenden und dies auch nur dann, wenn die schriftliche Einwilligung des Sorgeberechtigten und die Zustimmung der nationalen Gesundheitsbehörde vorliegen. Bei der Nationalen Gesundheitsbehörde müssen in diesem Verfahren nicht nur ein chirurgischer und psychiatrischer Bericht vorgelegt werden, sondern auch eine Stellungnahme eines

3. Unterschiedliche Regelungsmodelle für die Hauptprobleme

Experten der Kinderpsychologie oder Pädiatrie.[490] In Griechenland darf ausnahmsweise lediglich Knochenmark bei Minderjährigen entnommen werden, wenn Spender und Empfänger voll histokompatible Geschwister sind und die Einwilligung der rechtlich für sie verantwortlichen Person vorliegt.[491] Eine ähnliche, jedoch nicht völlig eindeutige Regelung soll seit 1996 auch in Rumänien bestehen.[492]

Der Entwurf des Schweizer Gesetzes verbietet die Organentnahme bei unmündigen oder urteilsunfähigen Personen[493] und stellt Zuwiderhandlungen unter Strafe.[494] Unter engen Voraussetzungen sollte ursprünglich nur die Entnahme regenerierbarer Gewebe oder Zellen zum Zweck der Übertragung auf Bruder oder Schwester des Spenders zugelassen werden.[495] Die Neufassung des Entwurfs vom 12.09.2001 hat nun nach kontroverser Diskussion die Möglichkeit einer Spende von regenerierbarem Gewebe oder Zellen durch den genannten Personenkreis erweitert. Als empfangende Person kommt nunmehr ausser einem Geschwister auch ein Elternteil oder ein Kind der spendenden Person in Betracht.[496] Allerdings wird zusätzlich die Zustimmung einer „unabhängigen Instanz" verlangt, deren Zusammensetzung und Verfahren jeweils durch die einzelnen Kantone bestimmt werden soll.[497] Gedacht ist insoweit an ein Zivilgericht oder die vormundschaftliche Aufsichtsbehörde.[498]

Das ursprünglich vorgesehene Schweizer Regelungsmodell wird mittlerweile auch auf europäischer Ebene favorisiert. Die sogenannte Bioethikkonvention des Europarats sieht vor, daß die Entnahme regenerativen Gewebes von einer nicht einwilligungsfähigen Person durch nationale Gesetze gestattet werden darf, vorausgesetzt daß (a) kein kompatibler einwilligungsfähiger Spender zur Verfügung steht, (b) es sich bei dem Empfänger um Bruder oder Schwester des Spenders handelt, (c) die Spende möglicherweise lebensrettend für den Empfänger ist, (d) eine ausdrückliche und schriftliche Genehmigung des gesetzlichen Stellvertreters des Spenders oder einer gesetzlich vorgesehenen Autorität, Person oder Körperschaft vorliegt und (e) der betreffende potentielle Spender keine Einwände erhebt.[499] Ebenso ist dies im Entwurf des Zusatzprotokolls zur Bioethikkonvention zur Transplantation von Organen und Geweben menschlichen Ursprungs vorgesehen.[500] Konsequenterweise lehnte das Ministerkomitee des Europarats 1997 die Heranziehung minderjähriger und nicht einwilligungsfähiger Personen für die Lebendspende einer Leber mit allem Nachdruck ab.[501]

Ergebnis

Als Ergebnis der rechtsvergleichenden Untersuchung der Regelungen in den europäischen Staaten und Institutionen sowie der dafür angeführten Begründungen läßt sich festhalten, daß die Regelung des deutschen Gesetzes, das – wie die Mehrzahl der einschlägigen Gesetze in Europa[502] und weltweit[503] – neben der selbstverständlichen Einwilligungsfähigkeit auch die Volljährigkeit des Lebendspenders verlangt (wobei die Knochenmarkspende von der deutschen gesetzlichen Regelung nicht erfaßt ist[504]), sinnvoll ist.[505] Zwar ist es natürlich nicht generell auszuschließen, daß ein(e) 16- oder 17-jährige(r) die nötige Einsichts- und Urteilsfähigkeit selbst hinsichtlich der Folgen eines fremdnützigen Organverlusts besitzt, so daß eine gesetzlich definierte Verfahrenslösung, die nach norwegischem oder schwedischem Vorbild Ausnahmen erlaubte, insoweit einen adäquateren Umgang mit besonders gelagerten Einzelfällen ermöglichen würde, in denen der Eingriff ausnahmsweise gerechtfertigt erscheint[506], und das Selbstbestimmungsrecht einwilligungsfähiger Minderjähriger Beachtung verlangt.[507] Daß solche Fälle im Rahmen strenger Verfahrensregeln in signifikanter Anzahl auftreten, ist jedoch unwahrscheinlich. Dies wird durch die Praxis in den Staaten mit einer entsprechenden permissiven, aber prozedural abgesicherten gesetzlichen Regelung bestätigt – so hat es in Schweden, wie ausgeführt, es bislang keinen Fall einer Lebendspende eines nicht regenerierbaren Organs durch einen Minderjährigen gegeben. Höher ist die Anzahl, wo die Transplantationsgesetze schweigen und die Frage der Organspende Minderjähriger – ohne spezielle Verfahrensregeln – nach den allgemeinen Rechtsprinzipien des common law sowie nach „weichen" standesethische Vorgaben[508] und den persönlichen Einstellungen der verantwortlichen Ärzte[509] entschieden werden kann. So gab es in den USA von 1990 bis 1999 zwei Lebendnierenspenden von Kindern unter zehn Jahren und 40 in der Altersgruppe der 11-17-jährigen.[510] Die besondere Anfälligkeit Minderjähriger dafür, manipuliert und ausgebeutet zu werden[511], rechtfertigt jedoch die feststehende Altersgrenze der Volljährigkeit. Aus diesem Schutzaspekt heraus vermag der Gesichtspunkt der Rechtssicherheit deshalb hier in den Vordergrund vor einer alle denkbaren Konstellationen umfassenden Einzelfallgerechtigkeit zu treten.

3.1.2. Das Zentralproblem: Die Begrenzung des Kreises erwachsener und einsichtsfähiger potentieller Organlebendspender

3.1.2.1. Die Ausgangslage

Auch bei einer der grundlegendsten Fragen der Organlebendspende, der Begrenzung des Kreises erwachsener und einsichtsfähiger Organlebendspender, besteht im europäischen Vergleich kein gemeinsamer Standard.[512] Dieser Frage kommt im Hinblick auf die Interessen betroffener Patienten besondere Bedeutung zu, da generelle gesetzliche Verbote der Lebendorganspende zwischen bestimmten Personen den Eingriff von vornherein verunmöglichen.

In der historischen Entwicklung der Organtransplantation sprachen zunächst immunologische Gründe für eine Begrenzung des Spenderkreises. Die erste gelungene Transplantation einer Niere war eine Lebendspende, die 1954 in Boston zwischen eineiigen Zwillingen durchgeführt wurde.[513] Trotz der Fortschritte der Immunsuppression, die die Notwendigkeit einer Beschränkung der Lebendspende auf haploidentische Geschwister oder genetisch eng verwandte Personen im wesentlichen[514] entfallen ließ, blieb die Vorstellung, die Organlebendspende sei „natürlicherweise" auf genetisch verwandte Personen zu beschränken, präsent.

Eine Politik der Restriktion des Kreises potentieller Lebendspender beruft sich heute in der Regel auf den 1991 von der Weltgesundheitsorganisation (WHO) aufgestellten „Leitsatz 3 für Organtransplantationen am Menschen", der, um die nichtverwandte Lebendspende zu „entmutigen"[515], für die Übertragung von nicht

3. Unterschiedliche Regelungsmodelle für die Hauptprobleme

regenerierbaren Organen und Geweben ebenfalls auf „regelmäßige" genetische Verwandschaft zwischen Spender und Empfänger abstellt: „Adult living persons may donate organs, but in general such donors should be genetically related to the recipients. Exceptions may be made in the case of transplantation of bone marrow and other acceptable regenerative tissues."[516] Dieser Leitsatz, der schon zur Zeit seiner Entstehung nicht mehr den Stand der internationalen ethischen Diskussion[517] widerspiegelte, stellt eine Formulierung dar, die vorrangig auf die Probleme der großen Zahl der Entwicklungs- und Schwellenländer zielen mußte und nicht beanspruchen konnte, ein angemessenes Regelungsmodell für Staaten Westeuropas zu geben. Die Weltgesundheitsorganisation vermied es im übrigen, ihre Position zu begründen; soweit sich die damaligen Beratungen rekonstruieren lassen, kann auch nicht festgestellt werden, daß der Verabschiedung der „Leitlinien" eine angemessene Auseinandersetzung mit dem Stand der medizinischen, psychologischen oder ethischen Untersuchungen zur Lebendorganspende vorausgegangen ist. Eine Begründung für die restriktive Haltung der WHO wäre 1990 auch nicht schlüssig zu leisten gewesen, da es – jedenfalls im Hinblick auf Staaten der westlichen Hemisphäre, die über ein im großen und ganzen funktionierendes Rechtssystem und über entsprechende Kontrollmöglichkeiten gegenüber der Transplantationsmedizin verfügen – keine überzeugenden Gründe für generelle Restriktionen des Spenderkreises gibt.[518]

Begründbare gesetzliche Differenzierungen in ethisch wie rechtlich so bedeutsamen Fragen müssen moralisch und rechtspolitisch relevante Unterscheidungen benennen; sie dürfen nicht willkürlich sein. Bei näherer Analyse gibt es jedoch kein durchgreifendes Argument, das eine Beschränkung auf verwandte und einen Ausschluß nichtverwandter Lebendspender rechtfertigen könnte:

a) Jüngere Untersuchungen zeigen praktisch keinen Unterschied mehr in den medizinischen Ergebnissen von Lebendtransplantationen unter Verwandten- bzw. Nichtverwandten. Es gibt insbesondere bei der Nierentransplantation, dem vorrangigen und quantitativ weitaus wichtigsten Anwendungsbereich der Regelung, keine relevanten medizinischen Gründe mehr, die gerade für die verwandte und gegen die nichtverwandte Lebendspende sprechen. Nachdem eine Fülle von zentrumsbezogenen Einzeluntersuchungen auf exzellente Langzeitergebnisse bei der Verwendung nichtverwandter Spender hinwies[519], haben nunmehr auch Großstudien gezeigt, daß der durchschnittliche Erfolg von Nierentransplantationen unter (in der Regel in ihren Gewebetypen kaum übereinstimmenden) Ehegatten sogar geringfügig höher ist als der bei Lebendspenden von Eltern auf ihre Kinder und sich nicht mehr wesentlich vom Erfolg der Transplantation unter Geschwistern mit identischen Gewebemerkmalen unterscheidet.[520] Der Erfolg der Übertragung von Organen von mit dem Empfänger emotional verbundenen, aber mit ihm weder verwandten noch verheirateten Spendern ist vergleichbar hoch. Diese Befunde setzen solche gesetzlichen Regelungen, die vor Mitte der 90er Jahre erlassen wurden und die die Lebendorganspende unter nicht genetisch verwandten Personen auch aufgrund heute nicht mehr haltbarer immunologischer Annahmen beschränkt haben, dem Vorwurf mangelnder Rationalität aus. Überhaupt wird man feststellen dürfen, daß die erhebliche Dynamik der medizinischen Entwicklung auf dem Gebiet der Transplantationsmedizin nationale wie internationale Normgeber ohnehin zu der ständigen Bereitschaft zwingt, einmal erlassene Regeln im Licht neuer Erkenntnisse zu revidieren. In diesem Sinn steht die Aufgabe, die Lebendorganspende gesetzlich zu fassen, nicht zuletzt unter den Zielvorgaben prozeduraler Rationalität.[521]

b) Zugleich deutet nichts darauf hin, daß Nichtverwandte – Ehepartner, nichteheliche Lebenspartner, oder gute Freunde – im Vergleich zu familienangehörigen Spendern generell einem höheren Zwangspotential ausgesetzt wären.[522] Spendewillige Lebenspartner, ob verheiratet oder nicht, zeichnen sich in der Praxis durch eine starke Position im Verhältnis zu ihrem kranken Partner aus, und Fälle, in denen dies nicht so ist, können mit hinreichender Sicherheit in Verfahren festgestellt werden. Andererseits bestehen gerade im Familienverband der genetisch Verwandten vielfältige Möglichkeiten, bei dem als Spender auserkorenen Familienmitglied einen erheblichen Loyalitätsdruck zu erzeugen, der eine auf Freiwilligkeit beruhende Spendermotivation zweifelhaft erscheinen läßt.[523] Eine Evaluierung der Freiwilligkeit der Spenderentscheidung ist wohl gerade bei innerfamiliären Spenden angesichts der dort regelmäßig gegebenen spezifischen Abhängigkeiten angebracht. Weit geringere Möglichkeiten, Druck auszuüben, bestehen hingegen im Falle eines fremden Spenders, der sein Organ für den Pool der in Frage kommenden Empfänger zur Verfügung stellen will.[524] Die pauschale Behauptung, daß die Beschränkung des Spenderkreises auf genetisch verwandte Personen den besten Weg dafür darstelle, altruistisch motivierte und auf Freiwilligkeit beruhende Einwilligungen in die Explantation zu erhalten[525], ist deshalb eine haltlose Spekulation, die allen verfügbaren Daten Hohn spricht. Bisherige Erfahrungen mit Nichtverwandtentransplantationen in westlichen Gesellschaften belegen, daß sich die Betroffenen überwiegend durch eine in hohem Maß altruistisch – oder psychologisch genauer: in positivem Sinn egozentrisch – motivierte Spendeentscheidung auszeichnen.[526] So sind beispielsweise die – im wesentlichen eingelösten – positiven Erwartungen, die Ehefrauen für sich mit einer Lebendorganspende für ihren Mann verbinden, weitaus höher als jene von Müttern, die für ihr Kind spenden.[527] Hinsichtlich der Spendermotivation spricht in psychologischer Sicht deshalb prinzipiell nichts gegen eine gleichrangige Behandlung von verwandten und nichtverwandten Lebendspendern bei der Organ-, und insbesondere bei der Nierentransplantation.[528]

c) Im Hinblick auf das Ziel, den Gefahren eines Organhandels zu begegnen, mögen Verfahrensregelungen und strafbewehrte Verbote unter Umständen zweckmäßig sein. Es wäre aber realitätsfern, „emotional verwandten" Lebendspendern (wie z.B. Ehegatten oder nichtehelichen Lebensgefährten, auch im Fall der Cross-Spende) regelmäßig kommerzielle Motive zu unterstellen. Ihr genereller Ausschluß von der Lebendspende ist im Hinblick auf das Ziel, kommerzielle Transaktionen zu unterbinden, ganz offensichtlich nicht erforderlich.[529]

d) Geht man davon aus, daß die Achtung des Selbstbestimmungsrechts erwachsener Personen es erfordert, ihre nach ärztlicher Aufklärung getroffene Entscheidung, einem Verwandten ein Organ zu spenden, zu respektieren, so ist es schwer einzusehen, warum eigenverantwortlich getroffene und altruistisch motivierte Entscheidungen nichtverwandter Personen, nahestehenden Menschen ein Organ zu spenden, nicht als solche respektiert werden sollten.[530] Für diese Gruppe ist kein

3. Unterschiedliche Regelungsmodelle für die Hauptprobleme 63

Grund denkbar, der eine pauschale Ungleichbehandlung gegenüber Blutsverwandten rechtfertigen könnte. Im Gegenteil: alle Argumente, die dafür sprechen, die Lebendspende überhaupt zuzulassen, treffen auch auf sie zu. Man wird mit dem Ethik-Komitee des amerikanischen United Network for Organ Sharing deshalb annehmen müssen, daß ein potentieller Lebendspender das moralische Recht hat, ein gewisses Risiko einzugehen, um einem ihm nahestehenden Menschen zu helfen – „ob er mit diesem verwandt ist oder nicht."[531]

e) Hinzu kommt ein soziologischer Befund. Wir erleben in westlichen Gesellschaften wie der Bundesrepublik Deutschland nicht nur einen Prozeß der Individualisierung und der Pluralisierung der Lebensformen[532], sondern auch eine Erosion traditioneller Beziehungsmuster, die insbesondere in den Städten durch Formen „posttraditionaler Solidarisierung" in selbstgeschaffenen Netzwerken[533] ersetzt werden. Dies bedeutet, daß der Kreis der Personen, von denen der Einzelne solidarisches Verhalten erwarten kann und dem gegenüber er sich zu solchem Verhalten verpflichtet und motiviert fühlt, immer weniger mit dem Kreis seiner genetischen Verwandtschaft identisch ist. Angesichts dieser Befunde ist eine Politik der generellen Beschränkung der Lebendorganspende auf genetische oder enge Verwandte nicht nur soziologisch naiv, sie ist auch unter dem Gesichtspunkt der Gerechtigkeit problematisch, da sie die ansteigende Zahl derjenigen potentiellen Organempfänger, die ohne einen „funktionierenden" Familienverband auskommen muß oder will, von der Ressource Lebendorganspende weitgehend abschneidet.

Eine Politik der generellen Exklusion der Nichtverwandtenspende erscheint aus diesen Gründen wenig durchdacht, ja sie ist, wie der englische Medizinphilosoph David Lamb in seiner 1990 erschienenen Monographie über „Organ Transplants and Ethics" kritisiert hat, „ein schönes Beispiel dafür, wie man das Kind mit dem Bade ausschüttet".[534] Soweit die Lebendspende grundsätzlich gerechtfertigt bleibt, wird man vielmehr anerkennen müssen, daß verwandte und nichtverwandte Lebendspende weitgehend identische medizinische Vorteile (und Nachteile) gegenüber der postmortalen Organspende besitzen, daß verwandte und nichtverwandte potentielle Spender bzw. Empfänger einerseits die gleichen ethischen und rechtlichen Prinzipien für ihren Spendewunsch ins Feld führen können und daß andererseits verwandte und nichtverwandte potentielle Spender auch gleichermaßen vor erzwungenen „Einwilligungen" zu schützen sind.[535]

Zusammenfassend gilt: Die Scheidelinie, die ethisch zulässige und unzulässige Organspenden voneinander trennt, verläuft nicht zwischen verwandten Spendern und solchen, die dies nicht sind. Sie läuft vielmehr quer durch beide Gruppen hindurch. Bei Spendern aus beiden Gruppen können im Einzelfall Gründe vorliegen – etwa mangelnde Freiwilligkeit, kommerzielle Hintergründe oder besondere gesundheitliche Risiken –, die eine Organspende als ethisch oder rechtlich nicht akzeptabel erscheinen lassen. Diese Umstände müssen aber bei verwandten und nichtverwandten Spendern gleichermaßen auch im jeweiligen Einzelfall geprüft werden.[536] Deshalb erscheint eine gesetzgeberische Entscheidung, nur verwandte Spender zu akzeptieren, doppelt falsch: Einmal, weil sie die unberechtigte Vermutung impliziert, Verwandtenspenden seien in der Regel unproblematisch, zum anderen, weil sie, ohne dies ausreichend begründen zu können, mündigen Erwachsenen die Möglichkeit nimmt, schwerkranken Menschen zu helfen, nur weil sie mit diesen nicht durch Familienbande verbunden sind.

Im internationalen Vergleich folgen deshalb auch nur wenige Länder dem restriktiven Vorschlag der WHO. Von einigen lateinamerikanischen Staaten[537], der Russischen Föderation und Portugal abgesehen ist hier – mit Abstrichen – vor allem Frankreich zu nennen.

3.1.2.2. Restriktionsmodelle

Nach der Art und der Intensität der Restriktion des Spenderkreises lassen sich im Spektrum der europäischen Gesetzgebung drei Regelungstypen unterscheiden:

(1) Starke Restriktion

Hatte das französische Gesetz von 1976[538] die Organlebendspende durch einen einwilligungsfähigen Erwachsenen noch generell erlaubt, so änderte sich dies mit dem sogenannten „Bioethikgesetz" von 1994[539], das ein neues Buch VI in die Gesetzessammlung des „Code de la santé publique" einfügte.[540] In Frankreich muß seitdem der Empfänger eines vom Lebenden gespendeten Organs (mit Ausnahme von Knochenmark) Elternteil, Kind, Bruder oder Schwester des Spenders sein. Nur im „Notfall" ist die Spende zwischen Ehegatten[541] zugelassen.[542]

Zwar werden in Frankreich in Relation zur Bevölkerung mehr postmortale Organe transplantiert[543] und sind die Wartelisten etwas kleiner[544] und die durchschnittlichen Wartezeiten – insbesondere für Patienten, die auf eine Niere warten – deutlich geringer[545] als in Deutschland. Dennoch steigen auch in Frankreich die Wartelisten an[546] und verstarb dort eine große Anzahl von Patienten, bevor ihnen mit einem Organ geholfen werden konnte.[547] Es kann mithin keine Rede davon sein, daß eine ausreichende Versorgung der Patienten mit postmortal gewonnenen Organen die Notwendigkeit der alternativen Option Lebendspende in den Hintergrund drängte.

Nicht zuletzt bedingt durch die gesetzlichen Restriktionen des Spenderkreises hat die Lebendspende in Frankreich jedoch kaum Bedeutung. Während der Anteil der Lebendspenden an der Gesamtzahl der Lebertransplantationen seit 1995 bei kleinen Fallzahlen deutlich gestiegen ist, stagniert der Anteil der Lebendspenden an der Gesamtzahl der Nierentransplantationen weiterhin um vier Prozent; dies entspricht für 1999 einer Lebendspendefrequenz von nur 1,3 pro Million Einwohner.[548]

3. Unterschiedliche Regelungsmodelle für die Hauptprobleme

Tabelle: Lebendspende von Organen in Frankreich 1995-1999[549]
(in Klammern: kindliche Empfänger)

Organ / Jahr	1995	1996	1997	1998	1999
Niere	66	57 (10)	71 (8)	73 (12)	77
Anteil der Lebendspenden an der Gesamtzahl der Nierentransplantationen	4 %	3,5 %	4,2 %	3,9 %	4,2 %
Leber	10	11 (10)	19 (16)	28 (14)	33
Anteil der Lebendspenden an der Gesamtzahl der Lebertransplantationen	1,5 %	1,8 %	3,1 %	4 %	4,7 %

Frankreich hat damit seit 1994, dem Inkrafttreten seiner restriktiven gesetzlichen Bestimmungen, die enorme Entwicklung der Lebendspende, die sich in Deutschland und im internationalen Vergleich ereignet hat[550], in seinem Rechtsbereich weitestgehend blockiert.

Man wird den Weg, den der französische Gesetzgeber gewählt hat, aber auch die vergleichsweise hohen Widerstände in der französischen Ärzteschaft gegenüber einer Ausweitung der Lebendspende[551] auch mit dem Umstand in Verbindung bringen müssen, daß die in der Regel englischsprachige internationale medizinethische Diskussion mit ihrer Betonung des Prinzips der Autonomie des Lebendspenders gegenüber dem in dieser Form unangemessenen hippokratischen Schädigungsverbot[552] in Frankreich weniger perzipiert wurde als in anderen Ländern.[553] Heute indes wird in der öffentlichen Diskussion seitens der Transplantationsmedizin zunehmend der „enorme Rückstand Frankreichs in bezug auf die Lebendorganspende"[554] kritisiert, und ein Dossier der Zeitung *Libération* zur Organlebendspende vom 22. November 2000 schloß seine Analyse der französischen Situation mit einer nachdrücklichen Forderung nach einer Novellierung des Gesetzes.[555] Eine unter Leitung des Etablissement français des Greffes 1997 durchgeführte nationale Umfrage[556] ergab, daß 90% der Befragten der Lebendorganspende positiv gegenüberstehen und für die gesetzlichen Restriktionen des Spenderkreises bei der Organlebendspende kein Verständnis zeigen. Ein Dossier des Gesundheitsministeriums faßt das Ergebnis dieser Untersuchung mit dem Satz zusammen, die Franzosen seien „für eine nahezu grenzenlose Ausweitung der Lebendspende, auch im Hinblick auf die Beziehung zwischen Spender und Empfänger".[557]

Das französische Transplantationsgesetz von 1994 sah selbst seine Revision binnen fünf Jahren nach seinem Inkrafttreten vor. Im Rahmen dieses „Réexamen", das gegenwärtig nur schleppend vor sich geht[558], wird nicht nur seitens französischer Transplantationsmediziner[559] versucht, die verfehlten Regelungen zum Spenderkreis einer Korrektur zuzuführen. So hat der Dachverband der französischen Organspendeorganisationen Fédération des associations pour le don d'organes et de tissues humains (FRANCE ADOT) auf der Grundlage einer Resolution seines Jahreskongresses im Oktober 1999 den Gesetzgeber aufgefordert, eine „kontrollierte Öffnung" des Kreises potentieller Lebendspender vorzunehmen und auch nichtverwandte Spender zuzulassen. Hierbei solle Sicherheit durch Verfahren angestrebt werden und – in Anlehnung an das Verfahrensmodell, das das französische Gesetz für die Knochenmarkspende Minderjähriger vorsieht – ein Expertenkomitee eingesetzt werden, dem die Entscheidungen im Einzelfall obliegen sollen.[560]

Mittlerweile hat das französische Gesundheitsministerium in diesem Sinn den Entwurf für eine Überarbeitung der Regelungen zum Spenderkreis erarbeitet und hierbei den Gedanken einer Sicherheit durch Verfahren aufgenommen. Diesem Entwurf zufolge soll künftig die Organlebendspende zwischen allen Personen möglich sein, die in „engen Beziehungen" („des liens étroits") stehen; im Gegenzug soll über das Vorliegen der gesetzlichen Anforderungen in jeden Einzelfall durch eine Expertenkommission entschieden werden.[561]

Nachdem die restriktive Spenderkreis-Regelung in Frankreich einer Revision unterzogen worden sein wird, werden sich Normen dieser Art in Europa nur noch vereinzelt finden. So ist in der Russischen Föderation – aus der Zahlen betreffend die Organlebendspende nicht bekannt sind – die Organentnahme beim Lebenden nur zugunsten eines mit ihm genetisch verwandten Empfängers erlaubt;[562] Portugal – wo die Lebendspende quantitativ ohnehin keine Rolle spielt – beschränkt die Lebendspende nichtregenerierbarer Substanzen auf Verwandte bis zum dritten Grad.[563] In einigen anderen Staaten ist schließlich jedenfalls bislang die Praxis restriktiv, ohne daß dies rechtlich vorgeschrieben wäre. So werden in Finnland (i.e. Helsinki) – bei sehr kleinen Fallzahlen[564] – nur verwandte Spender (Eltern auf Kinder und volljährige Geschwister) als Lebendspender akzeptiert.

(2) Mittlere Restriktion

Es lassen sich zwei unterschiedliche Modelle für Regelungen der Problematik des Spenderkreises unterscheiden, die Restriktionen mittlerer Intensität vorsehen. Dem ersten Modell – begrenzte, aber relativ weite Definition des Spenderkreises, die jedoch strikt ist und keine Ausnahmen vorsieht – entspricht die bereits analysierte deutsche Regelung in § 8 Abs. 1 Satz 2 des Transplantationsgesetzes. In diese Kategorie fällt auch die neue gesetzliche Regelung in Slowenien. Dort existieren ebenfalls keine Restriktionen hinsichtlich des Spenderkreises, soweit es sich um regenerierbare Gewebe handelt. Die Entnahme einer Niere oder von Teilen der Leber ist zum Zwecke der Transplantation auf eine genetisch, familiär oder emotional verwandte Person erlaubt, wenn die Ethikkommission für Transplantationen zugestimmt hat und alle weiteren Voraussetzungen – etwa auch hinsichtlich der Subsidiarität der Lebendspende – erfüllt sind.[565]

Das zweite Modell – eine engere Begrenzung des Regel-Spenderkreises, jedoch ergänzt durch eine Verfahrensregelung für andere Konstellationen – findet sich im Vereinigten Königreich, das seine gesetzlichen Bestimmungen in unmittelbarer Reaktion auf den sogenannten „kidney for cash scandal", einen Fall organisierten Organverkaufs türkischer „Spender" in einer englischen Privatklinik, erlassen hat.[566]

3. Unterschiedliche Regelungsmodelle für die Hauptprobleme 67

Nach dem britischen Human Organ Transplant Act von 1989 ist die Organentnahme beim lebenden Spender ebenso wie die Transplantation des Organs[567] nur erlaubt, wenn der Spender mit den Empfänger in einer näher definierten Weise (bis zum vierten Grad), genetisch verwandt ist[568]. Das Verwandtschaftsverhältnis mußte darüber hinaus bislang vor dem Eingriff durch ein bestimmtes, ministeriell festgelegtes Testverfahren nachgewiesen werden;[569] seit 1998 ist die besondere Art der genetischen Untersuchung nicht mehr vorgeschrieben.[570]

Im Gegensatz zu den anderen Staaten, die den Kreis potentieller Organempfänger restringieren, ist ein Verstoß gegen die Spenderkreis-Regelung in Großbritannien – wie in der Bundesrepublik – mit Strafe bedroht; im Vergleich zu Deutschland jedoch mit einer moderaten Rechtsfolge, nämlich mit Haft bis zu drei Monaten oder Geldstrafe.[571]

Das Verbot der Lebendorganspende unter nicht nachweisbar eng genetisch verwandten Personen gilt jedoch nicht unbedingt, denn das britische Gesetz enthält eine Vorschrift, die die Regelung einer legalen Organlebendspende auch für andere Personen ermöglicht[572]. Von dieser Ermächtigung wurde durch Erlaß der Human Organ Transplants (Unrelated Persons) Regulations 1989[573] Gebrauch gemacht, die aus elf Personen bestehende „Unrelated Live Transplant Regulatory Authority" (ULTRA) als Genehmigungsbehörde eingerichtet[574] und die Bedingungen festgelegt, unter denen ULTRA Ausnahmen vom grundsätzlichen Verbot der Lebendspende vom nicht genetisch verwandten Spender – auch für Fälle altruistischer Spenden unter Fremden[575] – genehmigen kann.[576]

Macht ein registrierter Arzt einen solchen Fall zum Gegenstand eines Verfahrens vor der Genehmigungsbehörde ULTRA, so ist eine Befreiung von dem grundsätzlichen Organspendeverbot zwischen genetisch nicht verwandten Spendern zu erteilen, wenn folgende Voraussetzungen erfüllt sind:

ULTRA muß, wie bereits dargestellt, zu der Überzeugung gelangt sein, daß keine Bezahlung stattfand oder stattfinden wird und daß der Arzt, der die Angelegenheit vor ULTRA gebracht hat, die klinische Verantwortung für den Spender (und nicht zugleich für den Empfänger[577]) trägt.[578] Außerdem müssen – wenn nicht der primäre Grund für die Organentnahme in einer medizinischen Behandlung für den Spender liegt – sowohl Spender als auch Empfänger von einer von ULTRA als qualifiziert erachteten Person (independent assessor) befragt werden.[579] Diese Person wiederum hat dann für ULTRA einen Bericht zu erstellen, aus dem hervorgeht, daß die Bedingung für die legale Organentnahme und Transplantation, nämlich die freiwillige, weder auf Anreiz[580] noch auf Zwang beruhende, nicht widerrufene Einwilligung des Spenders nach einer umfassenden und von ihm verstandenen Aufklärung durch einen praktizierenden Arzt, erfüllt ist. Außerdem muß der Bericht etwaige Kommunikationsprobleme mit dem Spender oder dem Empfänger wiedergeben und erläutern, wie diese Kommunikationsprobleme überwunden wurden.[581] Innerhalb ULTRAs entscheidet in der Regel und meist binnen einer Woche eine Kammer aus drei Mitgliedern. Die Geschäftsordnung sieht bei Ablehnungen ein Widerspruchsverfahren vor.[582]

Dennoch entwickelte sich die Lebendspende unter Nichtverwandten nach Inkrafttreten des britischen Gesetzes zunächst schleppend, wobei die Gründe hierfür bei der immer noch von dem „kidney for cash"-Skandal geprägten, in bezug auf die Lebend- und insbesondere die nichtverwandte Organspende zurückhaltenden Ärzteschaft zu suchen waren. Noch 1992 hatte etwa der englische General Medical Council die Ansicht vertreten, daß „Lebendorgantransplanationen unter Nichtverwandten nur unter außergewöhnlichen Umständen in Betracht gezogen werden" sollten.[583] Bereits 1994 mahnte jedoch ein Bericht des King's Fund Institute unter Verweis auf das norwegische Programm die systematische Förderung der Lebendorgantransplantation „zunächst" unter Verwandten[584] an, sprach von der Gefahr einer unangemessenen Beschränkung der nichtverwandten Lebendspende und empfahl eine „gründliche Überholung" der gesetzlichen Bestimmungen im Vereinigten Königreich.[585] Spätestens seit Mitte der 90er Jahre – zeitlich in etwa zusammenfallend mit dem Nachweis außerordentlich guter Ergebnisse der Nierenlebendspende unter Nichtverwandten durch Großstudien seit 1995[586] – setzte auch in Großbritannien ein grundsätzliches Umdenken in bezug auf den Kreis potentieller Organspender ein. Im Jahre 1998 betonte die British Transplantation Society, daß Organspenden unter nichtverwandten Personen im Vereinigten Königreich weitestgehend akzeptiert seien und mit einem weiteren Anstieg der Nichtverwandtenspende zu rechnen sei.[587] Sie sprach die Empfehlung aus, die „Transplantationszentren zu ermutigen, eine ethisch zu rechtfertigende Ausweitung der Lebendorgantransplantation" mit dem Ziel zu unternehmen, „die Zahl der Lebendorganspenden substantiell zu erhöhen."[588] Das *British Medical Journal* schloß sich dieser Einschätzung im wesentlichen an.[589] Fast alle britischen Transplantationszentren befürworten mittlerweile eine Ausweitung der Organlebendspende auch unter Nichtverwandten entsprechend dem Vorbild der Vereinigten Staaten und der Praxis in vergleichbaren europäischer Ländern[590]; die United Kingdom guidelines for living donor kidney transplantation der British Transplantation Society und der Renal Association aus dem Jahr 2000 haben nach eingehender Analyse der medizinischen, ethischen und rechtlichen Aspekte der Organlebendspende als wünschbares mittelfristiges Entwicklungsziel eine zweistellige Zahl pro Million Einwohner und Jahr – also mehr als die Verdopplung des gegenwärtigen Aufkommens – genannt.[591] Ebenso rief das Royal College of Surgeons of England, wiederum unter Betonung der weitgehenden Akzeptanz der Lebenspende unter Nichtverwandten, unter seinen Mitgliedern zu Anstrengungen auf, um die Zahl der Lebendtransplantationen zu verdoppeln, und forderte die Bereitstellung von Mitteln für die logistische Unterstützung solcher Programme sowie für eine „Bewußtseins- und Bildungskampagne zur Förderung der Lebendorganspende".[592]

In der Tat hat sich mittlerweile in Großbritannien die Zahl der Nierenlebendspender in den letzten fünf Jahren fast verdoppelt, die Zahl der nichtverwandten Spender – und damit die Zahl der durch ULTRA ausgesprochenen Genehmigungen[593] – hingegen verzehnfacht (Graphik 2).[594]

3. Unterschiedliche Regelungsmodelle für die Hauptprobleme 69

**Graphik 2: Lebendspende von Nieren in Großbritannien 1996-2000
– insgesamt und nichtverwandte Spender**[595]

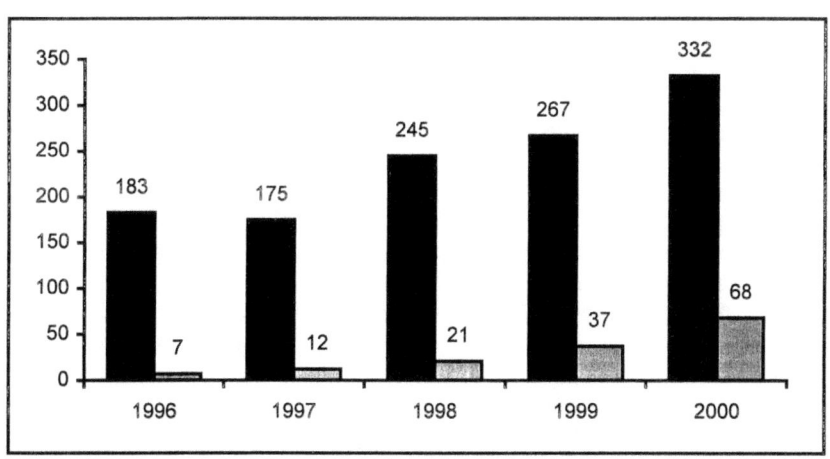

Insbesondere seit dem Jahr 2000, in dem der Anteil der Nichtverwandten unter den Lebend-Nierenspendern in Großbritannien nahezu 20% erreicht hat, wird man nicht länger die These vertreten können, daß das Verfahren vor einer zentralen nationalen – und damit für die meisten Patienten entfernten und anonymen – Kommission eine erhebliche faktische Zugangsbarriere für die Lebendspende unter nicht verwandten Personen darstellt.[596]

Der Vergleich des britischen Gesetzes mit dem deutschen fällt in diesem Punkt deshalb zwiespältig aus. Daß der Human Organ Transplants Act auch einander eindeutig nahestehende Personen und sogar Ehepaare dem durchaus in die Privatsphäre der Betroffenen eindringenden Verfahren vor der *Unrelated Live Transplant Regulatory Authority* unterwirft, während genetisch Verwandte dritten Grades, die einander weit ferner stehen mögen, nicht erfaßt werden, erscheint inakzeptabel.[597] Andererseits steckt in der britischen Regelung, die im Hinblick auf den Spenderkreis letztlich unter Einschluß der altruistischen Spende unter Fremden „nahezu alle Organübertragungen, die vernünftigen Ärzten angemessen erscheinen, rechtlich erlaubt"[598], im Ergebnis ein Potential an Flexibilität, das der deutschen Vorschrift in § 8 Abs. 1 Satz 2 TPG klar überlegen ist.

Daß der Gesetzgeber allerdings auch in Großbritannien in seiner Formulierung des Organhandelsverbots über das Ziel hinausgeschossen ist und von dem Wortlaut des Gesetzes auch Fälle der Überkreuz-Spende betroffen sein können, demonstriert ein Fall, den der britische Chirurg und Ethiker Robert A. Sells (Liverpool) im *New England Journal of Medicine* vorgestellt hat:[599] Die Lebendspende eines (aus dem Ausland stammenden) Vaters für sein Kind scheiterte an einem positiven cross-match von Spenderzellen und Blutserum des Empfängers. Der Vater bot daraufhin an, seine Nieren zugunsten des Pools der in Großbritannien zu verteilenden Leichennieren zu spenden, im Austausch sollte das Kind einen Platz auf der

Warteliste erhalten. Obgleich das britische Transplantationsgesetz nach seinem Wortlaut nur eine „Bezahlung in Geld oder Geldeswert" (payment in money or money's worth)[600] verbietet, nahmen die beteiligten offiziellen Stellen des Landes einschließlich der *Unrelated Live Transplant Regulatory Authority (ULTRA)*[601] die Position ein, daß das quid pro quo eines Organtauschs dieser Art (und folglich auch eine „klassische" Überkreuz-Spende unter lebenden Paaren) eine „geldwerte" Transaktion darstelle; die projektierte, ethisch vollständig zu rechtfertigende Überkreuzspende unterblieb, das Kind blieb unversorgt. Diese Auslegung des Human Organ Transplants Act, die im übrigen wenig überzeugend scheint[602], hat in der Folge scharfe Kritik auf sich gezogen; hierbei wurde in aller Deutlichkeit die Forderung erhoben, daß die Überkreuz-Lebendspende von Nieren nicht an legislatorischen Fehlleistungen dieser Art scheitern dürfe und deshalb das britische Transplantationsgesetz anders auszulegen oder zu ändern sei.[603]

Ein solcher Schritt bahnt sich gegenwärtig an. Das britische Gesundheitsministerium hat in seiner im Jahr 2000 veröffentlichten Fünfjahres-Revision der *Unrelated Live Transplant Regulatory Authority (ULTRA)* betont, die Regierung sei angesichts der Veränderungen, die in den Einstellungen der Ärzteschaft und der Bevölkerung zur Lebendspende zu beobachten seien, „äußerst interessiert daran, [...] den Rahmen für bedeutsame Zuwächse bei der Lebendspende (einschließlich der nichtverwandten) für die nächsten Jahre zu maximieren"[604] – eine Aussage, die eine Liberalisierung der Gesetzgebung nicht ausgeschlossen erscheinen läßt. Zugleich soll durch das Ministerium ab sofort verstärkt über die Möglichkeiten der Lebendorganspende unter Nichtverwandten aufgeklärt werden.[605]

In die Kategorie der „mittleren", eher noch der geringen Restriktion des Spenderkreises gehört auch das schwedische Gesetz von 1995, das zunächst und für den Regelfall die Entnahme von nichtregenerierbarem biologischem Material zu Transplantationszwecken beim lebenden Spender erlaubt, wenn der Spender mit dem Empfänger entweder verwandt ist oder diesem nahesteht, in einem zweiten Satz jedoch die Entnahme für „besondere Fälle" auch bei einer „anderen Person" gestattet.[606] Ein „besonderer Fall" soll nach den Erläuterungen zu dem Gesetz beispielsweise – aber nicht nicht nur dann – vorliegen, wenn eine Person, die nicht dem Regel-Spenderkreis entspricht, medizinisch als Spender geeignet ist, und keine verwandte oder sonst nahestehende Person für den Eingriff zur Verfügung steht.[607] Die Entscheidungsgrundsätze der Nationalen Gesundheitsbehörde Schwedens, die in Fällen dieser Art angerufen wird, zielen hierbei darauf ab, Lebendspenden nicht allein an einer mangelnden Nähebeziehung zwischen Spender und Empfänger scheitern zu lassen.[608]

In der schwedischen Praxis werden seit 1987 Ehepartner zur Lebendspende ermuntert und auch andere Spender, etwa entfernte Verwandte, oder, seit Mitte der 1990er Jahre, auch enge Freunde nicht mehr ausgeschlossen, wenn sie sich spontan zur Spende bereit erklären; die rechtlich nicht ausgeschlossenen altruistischen Spenden unter Fremden und Überkreuz-Spenden wurden bislang jedoch nicht durchgeführt.[609]

Eine letztlich ähnlich flexible Regelung findet sich bereits seit 1967 in Italien. Nach den italienischen Gesetzen ist der Spenderkreis vorrangig auf Eltern, volljährige Kinder oder Geschwister begrenzt. Hat der potentielle Empfänger jedoch

3. Unterschiedliche Regelungsmodelle für die Hauptprobleme

keine Blutsverwandten der genannten Art oder ist keiner von diesen geeignet oder verfügbar, dann kommen auch andere Verwandte oder außenstehende Personen als Spender in Betracht.[610]

Auch in Polen ist im übrigen eine Verfahrenslösung für solche Fälle vorgesehen, in denen es um die Entnahme von Organen, Zellen oder Gewebe – ausgenommen Knochenmark oder regenerierbare Zellen und Gewebe – geht und der Spender mit dem zukünftigen Empfänger weder in gerader Linie noch über Adoption verwandt, noch dessen Bruder, Schwester oder Ehegatte ist, aber mit ihm eine enge Beziehung unterhält. In diesen Fällen entscheidet das lokale Gericht, das für den Wohnort oder Aufenthaltsort des Spenders zuständig ist, auf Antrag des Spenders in einem nichtstreitigen Verfahren über die Zulässigkeit der Entnahme;[611] die Lebendspende unter „emotional Verwandten", ist damit gesetzlich grundsätzlich zugelassen, nicht jedoch die unter Fremden.[612] Der vom Gericht unverzüglich zu prüfende Antrag muß die schriftliche Einwilligung des Empfängers in die Organentnahme beim Spender sowie eine Bescheinigung des die Transplantation ausführenden Arztes enthalten, aus der die Begründetheit und Zweckmäßigkeit der Entnahme sowie die Erfüllung der gesetzlichen Anforderungen bezüglich Aufklärung, Einwilligung und Spendersicherheit hervorgehen.[613]

(3)   Keine Restriktion

Die meisten der europäischen Staaten kennen keine generelle gesetzliche Beschränkung des Spenderkreises.

Unter den europäischen Staaten, die auf die rechtlich wie ethisch gleichermaßen problematischen Beschränkungen des Kreises potentieller Lebendorganspender verzichtet haben, sind weniger die von rechtsvergleichendem und rechtspolitischem Interesse, die dies mangels einer detaillierten Regelung getan haben, wie beispielsweise Österreich[614] oder Norwegen[615], sondern jene, die sich in neuerer Zeit und nach entsprechender Diskussion zu legislatorischer Enthaltsamkeit speziell bei dieser Frage entschlossen haben.

3.1.2.3. Neuere Tendenzen in der europäischen Gesetzgebung

So enthält etwa die spanische Neuregelung der Organtransplantation aus dem Jahr 1999 detaillierte Verfahrensvorschriften, um die Freiwilligkeit und Uneigennützigkeit des Spendeentschlusses zu überprüfen und zu garantieren sowie etwaige Risiken für den Spender zu minimieren.[616] Auf eine Begrenzung des zugelassenen Kreises potentieller Spender konnte angesichts der so geschaffenen Sicherheit durch Verfahren verzichtet werden. Hierbei fällt besonders auf, daß sich das spanische Gesetz in einer Reihe von Aspekten an die französische Regelung von 1994 anlehnt, bei der Frage des Spenderkreises jedoch bewußt den völlig entgegengesetzten Weg beschreitet.

Schon 1996 hatte der niederländische Gesetzgeber entschieden, dem französischen wie dem englischen Modell eine Absage zu erteilen und die gesetzliche

Regelung der Organlebendspende nicht mit abstrakt-generellen Restriktionen zu Lasten bestimmter Gruppen von Spendern bzw. Empfänger zu belasten.[617] Auch in Dänemark hat man anläßlich einer ergänzenden Novellierung des Transplantationsgesetzes im Jahr 2000 darauf verzichtet, von dem 1990 beschlossenen Verzicht auf Restriktionen des Spenderkreises abzurücken,[618] und letztlich wird man selbst die schwedische Regelung von 1995, die die Organentnahme bei Lebenden für „besondere Fälle" auch bei einer Personen gestattet, die mit dem Empfänger weder verwandt ist noch ihm nahesteht[619], in diese Reihe der Gesetze ohne generelle Beschränkungen des Kreises potentieller Organspender zählen müssen. Somit hat kein westeuropäisches Land seit 1995 mehr eine strikte, nicht wenigstens eine Verfahrenslösung für besonders gelagerte Einzelfälle enthaltende Begrenzung des Kreises potentieller Lebendorganspende verfügt – nota bene mit Ausnahme der Bundesrepublik Deutschland.

Diese eindeutige Tendenz wird aller Voraussicht nach in aller Deutlichkeit von dem – was das Niveau seiner Vorbereitung und Diskussion betrifft – ambitioniertesten und wohl auch avanciertesten Projekt zur Gesetzgebung auf dem Gebiet der Transplantationsmedizin in Europa bestätigt werden – die Rede ist vom Schweizer Entwurf des Bundesgesetzes über die Transplantation von Organen, Geweben und Zellen.

Der Gesetzgebungsprozeß zum Schweizer Transplantationsgesetz ist noch nicht abgeschlossen. Der Entwurf des Transplantationsgesetzes, dem eine Änderung der Bundesverfassung vorausging[620], wurde zusammen mit einem erläuternden Bericht des eidgenössischen Departements des Inneren im Dezember 1999 vorgestellt. Im Anschluß daran wurde ein sogenanntes Vernehmlassungsverfahren durchgeführt, in dem Parteien, Kirchen, Verbände und Organisationen zur Stellungnahme zum Gesetzesentwurf aufgefordert wurden. Der die Stellungnahmen zusammenfassende Vernehmlassungsbericht wurde im November 2000 veröffentlicht. Im September 2001 stellte der Bundesrat einen mit einer ausführlichen Begründung versehenen, stark überarbeiteten Entwurf vor.[621] Bis zum endgültigen Abschluß des Gesetzgebungsverfahrens bleibt somit auch die Lebendspende von Organen in der Schweiz auf nationaler Ebene weiterhin gesetzlich ungeregelt. Lediglich in einigen Kantonen existieren Gesetze zur Organentnahme bei lebenden Spendern, die sich in der Regel auf Richtlinien der Schweizer Akademie der Medizinischen Wissenschaft berufen.

Auch der Entwurf des Schweizer Transplantationsgesetzes vom September 2001 zeichnet sich durch einen bewußten Verzicht auf jegliche Begrenzung des Kreises potentieller Lebendorganspender aus. Im 3. Abschnitt des Entwurfes, der die Entnahme von Organen, Geweben und Zellen bei lebenden Personen regelt, ist bestimmt, daß die spendende Person urteilsfähig und mündig sein muß.[622] Anforderungen bezüglich einer genetischen, verwandtschaftlichen, emotionalen oder sonstigen Beziehung zum potentiellen Empfänger der Spende werden jedoch nicht gestellt. Ausdrücklich heißt es hierzu im erläuternden Bericht zum Gesetzesentwurf: „Die Lebendspende von Organen, Geweben oder Zellen wird grundsätzlich positiv beurteilt. An sich kann jede Person für eine Lebendspende in Frage kommen. Eine verwandtschaftliche Beziehung zwischen spendender und empfangen-

3. Unterschiedliche Regelungsmodelle für die Hauptprobleme

der Person oder eine besonders enge emotionale Bindung wird nicht vorausgesetzt."[623]

Damit läßt der Entwurf des Schweizer Transplantationsgesetzes sowohl altruistische Fremdspenden für einen unbekannten Empfänger als auch Überkreuz-Spenden zu. Für die altruistische Fremdspende wird dies nochmals klargestellt durch Art. 15 Abs. 1 des Gesetzesentwurfes, wonach die Zuteilungskriterien für die Organe verstorbener Personen auch für solche Organe gelten, die die Spenderin oder der Spender nicht einer bestimmten Person zukommen lassen will. Abgesehen von diesem Sonderfall der Spende für einen unbekannten Empfänger, ist die Bestimmung der geeigneten empfangenden Person bei der Lebendspende nach dem Erläuterungsbericht „allein Sache der Spenderin oder des Spenders und des behandelnden Arztes."[624]

Daß auch die Überkreuz-Spende zugelassen werden soll, ergibt sich bereits aus der Systematik dieses Gesetzesentwurfes, d.h. aus dem Verzicht auf Anforderungen an den potentiellen Spenderkreis. Der Erläuterungsbericht formuliert diesbezüglich in aller Klarheit, das Transplantationsgesetz lasse dadurch „neuere Praktiken wie die 'cross over-Spende' grundsätzlich zu."[625] Hinter dieser Entscheidung ist die klare Absicht erkennbar, dafür zu sorgen, daß der deutsche „Fehler nicht [...] wiederholt" wird.[626]

Die öffentliche Diskussion hat diese Entscheidung begrüßt: Während im Verlauf der Anhörungen einzelne der im Gesetzesentwurf vorgeschlagenen Regelungen der Lebendspende massive Kritik erfahren haben, sei – so der Vernehmlassungsbericht zu den eingegangenen Stellungnahmen und die Botschaft des Bundesrats vom September 2001 – der Grundsatz, daß für eine Lebendspende keine besondere Beziehung zwischen spendender und empfangender Person bestehen müsse, von den am Verfahren Beteiligten positiv aufgenommen worden.[627]

Konnte man in bezug auf die europäischen Gesetzgebungen zum Kreis potentieller Lebendorganspender noch vor einigen Jahren von „contrastings trends"[628] sprechen, so läßt sich im Jahr 2001 ein einheitlicher europäischer Trend gegen jede strikte Begrenzung des Spenderkreises mit generellem Charakter feststellen. Insoweit wird man der These, daß im Bereich der Regelung der Lebend-Organtransplantation in Europa eine Krankheit namens HIL („Highly Inappropriate Legislation") umgehe[629], nicht länger zustimmen können.

Dieser begründete Trend läßt sich auch an den Vereinheitlichungsbemühungen des Europarats ausmachen.

Bereits das Modellgesetz des Europarats zur Transplantation aus dem Jahre 1978 hatte vorgesehen, daß die Entnahme nichtregenerierbarer Substanzen auf die Transplantation zwischen genetisch Verwandten beschränkt werden solle, „es sei denn, daß im Einzelfall ausnahmsweise gute Erfolgsaussichten bestehen".[630] Diese in ihrer Flexibilität und ihrer Offenheit für die weitere medizinische Entwicklung wohldurchdachte Formulierung hat auch heute noch Vorbildcharakter. Gerade aufgrund des Fortschritts der medizinischen Erkenntnisse seit 1978 sind insbesondere im Fall der Nierenlebendspende die damaligen „Einzelfälle guter Erfolgsaussichten" heute die Regel; selbst bei altruistischen Fremd-Lebendspenden würden die Erfolgsaussichten der Organübertragung höher liegen als bei Verwendung von Leichennieren: Die 87%ige Dreijahres-Transplantatüberlebensrate bei nicht verwandten Spendern liegt sogar geringfügig höher als bei Spenden von Eltern auf ihre Kinder und übertrifft die Erfolgsquoten bei der sonst üblichen Verwendung nicht vollständig HLA-kompatibler Nieren von verstorbenen Personen um mehr als 10 Prozentpunkte.[631] Gute bis überlegene Ergebnisse, jedenfalls aber „gute Erfolgsaussichten" bieten auch Lebendspenden anderer Organe, wie der Leber oder der Lunge, unter nicht miteinander verwandten Personen. Deshalb wären mit dem seinerzeitigen Gesetzesvorschlag des Europarates heute keine Restriktionen des Spenderkreises mehr verbunden.

Das Übereinkommen des Europarats über Menschenrechte und Biomedizin (Bioethik-Konvention) trifft zwar Regelungen zur Lebendspende von Organen, läßt die Frage des Spenderkreises jedoch ungeregelt. Aber auch der Entwurf eines Zusatzprotokolls zur Organtransplantation zu dem genannten Übereinkommen schlägt in seiner gegenwärtigen, aus dem Jahr 2000 stammenden Fassung eine Verfahrenslösung für den Einzelfall vor: Organentnahmen vom Lebendspender, so heißt es dort, dürfen nur zum Nutzen eines Empfängers vorgenommen werden, „mit dem der Spender eine gesetzlich definierte enge persönliche Beziehung hat, oder, falls eine solche Beziehung nicht vorliegt, unter den gesetzlich bestimmten Voraussetzungen und mit Zustimmung eines geeigneten unabhängigen Gremiums".[632] Dies bedeutet, daß ein Ethikkomitee oder eine vergleichbare Einrichtung den Eingriff gerade auch in außergewöhnlichen Konstellationen genehmigen können soll. Gedacht ist insbesondere an Fälle, in denen – wie wohl beispielsweise bei der Überkreuz-Spende – die Lebendorganspende zwischen einander nicht eng verbundenen Menschen mit „langfristigem psychologischem Nutzen für den Spender" assoziiert werden kann.[633] Das Zusatzprotokoll entspricht damit der von medizinischer Seite erhobenen Forderung, europäische Transplantationsgesetze, die die Überkreuz-Spende nicht zulassen, entsprechend zu novellieren.[634]

Von besonderem Interesse ist die Begründung, die hierfür gegeben wurde. Die Erläuterungen des Entwurfs führen aus, daß generalisierte gesetzliche Beschränkungen des Spenderkreises der Vielfalt der guten Gründe, die Menschen für ihren Wunsch, als Lebende ein Organ zu spenden, haben können, kaum gerecht werden könnten.[635] Das menschliche Leben, will die Begründung sagen, lasse sich auch hier nicht über den Paragraphenleisten schlagen; stattdessen soll durch „safety by procedure" eine angemessene Entscheidung für jeden, auch außergewöhnlichen Einzelfall ermöglicht werden.

Das Zusatzprotokoll befindet sich noch im Entwurfsstadium und entfaltet bislang keine rechtliche Wirkung. Es kann von der Bundesrepublik, die die Bioethik-Konvention selbst nicht unterzeichnet hat, ohnehin weder unterzeichnet noch ratifiziert werden.[636] Darüber hinaus stellt es eine bislang ungeklärte Frage der Auslegung der Konvention dar, ob die wenigen anderen europäischen Staaten, die, wie beispielsweise Frankreich, hinsichtlich des Spenderkreises restriktivere Regelungen gesetzt haben als durch das Protokoll vorgesehen, bei dessen Rechtskraft in diesem Punkt einer völkerrechtlichen Umsetzungs-, also: Liberalisierungspflicht unterlägen. Artikel 27 der Bioethik-Konvention, der klarstellt, daß durch die Konvention nicht die Möglichkeit eines Vertragsstaats beschränkt wird, einen über das Übereinkommen hinausgehenden Schutz zu gewähren, ist zumindest nach seinem

3. Unterschiedliche Regelungsmodelle für die Hauptprobleme 75

Wortlaut durchaus der paternalistischen Auslegung zugänglich, daß dieser „Schutz" auch den Schutz potentieller Organspender vor sich selbst umfaßt.

Dennoch ist festzuhalten, daß die Begründung des Entwurfs des Zusatzprotokolls an dieser Stelle wahrhaft europäischen Charakter zeigt. Sie spiegelt nichts weniger als die seit nahezu 2400 Jahren in Europa diskutierte, auf das 5. Buch der Nikomachischen Ethik des Aristoteles zurückgehende rechtsphilosophische Einsicht, daß allgemein-generell geltende Gesetzesnormen Raum für ihre Korrektur im Einzelfall lassen müssen. Nötig ist Billigkeit (ἐπιείκεια), eine Möglichkeit zur „Korrektur des Gesetzes, da wo dasselbe wegen seiner allgemeinen Fassung mangelhaft bleibt"[637], und eben dieser Gedanke soll nun auch nach dem Willen des Europarats Raum schaffen für die in der Frage des Spenderkreises bei der Organlebendspende so dringend benötigte, verfahrensmäßig abgesicherte Flexibilität im Einzelfall. Insofern kommt dem Zusatzprotokoll eine begründete Vorbildfunktion für die Zukunft der europäischen Gesetzgebung zur Lebendspende von Organen zu.

3.1.2.4. Schlußfolgerungen für eine angemessene gesetzliche Regelung des Spenderkreises

Rational begründbare gesetzliche Regelungen zur Organentnahme bei Lebenden müssen dann, wenn sie hinsichtlich des Kreises zulässiger Spender Restriktionen enthalten, die Möglichkeit vorsehen, durch ein Verfahren die Lebendspende bei besonders gelagerten Konstellationen (wie beispielsweise, aber nicht nur im Fall der Überkreuz-Spende) im jeweiligen Einzelfall zu erlauben.

§ 8 Abs. 2 Satz 1 des deutschen Transplantationsgesetzes, demzufolge die Entnahme von Organen, die sich nicht wieder bilden können, ausnahmslos nur zulässig ist „zum Zwecke der Übertragung auf Verwandte ersten oder zweiten Grades, Ehegatten, Verlobte oder andere Personen, die dem Spender in besonderer persönlicher Verbundenheit offenkundig nahestehen", entspricht insoweit weder den Anforderungen rationaler Gesetzgebung, noch dem Standard, der sich aus den entsprechenden Regelungen anderer europäischer Staaten sowie des Europarats seit 1995 ablesen läßt.

Dies bestätigt das Ergebnis, daß im Hinblick auf § 8 Abs. 2 Satz 1 TPG dringender Bedarf für eine Novellierung des deutschen Transplantationsgesetzes besteht.

3.1.2.5. Anonymität

Ein Randproblem der Problematik des Spenderkreises ist der Umstand, daß eine Reihe von Regelungen auch für die Lebendorganspende Anonymität zwischen Spender und Empfänger fordert bzw. zu fordern scheint. Diskutabel sind Vorschriften dieser Art, wenn sie sich nur auf die Spende unter Fremden beziehen, wie dies das Mustergesetz des Europarats, gefolgt von der Türkei[638], mit der Regel getan hatte, die Anonymität zwischen Spender und Empfänger müsse respektiert werden, wenn zwischen beiden keine persönliche oder familiäre Bindung besteht.[639]

Irritierend ist hingegen, daß das französische Transplantationsgesetz in seinen allgemeinen, der Gesetzessystematik nach auch für die Lebendspende geltenden Bestimmungen festlegt, daß Spender und Empfänger von Organen die Identität des anderen nicht kennen dürften[640], obwohl eine solche Anonymitätsregelung für die Lebendspende offensichtlich unsinnig ist und vom französischen Gesetzgeber an sich nicht intendiert worden sein kann.[641] Unklar ist in diesem Zusammenhang, ob die Lebendspende von der gesetzlich vorgesehenen Ausnahmeregelung erfaßt ist, derzufolge von der Anonymitätsvorschrift in Fällen „therapeutischer Notwendigkeit" abgewichen werden darf[642], zumal diese Ausnahmeregelung nicht auf die Lebendorganübertragung zielt, sondern offenbar der Gewährleistung eines effektiven Gesundheitsschutzes für Empfänger postmortal gewonnener Organe dienen soll.[643] Die Praxis der Organlebendspende unter Verwandten in Frankreich zeigt indes, daß die Anonymitätsvorschrift bei der Lebendspende in der Rechtswirklichkeit keine Anwendung findet. Spanien hat einen entsprechenden „lapsus legislatureus"[644] mit der Novellierung seines Transplantationsrechts im Jahre 1999 mittlerweile korrigiert.[645]

3.2. Das Problem der Subsidiarität der Lebendorganspende

Eine Nachrangigkeit der Lebendspende wird heute in zweifacher Hinsicht diskutiert und von einigen Staaten und internationalen Organisationen postuliert. Zunächst geht es um die Subsidiarität gegenüber der Leichenorganspende, also um das Problem, ob eine Lebendspende nur dann erlaubt werden soll, wenn kein passendes Leichenorgan zur Verfügung steht oder in angemessener Zeit in Aussicht gestellt werden kann. Darüber hinaus wird zum Teil zusätzlich gefordert, eine Lebendspende dürfe nur dann durchgeführt werden, wenn alle anderen Behandlungsmöglichkeiten ausgeschöpft seien, der potentielle Empfänger also auf das Lebendorgan angewiesen sei. Auch hierbei handelt es sich um eine Frage der Subsidiarität, nämlich gegenüber alternativen Therapieformen.

Verfechter des Subsidiaritätsgrundsatzes können sich auf den 1990 von der Weltgesundheitsorganisation (WHO) aufgestellten „Leitsatz 3 für Organtransplantationen am Menschen" berufen, der besagt, daß Organe für die Transplantation „vorzugsweise" toten Personen entnommen werden sollten[646], wobei dieser Leitsatz seiner Begründung zufolge allerdings nicht mehr betonen wollte als die Bedeutung der Aufgabe, in Ländern, in denen dies kulturell akzeptabel ist, Programme zur Transplantation von Leichennieren zu initiieren.[647]

Auch die Empfehlungen des Ministerkomitees des Europarats zu Lebertransplantationen von verwandten Lebendspendern aus dem Jahr 1997 enthalten eine Subsidiaritätsregelung: Leber-Lebendtransplantationen sollen nur im Falle der Knappheit von Leichenorganen und erst nach Ausschöpfung aller Alternativen erlaubt sein, die nicht das Risiko in sich tragen, das ein lebender Spender auf sich nehmen müßte.[648] Potentielle Empfänger, so das Ministerkomitee, sollten zudem auch die Kriterien für die Transplantation eines postmortal gespendeten Organs

3. Unterschiedliche Regelungsmodelle für die Hauptprobleme

erfüllen und sollten, auch wenn eine Lebendspende anstünde, weiterhin im Leichenorganprogramm verbleiben, für den Fall, daß eine geeignete Leber verfügbar werde.[649]

Der Entwurf eines Zusatzprotokolls zur Bioethikkonvention des Europarats über die Transplantation von Organen und Geweben menschlichen Ursprungs geht ebenfalls von der grundsätzlichen Nachrangigkeit der Lebendspende aus. Nach dem Entwurf dürfen Organ- oder Gewebeentnahmen bei lebenden Personen alleine zum therapeutischen Nutzen eines Empfängers ausgeführt werden und dies nur dann, wenn kein geeignetes Organ oder Gewebe eines Verstorbenen und keine alternative therapeutische Methode von vergleichbarer Effektivität zur Verfügung stehen.[650] Ebenso lautet bereits die Regelung in der Bioethikonvention selbst.[651] Begründet wird dieses Postulat der zweifachen Subsidiarität der Lebendorganspende sowohl im Entwurf des erläuternden Berichts zum Zusatzprotokoll als auch im erläuternden Bericht zur Bioethikkonvention mit dem jeder Organ- oder Gewebeentnahme beim lebenden Spender anhaftenden Risiko, wozu auch das bloße Anästhesie-Risiko zähle.[652] Die Nachrangigkeit der Lebendspende gegenüber anderen Behandlungsmethoden bedeute, daß die Transplantation insofern notwendig sein müsse, als keine andere Behandlungsform vergleichbare Ergebnisse erbringen könne. Der Entwurf des erläuternden Berichts stellt hierzu aber immerhin klar, daß die Therapieergebnisse der Hämodialyse hinsichtlich der Lebensqualität der Patienten denen der Lebendnierenspende insofern nicht gleichwertig seien.[653] Nimmt man diesen Berichtsentwurf beim Wort, so scheint dem – während der Beratung lebhaft umstrittenen[654] – Prinzip der Subsidiarität der Lebendspende gegenüber der Leichenorgantransplantation entgegen dem Wortlaut des Entwurfs des Zusatzprotokolls letztlich doch kein absoluter Geltungsanspruch zugedacht zu sein. Dann nämlich, so wird ausgeführt, wenn durch eine Lebendorgantransplantation voraussichtlich wesentlich bessere Ergebnisse zu erzielen seien als durch eine Leichenorgantransplantation, könne die Lebendspende durchaus die vorzuziehende therapeutische Option für einen bestimmten Patienten sein.[655] Die Aussicht auf „wesentlich bessere Ergebnisse" liegt bei der Nieren-Lebendtransplantation indes regelmäßig vor.

Trotz der dargestellten Tendenz in den internationalen Empfehlungen und Verträgen zugunsten eines Subsidiaritätserfordernisses finden sich in den Gesetzen Dänemarks, Finnlands, Frankreichs[656], Griechenlands, Großbritanniens, Italiens, Norwegens, Polens[657], Schwedens[658], der Slowakei, Spaniens[659], der Türkei, Ungarns und Zyperns keine Bestimmungen zu einer Nachrangigkeit der Lebendspende. Auch in Österreich[660] ist der Grundsatz der Subsidiarität nicht geltendes Recht.

In Slowenien hingegen ist die Entnahme einer Niere oder von Leberteilen nur unter der Bedingung erlaubt, daß ein Leichenorgan in angemessener Zeit nicht zur Verfügung steht und die Transplantation eines Organs vom lebenden Spender aller Voraussicht nach eine wesentlich bessere medizinische Behandlungsmöglichkeit darstellt als jede andere Ersatztherapie für terminales Nieren- oder Leberversagen.[661]

In Belgien darf eine Entnahme von Organen und Geweben dann, wenn sie für den Spender schwerwiegende Konsequenzen haben kann oder es sich um nichtregenerierbare Organe und Gewebe handelt, nur durchgeführt werden, wenn das Leben des Empfängers in Gefahr ist und mit der Transplantation von Organen oder Geweben einer verstorbenen Person kein vergleichbar gutes Resultat erzielt werden kann.[662] In der Rechtspraxis wird diese Vorschrift jedoch entgegen dem ersten Anschein offenbar nicht als Verbot der Lebendspende von Nieren ausgelegt, obwohl Nieren nichtregenerierbare Organe sind und das Leben terminal nierenkranker Personen, solange sie eine Dialysebehandlung durchführen lassen können, auch nicht in unmittelbarer Gefahr ist. Im Jahre 1999 wurden in Belgien lebenden Spendern immerhin 26 Nieren entnommen;[663] diese können statistisch nicht allesamt zur Lebensrettung von high-urgency-Patienten gedient haben, deren Niereninsuffizienz trotz Hämodialyse lebensbedrohlich wurde und denen zugleich durch die (auch für Belgien zuständige) Stiftung Eurotransplant unter den für diese Personenengruppe geltenden bevorzugten Bedingungen kein Organ eines Verstorbenen zugeteilt werden konnte.

Auch in den Niederlanden darf eine Organentnahme, die bleibende Auswirkungen auf die Gesundheit des Spenders haben wird, nur vorgenommen werden, wenn sich der zukünftige Empfänger des Organs in Lebensgefahr befindet und dieser nicht ohne weiteres in anderer Weise begegnet werden kann.[664] Die Zahl der Nierenlebendspenden in den Niederlanden, die sich zwischen dem Erlaß dieses Gesetzes im Jahr 1996 und 2000 verdoppelt[665] und den für europäische Verhältnisse hohen Wert von 8,4 Lebendorgantransplantationen pro Mio. Einwohner erreicht hat[666], zeigt indes, daß auch dieser Vorschrift in der Rechtspraxis jedenfalls im Fall der Spende von Nieren nicht die Bedeutung einer absoluten Beschränkung zugemessen wird; ob sie eine solche Wirkung im Fall der Leber oder der Lunge entfalten wird, bleibt abzuwarten.

Das aktuellste Beispiel für eine Subsidiaritätsregelung und die heftige Kritik, die sich an ihr entzündet hat, findet sich im Schweizer Entwurf eines Transplantationsgesetzes und in der sich an die Vorlage des Entwurfes anschließenden Diskussion. Nach dem ursprünglichen Schweizer Gesetzesentwurf aus dem Jahr 1999 sollte die Lebendorganspende nur zum Einsatz kommen dürfen, wenn geeignete Organe, Gewebe oder Zellen einer verstorbenen Person nicht verfügbar sind und eine vergleichbar erfolgversprechende Behandlungsmethode nicht existiert.[667] Der erläuternde Bericht zum Gesetzesentwurf begründete diese Beschränkung mit dem Schutz der Menschenwürde, der Persönlichkeit und der Gesundheit des Spenders, da es sich bei der Organentnahme nicht um eine Heilbehandlung handle, sie aber wie jeder chirurgische Eingriff Risiken für Leben und Gesundheit des Spenders in sich berge. Dieses Risiko dürfe einer lebenden Person nur dann zugemutet werden, wenn für den Empfänger weder ein Organ eines Verstorbenen noch eine andere Behandlung, die zu vergleichbaren Ergebnissen führe, zur Verfügung stünden. Die Transplantation müsse in diesem Sinn „die einzige erfolgversprechende Therapie darstellen".[668] Dazu, wie im Bereich der Nierentransplantation die Behandlungsform der Dialyse gegenüber der Transplantation zu gewichten sei, bezog der erläuternde Bericht keine eindeutige Position.[669]

Mit seiner Begründung des Subsidiaritätserfordernisses stellte der erläuternde Bericht allein auf die staatliche Schutzpflicht für das Leben und die Gesundheit des Spenders ab, ohne das Selbstbestimmungsrecht des potentiellen Organspen-

3. Unterschiedliche Regelungsmodelle für die Hauptprobleme

ders über den eigenen Körper, das integraler Bestandteil seiner „Menschenwürde" und seiner „Persönlichkeit" ist, überhaupt zu erwähnen, geschweige denn den Versuch einer Abwägung dieser Rechtspositionen zu unternehmen. Die Frage, welche Gründe im Einzelfall für eine gemeinsame bewußte Entscheidung von potentiellem Spender und Empfänger für die Lebendspende und gegen eine Leichenorgantransplantation oder das Ausschöpfen aller sonstigen Behandlungsmöglichkeiten gegeben sein können, wurde nicht gestellt. Ebensowenig setzte sich der erläuternde Bericht damit auseinander, ob und inwieweit einer autonomen und freiwilligen Entscheidung des potentiellen Spenders über die eigene körperliche Integrität nach umfassender Aufklärung über die Risiken der Entnahme und über alternative Behandlungsmethoden für den Empfänger Respekt zu schulden ist.

Die geplanten Regelungen zur Vorrangigkeit alternativer Behandlungsmethoden und der Leichenorganspende haben in dem sogenannten Vernehmlassungsverfahren, in dem Parteien, Kirchen, Verbände, Organisationen und sonstige öffentliche und private Stellen zur Stellungnahme zum Gesetzesentwurf aufgefordert wurden, massive Kritik erfahren:

Mehrheitlich wurde gefordert, die Vorschrift, die Organentnahme bei einer lebenden Person nur erlaubt, wenn alternative therapeutische Methoden von vergleichbarer Wirksamkeit nicht bestehen, ersatzlos zu streichen.[670] Die Formulierung „vergleichbare Wirksamkeit" sei unklar und gefährlich.[671] Die Bestimmung berge die Gefahr in sich, dass einzelne Patientengruppen, wie z.B. Dialysepatientinnen und -patienten, diskriminiert würden, da keine Einigkeit darüber bestehe, ob die Dialyse eine alternative therapeutische Methode von vergleichbarer Wirksamkeit darstelle. Die vorgeschlagene Bestimmung sei zu restriktiv; beim Vergleich von verschiedenen therapeutischen Methoden seien nicht nur medizinische Faktoren zu berücksichtigen, sondern beispielsweise auch die Verbesserung der Lebensqualität der Betroffenen.[672]

Auch der aus der Bioethikkonvention übernommene Grundsatz, wonach einer lebenden Person Organe oder Gewebe nur dann entnommen werden dürfen, wenn keine geeigneten Organe oder Gewebe einer verstorbenen Person verfügbar sind, wird in der Schweizer Diskussion überwiegend als zu restriktiv erachtet und abgelehnt.[673] Vorgebracht wurde, die Regelung sei nicht einsichtig, weil bei der Lebendspende bessere Ergebnisse als bei der Leichenorgantransplantion zu erwarten seien. Es sei auch zu befürchten, daß diese Bestimmung zur Sistierung jeglicher Lebendspende-Transplantation führe, da theoretisch immer ein Organ einer verstorbenen Person verfügbar sei, wenn man nur lange genug warte. Eine Hemmung der Lebendspende würde überdies dem Gesetzeszweck der Generierung von mehr menschlichen Organen widersprechen.[674]

Infolge dieser Kritik wurde die Subsidiaritätsklausel im Sinne eines Vorrangs der postmortalen Spende im überarbeiteten Entwurf vom September 2001 nunmehr gestrichen. Übrig blieb nur die sanktionsbewehrte[675] Vorschrift, dass der Lebendspende entgegensteht, wenn der Empfänger oder die Empfängerin mit einer „anderen therapeutischen Methode von vergleichbarem Nutzen" behandelt werden kann.[676] Um welche Methoden es sich dabei handelt, soll der Bundesrat festlegen können,[677] wobei dieser bereits klargestellt hat, dass etwa eine Dialysebehandlung dieses Kriterium nicht erfüllt.[678]

Die am ursprünglichen Schweizer Gesetzentwurf geübte Kritik ist berechtigt, sie kann sogar noch grundsätzlicher formuliert werden. Wie in der vorliegenden Untersuchung bereits im Rahmen der Analyse des § 8 Abs. 1 Satz 1 Nr. 3 des deutschen Transplantationsgesetzes ausgeführt wurde, sind „starke" gesetzliche Subsidiaritätsregeln, die im konkreten Fall Personen, die zur Lebendorgantransplantation entschlossen sind, diese untersagen und dem potentiellen Lebendorganempfänger ein postmortal gewonnenes Organ aufdrängen, grundsätzlich verfehlt und weder ethisch noch rechtlich noch medizinisch einer Rechtfertigung zugänglich.[679] Subsidiaritätsvorschriften dieser Art zwingen den Empfängern eine medizinisch eindeutig schlechtere Therapie auf und nehmen ihnen „die beste Hoffnung auf langfristige Rehabilitation."[680] Angesichts der nahezu überall in Europa steigenden Wartelisten und Wartezeiten für postmortal entnommene Organe zwingt der so verstandene Subsidiaritätsgedanke die auf eine Niere wartenden Patienten zu langfristiger Dialysebehandlung, mit deren Dauer nicht nur die Langzeitfunktion des schließlich transplantierten Organs abnimmt, sondern auch die Lebenserwartung der betroffenen Patienten – für bestimmte Gruppen von Patienten sogar dramatisch – sinkt. Ein Subsidiaritätsgedanke, der die Patienten verpflichtet, zunächst (wie lange?) auf ein postmortal gewonnenes Transplantat zu warten, verhindert insbesondere, daß Patienten, die an terminaler Niereninsuffizienz leiden, eine präemptive Transplantation erhalten, die regelmäßig in ihrem ganz eindeutigen medizinischen Interesse liegt, und führt zu einer höheren Zahl von Todesfällen auf den Wartelisten. Dies kann für keinen Staat, der die Rechtsgüter Leben, körperliche Unversehrtheit und Gesundheit seiner Bürger entweder in Form eines individuellen Abwehrrechts oder gar in der Form einer staatlichen Schutzpflicht garantiert, hinnehmbar sein.

So verstandene Subsidiaritätsvorschriften greifen überdies in starkem Maß in das Selbstbestimmungsrecht der Organspender ein. Nahezu alle europäischen Staaten garantieren das individuelle Selbstbestimmungsrecht der Bürger über ichren eigenen Körper, das sich zumindest in den Rechtstraditionen Westeuropas als „Grundrecht auf bioethische Selbstbestimmung"[681] begreifen läßt. Die Entscheidung des Organempfängers darüber, was ein Teil seines Körpers werden soll, muß diesem Recht unterfallen. Die Verfügung über den eigenen Körper in diesem Sinn bezeichnet eine grundlegende Dimension der menschlichen Persönlichkeit.[682] Im Lichte dieses Prinzips sind Normen, die den Empfänger vor die Wahl stellen, sich entweder anstelle eines vom Lebenden zu spendenden Organs das Organ eines Toten implantieren zu lassen oder aber auf die heilende oder gar lebensrettende Transplantation gänzlich zu verzichten, nicht zu begründen.

Im Hinblick auf den Lebendorganspender kommt schließlich, wie ausgeführt[683], hinzu, daß so verstandene Subsidiaritätsvorschriften nur dem Ziel dienen können, mündige, ärztlich aufgeklärte Erwachsene gegen ihren erklärten Willen von einem rational begründbaren und in seinen Risiken überschaubaren Eingriff in die eigene körperliche Integrität zugunsten eines der Hilfe bedürftigen Menschen abzuhalten. Gesetzlicher Paternalismus dieser Art sieht sich in einem liberalen Rechtsstaat jedoch, wie gezeigt, einem prinzipiellen Legitimationsdefizit ausgesetzt. Auch im Hinblick auf den Organspender lassen sich Subsidiaritätsvorschriften der genannten Art jedenfalls für den Bereich der Nierentransplantation nicht rechtfertigen.

3. Unterschiedliche Regelungsmodelle für die Hauptprobleme

Dem amerikanischen Consensus Statement on the live organ donor ist der Grundsatz einer Subsidiarität der Organlebendspende konsequenterweise nicht einmal mehr der Erwähnung wert.[684]

Hinzu kommt, daß – wie nicht zuletzt auch das deutsche Beispiel zeigt[685] – ein wortgetreu ausgelegtes und in der Rechtspraxis auch durchgehaltenes gesetzliches Postulat der Subsidiarität der Lebendspende in jedem Fall eine Reihe diffiziler Anschlußprobleme nach sich zieht: Müssen etwa potentielle Empfänger eines vom Lebenden gespendeten Organs (eventuell nur pro forma?) auf Wartelisten für Leichenorgane aufgenommen und geführt werden? Welche Auswirkungen hat dies für Patienten, für die zwar ein Lebendspender bereitsteht, die aber – aus welchen „sozialen" oder medizinischen Gründen auch immer – von ihren Ärzten nicht für die Warteliste angemeldet werden?[686] Wie ist zu verfahren, wenn unmittelbar vor einer geplanten Lebendorgantransplantation ein Leichenorgan über die Warteliste zugeteilt wird? In welchem Verhältnis stehen die einzelnen Behandlungsformen (wie etwa Dialyse und Transplantation) zueinander? Kann die Subsidiarität der Lebendspende auch gegenüber einer in der Zukunft eventuell einsetzbaren Xenotransplantation aufrechterhalten werden? Darf es einem potentiellen Empfänger, für den ein Lebendspender bereit steht, zugemutet werden, eine Verschlechterung seines Gesundheitszustandes hinzunehmen, bis er etwa das Kriterium des „Angewiesenseins" auf ein lebend gespendetes Organ erfüllt? Wie lange soll ein Patient warten, bis es heißen kann, für ihn sei kein Leichenorgan verfügbar?[687] Kann ein Patient gezwungen werden, die zum Teil gewichtigen Qualitätsunterschiede zwischen einem Leichenorgan und einem Organ von einem bereitstehenden Lebendspender hinzunehmen? Angesichts dieser komplexen Fragestellungen deutet alles darauf hin, daß eine scheinbar eindeutige und zur Schaffung von Rechtssicherheit intendierte gesetzliche Normierung der Subsidiarität der Lebendspende letztlich mehr Probleme schafft, als sie zu lösen imstande ist.

Das Ziel, den Lebendspender auf angemessene Weise zu schützen, kann mithin nicht durch Subsidiaritätsregeln erreicht werden, sondern nur dadurch, daß für eine nachdrückliche ärztliche Aufklärung der Betroffenen gerade auch über die relativen Vorteile des Wartens auf die Zuteilung eines Leichenorgans Sorge getragen wird. Ist diese Aufklärung erfolgt und der einwilligungsfähige und einsichtige Spender hinreichend informiert, so sollte seiner – stabilen – Entscheidung für die Lebendorganübertragung kein rechtliches Hindernis entgegengesetzt werden. Demgegenüber sind „starke" Subsidiaritätsregeln Ausdruck staatlicher Geringschätzung für ein Kernprinzip freiheitlicher Rechtsordnungen, den Respekt vor dem Recht des Einzelnen, die für sein Leben wesentlichen Entscheidungen selbst und im Lichte seiner eigenen Vorstellungen von dem, was das gute, richtige, gelungene Leben ausmacht, zu treffen.

Ergebnis:
Der Subsidiaritätsgedanke ist nach alledem nur insoweit vernünftig, als er, orientiert am Prinzip der Schadensvermeidung, besagt, daß die Möglichkeit der Lebendspende nicht dazu führen soll, daß das Bemühen um die Gewinnung postmortal gespendeter Organe insgesamt vernachlässigt wird. In dieser Form bedarf

er jedoch keiner gesetzlichen Normierung im Rahmen von Regelungen zur Lebendorganspende.

Gesetzliche Vorschriften zur Subsidiarität von Lebendspenden sind deshalb abzulehnen.

III. Rechtliche Maßnahmen gegen die Kommerzialisierung der Lebendorganspende in Europa

1. Die Problemlage

Das Bestehen von Organhandel und kommerziellem Organtourismus in mehreren Staaten der „Dritten Welt"[688], wie etwa in Indien und im Irak[689], in der Volksrepublik China[690] (dort auch unter Verwendung der Organe Hingerichteter), kann nicht geleugnet werden.[691] Eine problematische Praxis staatlich geförderter kommerzieller Lebendnierenspende besteht auch im Iran.[692] Konkrete Anhaltspunkte dafür, daß in Deutschland gekaufte Nieren entnommen oder übertragen worden sein könnten, liegen nicht vor.[693] Aus Europa wurden jedoch vereinzelte Fälle kommerzialisierter Lebendorgantransplantationen aus Großbritannien[694], Frankreich[695] und Estland[696] berichtet, ebenso aus Rußland und der Türkei.[697]

Diese Praktiken haben auf nationaler und internationaler Ebene einhellige Ablehnung erfahren.[698] Schon früh waren es ärztliche Standesorganisationen, die insoweit Position bezogen. So hat beispielsweise die International Transplantation Society bereits 1970[699] und 1985 jede Form der Kommerzialisierung des Aktes der Organspende abgelehnt[700], dies 1994 wiederholt und Gesetze gegen den Organhandel angeregt.[701] Ebenso tat dies der General Medical Council im Jahr 1992.[702] Auch auf supranationaler Ebene hat man das Problem früh thematisiert. Die Weltgesundheitsorganisation lehnte 1991 jede Form der Kommerzialisierung beim Einsatz menschlicher Organe und Gewebe ab;[703] eine Resolution des Europaparlaments gegen den Handel mit Organen vom 14.9.1993 forderte den Europäischen Rat auf, die notwendigen Maßnahmen zu ergreifen, um den kommerziellen Organhandel im gesamten Gebiet der Europäischen Gemeinschaft zu verbieten.[704] Der Europarat wandte sich bereits 1978 gegen gewinnorientierte Transaktionen auf diesem Gebiet[705] und bekräftigte in Artikel 21 der Bioethik-Konvention von 1997 sowie im Entwurf des Zusatzprotokolls zur Organtransplantation, daß der menschliche Körper und seine Teile als solche nicht zur Erzielung eines finanziellen Gewinns verwendet werden dürfen;[706] das Zusatzprotokoll formuliert darüber hinaus ein explizites Verbot sowohl des kommerziellen Organ- und Gewebehandels als auch der Werbung für kommerzielle Transaktionen auf diesem Gebiet.[707]

2. Die legislatorische Antwort

Eine Fülle von Gesetzgebungen hat dies in die jeweiligen nationalen Rechtsordnungen übersetzt. Bereits 1991 hat die Weltgesundheitsorganisation eine umfassende Übersicht über die bis dahin bestehende internationale und nationale Gesetzgebung zur Bekämpfung der Kommerzialisierung beim Einsatz menschlicher Organe und Gewebe für therapeutische Zwecke veröffentlicht.[708] Diese Analyse offenbarte einen breiten internationalen Konsens, der durch die seither ergangenen nationalen Regeln nur bestätigt wurde.[709] So verbieten es mittlerweile die meisten Staaten, die im Bereich der Transplantation gesetzgeberisch tätig geworden sind, den menschlichen Körper und seine Bestandteile zum Gegenstand kommerzieller Transaktionen zu machen. Vielerorts ist bestimmt, daß Personen, die dieses Verbot verletzen, der Strafverfolgung unterliegen. In einer Reihe von Staaten ist es auch verboten, mit der Beschaffung von Organen zu werben oder Nachfrage nach Organen zu betreiben, wenn damit das Angebot oder das Verlangen einer Bezahlung verbunden sind.

Heute treffen die meisten Regelungen auch die gebotene Unterscheidung zwischen Kommerzialisierung einerseits und einer Kompensation des Spenders für erlittene oder drohende Nachteile andererseits. Hatte die Weltgesundheitsorganisation noch das Kind mit dem Bade ausgeschüttet, als sie in ihren „Leitlinien" von 1991 „Bezahlung (einschließlich jeder anderen Form von Kompensation)" gebannt sehen wollte[710], so stellt der Entwurf des Zusatzprotokolls zur Bioethikkonvention des Europarats aus dem Jahr 2000 mit aller wünschenswerten Deutlichkeit klar, daß durch das Kommerzialisierungsverbot weder die Erstattung des Verdienstausfalls des Organspenders oder seiner weiteren Auslagen noch die Kompensation von möglichen, über das Normalmaß des Eingriffs hinausgehenden gesundheitlichen Schäden untersagt werden sollen (sowie daß Ärzte, Kliniken und Labors weiter in der Lage sein sollen, „berechtige Gebühren" für „legitime Leistungen" zu verlangen).[711]

Die rechtlichen Maßnahmen gegen die Kommerzialisierung der Lebendorganspende in Europa spiegeln diese Befunde wider.

So ist in Belgien die Bereitstellung von Organen und Geweben gegen Profit ungeachtet der Beteiligten verboten. Ausdrücklich wird normiert, daß weder der Spender noch seine engen Verwandten irgendwelche Ansprüche dem Empfänger gegenüber haben. Jedoch ermächtigt das belgische Gesetz zum Erlaß von Regelungen über die Kompensation von Kosten und Einkommensverlusten, die Lebendspendern direkt aus der Bereitstellung des Organs entstehen. Diese Kosten sind durch die öffentliche Hand oder die Sozialversicherung zu tragen.[712]

Das britische Gesetz enthält eine Vielzahl sehr detaillierter und komplexer Strafvorschriften gegen Organhandel und Kommerzialisierung. Danach macht sich strafbar, wer in Großbritannien für die Beschaffung oder das Angebot der Beschaffung eines Organs zum Zwecke der Transplantation Zahlungen macht oder entgegennimmt;[713] wer es unternimmt, eine Person zu finden, die bereit ist, gegen Bezahlung ein Organ zur Verfügung zu stellen, oder es wer anbietet, ein Organ gegen Zahlung zur Verfügung zu stellen;[714] wer eine Vereinbarung initiiert oder über eine solche verhandelt, die eine Bezahlung für die Beschaffung oder das Angebot der Beschaffung eines Organs beinhaltet[715], und wer ein Unternehmen leitet oder kontrolliert, dessen Aktivitäten die Initiierung oder Verhandlung solcher Vereinbarungen umfassen.[716] Ebenso macht sich strafbar, wer in Großbritannien die Veröffentlichung oder Verteilung von Werbung veranlaßt oder Werbung wissent-

2. Die legislatorische Antwort

lich selbst veröffentlicht oder verteilt, die dazu auffordert, gegen Bezahlung Organe zur Verfügung zu stellen, oder die anbietet, gegen Bezahlung Organe zu beschaffen[717], oder die die Bereitschaft des Werbenden zum Ausdruck bringt, eine Vereinbarung über eine kommerzielle Organbeschaffung zu initiieren oder darüber zu verhandeln.[718] Bezahlung bedeutet nach dem britischen Gesetz jede Leistung von Geld oder Geldeswert, ausgenommen sind jedoch die Verauslagung oder die Rückerstattung der Kosten für Entnahme, Transport oder Aufbewahrung des Organs[719] sowie der Kosten oder Einkommensausfälle des Spenders, soweit sie nachvollziehbar und unmittelbar der Organentnahme zuzuschreiben sind.[720]

In Dänemark sind sowohl das Anbieten als auch die Entgegennahme einer Bezahlung oder eines anderen Wertersatzes für die Entnahme oder die Übertragung von Geweben oder anderen biologischen Substanzen zum Zweck der Lebendspende strafbewehrt. Gleiches gilt für eine wissentliche Kollaboration an einer solchen Transaktion.[721]

Das französische Transplantationsgesetz normiert, daß Organspendern keinerlei Bezahlung, in welcher Form auch immer, geleistet werden darf, und nimmt hiervon ebenfalls nur den Ersatz von Aufwendungen aus.[722] Diese Vorschrift wird zivilrechtlich durch das zum französischen „ordre public"[723] zählenden Prinzip der Indisponibilität des menschlichen Körpers ergänzt, demzufolge der menschliche Körper sowie seine Bestandteile oder Produkte nicht Gegenstand von Vermögensrechten sein können und entsprechende Verträge nichtig sind.[724] Das Gesetz verbietet zudem – mit Ausnahme von Informationskampagnen unter Kontrolle des Gesundheitsministeriums – jede Form der Werbung für Organspenden zugunsten bestimmter Personen oder Einrichtungen – eine Regelung, die der Gesetzessystematik nach auch für die Lebendspende Geltung beansprucht.[725] Die Strafvorschriften in bezug auf den Organhandel sind in Frankreich streng: Der Erwerb eines Organs gegen jede Form von Entgelt wird mit bis zu sieben Jahren Haft und FF 700.000 Geldstrafe pönalisiert, ebenso die Vermittlung eines solchen Erwerbs oder die entgeltliche Überlassung des Organs einer anderen Person.[726] Die Vorschriften gelten auch für Organe, die aus dem Ausland stammen.[727] Dasselbe gilt, bei reduzierter Strafdrohung, im Falle von Geweben, Zellen oder anderen Körperprodukten im Sinne des Gesetzes.[728] Die Strafandrohung gilt nicht für Personen, die ihre eigenen Organe verkaufen oder zum Verkauf anbieten.

Auch in Italien sind alle Vereinbarungen, die eine Kompensation in Geld oder andere Vorteile zugunsten des Spenders beinhalten, um diesen zur Spende zu veranlassen, null und nichtig.[729] Mit Haft von drei Monaten bis zu einem Jahr oder mit Geldstrafe wird bestraft, wer zum Zwecke der Gewinnerzielung Vermittlungsaktivitäten hinsichtlich einer Spende von Nieren oder Leberteilen entfaltet.[730]

Fast alle europäischen Rechtsordnungen verfügen über zivilrechtliche Instrumentarien, mit deren Hilfe die Rechtswirksamkeit kommerzieller Transaktionen bei Organtransplantationen auch dann beseitigt werden kann, wenn dies nicht spezialgesetzlich angeordnet wurde. So sind Rechtsgeschäfte über die Überlassung von Organen gegen Entgelt beispielsweise in Österreich zivilrechtlich jedenfalls dann verboten und wegen eines Verstoßes gegen die guten Sitten nichtig, wenn sie der Gewinnerzielung dienen;[731] das Organhandelsverbot ist in Österreich für den Fall der Lebendspende jedoch nicht strafrechtlich bewehrt.[732]

Das spanische Dekret untersagt jede Vergütung[733] für den Organspender oder eine andere natürliche und juristische Person, erlaubt jedoch eine Kompensation des Spenders zur Verhinderung von „Härten", offenbar vor allem darauf abzielend, daß dem Spender mögliche Kosten der Organentnahme ersetzt werden.[734] Das Dekret verbietet überdies, vom Empfänger einen Preis für das transplantierte Organ zu verlangen. Daneben ist die Werbung für kommerzielle Transaktionen sowie das Anbieten und Suchen eines Organs gegen Entgelt verboten.[735] Es enthält keine Strafnorm; da in Spanien jedoch nicht die Einwilligung des Spenders allein, sondern nur das Vorliegen der Voraussetzungen des gesetzlich definierten Ausnahmetatbestandes der Lebendorgantransplantation die Strafbarkeit des Arztes nach den Körperverletzungsdelikten ausschließt[736], ist das Organhandelsverbot auch in Spanien zumindest mittelbar strafbewehrt.

In Finnland ist eine Bezahlung des Spenders für die Entnahme und den Gebrauch von Organen oder Geweben verboten. Das gilt auch für das Versprechen einer solchen Zahlung. Für entgangenes Arbeitsentgelt wegen einer Organentnahme oder damit verbundener Untersuchungen darf der Spender jedoch in Übereinstimmung mit dem Gesundheitsversicherungsgesetz eine Sonderentschädigung erhalten.[737]

Nach dem griechischen Gesetz darf die Entnahme beim Lebendspender ausschließlich auf unentgeltlicher Basis stattfinden, jeder finanzielle Austausch zwischen Spender, Empfänger, ihren Familien und jedweder anderer Person ist verboten. Die Kosten der Entnahme, der Lagerung und des Transports von Organen sind von dieser Vorschrift nicht erfaßt.[738]

In den Niederlanden ist eine Einwilligung in die Entnahme eines Organs nichtig, wenn sie in Erwartung einer Zahlung erteilt wurde, deren Betrag die Kosten (einschließlich des Verdienstausfalls) übersteigt, die direkt aus der Organentnahme entstehen.[739]

Das polnische Gesetz verbietet die Annahme und das Verlangen jeglicher Kompensation in Geld oder anderer finanzieller Vorteile für die Entnahme von Organen, Zellen oder Geweben. Die Erstattung von Kosten, die im Zusammenhang mit der Entnahme, Lagerung, dem Transport, dem Verfahren und der Transplantation entstanden sind, ist davon jedoch auch in Polen ausgenommen.[740] Mit Haft oder Geldstrafe wird bestraft, wer mit Gewinnerzielungsabsicht Organe, die von anderen Personen stammen, kauft oder verkauft, als Vermittler für deren Ankauf oder Verkauf tätig wird oder an einer Transplantation gesetzeswidrig erlangter Organe teilnimmt.[741] Auch die Werbung für den Kauf oder den Verkauf von Organen oder für deren Vermittlung gegen Geld ist mit einer Geldstrafe bedroht.[742]

Nach dem portugiesischen Transplantationsgesetz darf die Spende von Geweben oder Organen zu Transplantationszwecken auf keinen Fall bezahlt werden, jegliche kommerzielle Beteiligung daran ist verboten.[743] Jedoch wird dem Spender ein gesetzlicher Anspruch auf Kompensation für erlittene Schäden gewährt.[744]

In Schweden wird mit Gefängnis bis zu zwei Jahren bestraft, wer vorsätzlich und mit Gewinnerzielungsabsicht biologisches Material, das von einer lebenden (oder toten) Person stammt, entnimmt, überläßt, empfängt oder beschafft. Dieselbe Strafdrohung gilt für den, der vorsätzlich solches mit Gewinnerzielungsabsicht entnommene, überlassene, empfangene oder beschaffte Material, für Transplanta-

2. Die legislatorische Antwort

tions- und andere Zwecke benutzt oder sammelt.[745] Durch das Erfordernis der Gewinnerzielungsabsicht sollen neben den Kosten für Entnahme, Lagerung und Transport, die bei den medizinischen Institutionen anfallen, auch alle Zahlungen von der Strafdrohung ausgenommen werden, die lediglich die Kosten des Spenders decken, wie etwa seine Einkommensausfälle.[746] Da eine Gewinnerzielungsabsicht in Fällen, in denen der Empfänger für sich selbst oder eine Person, die mit dem Empfänger eng verbunden ist, für diesen ein Organ erwirbt, unwahrscheinlich ist, werden solche Handlungen in der Regel straffrei ausgehen.[747] Darüber hinaus ist eine Straffreiheit für minder schwere Fälle vorgesehen.[748] Nach den Erläuterungen des schwedischen Ministeriums für Gesundheit und Soziales sind bei der Beurteilung, ob ein minder schwerer Fall vorliegt, alle Begleitumstände miteinzubeziehen. Angeführt wird etwa der Verkauf von vom Täter selbst stammendem biologischem Material in begrenztem Umfang zu einem in sich akzeptablen Zweck.[749] Ob der Verkauf einer eigenen Niere oder eines anderen eigenen Organs zu einem „guten" Zweck diesem Beispiel vergleichbar ist, erscheint angesichts dessen, daß von einem begrenzten Umfang des Verkaufs hier wohl schwerlich die Rede sein kann, jedoch fraglich.

In der Schweiz sind das Prinzip der Unentgeltlichkeit der Organspende und das Verbot des Organhandels sogar in der Verfassung verankert.[750] Der Entwurf des Schweizer Transplantationsgesetzes konkretisiert dieses Verfassungsgebot. Danach soll als Grundsatz gelten, daß der menschliche Körper oder seine Bestandteile nicht zur Erzielung eines finanziellen Gewinns oder anderer Vorteile verwendet werden dürfen.[751] Dem Gebot der Unentgeltlichkeit der Lebendspende korrespondiert im Entwurf ein Verbot des Handels mit menschlichen Organen, Geweben oder Zellen in der Schweiz oder von der Schweiz aus im Ausland.[752] Ausgenommen davon sind jedoch auch hier der Ersatz des Einkommensausfalls und des Aufwandes, der dem Spender unmittelbar entsteht, sowie die Entschädigung für durch die Entnahme erlittene Schäden.[753] Verboten ist außerdem die Transplantation von Organen, die mit Geld oder durch Gewährung von Vorteilen erworben worden sind.[754] Dieses Verbot gilt jedoch nicht für den Ersatz von Aufwendungen, die im Hinblick auf eine Transplantation notwendigerweise anfallen, namentlich die Kosten für Entnahme, Transport, Aufbereitung, Aufbewahrung und Transplantation.[755] Vorsätzliche Verstöße gegen das Gebot der Unentgeltlichkeit der Spende oder das Verbot von Handel und Gewinnerzielung sind laut Entwurf mit Gefängnis oder Geldbuße bis zu 200.000 Franken strafbewehrt, für die gewerbsmäßige Begehung sind Gefängnisstrafe bis zu 5 Jahren und Geldbuße bis zu 500.000 Franken, und für die fahrlässige Begehung 6 Monate Gefängnis oder Geldbuße von 100.000 Franken angedroht.[756]

Auch in Slowenien darf für entnommene menschliche Körperteile weder eine Bezahlung noch irgendein anderer Vermögensvorteil geleistet oder akzeptiert werden. Ausdrücklich ausgenommen von diesem Verbot sind die Kosten der Entnahme und Transplantation. Die Kompensation des Spenders für Einkommensverluste und andere mit dem Spendeakt verbundene Ausgaben darf hingegen auch nach dem slowenischen Gesetz gestattet werden.[757]

Ohne eine solche Kompensationsregelung verbieten die Slowakische Republik[758], die Türkei[759] und Zypern[760] kommerzielle Vereinbarungen oder Transaktionen im Zusammenhang mit der Entnahme und Transplantation von Organen.

In Ungarn muß der aufklärende Arzt den Spender ausdrücklich darauf hinweisen, daß die Organspende nur dann erlaubt ist, wenn kein Entgelt dafür bezahlt wird und daß weder der Spender noch der Patient oder seine Verwandten noch sonst jemand irgendeine Form von Entlohnung annehmen oder verlangen dürfen.[761]

Die Anwendbarkeit der genannten gesetzlichen Bestimmungen, insbesondere der Strafbestimmungen, ist nahezu durchgehend auf Handlungen auf dem Gebiet des jeweiligen Staatsgebietes begrenzt. Diejenigen Staaten, die der Tradition des common law folgen, gehen regelmäßig nach dem Territorialitätsprinzip davon aus, daß ihre Gesetze nur Handlungen innerhalb des Staatsgebietes erfassen, nicht aber den Fall, daß die Bürger dieses Staates im Ausland Behandlungen vornehmen lassen, die der Staat selbst verbietet.[762] Aber auch in den Ländern mit anderer Rechtstradition enthalten die Gesetze gegen den Organhandel nur selten Vorschriften über eine Auslandsstrafbarkeit, wie sie, nach längerer Diskussion[763], etwa das deutsche Transplantationsgesetz eingeführt hat.[764] Dieser Umstand stellt in der Tat einen Anreiz zum Organtourismus dar. Geht man davon aus, daß der Organhandel nach allgemeinen Grundsätzen wenigstens gegenwärtig nicht dem „Weltrechtsprinzip" unterfällt, also nicht ohne weiteres überall bestraft werden kann, könnte dem nur durch den Abschluß und die Ratifizierung eines entsprechenden internationalen Vertrags begegnet werden.[765]

3. Offene Fragen

Es ist festzustellen, daß sich die wissenschaftliche Diskussion in zunehmend starkem Kontrast zu der einheitlichen, wenn auch bisweilen undifferenzierten Verdammung des gewinnorientierten Umgangs mit menschlichen Organen durch die Gesetzgeber befindet. So ist ein ständig wachsendes Corpus von Veröffentlichungen aus dem Gebiet der Wirtschaftswissenschaften, der medizinischen Ethik und der Rechtsphilosophie zu verzeichnen, die teils abwägend, teils nachdrücklich für verschiedene Formen staatlich kontrollierter Kommerzialisierung der postmortalen, aber auch der Lebendspende von Organen eintreten.[766] Diese Diskussion, die in ihrer Komplexität einer eigenen Studie bedürfte, wird durch die wachsende Zahl der Autoren innerhalb der internationalen ethischen Diskussion ergänzt, die davon ausgehen, daß es entscheidende Unterschiede zwischen Kommerzialisierung einerseits und verschiedenen Konzepten des „rewarded gifting" i.S. der belohnten Spende oder Gabe andererseits gibt.[767] Eine Vertiefung auch dieser Diskussion erscheint wünschenswert; sie kann jedoch in der vorliegenden Studie nicht geleistet werden.

Einigkeit dürfte mittlerweile jedoch dahingehend bestehen, daß eine Kompensation des Lebendorganspenders für erlittene oder drohende Nachteile, d.h. die Erstattung seines Verdienstausfalls und seiner weiteren Kosten, und insbesondere ei-

3. Offene Frage

ne adäquate Versicherung gegen mögliche Spätfolgen der Organentnahme, normativ nicht nur, wie in den meisten Transplantationsgesetzen, erlaubt, sondern geboten ist. In der Praxis bestehen auf diesem Gebiet jedoch ganz erhebliche Unterschiede, und wie eine im Auftrag der Europäischen Gemeinschaft erstellte Untersuchung gezeigt hat, verfügen die wenigsten europäischen Staaten über adäquate Mechanismen und Institutionen, um dieses Ziel umzusetzen.[768] So wurde beispielsweise angesichts eines dramatischen Falls jüngst in Frankreich Kritik an der gegenwärtigen versicherungsrechtlichen Situation der Lebendspender laut[769], aber auch die deutsche Regelung, der gemäß Lebendorganspender lediglich gesetzlich unfallversichert sind[770] und – wie das Bundessozialgericht 1972[771] und nochmals 1996[772] entschieden hat – alle mit der Organentnahme verbundenen Aufwendungen einschließlich ihres Verdienstausfalls von der für den Empfänger zuständigen Krankenkasse zu tragen sind, läßt hinsichtlich eines adäquaten Niveaus an Versicherungsschutz für die Spender eines Organs viele Wünsche offen. Im Regelfall dürfte äußerst fraglich sein, ob die Leistungen nach dem 7. Buch des Sozialgesetzbuches (Gesetzliche Unfallversicherung) hinreichen, im Falle der Berufsunfähigkeit des Spenders den gewohnten oder erwarteten Lebensstandard des Spenders oder oder gar im Fall des Todes des Spenders eine adäquate Versorgung seiner Familie aufrechtzuerhalten. Angesichts der – im Vergleich zu den Einsparungen in Höhe von DM 350.000,--[773] bis DM 560.000,--[774], die die Lebendnierenspende für die Krankenversicherung des Empfängers bedeutet – verschwindend geringen Kosten einer angemessenen Versicherung des Spenders wird man diese Situation als beschämend bezeichnen dürfen. Zugleich erscheint es jedoch nicht ohne weiteres ausgeschlossen, daß in der Bundesrepublik eine adäquate versicherungsrechtliche Absicherung des Organspenders unter das strafbewehrte Verbot des Organhandels fallen würde.[775] Insgesamt stellt es deshalb eine vorrangige Aufgabe für die europäische Ebene dar, einen gemeinsamen europäischen Standard für eine wirklich angemessene versicherungsrechtliche Absicherung und Kompensation der Lebendorganspender[776] in Form einklagbarer Rechtsansprüche[777] zu schaffen.

IV. Die Praxis der Organlebendspende

1. Organe

Bei der Lebendorgantransplantation stehen Spenden von Nieren im Vordergrund – eine Operation, die bislang weltweit etwa 70.000 mal[778] durchgeführt wurde. Programme zur Nieren-Lebendtransplantation unter „emotional verwandten" Personen bestehen innerhalb Europas in Italien (Rom) seit 1983[779], in Norwegen (Oslo) seit 1984[780], in der Schweiz (Basel) seit 1991[781] und in der Bundesrepublik (München-Großhadern) seit 1994.[782]

Das Gros der Leber-Lebendtransplantationen waren bisher Spenden zugunsten kindlicher Empfänger; seit einigen Jahren werden Lebendspendern auch Leberlappen zur Übertragung auf Erwachsene entnommen. Seit 1988 haben weltweit über 1.300 Personen als Lebende einen Teil ihrer Leber gespendet.[783] In Europa wurden bis Ende 2000 in elf Transplantationszentren insgesamt 228 Leber-Lebendspenden durchgeführt, darunter 123 unter Erwachsenen.[784] In den USA waren es allein im Jahr 1999 218[785]; hierbei gab es eine altruistische Spende unter Fremden.[786] An einzelnen größeren amerikanischen Programmen betrug der Anteil nicht genetisch verwandter Leber-Lebendspender bereits 40%.[787]

Vom lebenden Spender können schließlich auch Pankreassegmente (nach, mit[788] und ohne Niere)[789], Teile der Lunge (oft unter Verwendung von zwei Lungenteilspendern für einen Empfänger)[790] oder des Darms[791] verpflanzt werden; die letztgenannten Arten der Lebendorgantransplantation befinden sich noch in der Entwicklungsphase.

2. Die Risiken des Spenders

Die Risiken, die der Lebendspender eines Organs eingeht, sind medizinisch weitgehend dokumentiert, wobei die Vergleichbarkeit der einzelnen Studien zum Teil daran leidet, daß bisweilen nicht klar definiert ist, was mit den Begriffen „Komplikation" oder „Morbidität" gemeint ist.

Niere

Das Mortalitätsrisiko bei der Nierenentnahme wird in der Literatur mit 0,03 - 0,06% angegeben[792] und mit dem Risiko einer einjährigen Teilnahme am motorisierten Straßenverkehr in den USA verglichen;[793] viele Lebendspendeprogramme melden Großserien ohne Todesfall.[794] Frühe Komplikationen nach der Operation, wie etwa Wund- oder Harnwegsinfektionen, werden für 0,2 bis 10% der Fälle berichtet,⁷⁹⁵ die Komplikationsrate insgesamt einschließlich leichterer Komplikationen wird für die Spendernephrektomie mit 10%⁷⁹⁶ bis 25%⁷⁹⁷, aber auch geringer⁷⁹⁸ angegeben. Angaben über die Indizidenz schwerwiegender Komplikationen bei der Spenderoperation schwanken zwischen 0% und 7%⁷⁹⁹ mit sinkender Tendenz;⁸⁰⁰ neuere Richtlinien geben die perioperative Komplikationsrate mit insgesamt etwa 2% an;⁸⁰¹ für die USA wird von einer Morbiditätsrate bei Lebendnierenspendern von 0,23% ausgegangen.⁸⁰²

Lang- und mittelfristige gesundheitliche Risiken für Spender werden auch im Hinblick auf die – allerdings relativ wenigen⁸⁰³ – Langzeituntersuchungen insgesamt als sehr gering eingestuft⁸⁰⁴; insbesondere ist mit der Lebendspende einer Niere keine Verkürzung der Lebenserwartung verbunden.⁸⁰⁵ Davon, daß die Risiken für den Lebendspender einer Niere zu dem Nutzen für den Empfänger außer Verhältnis stünden⁸⁰⁶, kann deshalb heute keine Rede mehr sein. Die vorliegenden Untersuchungen haben bestätigt, daß die große Mehrzahl von Lebendspendern einer Niere ihrem Akt auch Jahre später positiv gegenübersteht.⁸⁰⁷

Leber

Die Lebendspende eines Teils der Leber ist, im Gegensatz zur Spende einer Niere, für den Empfänger regelmäßig unmittelbar lebensrettend. Zugleich ist jedoch das Risiko, das der Spender eingeht, deutlich höher. Sowohl aus den USA als auch aus Deutschland wurde von einzelnen Todesfällen berichtet⁸⁰⁸; die Mortalitätsrate gilt – was eine adäquate Aufklärung potentieller Spender erschwert – als ungewiß, wird aber auf mindestens 0,2% geschätzt.⁸⁰⁹ Die Morbidität der Spender soll – bei abnehmender Tendenz⁸¹⁰ – zwischen 3% und 17% liegen.⁸¹¹ Von teils erheblichen psychosozialen Problemen innerhalb der betroffenen Familien wurde – insbesondere in der Anfangsphase der Leber-lebendtransplantation seit 1990⁸¹² – berichtet.⁸¹³ Andererseits äußerten sich amerikanische Leber-Lebendspender bei einer neuen, anonymisierten Befragung ausnahmslos positiv über diese Form der Organtransplantation zugunsten von Kindern; kein Spender gab an, zur Spende gedrängt worden zu sein und nahezu neun Zehntel dieser Personen sprachen sich für eine Ausweitung der Praxis der pediatrischen Leber-Lebendspende aus.⁸¹⁴

Das Mortalitäts- wie das Morbiditätsrisiko dürften bei der seit 1999 gegenüber der Leber-Lebendspende zugunsten von Kindern⁸¹⁵ stark zunehmenden Lebendspende zugunsten erwachsener Empfänger, bei der, um genügend Lebervolumen zu gewinnen, der rechte Leberlappen (ca. 60% des Lebervolumens) beim Spender entnommen wird, deutlich höher sein.⁸¹⁶ Die Komplikationsrate bewegt sich bei dieser Operation weltweit zwischen 10%⁸¹⁷ und 56%⁸¹⁸, wobei einzelne außereuropäische Zentren bei Fallzahlen zwischen 25 und 40 Transplantationen berichteten, keine „ernste" Komplikation verzeichnet zu haben.⁸¹⁹ Die Rate „größerer" Komplikationen liegt in Europa bisher bei 17,8%.⁸²⁰ Neuere Überblicksstudien gehen davon aus, daß diese Zahlen mit wachsender Routine deutlich sinken werden.⁸²¹ Hinsichtlich der Langzeitrisiken für den Spender bestehen noch Unsicherheiten.⁸²²

Die Sicherheit des Lebendspenders stellt nach alledem das zentrale rechtliche und ethische Problem dieses Eingriffs dar⁸²³, wobei selbst das American Society of Transplant Surgeons Ethics Committee davon ausgeht, daß das Risiko des Spen-

2. Die Risiken des Spenders

ders bei der Lebend-Leberspende zugunsten erwachsener Empfänger mangels ausreichender Daten zum gegenwärtigen Zeitpunkt nicht hinreichend bestimmt werden kann.[824] Die Frage der Risiko-Nutzen-Analyse dieser Art der Lebend-Leberspende dürfte sich zum gegenwärtigen Zeitpunkt aus medizinischer Sicht mithin noch nicht eindeutig beantworten lassen.[825] Eine grundsätzlich negative Haltung zur Leber-Lebendspende unter Erwachsenen, wie sie noch vor Einführung dieser Technik der Europarat geäußert hat[826], kann angesichts ihrer zunehmenden Akzeptanz in der europäischen Transplantationsmedizin[827] sowie mit Blick auf die bei Spendern und Empfängern betroffenen Rechtsgüter zum gegenwärtigen Zeitpunkt jedoch nicht mehr gerechtfertigt werden.[828]

3. Die Erfolgsraten

Daß die Funktionsraten lebend gespendeter Nieren signifikant über jenen von Leichenorganen liegen, wurde bereits dargestellt. Als Erklärung hierfür gilt die gute Qualität der übertragenen Organe, die wegen der kurzen Zeitspanne zwischen Ex- und Implantation nur einer kurzen kalten Ischämiezeit und folglich einem geringen Reperfusionsschaden ausgesetzt sind.[829] Dies erklärt die guten Ergebnisse der Organübertragungen gerade auch unter nichtverwandten Personen, etwa Ehepartnern, die regelmäßig wenig oder keine Übereinstimmungen in ihren Gewebetypen aufweisen.[830] Ausgehend von dem bei Lebendspenden generell höheren Niveau an Erfolgsaussichten zeigt sich jedoch, daß auch hier die Frage der HLA-Kompatibilität zwischen Spender und Empfänger für die statistische durchschnittliche Überlebensdauer des Transplantats keineswegs ohne Bedeutung ist:

Graphik 3: Lebendnierenübertragungen unter nichtverwandten Pesonen – Erfolgsraten differenziert nach HLA-Übereinstimmung[831]

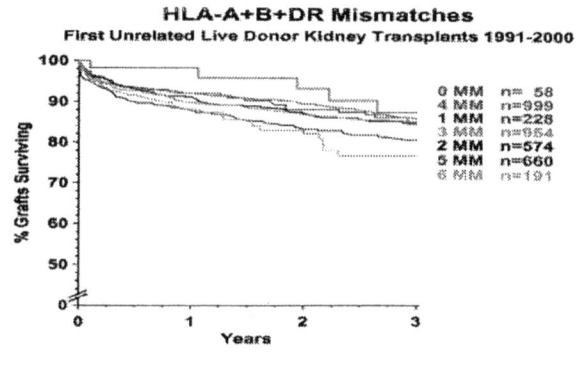

Die Erfolgsraten der – regelmäßig lebensrettenden – Lebend-Lungenlappenspenden von Eltern auf ihre Kinder[832] sowie der Leber-Lebendspende liegen ebenfalls insgesamt über derjenigen bei Verwendung von Leichenorganen[833]; von den Empfängern, denen eine Leber vom lebenden Spender übertragen wurde, leben in Europa noch 86%[834] und in den USA noch 88%.[835]

4. Das Geschlecht der Spender(innen)

In den USA waren seit 1990 konstant zwischen 56% und 58% der Nieren-Lebendspender, aber nur 42% der Empfänger Frauen.[836] Ähnliche Zahlen lassen sich für Europa nachweisen – so stellten innerhalb der kontrollierten Münchener Studie von den 125 Personen, die zwischen Oktober 1994 und Oktober 1999 als Lebende eine Niere gespendet haben, Frauen einen Anteil 63 % (79);[837] deutschlandweit waren im Jahr 2000 zwei Drittel Spenderinnen[838], genauso wie im Zeitraum von 1993 bis 1998 in der Schweiz.[839] Nur in Korea ist das Geschlechterverhältnis – bei ebenfalls großen Fallzahlen – umgekehrt.[840] Die Gründe für diese deutliche Dominanz von Frauen unter den Lebendnierenspendern in den westlichen Staaten dürfte wohl weniger in dem Umstand liegen, daß mehr Männer dialysebedürftig sind als Frauen, sondern vielmehr in Faktoren, die unter dem Begriff „gender" zu analysieren wären. Mögliche Erklärungen dürften von der Behauptung internalisierten Opferverhaltens von Frauen in patriarchalisch geprägten Gesellschaften bis hin zu der These reichen, daß Frauen nicht nur stärker, zäher und mutiger als Männer, sondern auch in stärkerem Maß Träger einer „Ethik der Fürsorge"[841] gegenüber nahestehenden Menschen sind.

5. Die quantitative Dynamik der Lebendorganspende

Die Bedeutung der Lebendorganspende hat in Europa seit 1990 sehr stark zugenommen, wobei signifikante Unterschiede zwischen einzelnen Ländern bestehen.[842]

Während im Jahre 1990 in der Bundesrepublik (alte Länder) lediglich 1,7% der transplantierten Nieren vom lebenden Spender stammten, betrug der entsprechende Prozentsatz in Schweden 23,5%, in Dänemark 24,7 % und in Norwegen gar 49 %.[843] Fünf Jahre später, 1995, wurden in der Bundesrepublik 83 Nierentransplantationen durchgeführt, die durch eine Lebendspende ermöglicht wurden, dies entsprach 4% des Gesamtaufkommens an transplantierten Nieren.[844] Der entsprechende Anteil betrug im selben Jahr 20,6% in der Schweiz, 23,6% im skandinavischen Verbund und 30,7% in den USA.[845] Die Bedeutung und die Entwicklungsdynamik der Lebendorganspende in den einzelnen Staaten läßt sich mit Hilfe der Graphiken auf den folgenden Seiten darstellen.

Graphik 4: Lebendspende von Nieren pro Mio. Einwohner: Vergleich 1992 – 1999[846]

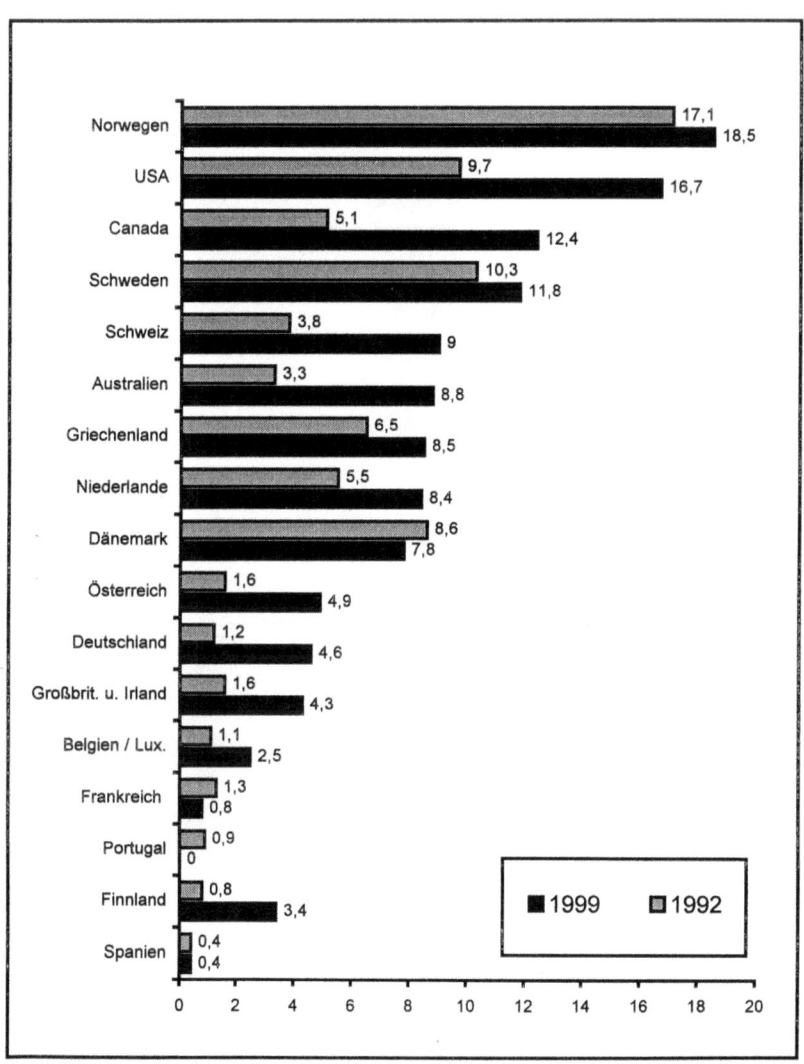

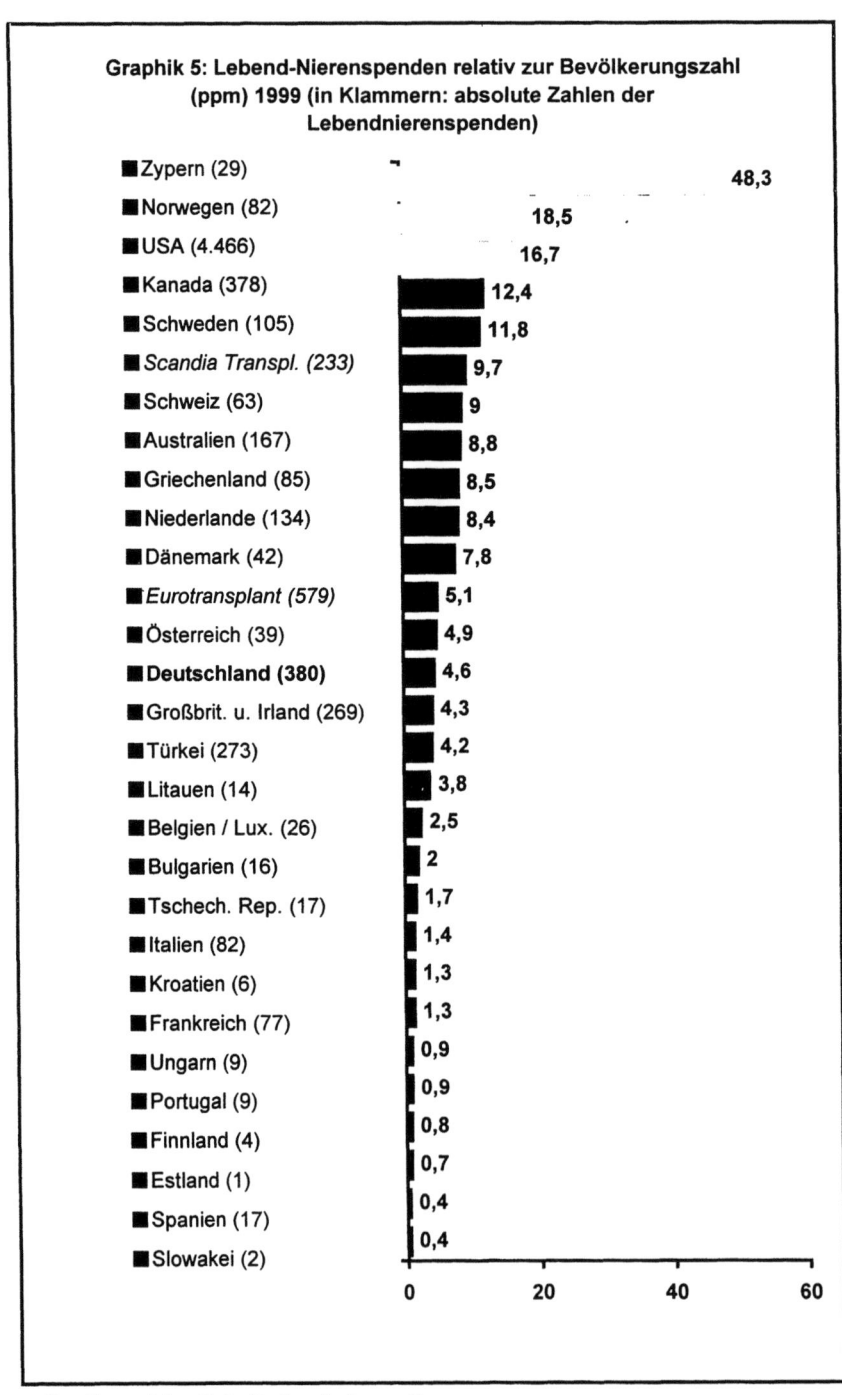

5. Die quantitative Dynamik der Lebendorganspende 97

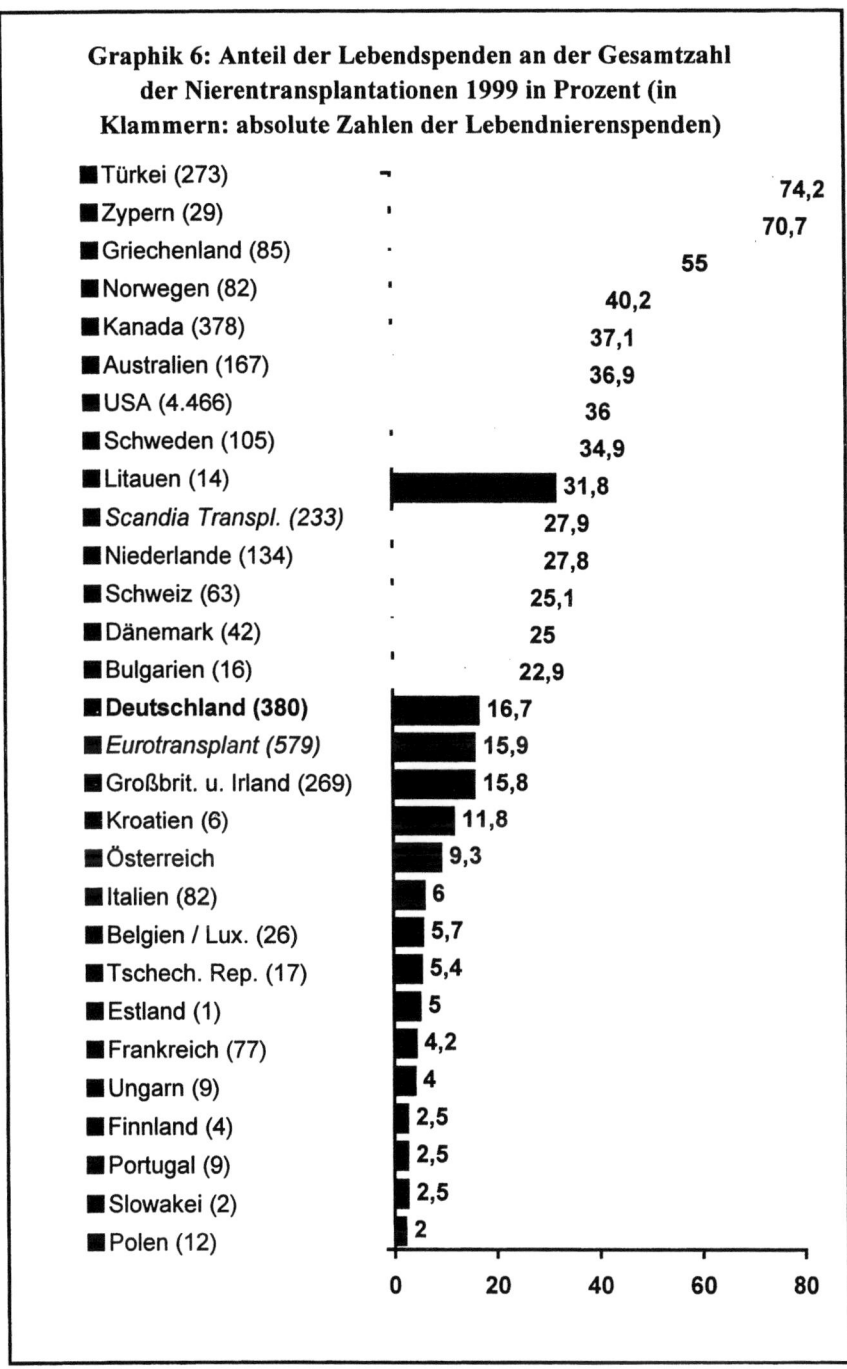

Graphik 6: Anteil der Lebendspenden an der Gesamtzahl der Nierentransplantationen 1999 in Prozent (in Klammern: absolute Zahlen der Lebendnierenspenden)

Quellen: siehe Tabelle im Anhang C.

Seit 1994 hat insbesondere in Deutschland insoweit eine erhebliche Dynamik eingesetzt. Während die Zahl der Übertragungen von Nieren Verstorbener auch mehr als drei Jahre nach Inkrafttreten des Transplantationsgesetzes weiter stagniert und im Jahr 2000 sogar geringfügig geringer war als 1997[847], ist der Anteil der Lebendspenden an der Gesamtzahl der übertragenen Nieren von 1,7 % 1990 auf 16,7 % im Jahr 1999[848] gestiegen, und es ist, wie bereits ausgeführt wurde, anzunehmen, daß er sich ungeachtet eines geringfügigen Rückgangs im Jahr 2000 mittelfristig wohl weiter in Richtung der Verhältnisse in den USA bewegen wird, wo – zählt man nicht Organe, sondern Spender – im Jahr 1999 bereits 45,3 % (1990: 32,7 %) der Nierenspenden von lebenden Personen stammten.[849]

Graphik 7: Anteil der Nieren-Lebendspenden an der Nierentransplantation in der Bundesrepublik in Prozent[850]

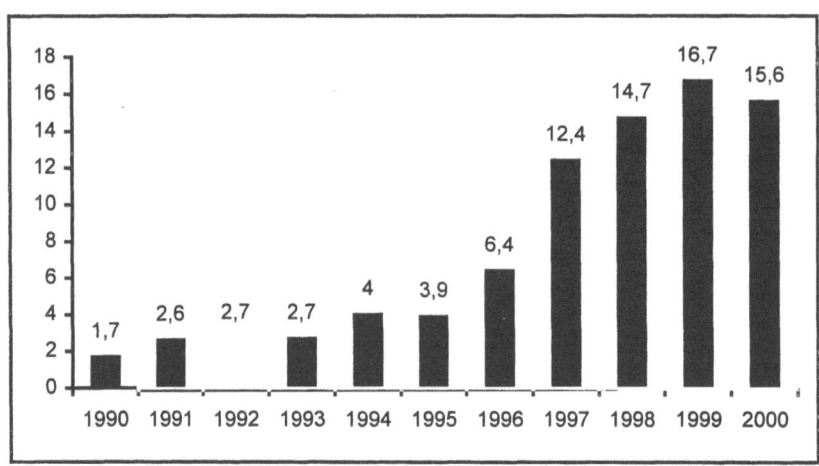

Zugleich hat sich die Zahl der Lebend-Leberteilspenden in Deutschland von 5 im Jahr 1991 auf 41 im Jahr 1999 (darunter 5 Spenden unter Ehegatten und 4 unter weiteren nichtverwandten Personen) und schließlich nochmals auf 90 im Jahr 2000 verdoppelt.[851]

Im Bereich der Nierentransplantation ist – bei gleichbleibend hohen Zahlen in den skandinavischen Ländern (außer Finnland) sowie in Griechenland – eine vergleichbare Entwicklung, die allerdings schon früher einsetzte, für die Schweiz[852], aber auch für Großbritannien[853] zu konstatieren:

5. Die quantitative Dynamik der Lebendorganspende

Graphik 8: Nieren-Lebendspenden in der Schweiz[854]

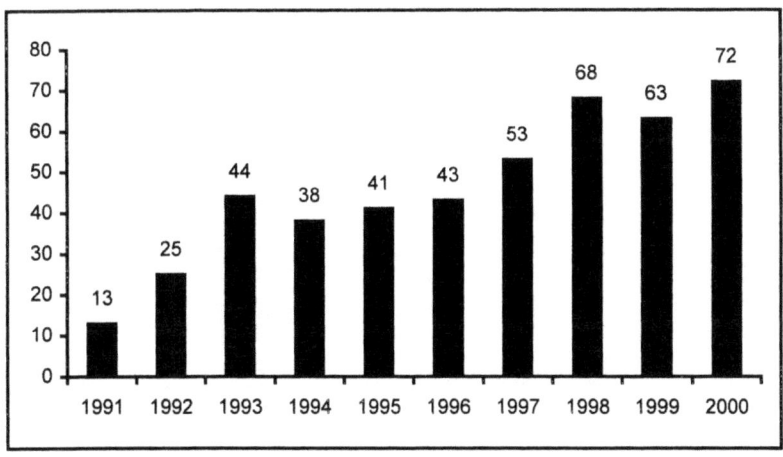

Graphik 9: Lebendspende von Nieren in Großbritannien 1996-2000 – insgesamt und nichtverwandte Spender[855]

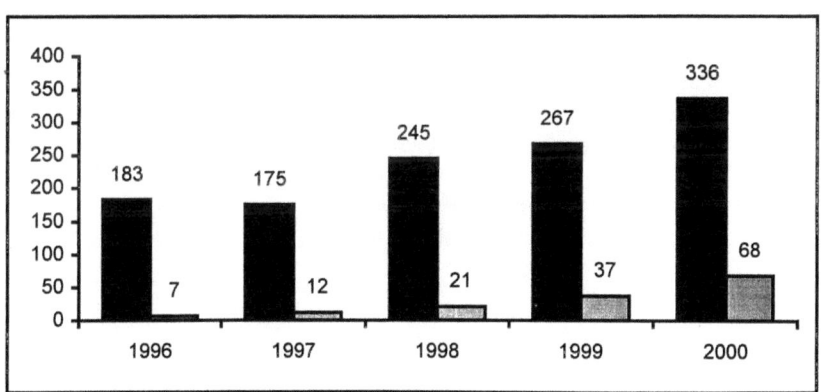

Instruktiv ist in diesem Zusammenhang auch der Blick auf die USA, deren Entwicklung Indizfunktion für die westeuropäischen Staaten und ihre bislang immer noch „mäßigen"[856] Lebendtransplantationsraten haben dürfte.

Während in den USA von 1990 bis 1999 die Zahl der Leichenorganspender nur um 30% zugenommen hat, ist die Zahl der Lebendorganspender[857] um 120% gestiegen.[858]

Graphik 10: Die Entwicklung der Organspenden in den USA[859]

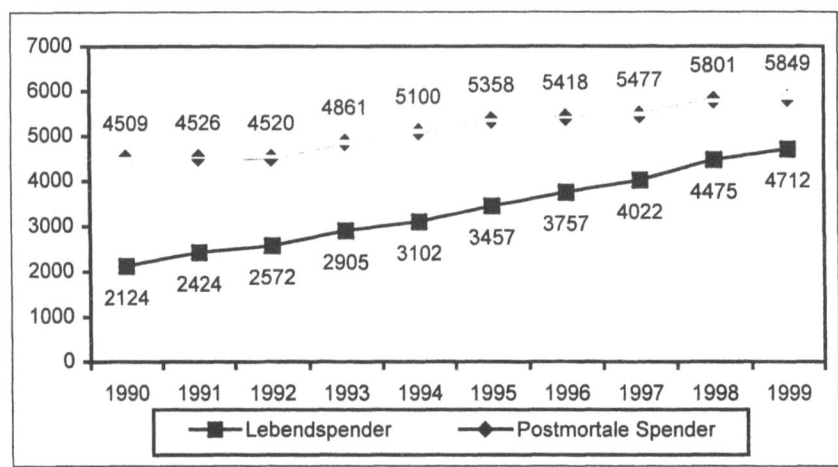

Wie bereits angesprochen, stammten damit im Jahr 1999 bereits 45,3 % (1990: 32,7 %) der Nierenspenden von lebenden Personen.[860] Zählt man nicht die Spender, sondern die übertragenen Organe, so stieg der Anteil an Lebendtransplantationen im Fall der Niere in den USA von 22% im Jahr 1990 auf 36% im Jahr 1999.[861] In absoluten Zahlen bedeutet dies einen Zuwachs von 114 % in neun Jahren (4.474 Lebendnierenübertragungen 1999 gegenüber 2.094 im Jahr 1990).[862] Weit dramatischer ist der Anstieg bei den Lebersegment–Lebendspenden. Diese nahmen in den USA seit 1990 um den Faktor 15 zu:[863]

Graphik 11: Lebersegment-Lebendspenden in den USA[864]

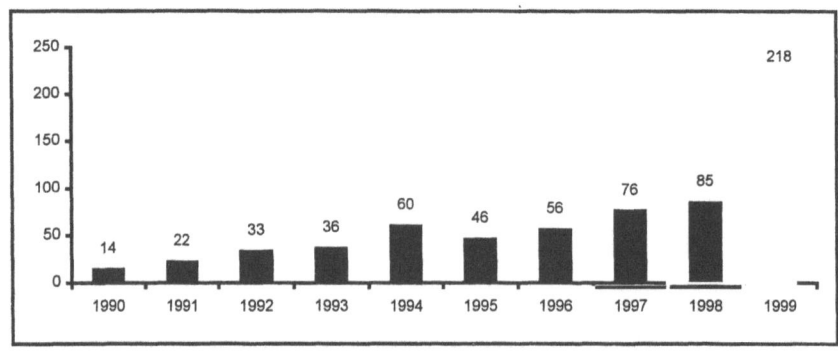

Dies ist vor allem auf den sprunghaften Anstieg der Lebend-Lebersegmentspende unter Erwachsenen zurückzuführen:

5. Die quantitative Dynamik der Lebendorganspende

Graphik 12: Lebersegment-Lebendspenden für Kinder und für erwachsene Empfänger in den USA 1996-1999[865]

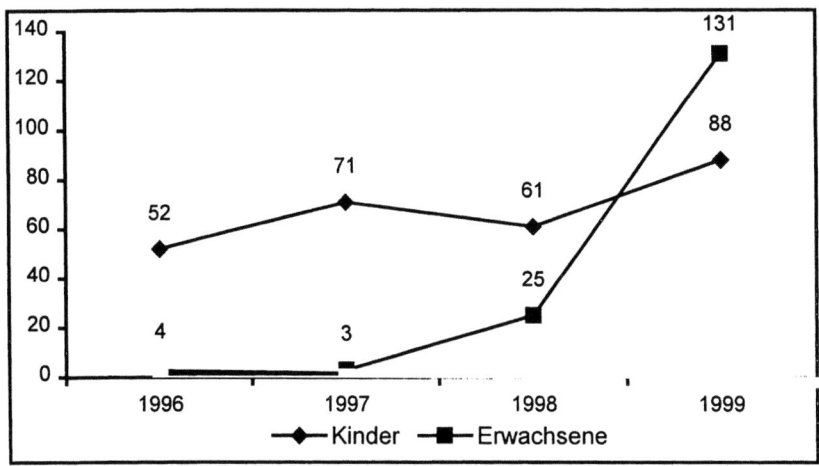

In Europa sind nach wie vor große Unterschiede in bezug auf die Frequenz der Organlebendspende in den verschiedenen Staaten festzustellen.[866] Der Hinweis, es herrsche diesbezüglich ein Nord-Süd-Gefälle[867], vermag wenig zu erklären und ist mit Blick auf Griechenland und Zypern zudem unrichtig. Das Bild allgemeiner „Disparität und Fluktuation", das die Organlebendspende in Europa aus der Sicht einer 1995 abgeschlossenen Studie im Auftrag der Europäischen Gemeinschaft gab[868], hat sich seither jedoch verändert: Seit Ende der 90er Jahre ist ein so eindeutiger und allgemeiner europäischer Trend hin zur Organlebendspende – gerade auch unter nichtverwandten Personen – zu verzeichnen, daß sich die wenigen Staaten, in denen dies nicht der Fall ist, deutlich vom europäischen Gesamtbild abheben.

Die Bedeutung der Lebendspende innerhalb eines staatlichen Transplantationssystems kann nicht ohne einen Seitenblick auf die Situation der Transplantation von Leichenorganen gewürdigt werden. Analysiert man die Situation in Ländern wie Spanien, Portugal, Belgien und Österreich, so ist nicht zu verkennen, daß eine hohe Anzahl postmortal gewonnener Organe[869] einen Faktor darstellt, der offensichtlich zu einem Rückgang der Bedeutung der Lebendorganspende beiträgt.[870] Auch in Finnland ist die geringe Relevanz der Lebendspende bei Nieren in erster Linie auf die kurzen Wartezeiten für postmortale Organe zurückzuführen.[871] Umgekehrt läßt sich in einigen – aber keineswegs in allen – Ländern ein hoher Anteil von Lebendorganspenden mit einem aus kulturellen[872] (Japan) oder strukturpolitischen Gründen (Griechenland, Zypern) wenig entwickelten Programm zur Transplantation von Organen Verstorbener erklären. In manchen – aber wiederum keineswegs in allen – europäischen Ländern einschließlich Deutschlands ging eine

Zunahme der Lebendorgantransplantation mit einer Stagnation bei der Transplantationsrate von Organen Verstorbener einher.[873] Umgekehrt hat in bestimmten Staaten – paradigmatisch ist insoweit Norwegen – eine bei Ärzteschaft, Bevölkerung und politischen Verantwortungsträgern seit jeher einhellig positive Einstellung gegenüber der Lebendorganspende zu einer hohen Zahl von Lebendtransplantationen als einem „integralen Bestandteil" der Transplantationsprogramme und hierdurch vermittelt zu einer stabilen Wartelistenentwicklung geführt.[874] Man wird aus dem Dargestellten zumindest schließen dürfen, daß die meisten Patienten dann, wenn sie eine realistische, zeitnahe Chance sehen, ein Transplantat zu erhalten, das von einem Verstorbenen stammt, keine nahestehende Person den Risiken einer Organentnahme aussetzen wollen.

Andererseits darf nicht verkannt werden, daß sich nationale Regelungen zur Organentnahme beim Verstorbenen, die deshalb zu höheren Organspenderaten führen, weil sie – wie die sogenannten „presumed consent"- oder „Widerspruchslösungen" – das Prinzip der expliziten Einwilligung des Organspenders dehnen oder überspielen, ihrerseits ethischen Problemen[875], rechtlicher Kritik[876] und – wenigstens in bestimmten Staaten – auch Vorbehalten der Öffentlichkeit gegenübersehen. Solange im übrigen auch überdurchschnittliche „Gewinnungsraten" bei postmortal gewonnenen Organen nicht dazu führen, daß sich die Wartelisten deutlich verkürzen und alle Patienten zeitnah mit einem Transplantat versorgt werden, kann der Hinweis auf nur denkbare, aber noch nicht realisierte Potentiale der Leichenorganspende ohnehin nicht als Argument gegen die Lebendspende dienen. Hinzu kommt, daß die relative Zahl der zur Verfügung stehenden Leichenorgane nur einen unter mehreren Faktoren darstellt, die auf die Praxis der Lebendorganspende einwirken;[877] selbst den rechtlichen Rahmenbedingungen wird man insoweit nur einen begrenzten Einfluß zuschreiben dürfen.[878] Erhebliche Bedeutung haben auch die Unterschiede zwischen den nationalen „ärztlichen Kulturen" (den kulturell und ethisch bedingten Einstellungen der Ärzte zum Arzt-Patient-Verhältnis im allgemeinen und zur Lebendorganspende im besonderen), wie erst 1995 die groß angelegte europäische EUROTOLD-Studie nachgewiesen hat.[879] Diese Unterschiede zwischen den nationalen „ärztlichen Kulturen" sind auch in starkem Maß dafür verantwortlich, wie weit die Organlebendspende zwischen Personen akzeptiert wird, die nicht miteinander verwandt oder verheiratet sind.[880] Hinzu kommt, daß eine steigende, wenn auch insgesamt geringe Anzahl von Spendern und Empfängern für sich nur eine Lebendorganübertragung akzeptiert und daß die bereits analysierten Vorteile der Lebendorganspende[881] dieser auch dann noch erhebliche Bedeutung ließen, wenn der Mangel an postmortal gespendeten Organen in den westlichen Staaten – wider Erwarten – nachließe.

6. Nichtverwandte Lebendspender

Der Anteil der nichtverwandten Lebendspender an der Gesamtzahl der Lebendorganspenden hat sich in den USA zwischen 1990 und 1999 vervierfacht;[882] in

6. Nichtverwandte Lebendspender

dem letztgenannten Jahr waren dort bereits 20 % aller Lebendorganspender[883] nicht mit dem Empfänger verwandt und 8,3 % weder verwandt noch verheiratet.[884]

Diese Entwicklung wird auch in wichtigen europäischen Staaten nachvollzogen. Obwohl eine Resolution des Europaparlaments im Jahr 1993 (sprachlich ungücklich) Schritte zur Sicherstellung der „maximalen Verwendung von Lebendspendern" für die Nierentransplantation empfahl, diese aber auf „familienangehörige" Spender beschränken wollte[885], ist auch in Europa der Zuwachs an Lebendorganspenden nicht zuletzt Spendern geschuldet, die nur bei weiter Auslegung „Familienangehörige" sind.

Mit zeitlich verschobenem Startpunkt im Jahr 1994 – dem Jahr des Anlaufens der Münchener Prospektivstudie zur Nierentransplantation unter Nichtverwandten – hat vor allem in Deutschland diese Art der Organspende in den vier Jahren bis 1998 exponentiell an Bedeutung zugenommen:

Graphik 13: Lebendspenden von Nieren in der Bundesrepublik 1994-2000 – insgesamt und nichtverwandte Spender[886]

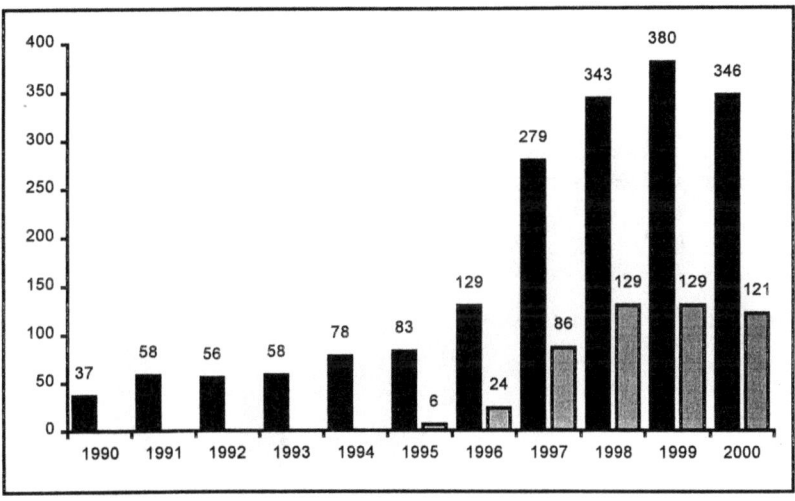

Graphik 14: Anteil der nicht genetisch verwandten Spender an den Nieren-Lebendspenden in der Bundesrepublik in Prozent[887]

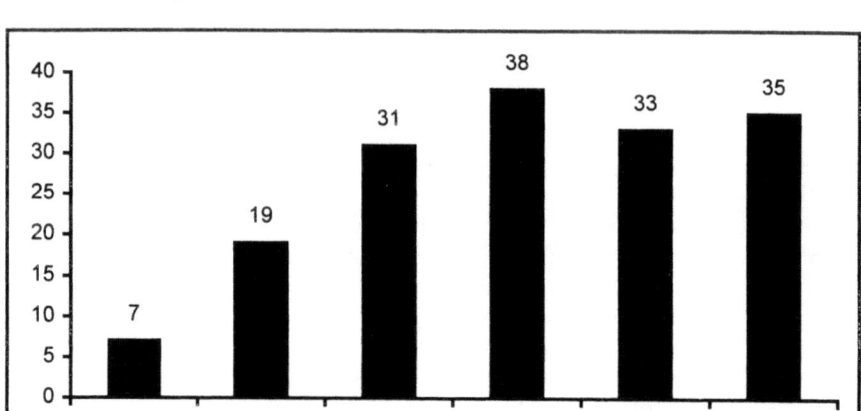

Auch in den Niederlanden versechsfachte sich der Anteil nichtverwandter Nierenspender zwischen 1996 und 1999.[888]

Graphik 15: Lebendspende von Organen in den Niederlanden 1996-2000 – insgesamt und nichtverwandte Spender[889]

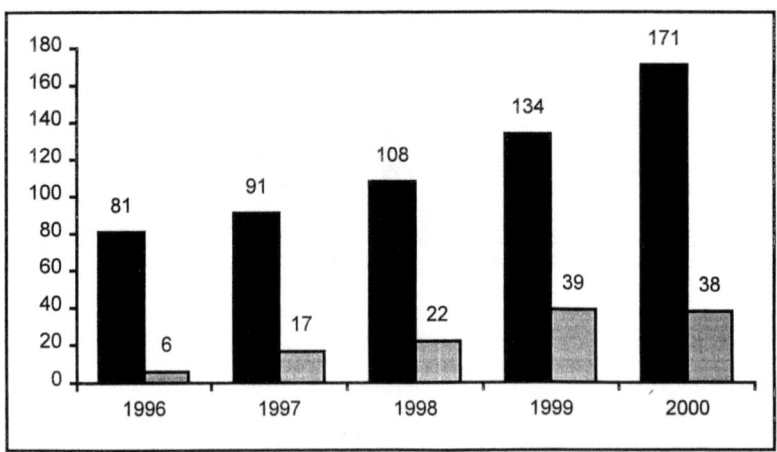

Die ähnliche Entwicklung in Großbritannien wurde bereits analysiert.[890] Zugleich blieb in den Ländern, die, wie Norwegen, schon früh „emotional verwandte" Spender (insbesondere Ehepartner[891]) akzeptierten, ein hoher Anteil nicht genetisch verwandter Spender über die Jahre konstant.[892] So weist etwa auch die

Schweiz im 5-Jahres-Mittel 1993 bis 1998 einen Anteil von nicht genetisch verwandten Personen an der Gesamtzahl der Lebendnierenspender von nahezu 30% aus.[893]

7. Neuere internationale Entwicklungen

Die amerikanischen Transplantationsgesetze regeln die Organlebendspende nicht unmittelbar; sie unterfällt den allgemeinen Prinzipien des Medizinrechts der Vereinigten Staaten.[894] Vor dem Hintergrund der vielleicht am höchsten entwickelten medizin-ethischen Diskussionskultur war die Organlebendspende allerdings schon bisher Gegenstand intensiver ethischer Auseinandersetzung.[895] Diese Debatte hat im Dezember 2000 mit dem „Consensus Statement on the Live Organ Donor" der an der Organtransplantation beteiligten ärztlichen und sonstigen Organisationen[896] eine neue Ebene erreicht.

Das *Consensus Statement* ist in zweifacher Hinsicht von besonderem Interesse. Zum einen war der ethisch wie medizinisch gleichermaßen verfehlte Grundsatz einer „Subsidiarität" der Organlebendspende den Verfassern nicht einmal mehr der Erwähnung wert.

Zum zweiten wendet sich das Statement explizit gegen jede Form genereller Beschränkungen des Spenderkreises, jedenfalls bei der Niere. Die Überkreuz-Spende von Nieren wird als „ethisch akzeptabel"[897] bewertet und die Unterstellung zurückgewiesen, sie stelle eine Form von Organhandel dar; der Text beschränkt sich insoweit auf Vorschläge für pragmatische Lösungen der technischen Fragen einer solchen Doppeltransplantation. Aber auch die nichtgerichtete[898] (d.h. zugunsten eines nicht vom Spender bestimmten, ihm unbekannten Empfängers erfolgende) altruistische Fremdspende einer Niere wird positiv bewertet: „Die Konferenzteilnehmer sind der Ansicht, daß die Kriterien für die ethische Zulässigkeit der nichtgerichteten Lebendorganspende dieselben sind wie diejenigen, die bei der gerichteten Spende [unter nahestehenden Personen] zur Anwendung kommen, wobei auf die psychosoziale Evaluation [des Spenders] besondere Aufmerksamkeit zu richten ist."[899] Im Fall einer solchen Fremdspende sei der Organempfänger nach den Standardkriterien für die Allokation postmortal gewonnener Organe zu bestimmen.[900]

Vorbehalte äußert das Statement allerdings in bezug auf die Möglichkeit, dem Empfänger ein postmortal gewonnenes Transplantat im Austausch gegen ein für ihn von einem Lebendspender an den „Pool" gespendetes Organ zuzuteilen („list-paired exchange of kidneys"), würde ein solches Vorgehen in der Praxis – da zwei Drittel der AB0-inkompatiblen Überkreuz-Spende-Paare einen potentiellen Empfänger mit Blutgruppe 0 aufwiesen – doch die bereits jetzt knappen postmortal gewonnenen Nieren der Blutgruppe 0 weiter vermindern und so jene Patienten auf der Warteliste für postmortal entnommene Organe benachteiligen, die auf ein solches Organ angewiesen sind.[901] Das Consensus Statement schlägt jedoch die Durchführung einer Pilotstudie zu komplizierteren Ringtauschlösungen unter Einbeziehung altruistischer Fremdspender vor.[902]

Die Konsenserklärung, die in der Tat den gegenwärtigen Stand der ethischen, medizinischen und psychologischen Diskussion zur Lebendorganspende reflektiert und insoweit als „state of the art" gelten kann, stellt einen Meilenstein im Prozeß der Überwindung von Hemmschwellen für die Organlebendspende dar. Ihr entsprechen die Ergebnisse einer Repräsentativumfrage, derzufolge 80% der Amerikaner der altruistischen Organspende unter einander fremden Personen positiv gegenüberstehen und sich nahezu die Hälfte der amerikanischen Bevölkerung vorstellen kann, selbst ein Organ für einen Fremden zu spenden[903], sowie die (durch die Arbeiten *Spitals*[904] dokumentierte) schrittweise Öffnung der amerikanischen Ärzteschaft für die Organlebendspende, insbesondere auch unter Nichtverwandten: Hatten 1987 nur 48% der amerikanischen Transplantationszentren angegeben, daß sie im Falle der Niere einen engen Freund des Empfängers als Spender akzeptieren würden, so waren es im Jahr 2000 bereits 93%; 38% der Zentren wollten grundsätzlich auch altruistische Fremdspenden durchführen.[905] Hierbei steht zu erwarten, daß das Consensus Statement als standesethischer Leittext diese Liberalisierung weiter befördern wird.

In jüngster Zeit haben einige der amerikanischen Transplantationszentren begonnen, bislang unkonventionelle Formen der Nieren-Lebendspende in ethisch diskutierten Pilotstudien in die Praxis umzusetzen. An der University of Minnesota in Minneapolis[906] wurde 1999 ein Programm für die altruistische Fremdspende von Nieren eingerichtet, das eine intensive psychosoziale und medizinische Evaluation des Spendewilligen, aber nicht zwingend dessen Anonymität vorsieht; bis Mitte 2000 waren vier solcher Spenden zu verzeichnen und zwei weitere geplant; elf Spendewillige wurden abgelehnt.[907] Bereits 1997 begann die University of Chicago mit einer Prospektivstudie zur nicht auf Ehepaare beschränkten Ring-Überkreuzspende von Nieren.[908] Die Formulierung des bundesstaatlichen Verbots des Organhandels der USA[909] scheint nach seinem Wortlaut die Überkreuz-Spende nicht zu erfassen.[910] Zugleich verfolgt der regionale Transplantationsverband Washingtons Pläne zur Implementierung eines Austauschmodells für Lebend- und Leichenorgane.[911]

Bislang waren umfangreiche Programme zur Fremd- und Überkreuz-Spende von Nieren nur aus Südkorea bekannt.[912] Dort wurde 1991 – vor dem Hintergrund kultureller Vorbehalte gegenüber der Verwendung postmortal entnommener Organe[913] – eine Vermittlungsagentur für die altruistische Spende und den Ringtausch lebend gespendeter Organe (Korean Organ and Tissue Donor Program – KOTDP) eingerichtet, die Lebendspender und -empfänger nach HLA-Kriterien zusammenbringt. Sie hatte bereits Ende 1998 2.760 Empfänger auf ihrer Warteliste und 551 Lebendspenden vermittelt; hierbei entfielen von den 400 Transplantationen in der Hauptstadt Seoul 291 auf „Ringspenden" zugunsten bestimmter Empfänger und 109 auf altruistische Spenden zugunsten des gesamten Empfängerpools.[914]

V. Die Ethik der Lebendspende

1. Ethischer Diskurs und standesethische Positionspapiere

Die ethische Diskussion über Voraussetzungen und Grenzen der Lebendorganspende wird seit zwei Jahrzehnten, insbesondere in den angelsächsischen Ländern, sehr intensiv geführt.[915] Sie ist Teil einer fast explosionsartig zu nennenden Entwicklung in der wissenschaftlichen Diskussion medizinisch-ethischer Probleme seit 1980. Insbesondere in den englischsprachigen Ländern haben sich „Biomedical Ethics" heute als Teilbereich einer säkularen, philosophischen Moraltheorie ausdifferenziert, in dem in einer kaum mehr überschaubaren Fülle von Publikationen die normativen Fragen des gesellschaftlichen Subsystems „Medizin" verhandelt werden.[916] Ein Teilbereich dieses Diskurses läßt sich als philosophische „Ethik der Transplantationsmedizin" bezeichnen.[917]

Diese Professionalisierung des medizin-ethischen Diskurses spiegelt nicht nur das Ungenügen traditioneller Standesethik, sondern auch die zunehmende Komplexität der medizinischen Problemstellungen wider: Die Medizin ist in immer neue Bereiche des Machbaren vorgedrungen, und als Institution ist sie für das Leben ungezählter Patienten bestimmender denn je. Mit ihrer Bedeutung wachsen zugleich die Ansprüche auf Legitimation, die an sie gestellt werden – Ansprüche vor allem von Seiten der Patienten, aber auch seitens der Öffentlichkeit und der Gesundheitspolitik. Allerorten schafft ärztliches Handeln normative Probleme, deren adäquate Diskussion davon abhängt, daß es gelingt, das komplexe Geflecht der vorfindlichen moralischen Überzeugungen so zu rekonstruieren und zu systematisieren, daß ethische Urteile mit Argumenten getroffen werden können. Hierbei zu helfen ist die Aufgabe der Ethik als Wissenschaft.[918]

Dieser Diskurs fand indes nur langsam Eingang in die Entwicklung standesethischer Kodizes zur Transplantationsmedizin. Während heute – wiederum wenigstens in den englischsprachigen Ländern – neuere Positionspapiere der ärztlichen Verbände und Organisationen den Stand der medizin-ethischen Diskussion im wesentlichen widerspiegeln[919], ist der Befund für Deutschland zum gegenwärtigen Zeitpunkt nur desaströs zu nennen. Der Transplantationskodex der Deutschen Transplantationsgesellschaft (DTG), dem Zusammenschluß der Transplantationszentren, läßt keinerlei Auseinandersetzung mit der ethischen Diskussion erkennen und beschränkt sich auf eine oberflächliche Nennung möglicher Problemfelder. Die mittlerweile als Notwendigkeit erkannte sorgfältige psychologische Evaluation und Beratung lebendspende-williger Personen[920] wird nicht einmal erwähnt. Im Hinblick auf den Kreis potentieller Lebendorganspender vertritt die Transplantationsgesellschaft immer noch die Position, daß eine "Organtransplantation zwischen lebenden Nichtverwandten [...] grundsätzlich nicht durchgeführt wird"[921], während Eingriffe dieser Art an den meisten der deutschen Zentren mittlerweile fest etablierter und selbstverständlicher Standard sind. Begründete Positionen oder Argumentationen der Transplantationsgesellschaft zur Fülle der teils brennenden medizin-ethischen Probleme der Lebendorganspende[922] sind nicht ersichtlich, und auch die Stellungnahmen der DTG vor dem Bundesverfassungsgericht in den Verfahren über die Verfassungsbeschwerden betreffend die Beschränkung des Spenderkreises bei der Lebendspende (§ 8 Abs. 1 Satz 2 und § 19 TPG)[923] wird man kaum als diesem Verfahren angemessen bezeichnen können.

Auch die Ende 2000 veröffentlichten, rechtlich unverbindlichen „Empfehlungen zur Lebendorganspende" der Bundesärztekammer[924] lassen keinerlei Auseinandersetzung mit dem Stand der medizin-ethischen Diskussion erkennen und beschränken sich in weiten Teilen auf eine teils ungenaue Paraphrasierung des Gesetzeswortlauts. Zugleich weichen die „Empfehlungen" einer Auseinandersetzung mit fast allen wichtigen Fragen, die nach Erlaß des Transplantationsgesetzes nach einer standesethischen Handreichung für den Arzt verlangen, aus. Wo sie dies nicht tun, ist die Position der Bundesärztekammer in wesentlichen Punkten entweder rechtlich falsch – wenn etwa in bezug auf die angebliche Subsidiarität der Lebendspende die verantwortlichen Ärzte zu eindeutig rechtswidrigem Handeln aufgefordert werden[925] – oder ethisch problematisch, wenn etwa der in den Regeln des Kommissionsverfahrens des Transplantationsgesetzes (§ 8 Abs. 3 TPG) normierte Grundsatz einer „Sicherheit durch Verfahren" durch die Behauptung untergraben wird, „die mündliche Anhörung jedes Spendewilligen vor der Kommission" sei „nicht zwingend notwendig".[926] Ingesamt wird man zu dem Schluß kommen müssen, daß die Bundesärztekammer von einer Veröffentlichung ihrer „Empfehlungen zur Lebendorganspende" in der vorliegenden Form besser Abstand genommen hätte; das berechtigte Insistieren des Textes darauf, daß sich der Arzt „seiner besonderen Verantwortung gegenüber dem Spender bewusst sein" müsse, rechtfertigt die „Empfehlungen" für sich alleine nicht. Ein Text einer ärztlichen Organisation, der den Vergleich mit dem bereits dargestellten amerikanischen Consensus statement on the live organ donor[927] oder mit den United Kingdom guidelines for living donor kidney transplantation[928] erlaubte, fehlt in Deutschland nach wie vor.

2. Die ethischen Grundlagen der Lebendspende von Organen

2.1. Hippokrates und das Prinzip des Respekts vor der Autonomie des Patienten

In der internationalen medizin-ethischen Diskussion hat sich das Prinzip des Respekts vor der Autonomie des Patienten während der vergangenen drei Jahrzehnte mit guten Gründen zur Leitidee entwickelt.[929]

Was dies bedeutet, wird mit besonderer Klarheit bei der Organspende des Lebenden deutlich.

2. Die ethischen Grundlagen der Lebendspende von Organen

Der sogenannte Hippokratische Eid, dessen Kernsatz lautet, der Arzt habe seine Kunst „nach bestem Wissen und Können zum Heil der Kranken an[zu]wenden, dagegen nie zu ihrem Verderben und Schaden"[930], stammt aus dem späten 4. Jahrhundert v. Chr. Von diesem Text und anderen Schriften des hippokratischen Corpus ausgehend, hat die hippokratische Tradition – d.h. die hergebrachte Standesethik – den Grundsatz des „primum non nocere" in das Zentrum ihres Begriffs des moralisch geforderten ärztlichen Handelns gestellt. Nähme man dieses Schädigungsverbot ernst, wäre die Lebendspende eines Organs, die einen ärztlichen Eingriff bei einem gesunden Menschen voraussetzt, moralisch untersagt.[931] Ähnliche Restriktionen finden sich, mit Blick weniger auf den Arzt als auf den Organspender, im früheren Verständnis des Selbstverstümmelungsverbots des thomistischen Naturrechts[932] und beim späten Kant.[933]

Ob dies ein moralisch plausibles Ergebnis ist, erscheint vor dem Hintergrund der zeitgenössischen philosophischen Diskussion mehr als zweifelhaft. An an dieser Stelle sei – unter Verzicht auf weitergehende metaethische Erörterungen – hierzu nur auf den pragmatischen Ansatz verwiesen, der sich im „mainstream" der medizinischen Ethik durchgesetzt hat und der versucht, sich konkreten Fragen gleichsam topisch auf der Ebene konsensfähiger Prinzipien mittlerer Reichweite[934] zu nähern. Hierbei wird für jede Einzelfrage bestimmt, welches Gewicht den regelmäßig konkurrierenden und aus divergenten ethischen Theoriefamilien stammenden Prinzipien des Respekts vor der Autonomie des Patienten, der Schadensvermeidung, der individuellen Nutzenmaximierung und der Gerechtigkeit jeweils zukommen soll und welchen Gehalt diese Prinzipien dabei anzunehmen haben.

Die hippokratische Position, die einem verabsolutierten Prinzip der Schadensvermeidung folgt und konsequenterweise die Entnahme eines Organs beim gesunden Spender für unerlaubt halten muß, widerspricht zweien dieser Leitprinzipien gegenwärtiger medizinischer Ethik: (1) Sie kollidiert zum einen mit dem Prinzip der Nutzenmaximierung für die Betroffenen (das seine Begründung in konsequentialistischen, insbesondere utilitaristischen Theorien der Ethik findet), da jedenfalls für den Fall der Lebendspende einer Niere zwischen einander nahestehenden Menschen außer Frage steht, daß der Akt der Spende prospektiv die individuellen Nutzenfunktionen der Betroffenen insgesamt verbessert. Dies gilt umsomehr, wenn man auch den „psychologischen" Nutzen für den Spender berücksichtigt, der in dem helfenden Akt als solchem, in einer dadurch bedingten Stärkung und Entwicklung seiner Persönlichkeit, in der Gestaltung seiner Beziehung zum Empfänger und in Gewinnen für seine eigene Lebensgestaltung liegen kann[935], und in Summe zu einer Nettoverbesserung an Lebensqualität führt.[936] Dies gilt, trotz des erhöhten Risikos für den Spender, auch für die regelmäßig lebensrettende Lebendspende eines Leberteils, vermittelt diese dem Empfänger doch den denkbar größten Nutzen, so daß bei utilitaristischer Betrachtung Überwiegendes für einen solchen Eingriff spricht.[937]

(2) Zum anderen – und dies erscheint wegen des problematischen Natur utilitaristischer Argumente im Bereich der Lebendorganspende[938] sehr viel bedeutsamer – wird die hippokratische Position dem Prinzip des Respekts vor dem Selbstbestimmungsrecht der Patienten nicht gerecht. Die hippokratische Tradition – und

das sollte bei einer vormodernen Ethik esoterischen Ursprungs auch nicht verwundern – ist „paternalistisch", sie versteht m.a.W. die überragende Bedeutung nicht, die dem Selbstbestimmungsrecht des Patienten bei der Entscheidung über seinen Körper sowie über Risiken, Behandlungsalternativen oder gar Behandlungsverzicht zukommt. Im hippokratischen Ansatz liegt – liest man ihn nicht quer zu seinen Intentionen, sozusagen „gegen den Strich" – die Frage, was das „Heil" oder „Wohl" des Patienten ausmacht, in der Definitionsgewalt des Arztes.

Wir begreifen es heute jedoch als eines unserer wichtigsten normativen Prinzipien, daß Menschen in sehr weiten Grenzen die Befugnis haben, über das Rechtsgut ihrer körperlichen Integrität zu entscheiden. Personen haben, in der Terminologie des amerikanischen Rechtsphilosophen Ronald Dworkin, nicht nur „erlebensbezogene" Interessen, zu denen Gesundheit, die Freiheit von Schmerzen und körperliche Integrität gehören, sondern auch critical interests, „wertbezogene" Interessen – Überzeugungen, die sich darauf beziehen, was für ein Mensch man sein will, was ein Leben im ganzen sinnvoll und gelungen macht, und die nicht stellvertretend von anderen, auch nicht vom Arzt, wahrgenommen werden können.[939] Das Prinzip des Respekts für Personen gründet in der wechselseitigen Anerkennung von Personen als Subjekte solcher wertbezogener Interessen. Respekt für eine Person qua Person erfordert deshalb vor allem, ihr die eigene Interpretation ihres Lebens zu überlassen.[940] Das Prinzip des Respekts vor der Autonomie entscheidungskompetenter Erwachsener bezieht sich vor allem auf diese „wertbezogenen" Interessen. Es impliziert, daß autonome Personen das fundamentale moralische (und durch das Grundgesetz vor allem als allgemeines Persönlichkeitsrecht in Art. 2 Abs. 1 i.V.m. Art. 1 Abs. 1 GG garantierte) Recht haben, ihr Leben nach ihrer eigenen Vorstellung des Guten zu führen, solange sie nicht anderen dadurch Schaden zufügen. Dieses Recht ist umso stärker, je existentieller und persönlicher eine Entscheidung ist. Personen als Personen anzuerkennen, d.h. sie in ihrer Menschenwürde zu achten, ist im wesentlichen gleichbedeutend damit, dieses Recht zu respektieren. Dem Grundsatz des „primum non nocere" muß ethisch mithin das Persönlichkeitsrecht[941] einwilligungsfähiger und aufgeklärter Spender entgegengehalten werden, selbst zu bestimmen, welche Risiken sie zu welchem Zweck eingehen möchten.[942]

Die nach gehöriger Aufklärung erfolgte, freiwillige und erwogene Entscheidung eines potentiellen Organspenders, sich ein Organ entnehmen zu lassen, rechtfertigt – diesseits letaler oder identitätsverändernder Operationen[943] – zugleich den Eingriff des Arztes, der, solange er sich im Rahmen dieser Einwilligung bewegt, dem Spender hilft, von seinem Selbstbestimmungsrecht praktischen Gebrauch zu machen. Nicht die Praxis der Lebendspende, sondern ihre Kritik aus dem Geist der hippokratischen Ethik erweist sich deshalb als problematisch.[944]

In moraltheoretischer Sicht sehen sich Kritiker der Lebendspende, die gegen den medizin-ethischen Diskurs mit seiner Betonung des Respekts vor dem Selbstbestimmungsrecht des Patienten ein von der hippokratischen Ethik bestimmtes „Selbstverständnis des handelnden Arztes"[945] ins Feld führen, zudem der grundsätzlichen Frage gegenüber, ob es eine solche ärztliche Sondermoral jenseits des Diskussionszusammenhangs der Theorien und Prinzipien der angewandten Ethik

2. Die ethischen Grundlagen der Lebendspende von Organen

überhaupt gibt. Die Antwort lautet nein. Was nach allgemein geltenden, mit den Mitteln der Moraltheorie diskutierten ethischen Prinzipien, angewandt auf die spezifischen Probleme ärztlichen Handelns, moralisch erlaubt ist, kann nicht unter Verweis auf esoterische Prinzipien einer angeblichen ärztlichen Sondermoral als verboten gelten. Ärztliches Handeln kann sich in modernen, komplexen Gesellschaften insbesondere nicht länger traditional durch einen Verweis auf hergebrachte Rollenmodelle legitimieren. Der tugendhafte, also ethisch vorbildlich handelnde Arzt kann nur der sein, der – im Rahmen seiner eigenen moralischen Personalität – den keineswegs tugendethisch zu bestimmenden, komplexen moralischen Ansprüchen seiner Patienten gerecht wird, nicht aber können umgekehrt moralische oder gar rechtliche Ge- oder Verbote aus dem Begriff ärztlicher Funktionen und Tugenden abgeleitet werden. Soweit sich der behauptete spezifische ärztliche Standesethos vorwiegend aus einer der Autonomie der Patienten einseitig entgegengestellten hippokratischen Überlieferung speisen soll, ist er aus den genannten Gründen ohnehin von zweifelhaftem ethischem Gehalt.

Die moralische und rechtliche Legitimation der Lebendspende liegt mithin in erster Linie in dem Respekt, der den individuellen Entscheidungen von Spender und Empfänger geschuldet ist, die in letzter Konsequenz immer selbst abzuwägen haben, welche Risiken sie zur Verfolgung ihres Lebensplans, zu dem ihre Beziehung zu anderen Personen und ihr Interesse am Wohlergehen des anderen gehören, einzugehen bereit sind.[946] In dieser Hinsicht können auch riskantere Eingriffe wie etwa die Spende einer Niere bei Spendern mit einem vertretbar erhöhten Risiko oder Leber- bzw. Lungen-Teil-Lebendspenden aus moralischen Gründen nicht grundsätzlich untersagt werden.[947] Menschen, die ein Organ spenden wollen, schlechthin den Grundsatz des primum non nocere entgegenzuhalten, wäre nichts anderes als institutionalisierte Bevormundung. Ein Zugeständnis ist dem neminem laedere-Prinzip allerdings zu machen: Da es einen moralischen Unterschied bedeutet, ob man jemandem zugesteht, ein selbstgewähltes Risiko einzugehen, oder ob man ihn dazu auffordert[948], sollten die Transplantationszentren insbesondere im Hinblick auf riskante Eingriffe wie die Lebertransplantation jeden Versuch unterlassen, offensiv Lebendspender anzuwerben.[949]

Das United Network for Organ Sharing Ethics Committee hat den Satz formuliert, hinsichtlich der Lebendspende von Organen habe ein potentieller Spender das moralische Recht, ein gewisses Risiko einzugehen, um dem Empfänger zu helfen, gleichviel, ob er mit diesem verwandt sei oder nicht[950]. Dieser Satz ist zutreffend, aber insoweit nicht glücklich formuliert, als diesem „Recht" des potentiellen Organspenders keine Pflicht des verantwortlichen Arztes korrespondiert, jeden Eingriff durchzuführen, den der Spender wünscht.[951] Der Spender hat keinen Anspruch gegenüber dem Arzt auf die Durchführung einer Lebendorganspende unter allen Umständen. Das moralische wie juridische Recht (und in bestimmten Fällen auch die Pflicht[952]) des Arztes bzw. des Transplantationszentrums, einen Spender – etwa wegen eines zu hohen Risikos – abzulehnen, steht außer Frage[953], denn in dem Prozeß der Entscheidung, ob einem lebenden Menschen ein Organ entnommen werden soll, stehen sich Arzt und Spender als zwei moralische Akteure gegenüber, die auf ihr Selbstbestimmungsrecht und ihre Verantwortung für ihre je eigenen Handlungen pochen können.[954] In dieser Situation, in der der potentielle Organspender vom Arzt die Vornahme des Eingriffs begehrt, muß sich die Autonomie des Arztes, der zu entscheiden hat, welche Handlung er für sich verantworten kann und will, im Zweifel durchsetzen.[955] Der Satz des United Network for Organ Sharing Ethics Committee ist allerdings insoweit ohne Einschränkung zutreffend, als der potentielle Spender das moralische Recht hat, als autonome Person und in seinem Spendewunsch, wird dieser nach gehöriger medizinischer Aufklärung[956] und in reflektierter Weise geäußert, vom Arzt ernstgenommen zu werden und, falls sein Wunsch Ablehnung erfährt, eine ausgewiesene und hinreichende Begründung hierfür zu erhalten.[957] „Harter" medizinischer Paternalismus, der das „Wohl" des entscheidungsfähigen Patienten über dessen Selbstbestimmungsrecht hinweg verfolgen möchte, ist ethisch nicht zu rechtfertigen.[958] Darüber hinaus ist nicht zu übersehen, dass gerade deontologisch argumentierende Ethiker wie Robert M. Veatch die überzeugende Auffassung vertreten, daß sich der Respekt vor der Autonomie potentieller Spender und Empfänger regelmäßig zu einer prima facie bestehenden moralischen Pflicht des transplantierendern Arztes verdichtet, eine von den Betroffenen gewünschte, medizinisch nicht aussichtslose Lebendorgantransplantation auch durchzuführen.[959]

2.2. „Ethische" Zumutungen

Aus dem Ausgeführten ergibt sich zugleich, daß sich die Vorstellung nicht halten läßt, die ethische Rechtfertigung der Lebendspende hänge an einer besonders vorzugswürdigen, „rein altruistischen" oder selbstlosen Motivation des Spenders oder der Spenderin.

Zwar stellt die altruistische – oder besser: auch oder primär von einem Interesse am Wohlergehen des anderen motivierte – Natur des Spendeakts sowohl nach den Prinzipien einer säkularen[960] als auch einer theologisch inspirierten[961] Ethik einen eigenständigen Faktor in der moralischen Bewertung dar; ihre moralische Rechtfertigung vermag die (therapeutisch nicht sinnlose) Lebendspende eines Organs jedoch bereits allein im Prinzip des Respekts vor der Autonomie von Spender und Empfänger zu finden. Als Zuschreibung normativer Zuständigkeit für Entscheidungen über den eigenen Lebensbereich verlangt Autonomie unabhängig davon Achtung, ob und inwieweit ihre Träger Idealvorstellungen autonomen oder „sittlichen" Lebens verwirklichen.

Gerade bei der Spende unter Ehegatten verfolgt der spendende Partner regelmäßig auch wohlverstandene eigennützige Motive – etwa die Schaffung von Entwicklungsmöglichkeiten für das eigene Leben, den Wunsch, wieder eine „normale" Ehe zu führen, einen belastbaren Partner zu haben, mit ihm wieder in Urlaub fahren zu können, oder auch, das eigene Selbstwertgefühl zu stärken.[962] Dies sind selbstverständlich rechtlich wie moralisch völlig legitime Gründe für eine Organspende. An einer solchen „zwar altruistischen, aber dennoch auch selbstwertdienlichen Motivation"[963] ist nichts auszusetzen, und eine gewisse Balance von selbst- und fremdbezogenen Motiven dürfte überhaupt ein Kennzeichen personaler Au-

2. Die ethischen Grundlagen der Lebendspende von Organen

tonomie sein. Ein Handeln aus reiner selbstloser Liebe oder „Pflicht" ist jedenfalls aus der Sicht einer säkularen Ethik kein Selbstzweck, und für das Recht ist dieser Aspekt ohnehin bedeutungslos. Die ethische und juristische Rechtfertigung der Lebendspende hängt nicht von einer besonderen moralischen Exzellenz der Beteiligten ab und noch weniger davon, daß in diesem Akt etwa bestimmte metaphysische Personwerte „in trinitätstheologischer Tradition" zum „Ausdruck"[964] kommen. In diesem Zusammenhang ist es nicht zuletzt auch Aufgabe der ethischen Diskussion, die Patienten von ethischen Zumutungen zu entlasten, deren Geltungsansprüche sich nicht in allgemeiner Form einlösen lassen.

Insbesondere kann die Begründung von moralischen oder gar rechtlichen Normen im Bereich der Lebendspende von Organen nicht auf Prämissen theologischer Natur ruhen. Die Verständigung über solche Normen in modernen Gesellschaften, die von einem grundsätzlichen ethischen Pluralismus, einem Neben- und Miteinander unterschiedlicher Lebenswelten, -formen und -entwürfe, aber auch unterschiedlicher Wertskalen, Normsysteme und ethischer Theorien gekennzeichnet sind, kann nur gelingen, wenn versucht wird, dem jeweils anderen die eigenen Prämissen und Schlüsse rational plausibel zu machen. Medizinische Ethik muß sich deshalb auf Argumente beschränken, die im Prinzip jedermann diskursiv einsichtig gemacht werden können. Das traditionalistische Begründungspotential, das in letzter Konsequenz auf die Kraft der Autorität und die glaubensmäßige bzw. dogmatische Setzung eines Konzepts des Guten rekurriert, kann dies nicht leisten.[965] Zur Begründung von Normen, die für eine (läßt man dieses soziologisch simplifizierende Bild zu) „ganze Gesellschaft" – darunter alle potentiellen Lebendorganspender und -empfänger – Gültigkeit beanspruchen sollen, kann schon deshalb nicht auf spezifisch theologische Weisen der Moralbegründung Bezug genommen werden, weil mit letzteren keine Normen hergeleitet werden können, die auch für Personen gelten sollen, die die jeweiligen religiösen Annahmen nicht teilen. Theologische Medizinethik qua Theologie vermag deshalb im besten Fall eine Binnenmoral zu normieren – etwa Verhaltensregeln für katholische Ärzte in einem katholischen Krankenhaus, das nur gläubige katholische Patienten behandelt. Das heißt: Theologische Ethik als solche, d.h. soweit sie von jenem argumentativen Mehrwert Gebrauch macht, der sich nicht auch ohne Bezug auf die jeweilige Glaubenswahrheit als rationales Argument formulieren läßt, vermag bereits aufgrund der Struktur ihrer Argumentation außerhalb des begrenzten Adressatenkreises ihrer Glaubensgemeinschaft keine verpflichtende Kraft zu entfalten. Hinzu kommt, daß bioethische Fragestellungen immer zugleich rechtlich verfaßt sind, ja sein müssen. Die Rechtsordnung einer pluralistischen Gesellschaft muß aber auch für Atheisten, Agnostiker und Anhänger nichtchristlicher Religionen begründete Autorität beanspruchen. Ihre normative Grundlegung muß sich deshalb von Prämissen, die unmittelbar auf einer religiösen oder metaphysischen Tradition beruhen, lösen. Eine medizinische Ethik, die mit einer rechtlichen Regelung medizinischer Fragen kompatibel bleiben will, muß sich mit ebendem säkularen Vokabular formulieren lassen können, das den mit universalistischem Anspruch auftretenden Grundannahmen der Rechtsordnungen liberaler westlicher Gesellschaften zugrundeliegt.

Dies bedeutet, daß etwa der Versuch, die ethische Rechtfertigung der Lebendspende von Organen im liberalen Rechtsstaat schlechthin, also mit Anspruch auf Geltung gegenüber jedermann, mit dem Argument bekämpfen oder begrenzen zu wollen, der Leib des potentiellen Organspenders sei nur „eine ‚Leihgabe' des Schöpfers", und über diesen Leib dürfe nicht zugunsten Fremder und nicht aus universalisierbaren moralischen Motiven heraus, sondern alleine im Rahmen von Beziehungen verfügt werden, die durch „Nächstenliebe" in einer spezifisch „biblisch-christlichen Sicht" geprägt seien[966], unangemessen und von vorneherein zum Scheitern verurteilt ist.[967]

2.3. Freiwilligkeit

„Kann es denn", lautet ein immer wieder begegnender Einwand, „bei der Lebendspende von Organen überhaupt autonomes oder freiwilliges Handeln geben?" Diese Frage beruht auf einem Mißverständnis. Sie verwechselt eine freiwillige mit einer „leichten" Entscheidung.[968] Der Vater, der vor der Wahl steht, sein von akutem Leberversagen bedrohtes Kind sterben zu lassen, oder aber ihm einen Teil seiner Leber zu spenden, hat eine schwere, eine existentielle Entscheidung zu treffen. Gleiches gilt in den meist weniger dramatischen Fällen einer Nieren-Lebendspende. Aber weder die Tatsache, daß der Spender „zwischen zwei Übeln" (dem Eingriff in seine körperliche Unversehrtheit einerseits und dem weiteren Leiden oder gar Tod des potentiellen Empfängers) zu wählen hat[969], noch der Umstand, daß er sich in einer Lebenssituation befindet, die ihm mit starkem „Aufforderungscharakter" entgegentritt[970], steht einer freiwilligen Entscheidung grundsätzlich entgegen. Die Entscheidung des Spenders ist auch dann freiwillig, wenn ihm die moralischen Verhaltensnormen, die er in seiner Eltern-, Verwandten- oder Partnerrolle verinnerlicht und zu seinen eigenen gemacht hat – die er also autonom befolgt – subjektiv letztlich keine Alternative lassen als sich dem Eingriff zu unterziehen. Freiwilligkeit bedeutet weder Freiheit von starken Handlungsmotiven noch von persönlichen Bindungen oder übernommenen bzw. akzeptierten moralischen Verpflichtungen[971], noch Freiheit von „innerem Druck", der aus solchen Motiven, Bindungen und Verpflichtungen entsteht.[972] Auch ein „übergroßes Ausmaß von Zuneigung" des Spenders zum Empfänger ist nicht per se ein freiwilligkeitsmindernder Faktor,[973] solange der Spender seine Entscheidungsfähigkeit behält.[974]

Eine signifikante Anzahl von Spendern trifft die Entscheidung zur Lebendspende als sogenannte „snap decision", d.h. spontan und gleichsam „aus dem Bauch heraus".[975] Aus dem Ausgeführten ergibt sich, daß kein Anlaß besteht, an der grundsätzlich autonomen und freiwilligen Natur auch solcher Entscheidungen zu zweifeln.[976] Gerade solche spontanen Entschlüsse mögen ein Zeichen dafür sein, wie sehr der Spendeakt in der konkreten Situation dem Präferenz- und Wertsystem des Spenders entspricht.[977] Diese Befunde verweisen jedoch darauf, wie sinnvoll ein Beratungsprozeß ist, der intensiv genug ist, um den Spender und Empfängern

2. Die ethischen Grundlagen der Lebendspende von Organen 115

Gelegenheit zu geben, gerade ihre Spontanentscheidungen nochmals im Licht aller relevanten Informationen zu hinterfragen.[978]

Bereits das bloße Vorhandensein der Option Lebendspende generiert den „Zwang" zu der Wahl, ob man diese Option annehmen will oder nicht. Wenn die Lebendspende überhaupt angeboten wird, dann können und müssen sich Angehörige und nahestehende Personen entscheiden, ob sie dem Nächsten mit einer Lebendspende helfen wollen oder nicht. In diesem Zusammenhang läßt sich die Frage, ob für diese Personen „mehr Wahlmöglichkeiten immer besser sind als weniger"[979] sinnvoll stellen, aber auch eindeutig, nämlich positiv, beantworten. Was wäre auch die Alternative zur Option „Lebendorgantransplantation"? Soll man, wie eine parlamentarische Anfrage einer der damaligen Oppositionsparteien im Deutschen Bundestag des Jahres 1990 nahezulegen schien[980], um der scheinbaren Seelenruhe potentieller Spender willen darauf verzichten, die Lebendspende anzubieten? Dann müßten der Vater oder die Mutter des leberkranken Kindes nicht mehr über seine bzw. ihre Angst vor dem „kritischen Lebensereignis"[981] Lebendspende und den operativen Eingriff nachdenken, und auch dem Nierenspender bliebe der Eingriff erspart. Aber das leberkranke Kind würde mit hoher Wahrscheinlichkeit sterben, der nierenkranke Patient bliebe weiterhin auf die Hämodialyse und die sich ständig weiter verschlechternde Aussicht angewiesen, das Organ eines toten Menschen zu erhalten, und den potentiellen Spendern wäre die Option zu helfen von vornherein abgeschnitten. Das kann keine Alternative dazu sein, die Lebendorgantransplantation grundsätzlich anzubieten. Ein Verbot der Lebendspende aus einem solchen Grund könnte noch nicht einmal paternalistisch gerechtfertigt werden, denn es kann nicht im objektiven Interesse eines Menschen liegen, daß ihm von vorneherein die Möglichkeit genommen wird, durch eigenen Einsatz einer nahestehenden Person zu helfen oder diese gar zu retten. Zugleich wäre es verfehlt, den Fokus nun auf den Empfänger zu richten und seine Entscheidung, die rettende oder lindernde Organspende vom lebenden Spender anzunehmen, in den Bereich des moralisch Anrüchigen zu rücken.[982] Aus der ethischen Dialektik von Hilfemöglichkeit und Entscheidungslast gibt es deshalb keinen generellen Ausweg. Es gibt jedoch Verfahren, die diese Dialektik für die Betroffenen erleichtern und Personen, die im Rahmen ihrer Entscheidung möglicherweise unter Druck gesetzt werden, schützen können.

Die Freiwilligkeit des Lebendspenders kann letztlich nur im Einzelfall und durch angemessene Verfahren mit hinreichender Sicherheit festgestellt werden. Die Transplantationszentren müssen sich deshalb der Aufgabe stellen, Freiwilligkeit und Motivation des Spenders in jedem Einzelfall so genau wie nur möglich zu eruieren.[983] Daß im Transplantationszentrum auch alleine mit dem potentiellen Spender vertrauliche ärztliche Gespräche geführt werden[984], ist hierfür nicht mehr als eine Minimalvoraussetzung; ebenso, daß in den schwierigen Fällen von Sprachproblemen ein professioneller Übersetzer herangezogen wird, der weder mit dem Spender noch mit dem Empfänger näher bekannt ist.[985]

Ein hinreichender Schutz davor, daß sich potentielle Organspender ohne genügende Information oder als Folge äußerer Pressionen im Operationssaal wiederfinden, kann darüber hinaus durch prozedurale Vorkehrungen unterschiedlicher

Art erreicht werden. Der potentielle Spender sollte (zumindest auch[986]) von einem Arzt aufgeklärt und evaluiert werden, der selbst nicht an der Transplantation beteiligt und von dem Transplantationszentrum unabhängig ist.[987] Hierbei sollte die Beratung und Aufklärung des Spenders in der Tat die Risiken, denen er sich aussetzt, und nicht den Nutzen für den Empfänger in den Vordergrund stellen[988], wobei auch Unsicherheiten in der Risikobestimmung hingenommen werden können, solange der Spender gerade über diese informiert wird.[989] Von besonderem Interesse sind darüber hinausgehende Konzepte wie das des „donor advocate", das auf die Heranziehung eines Arztes – es könnte wohl ebenso ein Psychologe oder ein psychologisch geschulter Medizinethiker[990] sein – mit der Funktion zielt, im Prozeß der Vorbereitung einer möglichen Organspende nur die Interessen des Spenders wahrzunehmen.[991] Dieser – vom Ministerkomitee des Europarats jüngst für die Leber-Lebendspende geforderte[992] – „Spenderanwalt" sollte nach einem Vorschlag des amerikanischen *Consensus statement on the live organ donor*[993] sogar mit einer Vetomacht ausgestattet werden.[994] Schließlich können hier auch klinikexterne Kommissionsverfahren zur Überprüfung der Freiwilligkeit der Entscheidung der Betroffenen, wie sie das deutsche Transplantationsgesetz[995] und die Transplantationsgesetze einiger anderer Länder vorsehen, zusätzlich hilfreich sein, sofern sie verantwortlich eingesetzt werden. Die mit solchen Verfahren verbundene Pflicht der Betroffenen, ihre Motive offenzulegen, kann insoweit als Fall eines sog. „passiven" und „schwachen Paternalismus"[996] gelten, der sich insofern ethisch rechtfertigen läßt, als er (1.) für den Arzt die Voraussetzungen dafür schafft, über die Vertretbarkeit des Eingriffs im Einzelfall überhaupt entscheiden zu können, und/ oder er (2.) der Absicherung und Klärung der eigenen Entscheidung einer gewichtigen Frage und damit der Autonomie des Betroffenen selbst zugutekommt.

Es kann bei der Lebendspende von Organen in ethischer Perspektive jedoch nicht nur darum gehen, die Minimalvoraussetzungen einer im Rechtssinne freiwilligen Entscheidung des Spenders sicherzustellen.[997] Die praktische Aufgabe, der sich die Transplantationsmedizin gegenübersieht, besteht darin, an allen Transplantationszentren Beratungsverfahren zu installieren, die im Sinne einer aktiven Intervention[998] den autonomen Entscheidungsprozeß der Betroffenen unterstützen und absichern können, die ihnen helfen, eine wirklich überlegte, eigene Entscheidung für oder gegen den Eingriff zu treffen.[999] Dieses Verfahren sollte den Betroffenen, soweit möglich, durch zeitliche Moratorien und „cooling off"-Perioden Überlegungszeit verschaffen[1000] und ihnen (und insbesondere dem Spender) schließlich – wie jüngst nochmals die „Standards for organ and tissue transplantation" der British Transplantation Society sowie die „United Kingdom guidelines for living donor kidney transplantation" forderten – die Option erhalten, sich zu jedem Zeitpunkt „mit Würde" aus dem Prozeß der Lebendspende zurückziehen zu können.[1001]

Von Interesse ist in diesem Zusammenhang, daß trotz der grundsätzlich beschworenen ärztlichen Pflicht zur Wahrhaftigkeit[1002] jedenfalls die neueren standesethischen Dokumente, insbesondere das amerikanische *Consensus statement on the live organ donor*[1003], sich dafür aussprechen, daß der verantwortliche Arzt einem potentiellen Lebendspender, der Vorbehalte gegenüber seinem Spendeakt

2. Die ethischen Grundlagen der Lebendspende von Organen

äußert oder angibt, unter familiärem Erwartungsdruck zu stehen, mit dessen Einverständnis eine „medizinische Ausrede"[1004] verschafft. Als Ausweg zum Schutz des Spenders vor unangemessenem Druck oder gar Zwang ist ein solches Vorgehen diskutabel, wenngleich es in einem Spannungsverhältnis zu Beratungskonzepten steht, die darauf angelegt sind, eine gemeinsame Entscheidung von Spender und Empfänger für oder gegen den Eingriff zu ermöglichen.

Die innerhalb der Münchener Prospektivstudie bislang gemachten Erfahrungen zur Beratung von Lebendorganspendern sind vielversprechend, und die angesprochenen Fragen der „Patientenautonomie am Beispiel der Lebendspende von Nieren" werden an der Universität München gegenwärtig in einem von Vertretern der Rechtswissenschaft und Rechtsphilosophie, der Ethik, der Psychologie, der Medizin sowie der Moraltheologie interdisziplinär angelegten Projekt im Rahmen der Förderinitiative Bioethik der Deutschen Forschungsgemeinschaft weiter untersucht.[1005] Als vorläufiges Ergebnis dieser Arbeiten kann festgehalten werden, daß Spender und Empfänger jedenfalls dann, wenn ihnen durch den Beratungskontext ein rationales Entscheidungsumfeld geboten wird, in einem sehr hohen Maß zu autonomen, eigenverantwortlichen Entscheidungen in der Lage sind. In Eilfällen der Leber-Lebendspende (von 36 Stunden bis zur Transplantation wurde berichtet[1006]) wird die Frage, ob der Spender angesichts solchen Zeitdrucks im Regelfall noch eine eigenverantwortliche, freiwillige Einwilligung in die Explantation geben kann, allerdings zum Problem.[1007]

2.4. Spenderregister

Da die Rechtfertigung der Lebendorganspende in erster Linie im „informed consent" potentieller Spender besteht, fordern deren Interesse an einer den Tatsachen entsprechenden medizinischen Aufklärung, aber auch die ärztliche Fürsorgepflicht die Einrichtung eines obligaten Melderegisters für Lebendspender, in dem perioperative Komplikationen und Beeinträchtigungen im Langzeitverlauf erfaßt werden.[1008] Die Schweiz hat dies im Fall der Niere vorgemacht[1009], aber auch in den USA wurde ein Programm zum Aufbau einer Datenbank initiiert, in deren Rahmen die gesundheitliche Entwicklung der Spender verfolgt und dokumentiert wird.[1010] Auch in Großbritannien ist ein solches Lebendspenderegister in Vorbereitung.[1011] Die im deutschen Transplantationsgesetz vorgesehenen Pflichten der Transplantationszentren zur Qualitätssicherung[1012] und zum jährlichen Bericht bestimmter gesetzlich definierter Fakten[1013] genügen diesem Erfordernis nicht.

2.5. Die Absicherung des Lebendorganspenders

Im Hinblick auf den erheblichen Nutzen, den der Spender eines Organs stiftet, sollte die Absicherung der Risiken, die er eingeht, als moralische Pflicht der Gesamtheit der am Transplantationssystem beteiligten Personen ihm gegenüber begriffen werden. Ein zu begrüßendes Modell, das dennoch nur eine Minimallösung darstellt, verfolgt die Bundesrepublik Deutschland, in der Lebendorganspender gesetzlich unfallversichert sind. Der Spender sollte indes mehr erwarten dürfen. In den USA besteht seit September 2000 ein von an der Organtransplantation beteiligten Standesorganisationen ausgehendes Programm, das Organspendern kostenlose Lebens-, Erwerbsunfähigkeits- und Krankenversicherung anbietet;[1014] alternativ hierzu könnte das Versicherungsprinzip auch durch einen Finanzierungspool der Transplantationszentren bzw. Krankenkassen umgesetzt werden.

2.6. „Emotional", aber nicht genetisch verwandte Spender

Es gibt kein ethisches Argument, das gegen die Lebendorganspende zwischen „emotional Verwandten", d.h. zwischen Personen mit einer starken und andauernden emotionalen Beziehung spräche.[1015]

2.7. Die Überkreuz-Spende

Die Cross-Spende wirft neben den bereits dargestellten logistischen Problemen auch ethische Fragen auf. Zwar kann nicht unterstellt werden, daß jemand, der zu einer solchen „indirekten" Spende bereit ist, um einer nahestehenden Person zu helfen, zugleich (und eigentlich) durch die Aussicht auf finanziellen Gewinn motiviert ist. Es ist unter normativen Aspekten auch abwegig, das spezifische do ut des, das die Cross-Spende impliziert, in die Nähe des Organverkaufs und „prototypischer Marktbeziehungen" rücken zu wollen[1016] – die Spendeakte der Beteiligten sind bei phänomenologischer Betrachtung vielmehr, wenn auch indirekt, auf den je eigenen Partner und dessen Gesundheit bezogen, wenngleich der psychologische Gewinn für den Spender im Fall der Überkreuz-Spende „diffuser"[1017] sein mag. Der erwartete „Nutzen", der den Organspender zu einer Überkreuz-Spende motiviert – nämlich seinem Partner zu einem funktionierenden Organ und erhöhter Lebensqualität (und -dauer) zu verhelfen – ist (entgegen der offensichtlich fehlgehenden Ansicht der Bundesregierung) in seiner Art und Qualität kein anderer als bei jeder anderen Lebendspende eines Organs.[1018] Der beklagte „Verlust der Unmittelbarkeit des Hilfsgeschehens"[1019] ist ethisch bedeutungslos.

Eine Reihe spezifischer Risiken der Überkreuzspende stellt in ethischer Sicht dann kein Problem dar, wenn die Betroffenen über sie gehörig aufgeklärt sind und sie bewußt eingehen. Hierzu gehört erstens die Gefahr, daß – sofern die Operationen nicht, wie dies wünschenswert wäre, parallel angesetzt sind – der zweite Spender von seinem unveräußerlichen Recht, seine Einwilligung jederzeit zu widerrufen, Gebrauch macht und abspringt, nachdem dem ersten das Organ bereits entnommen wurde. Zweitens ist immer die Möglichkeit gegeben, daß die beiden Organübertragungen unterschiedlich erfolgreich sind und die Betroffenen nach der Spende hierdurch die iustititia commutativa, d.h. die erhofften Konditionen des do ut des des Doppelaktes verletzt sehen können. Nimmt man schließlich die ethische Dimension des Selbstbestimmungsrechts der Betroffenen ernst, so sollte im Rah-

2. Die ethischen Grundlagen der Lebendspende von Organen

men einer Cross-Spende den beiden Paaren auch die wechselseitige Anonymität nicht gegen ihren Willen aufgezwungen werden.[1020] Überkreuz-spende-willige Spender und Empfänger können ein berechtigtes Interesse daran haben, zu wissen, von wem sie eine Niere (mit welchen medizinischen Charakteristika) erhalten bzw. für wen sie sich ein Organ entnehmen lassen, und es muß den Betroffenen selbst überlassen bleiben, ob sie den Akt der Überkreuz-Organspende nur mit ichrem eigenen Partner oder gemeinsam mit dem anderen Paar erleben möchten.[1021] In letzterem Fall mag es vorkommen, daß sich die Beziehung der beiden Paare anders entwickelt als dies einige der Beteiligten erhofften; dies ist indes eine Gefahr, die persönlichen Beziehungen bereits als solchen innewohnt.

Ein weiteres ethisches Problem der Überkreuz-Spende könnte schließlich in dem Umstand liegen, daß mit der Erweiterung der „technischen" Möglichkeiten zur Lebendorganspende gegebenenfalls die Erwartungen an potentielle Spender steigen, diesen Akt auch zu vollziehen.[1022] Virulent würde dieses Problem spätestens mit der aus pragmatischen Gründen naheliegenden Einführung einer Vermittlungsstelle für Überkreuzspenden bzw. eines Cross-Spende-Pools[1023], die dazu führen würde, daß immunologische Barrieren ihre Bedeutung einbüßten und eine größere Zahl von Personen als bisher zu potentiellen Lebendorganspendern würde. Auch hier gilt jedoch, daß die Dialektik von Hilfemöglichkeit und Entscheidungslast unausweichlich ist. Ihr kann hier ebenso wie bei jeder anderen Art der Lebendorganspende nicht durch das – ethisch keinesfalls zu rechtfertigende – Verbot technisch möglicher Hilfeoptionen, sondern nur durch angemessene Programme der Beratung begegnet werden, die potentiellen Spendern die reale Möglichkeit offenhalten, sich ohne Gesichtsverlust der Organspende zu entziehen bzw. aus ihrer Spendeentscheidung wieder „auszusteigen".[1024]

Die angesprochenen Aspekte stellen insgesamt keinen entscheidenden Einwand gegen die grundsätzliche ethische Akzeptabilität der Überkreuz-Spende sowohl in der individuellen Paarkonstellation als auch in Poolmodellen dar. Während sich das Ethik-Komitee der British Medical Association zum gegenwärtigen Zeitpunkt der These, daß der Ausschluß freiwilliger Lebendspender nur wegen immunologischer Inkompatibilitäten nicht länger akzeptabel sei, zwar grundsätzlich anschließt, vor der Einführung solcher Initiativen jedoch noch eine gründlichere Diskussion wünscht[1025], unterstützt das international besetzte, renommierte International Forum for Transplantation Ethics mit Sitz in Liverpool bereits ganz nachdrücklich Vermittlungsprogramme zur Überkreuz-Nierenspende.[1026] Auch das im Dezember 2000 verabschiedete amerikanische *Consensus Statement* bewertet die Überkreuz-Spende von Nieren ohne Wenn und Aber als „ethisch akzeptabel"[1027] und beschränkt sich in seinen Ausführungen auf Vorschläge für pragmatische Lösungen der technischen Fragen dieses Modells. Im Ergebnis ist der Einschätzung *Thiel*s, daß die medizinisch vernünftige und ethisch zu rechtfertigende Überkreuz-Spende langfristig auch nicht von verfehlten Transplantationsgesetzen aufgehalten werden wird[1028], nichts entgegenzuhalten. Eine grundsätzliche Restriktion der Überkreuz-Spende ist normativ nicht zu begründen.

2.8. Austauschmodelle für Lebend- und Leichenorgane

Gerechtigkeitstheoretische Bedenken bestehen jedoch in bezug auf die Implementierung der Möglichkeit, dem Empfänger ein postmortal gewonnenes Transplantat im Austausch gegen ein für ihn von einem Lebendspender an den „Pool" gespendetes Organ zuzuteilen („list-paired exchange of kidneys").[1029] Da statistisch mindestens zwei Drittel der AB0-inkompatiblen Überkreuz-Spende-Paare einen potentiellen Empfänger mit Blutgruppe 0 aufweisen, würde eine solche Praxis, insbesondere wenn man das ihr vorausgesagte „große Entwicklungspotential"[1030] realisieren würde, die bereits zum gegenwärtigen Zeitpunkt knappen postmortal gewonnenen Nieren der Blutgruppe 0 weiter vermindern und dergestalt jene Patienten auf der Warteliste benachteiligen, die auf ein solches Organ angewiesen sind.[1031] Die Einführung eines solchen Modells ginge also zu Lasten einer bestimmten Teilgruppe von Patienten. Dies muß jedoch kein Grund sein, einen Organaustausch dieser Art – der allerdings in Deutschland eine Änderung der Vorschriften des Transplantationsgesetzes zur Organvermittlung[1032] voraussetzen würde – in jedem Fall abzulehnen.[1033] Dem genannten Effekt kann grundsätzlich durch eine Anpassung der Allokationsregeln entgegengewirkt werden.[1034] In bestimmten Konstellationen, etwa wenn der Empfänger keine Niere der Blutgruppe 0 benötigt, sondern die Lebendspende nur an einem positiven cross-match zwischen ihm und dem Lebendspender scheitert, oder in anderen, besonders gelagerten Einzelfällen mag der Austausch eines lebend gespendeten Organs gegen das Organ eines Verstorbenen eine insgesamt gerechtfertigte Option darstellen. Der Umstand, daß der Lebendspender mit seinem Organ etwas „Besseres" hergibt, als „sein" Empfänger erhält, ist dann ebenfalls kein Einwand, wenn dieses Vorgehen, etwa im Hinblick auf den Faktor Zeit, aus der Perspektive der Betroffenen attraktiv ist; im übrigen besteht innerhalb solcher Modelle durchaus die Möglichkeit, auf adäquate Austauschbedingungen zu achten und Qualitätsanforderungen an das zu vermittelnde Leichenorgan – etwa hinsichtlich optimaler Gewebeübereinstimmung – zu stellen.[1035]

2.9. Die Lebendorganspende unter einander fremden Menschen

Im Juli 1996 spendete der Leiter der Sektionen Organtransplantation und Thoraxchirurgie der Klinik für Chirurgie an der Medizinischen Universität zu Lübeck, Prof. Dr. Jochem Hoyer, in München eine Niere zugunsten eines Patienten auf der Münchener Warteliste, der nach Blutgruppe und HLA-Kompatibilität bestimmt wurde.[1036] Nach Inkrafttreten des Transplantationsgesetzes scheiterte im August 1999 eine umfangreich begründete Verfassungsbeschwerde, mit der ein potentieller altruistischer Nierenspender einen vergleichbaren Spendeakt zugunsten eines ebenfalls nach den Kriterien für die Allokation postmortal gewonnener Organe bestimmten, schwerkranken Empfängers auf der Warteliste des Zentrums Lübeck zu ermöglichen suchte.[1037] Im selben Jahr ließ sich in den USA eine Krankenschwester und Transplantationskoordinatorin eine Niere für ein Kind auf der Warteliste der Johns Hopkins University in Baltimore entnehmen;[1038] zugleich wurde

2. Die ethischen Grundlagen der Lebendspende von Organen

an der University of Minnesota in Minneapolis ein Programm für die altruistische Fremdspende von Nieren eingerichtet, in dem bis Mitte 2000 vier solcher Spenden zu verzeichnen waren.[1039]

Hochherzige Akte dieser Art der „Solidarität unter Fremden"[1040] sind von aussergewöhnlicher Natur. Sie können nicht allgemeine Regel werden, wiewohl die Zahl der Menschen, die zu einer solchen Spende bereit wäre, nicht unterschätzt werden sollte. Im Rahmen des umfangreichen Lebendspendeprogramms in Seoul (Südkorea) wurde bis 2000 von über 100, nicht selten religiös motivierten altruistischen Nierenspenden zugunsten fremder Personen berichtet.[1041]

Mit den bereits dargelegten Argumenten, die für die Lebendorganspende sprechen, läßt sich auch die altruistische Spende unter Fremden rechtfertigen.[1042] Das amerikanische Consensus Statement on the live organ donor geht insoweit zu Recht davon aus, „daß die Kriterien für die ethische Zulässigkeit der nichtgerichteten [d.h. zugunsten eines nicht vom Spender bestimmten, ihm unbekannten Empfängers erfolgenden] Lebendorganspende dieselben sind wie diejenigen, die bei der gerichten Spende [unter nahestehenden Personen] zur Anwendung kommen, wobei auf die psychosoziale Evaluation [des Spenders] besondere Aufmerksamkeit zu richten ist."[1043] Diese einzelfallbezogene Evaluation sollte in der Tat mit besonderer Gründlichkeit durchgeführt werden, wobei allerdings davon ausgegangen werden kann, daß es (1.) keinerlei empirische Belege für die These gibt, daß die Bereitschaft zu einer altruistischen Fremdspende ein Anzeichen für eine psychische Störung ist[1044] und daß bei keiner Form der Spende die Gefahr für den Spender, unter Druck oder Einfluß seitens des Empfängers oder seines Umfeldes zu geraten, so gering ist wie bei der Fremdspende.[1045] Es erscheint jedoch sinnvoll, besonders genau auf die Stabilität der Spenderentscheidung zu achten und zu diesem Zweck gegebenfalls auch einen etwas längeren Zeitraum bis zur tatsächlichen Vornahme des Eingriffs verstreichen zu lassen.[1046]

Zu differenzieren ist in diesen Fällen jedoch danach, ob die es sich um eine anonyme Spende handelt oder nicht. Der Politik, die Lebendspende von Organen Personen vorzubehalten, die miteinander „emotional verwandt" sind, liegt die Annahme zugrunde, daß eine allgemeine Freigabe des Spenderkreises die Gefahr des Organhandels in nicht mehr kontrollierbarer Weise erhöhen würde. Wie die wenigen Fälle nichtanonymer altruistischer Fremdspenden zeigen – man denke an die genannte Spende Prof. Dr. Jochem Hoyers oder an den Fall einer beabsichtigten altruistischen Fremdspende, der den drei Verfassungsbeschwerden gegen § 8 Abs. 1 Satz 2 TPG zugrundelag – ist diese Befürchtung jedenfalls im Kontext der bundesrepublikanischen Wirklichkeit nicht überzeugend begründet und kann überdies durch ein genaues Verfahren im Einzelfall mit hinreichender Sicherheit ausgeräumt werden.

Überdies wäre die Gefahr der Kommerzialisierung zumindest dann gebannt, wenn eine Kommunikation zwischen Spender und Empfänger (jedenfalls vor der Transplantation) nicht stattfinden könnte. Dies wäre dann der Fall, wenn eine Fremdspende „to whom it may concern" an den Organpool der Vermittlungsstelle erfolgte und das Organ von dieser unter strenger Wahrung der Anonymität des Spenders nach den Kriterien für postmortal gespendete Organe einem durch Computer bestimmten Patienten zugeteilt würde.[1047] Für diesen Fall einer Organspende ist der im Englischen gebrauchte Begriff des „good samaritan donor" dann jedoch insoweit verfehlt, als die wohlbekannte Samaritersituation ein Fall der Interaktion unter Anwesenden ist, während es sich bei der anonymen altruistischen Organspende um einen Akt zugunsten eines Menschen handelt, der für den Spender nicht nicht nur fremd bleibt, sondern auch fern.[1048]

Jedenfalls dann, wenn die Anonymität der Fremdspende nach dem Eingriff nicht garantiert ist, könnten die Empfänger jedoch Gefahr laufen, nach der Transplantation mit Wünschen nach finanzieller oder anderer Hilfe ihres Spenders konfrontiert zu werden. Im Rahmen einer Ethik, die dem Selbstbestimmungsrecht des Patienten besonderes Gewicht zuweist, ließe sich eine Politik, die dem Empfänger die Entscheidung darüber beläßt, ob er nach der Übertragung eines von einem altruistischen Fremdspender gespendeten Organs gegenüber diesem anonym bleiben will, sehr wohl begründen; man wird dann auch einräumen müssen, daß der Empfänger nach entsprechender Aufklärung auch das Recht hat, das Risiko einzugehen, daß sich sein Spender ihm vielleicht zu einem späteren Zeitpunkt mit Bitten oder Wünschen nähert.[1049]

VI. Vorschlag zur Novellierung des Transplantationsgesetzes

Die rechtsvergleichende Analyse der europäischen Gesetzgebung zur Lebendorgantransplantation und die Darstellung des Standes der medizin-ethischen Dimension der Thematik haben die oben unter I. entwickelte Kritik an einzelnen Regelungen des deutschen Transplantationsgesetzes bekräftigt.

Beschränkt man den sich hieraus ergebenden Vorschlag zur Novellierung des § 8 TPG auf die notwendigsten Änderungen, so wären de lege ferenda nach alledem die Beschränkung des Spenderkreises (Abs. 1 Satz 2) und die verfehlte Subsidiaritätsklausel (Abs. 1 Satz 1 Nr. 3) zu streichen; in Abs. 1 Satz 1 Nr. 1 c wären zwei klarstellende Änderungen anzubringen.

Die Vorschrift würde dann wie folgt lauten:

§ 8 Zulässigkeit der Organentnahme

(1) Die Entnahme von Organen einer lebenden Person ist nur zulässig, wenn

1. die Person

   a) volljährig und einwilligungsfähig ist,

   b) nach Absatz 2 Satz 1 aufgeklärt worden ist und in die Entnahme eingewilligt hat,

   c) nach ärztlicher Beurteilung als Spender geeignet ist und voraussichtlich nicht über ihr Operationsrisiko hinaus gefährdet oder über die unmittelbaren Folgen der Entnahme hinaus gesundheitlich unverhältnismäßig beeinträchtigt wird,

2. die Übertragung des Organs auf den vorgesehenen Empfänger nach ärztlicher Beurteilung geeignet ist, das Leben dieses Menschen zu erhalten oder bei ihm eine schwerwiegende Krankheit zu heilen, ihre Verschlimmerung zu verhüten oder ihre Beschwerden zu lindern,

und

3. der Eingriff durch einen Arzt vorgenommen wird.

(2) Der Organspender ist über die Art des Eingriffs, den Umfang und mögliche, auch mittelbare Folgen und Spätfolgen der beabsichtigten Organentnahme für seine Gesundheit sowie über die zu erwartende Erfolgsaussicht der Organübertragung und sonstige Umstände, denen er erkennbar eine Bedeutung für die Organspende beimißt, durch einen Arzt aufzuklären. Die Aufklärung hat in Anwesenheit eines weiteren Arztes, für den § 5 Abs. 2 Satz 1 und 2 entsprechend gilt, und, soweit erforderlich, anderer sachverständiger Personen zu erfolgen. Der Inhalt der Aufklärung und die Einwilligungserklärung des Organspenders sind in einer Niederschrift aufzuzeichnen, die von den aufklärenden Personen, dem weiteren Arzt und dem Spender zu unterschreiben ist. Die Niederschrift muß auch eine Angabe über die versicherungsrechtliche Absicherung der gesundheitlichen Risiken nach Satz 1 enthalten. Die Einwilligung kann schriftlich oder mündlich widerrufen werden.

(3) Die Entnahme von Organen bei einem Lebenden darf erst durchgeführt werden, nachdem sich der Organspender und der Organempfänger zur Teilnahme an einer ärztlich empfohlenen Nachbetreuung bereit erklärt haben. Weitere Voraussetzung ist, daß die nach Landesrecht zuständige Kommission gutachtlich dazu Stellung genommen hat, ob begründete tatsächliche Anhaltspunkte dafür vorliegen, daß die Einwilligung in die Organspende nicht freiwillig erfolgt oder das Organ Gegenstand verbotenen Handeltreibens nach § 17 ist. Der Kommission muß ein Arzt, der weder an der Entnahme noch an der Übertragung von Organen beteiligt ist noch Weisungen eines Arztes untersteht, der an solchen Maßnahmen beteiligt ist, eine Person mit der Befähigung zum Rich-

VI. Vorschlag zur Novellierung des Transplantationsgesetzes

teramt und eine in psychologischen Fragen erfahrene Person angehören. Das Nähere, insbesondere zur Zusammensetzung der Kommission, zum Verfahren und zur Finanzierung, wird durch Landesrecht bestimmt.

Mit § 8 Abs. 1 Satz 2 würde zugleich seine Strafbewehrung in § 19 Abs. 2 (letzte Alternative) entfallen. Da mit diesen Änderungen schließlich die altruistische Lebendspende eines Organs zugunsten des Wartelistenpools möglich wäre, müßten solche Organe nach Schweizer Vorbild[1050] der Allokation durch die Vermittlungsstelle unterworfen werden. Dies könnte dadurch geschehen, daß der Begriff des vermittlungspflichtigen Organs in § 9 Satz 2 TPG entsprechend erweitert wird. Er müßte dann lauten:

§ 9 Zulässigkeit der Organübertragung

Die Übertragung von Herz, Niere, Leber, Lunge, Bauchspeicheldrüse und Darm darf nur in dafür zugelassenen Transplantationszentren (§ 10) vorgenommen werden. Sind diese Organe Spendern nach § 3 oder § 4 *oder Spendern nach § 8 entnommen worden, die keine empfangende Person bezeichnet haben,* (vermittlungspflichtige Organe), ist ihre Übertragung nur zulässig, wenn sie durch die Vermittlungsstelle unter Beachtung der Regelungen nach § 12 vermittelt worden sind.

Die genannten Änderungen wären schließlich durch eine Neuformulierung des Organhandelsverbots zu ergänzen, durch die der Anwendungsbereich der Norm hinreichend bestimmt gefaßt und auf tatsächlich strafwürdige Interaktionen begrenzt würde.

VII. Zusammenfassung

1. Die Bedeutung der Lebendspende von Organen hat im vergangenen Jahrzehnt weltweit deutlich zugenommen. Dies gilt in besonderem Maß für die Bundesrepublik, aber auch für ganz Europa, wobei weiterhin signifikante Unterschiede zwischen den einzelnen Staaten bestehen. Seit Mitte der 90er Jahre ist jedoch ein so eindeutiger und allgemeiner europäischer Trend hin zur Organlebendspende – gerade auch unter nicht miteinander verwandten Personen – zu verzeichnen, daß sich die wenigen Staaten, auf die dies nicht zutrifft, deutlich vom europäischen Gesamtbild abheben. In internationaler Perspektive gewinnen Modelle wie die Überkreuz-Lebendspende, Austauschmodelle für Lebend- und Leichenorgane und die altruistische Lebendorganspende unter einander fremden Menschen an Relevanz.

2. Die Regelung der Lebendspende von Organen in den §§ 8 und 19 Abs. 2 des deutschen Transplantationsgesetzes (TPG) enthält eine Reihe von Einzelnormen, die dem internationalen gesetzgeberischen Standard auf diesem Gebiet entsprechen, ja teilweise als vorbildlich gelten dürfen, jedenfalls aber einer angemessenen Auslegung zugänglich sind.

Drei gesetzliche Bestimmungen sind jedoch grundsätzlich verfehlt.

a) § 8 Abs. 1 Satz 2 TPG legt fest, daß die Entnahme von Organen, die sich nicht wieder bilden können, nur zulässig ist „zum Zwecke der Übertragung auf Verwandte ersten oder zweiten Grades, Ehegatten, Verlobte oder andere Personen, die dem Spender in besonderer persönlicher Verbundenheit offenkundig nahestehen."

Die Norm verbietet damit im Regelfall insbesondere eine sogenannte „Überkreuz-Spende" auch dann, wenn sie immunologisch möglich und ethisch unbedenklich ist. Die Patienten können diesbezüglich weder bei einer Transplantation im Inland noch im Ausland sichergehen, vor Strafverfolgung geschützt zu sein; überdies erhalten sie die Kosten des Eingriffs nicht von ihren Krankenkassen erstattet.

§ 8 Abs. 1 Satz 2 TPG schließt zudem Lebendorganspenden unter einander fremden Menschen aus und verhindert die Implementierung von Austauschmodellen für Lebend- und Leichenorgane.

Die Vorschrift beschränkt in nachhaltiger Weise die Lebendspende von Organen und greift in nicht erforderlicher und damit unverhältnismäßiger Weise in die Grundrechte potentieller Lebendorganspender und -empfänger, insbesondere in das Grundrecht auf Leben und körperliche Unversehrtheit des potentiellen Lebendorganempfängers aus Art. 2 Abs. 2 Satz 1 GG und das Grundrecht auf allgemeine Handlungsfreiheit des potentiellen Spenders aus Art. 2 Abs. 1 GG, ein.

Zudem ist die Regelung in mehrfacher Weise unbestimmt und läßt Arzt und Patienten mit erheblichen Interpretationsproblemen zurück. Dies gilt für die Frage der geforderten Nähebeziehung, für das Tatbestandsmerkmal der „Offenkundigkeit" sowie für die Frage, ob auch die Lebendspende eines Lebersegments von der Vorschrift erfaßt wird. Bereits die inneren Widersprüche des § 8 Abs. 1 Satz 2 TPG stellen einen hinreichenden Anlaß für eine Novellierung der Norm dar.

b) Der Straftatbestand des § 19 Abs. 2 in Verbindung mit § 8 Abs. 1 Satz 2 TPG, der im Fall einer Organlebendspende unter einander nicht im Sinne des Gesetzes nahestehenden Menschen nicht nur den Arzt, sondern grundsätzlich auch Lebendspender und -empfänger mit Strafe bedroht, ist nicht mit den Prinzipien einer grundrechtsorientierten Strafrechtsordnung in Einklang zu bringen. Diese Norm inkriminiert nicht nur ein Verhalten, das allenfalls im Vorfeld abstrakter Rechtsgutsgefährdung liegt, sondern pönalisiert die Entnahme eines Organs durch einen Arzt auch und gerade in Fällen, in denen diese nur dazu dient, Leben und Gesundheit eines Dritten zu erhalten. Der bloße Umstand, daß ein Arzt, ethischen Prinzipien seiner Berufsausübung folgend, das Organ eines erwachsenen, aufgeklärten, und nach seiner Überzeugung freiverantwortlich handelnden Menschen entnimmt, der mit seiner Spende einer anderen Person ohne kommerzielle Absichten helfen möchte, ist unter Schuld- und Verhältnismäßigkeitsgesichtspunkten nicht strafwürdig. Der ärztliche „Täter" wird zudem letztlich nicht für eigenes, sondern vielmehr für vermutetes Verhalten Dritter bestraft.

c) § 8 Abs. 1 Satz 1 Nr. 3 TPG schreibt vor, daß die Entnahme von Organen einer lebenden Person nur zulässig ist, wenn ein geeignetes Organ eines verstorbenen Spenders im Zeitpunkt der Organentnahme nicht zur Verfügung steht. Soweit der damit postulierte Grundsatz der Nachrangigkeit der Lebendspende dazu dienen soll, im konkreten Fall Personen, die zur Lebendorgantransplantation entschlossen sind, diese zu untersagen und den potentiellen Lebendorganempfänger auf ein postmortal gewonnenes Organ zu verweisen, ist er weder verfassungsrechtlich noch ethisch zu rechtfertigen. Die Subsidiaritätsregel des § 8 Abs. 1 Satz 1 Nr. 3 TPG ist allenfalls im Hinblick darauf hinzunehmen, daß sie in der Praxis weitgehend leerläuft. Diese verfehlte Norm sollte ersatzlos gestrichen werden.

3. Dem deutschen Gesetzgeber ist eine angemessene Formulierung des Organhandelsverbots nicht gelungen. Die gegenwärtige Fassung der Norm, die sich mit dem Begriff des „Handeltreibens" terminologisch an das Betäubungsmittelstrafrecht anlehnt, stellt weit mehr unter Strafe als sinnvollerweise beabsichtigt sein kann. Insoweit besteht Bedarf nach einer Novellierung, die den Inhalt des Verbotes des Organhandels erstens so bestimmt, daß seine Adressaten anhand der gesetzlichen Regelung voraussehen können, ob ein Verhalten strafbar ist, und die zweitens Konstellationen, die, wie die Überkreuz-Spende, keinesfalls strafwürdig sind, eindeutig aus dem Anwendungsbereich der Norm ausnimmt.

4. Betrachtet man die gesetzlichen Regelungen der europäischen Staaten, so ist ein im wesentlichen einheitlicher europäischer Standard bei der Lebendspende von Organen zu erkennen, soweit es um das Erfordernis und die Absicherung einer freiwilligen und auf hinreichender ärztlicher Aufklärung gegründeten Entscheidung der Betroffenen sowie um Vorschriften zur Sicherheit des Spenders geht. Trotz unterschiedlicher Rechtskulturen und -traditionen nähern sich die europäischen Staaten der Materie insoweit auf vergleichbare Weise. Unterschiede bestehen hier lediglich in der Regelungsdichte der Vorschriften, insbesondere hinsichtlich der formellen und prozeduralen Voraussetzungen für die Erteilung der Einwilligung, aber auch in der Umschreibung jener Risiken, die dem Organlebendspender von Gesetzes wegen nicht mehr zugemutet werden dürfen.

5. Auch im Hinblick auf das Ziel, den Handel mit Organen zu verhindern, besteht ein breiter europäischer Konsens. Nahezu alle Staaten, die im Bereich der Transplantation gesetzgeberisch tätig geworden sind, verbieten, den menschlichen Körper und seine Bestandteile zum Gegenstand kommerzieller Transaktionen zu machen.

Eine Kompensation des Lebendorganspenders für erlittene oder drohende Nachteile und seine adäquate Versicherung gegen mögliche Spätfolgen der Organentnahme erscheinen jedoch geboten. Gegenwärtig verfügen jedoch wenige europäische Staaten über adäquate Mechanismen und Institutionen, um dieses Ziel umzusetzen. Es stellt deshalb eine vorrangige Aufgabe dar, einen gemeinsamen europäischen Standard für eine angemessene Absicherung und Kompensation der Lebendorganspender in Form einklagbarer Rechtsansprüche zu schaffen.

6. Von einer einheitlichen europäischen Gesetzgebung kann nicht mehr gesprochen werden, soweit es um die beiden zentralen legislatorischen Probleme der Lebendorganspende geht, nämlich um die Frage des zugelassenen Spenderkreises und das Problem der Nachrangigkeit der Lebendspende gegenüber der Leichenorganspende und anderen Therapieformen. Die nationalen, zwischen- und überstaatlichen Regelungsmodelle bewegen sich hier in einem Spannungsfeld, das von paternalistischen bis hin zu liberalen Lösungsansätzen reicht.

a) Bei dem Problem der Organentnahme bei Minderjährigen und Nichteinwilligungsfähigen ist ein gemeinsamer europäischer Standard einstweilen nicht in Sicht. Die deutsche Regelung, die neben der Einwilligungsfähigkeit auch die Volljährigkeit des Lebendspenders verlangt, vermag hier zu überzeugen.

b) Gesetzliche Regelungen zur Organentnahme bei erwachsenen und einwilligungsfähigen Personen, die hinsichtlich des Kreises zulässiger Spender Restriktionen enthalten, sind nur dann rational begründbar, wenn sie zumindest die Möglichkeit vorsehen, durch Verfahrenslösungen die Lebendspende bei besonders gelagerten Konstellationen (wie beispielsweise, aber nicht nur im Fall der Überkreuz-Spende) im jeweiligen Einzelfall zu erlauben.

Nach der Art und der Intensität der Restriktion des Spenderkreises lassen sich im Spektrum der europäischen Gesetzgebung drei Regelungstypen unterscheiden, die sich von Beschränkungen starker bzw. mittlerer Intensität bis hin zu einem Verzicht auf jede Restriktion bewegen. Hierbei sind in den beiden europäischen Staaten, die den ersten und zweiten Typus repräsentieren (Frankreich und Großbritannien), nachhaltige Initiativen zur Liberalisierung der geltenden gesetzlichen Vorschriften zu konstatieren.

Die meisten europäischen Staaten kennen indessen keine generelle gesetzliche Beschränkung des Kreises potentieller Lebendorganspender. Inbesondere weisen auch die neueren Tendenzen in der europäischen Gesetzgebung in diese Richtung. Seit 1995 hat – mit Ausnahme der Bundesrepublik Deutschland – kein westeuropäisches Land mehr eine strikte, nicht wenigstens eine Verfahrenslösung für besonders gelagerte Einzelfälle enthaltende Begrenzung des Kreises potentieller Lebendorganspender verfügt. Alle wesentlichen Novellierungen europäischer Transplantationsgesetze der vergangenen Jahre (Spanien, Niederlande, Dänemark, Schweden sowie der Entwurf eines Schweizer Transplantationsgesetzes) haben vielmehr bewußt auf eine derartige Restriktion verzichtet. Auch der Entwurf eines Zusatzprotokolls zur Organtransplantation zum Übereinkommen des Europarats über Menschenrechte und Biomedizin sieht eine Verfahrenslösung für den Einzelfall vor – ein Ethikkomitee oder eine vergleichbare Einrichtung soll den Eingriff gerade auch in außergewöhnlichen Konstellationen genehmigen können. Mit diesem Ansatz verficht auch der Europarat die in der Frage des Spenderkreises bei der Organlebendspende benötigte, verfahrensmäßig abgesicherte Flexibilität im Einzelfall. Es läßt sich so eine einheitliche Tendenz gegen jede strikte Begrenzung des Spenderkreises feststellen, vor deren Hintergrund sich die deutsche Regelung in § 8 Abs. 1 Satz 2 TPG als zu restriktiv abhebt.

7. In der internationalen medizin-ethischen Diskussion hat sich das Prinzip des Respekts vor der Autonomie des Patienten während der vergangenen drei Jahrzehnte mit zwingenden Gründen zur Leitidee entwickelt. Auch die moralische und rechtliche Legitimation der Lebendspende gründet in erster Linie in dem Respekt, der den individuellen Entscheidungen von Spender und Empfänger geschuldet ist, die in letzter Konsequenz selbst abzuwägen haben, welche Risiken sie zur Verfolgung ihres Lebensplans, zu dem ihre Beziehung zu anderen Personen und ihr Interesse am Wohlergehen des anderen gehören, einzugehen bereit sind.

Nach dem gegenwärtigen Stand der ethischen Diskussion gibt es kein Argument, das gegen die Lebendorganspende zwischen nicht verwandten Personen mit einer starken und andauernden emotionalen Beziehung spricht. Es gibt darüber hinaus auch keinen entscheidenden Einwand gegen die grundsätzliche ethische Akzeptabilität der Überkreuz-Spende sowohl in der individuellen Paarkonstellation als auch im Rahmen von Poolmodellen. Die Kriterien für die ethische Zulässigkeit der Lebendorganspende unter einander fremden Menschen schließlich sind in ethischer Hinsicht dieselben wie diejenigen, die für die Spende unter einander nahestehenden Personen gelten. Gerechtigkeitstheoretische Bedenken bestehen zum gegenwärtigen Zeitpunkt jedoch in bezug auf eine generelle Implementierung

VII. Zusammenfassung

der Möglichkeit, einem Patienten ein postmortal gewonnenes Transplantat im Austausch gegen ein für ihn von einem Lebendspender an den Wartelisten-Pool gespendetes Organ zuzuteilen.

8. Insgesamt ergeben sowohl die rechtsvergleichende Analyse der europäischen Gesetzgebung zur Lebendorgantransplantation als auch die Auswertung der medizin-ethischen Diskussion der Thematik, daß einzelne Regelungen des deutschen Transplantationsgesetzes nicht den Anforderungen rationaler Gesetzgebung entsprechen.

Im Ergebnis erscheint deshalb eine korrigierende Novellierung der §§ 8 und 19 Abs. 2 TPG als dringende Notwendigkeit.

Es ist vor allem zu empfehlen, de lege ferenda sowohl

- die Beschränkung des Spenderkreises (§ 8 Abs. 1 Satz 2 TPG) einschließlich ihrer Strafbewehrung (§ 19 Abs. 2 letzte Alternative TPG) als auch

- die Subsidiaritätsklausel (§ 8 Abs. 1 Satz 1 Nr. 3 TPG)
  zu streichen.

Anmerkungen

1 Vgl. näher unten, IV.5.

2 Smit / Molzahn / Kirste / Grupp / Köhler, Organspende und Transplantation in Deutschland 1999, Deutsche Stiftung für Organtransplantation, Neu-Isenburg 2000, 33.

3 346 gegenüber 380 im Vorjahr; Mitteilung der Deutschen Stiftung Organtransplantation (DSO) vom 5.4.2001.

4 U.S. Scientific Registry of Transplant Recipients and Organ Procurement and Transplantation Network (UNOS), 2000 Annual Report Transplant Data 1990-1999; http://www.unos.org/Data/.

5 Smit / Molzahn / Kirste / Grupp / Köhler, Organspende und Transplantation in Deutschland 1999, Deutsche Stiftung für Organtransplantation, Neu-Isenburg 2000, 45; die Zahl für 2000 nach Mitteilung der Deutschen Stiftung für Organtransplantation und Tuffs, Organspende und Transplantation in Deutschland im Jahr 2000, in: Diatra Journal 1/2001, 29.

6 Vgl. die Beiträge in Land (Hg.), Themenheft „Fünf Jahre Erfahrung mit der Lebendspende-Nierentransplantation – Modell München", Transplantationsmedizin 12 (2000), Heft 3, mit weiteren Hinweisen, sowie die Beiträge der Arbeitsgruppe in: Zeitschrift für Transplantationsmedizin 5 (1993), 52-96.

7 Vgl. Smit / Molzahn / Kirste / Grupp / Köhler, Organspende und Transplantation in Deutschland 1999, Deutsche Stiftung für Organtransplantation, Neu-Isenburg 2000, 32 ff.

8 Vgl. zum Folgenden Land, Medizinische Aspekte der Lebendspende: Nutzen/Risiko-Abwägung, in: Zeitschrift für Transplantationsmedizin 5 (1993), 52-58 und Thiel, Emotionally related living kidney donation: pro and contra, in: Nephrology Dialysis Transplantation 12 (1997), 1820-1824 (1821 f.).

9 Vgl. näher unten, IV.3.

10 Am Rande ist zu erwähnen, daß die der Organspende vorausgehende gründliche Untersuchung in einer größeren Anzahl von Fällen Krankheiten des potentiellen Spenders aufdeckte und rechtzeitig zu behandeln half, vgl. Jones / Halldorson / Elick et al., Unrecognised health problems diagnosed during living donor evaluation: A potential benefit in: Transplantation Proceedings 25 (1993), 3083-3084; Hoyer, Die altruistische Lebendspende, in: Nieren- und Hochdruckkrankheiten 4 (1998), 193-198; Fehrman-Ekholm / Elinder / Stenbeck et al., Kidney donors live longer, in: Transplantation 64 (1997), 976-978.

11 Vgl. näher unten, V.

12 Vgl. näher unten, II.

13	Im Jahre 1990 stammten in der Bundesrepublik (alte Länder) lediglich 1,7% der transplantierten Nieren vom lebenden Spender, während in der Prozentsatz in Schweden 23,5%, in Dänemark 24,7 % und in Norwegen gar 49 % betrug, vgl. Land, Lebendspende von Organen – derzeitiger Stand der internationalen Debatte, in: Zeitschrift für Transplantationsmedizin 5 (1993), 59-63.
14	In den USA akzeptierten bereits 1995 etwa neun von zehn Zentren „emotional verwandte" Spender wie beispielsweise Ehegatten, vgl. Spital, Do U.S. transplant centers encourage emotionally related kidney donation?, in: Transplantation 61 (1996), 374-377.
15	Vgl. Thiel, Emotionally related living kidney donation: pro and contra, in: Nephrology Dialysis Transplantation 12 (1997), 1820-1824; ders., Living unrelated kidney transplantation, in: Collins / Dubernard / Persijn / Land, (Eds.), Procurement and preservation of vascularized organs, Dordrecht 1997, 367-374; ders. Living kidney donor transplantation – new dimensions, in: Transplantation International 11 Suppl. 1 (1998), S50-S56.
16	Vgl. Foss / Leivestad / Brekke et al., Unrelated living donors in 141 kidney transplantations, in: Transplantation 88 (1998), 49-52; Jakobsen / Albrechtsen et al., Allowing relatives to bridge the gap: the Norwegian experience, in: Land / Dossetor (Eds.) Organ replacement therapy: ethics, justice, and commerce, Berlin / Heidelberg / New York 1991, 48-49; Jakobsen, The Oslo experience with living donor kidney transplantation, Vortrag auf dem Symposium Lebendorganspende der Europäischen Akademie der Wissenschaften und der Deutschen Akademie für Transplantationsmedizin, München, 9.12.2000.
17	Arbeitsgemeinschaft der Transplantationszentren in der Bundesrepublik Deutschland e.V., Transplantationskodex, 1987, 3 f., sub 6. Vgl. nunmehr Deutsche Transplantationsgesellschaft (DTG), Transplantationskodex, in: Medizinrecht 1995, 154 f., sub 6.
18	Der gescheiterte Regierungsentwurf eines Transplantationsgesetzes aus dem Jahr 1979 (BT-Drs. 8/2681) enthielt keine Regelung zur Lebendspende.
19	Antwort der Bundesregierung auf die Große Anfrage der Abgeordneten Frau Schmidt (Hamburg) und der Fraktion DIE GRÜNEN: Probleme der Transplantationsmedizin I-V, BTDrs. 11/7980 vom 26.9.1990, 38 ff.
20	Zur Gesetzgebungsgeschichte vgl. Gutmann, Probleme einer gesetzlichen Regelung der Lebendspende von Organen, in: Medizinrecht 1997, 147-155 (147 f.); Lemke, Stand der Diskussion zum Entwurf eines Transplantationsgesetzes – eine rechtspolitische Bestandsaufnahme, in: Medizinrecht 1991, 281-289 und Kern, Zum Entwurf eines Transplantationsgesetzes der Länder, in: Medizinrecht 1994, 389-392.
21	Arbeitsgemeinschaft der Transplantationszentren in der Bundesrepublik Deutschland e.V., Entwurf eines Transplantationsgesetzes. Essen/Neu-Isenburg 1991, § 7 Abs. 2, und dazu Schreiber / Wolfslast, Ein Entwurf für ein Transplantationsgesetz, in: Medizinrecht 1992, 189-195, die ihren Entwurf selbst als insoweit „sehr eng" bezeichneten.

22	Arbeitsgemeinschaft der Leitenden Medizinalbeamten der Länder, Entwurf eines Mustergesetzes der Länder über die Entnahme und Übertragung von Organen (Transplantationsgesetz), Anlage zur Ergebnisniederschrift über die 65. Sitzung der Gesundheitsministerkonferenz am 5./6. November 1992, § 9 Abs. 2.
23	Ebenda.
24	Vgl. hierzu nunmehr ausführlich Esser, Verfassungsrechtliche Aspekte der Lebendspende von Organen, Düsseldorf 2000, 145 ff., 183.
25	Stellungnahme der „Interdisziplinären Arbeitsgruppe ‚Lebendspende' an der Universität München" zur Anhörung am 17.12.1992 in Wiesbaden, 6 ff.
26	Arbeitsgemeinschaft der Leitenden Medizinalbeamten der Länder, Entwurf eines Mustergesetzes der Länder über die Entnahme und Übertragung von Organen (Transplantationsgesetz), Stand: 05.04.1993, § 8 Abs. 2. Zu diesem Entwurf insgesamt Kern, Zum Entwurf eines Transplantationsgesetzes der Länder, in: Medizinrecht 1994, 389-392.
27	Vgl. dort 8 und 16.
28	Gesetzesantrag der Länder Bremen und Hessen: Entwurf eines Gesetzes zur Entnahme und Übertragung von Organen (Transplantationsgesetz), Bundesrats-Drucksache 682/94 vom 30. 06.1994, § 9 Abs. 2.
29	Deutscher Bundestag, Drs. 12/8063 v. 21.06.1994, Punkt 4.d.
30	Entwurf eines Gesetzes über die Spende, Entnahme und Übertragung von Organen (Transplantationsgesetz, TPG), BT-Drs. 13/2926 v. 07.11.1995, § 13 Nr. 3.
31	BGBl. I, 3146.
32	§ 7 Abs. 1 S. 2 des Entwurfs.
33	§ 6 Abs. 3 des Entwurfs.
34	Gutmann / Schroth, Stellungnahme der „Interdisziplinären Arbeitsgruppe ‚Lebendspende' an der Ludwig-Maximilians-Universität München" zur Anhörung am 18. und 25. Januar 1995 in Bonn, 1 ff.
35	§ 7 Abs. 3 des Entwurfs.
36	Entwurf und Begründung eines Gesetzes über die Spende, Entnahme und Übertragung von Organen (Transplantationsgesetz, TPG), BT-Drs. 13/4355 v. 16.04.1996.
37	Die Formulierung war erst seit Juli 1995 im Entwurf enthalten.
38	Entwurf und Begründung eines Gesetzes über die Spende, Entnahme und Übertragung von Organen (Transplantationsgesetz – TPG), Bundestags-Drucksache 13/4355 v. 16.04.1996, Begründung – Allgemeiner Teil, 14.

| 39 | Herv. d. Aut. Der Allgemeine Teil der Begründung des Entwurfs (S. 14) erweckte sogar die Vorstellung, der Gesetzgeber wolle im Bereich der Lebendspende von Organen nur solche persönlichen Bindungen zwischen Menschen akzeptieren, die „auf eine innerlich akzeptierte sittliche Pflicht *gegründet*" sind. Das reale Beziehungs- und Liebesleben der Bürger dürfte sich indes eher diesseits des Kantischen *homo noumenon* abspielen. Enge persönliche Beziehungen mögen zu wechselseitigen Pflichten führen, sie „gründen" jedoch nicht auf solchen und werden nicht „aus Pflicht" eingegangen, sondern aus Neigung und Gefühl. |

| 40 | Auch aus psychologischer Sicht ist darauf hinzuweisen, daß eine solche Motivation jedenfalls außerhalb der Eltern-Kind-Beziehung regelmäßig nicht vorliegt. Gerade auch bei Ehepartnern ist es in der Regel gerade nicht das Gefühl, „verpflichtet" zu sein, das die Spender motiviert, sondern (a) der Wunsch, dem Empfänger zu helfen und damit (b) zugleich die eigene Beziehung zu ihm und mit ihm wieder befriedigender gestalten zu können, nicht selten (c) begleitet von dem – im positiven Sinne – egozentrischen Bedürfnis, durch eine Lebendspende sich selbst einen wichtigen lebenserhaltenden Akt zuschreiben zu können (vgl. Schneewind, Psychological aspects in living organ donation, in: Collins / Dubernard / Persijn / Land [Eds.], Procurement and preservation of vascularized organs, Dordrecht 1997, 325-330; Schneewind / Ney / Hammerschmidt / Oerter / Pabst / Schultz-Gambard, Veränderungserwartungen und faktische Veränderungen der Lebensgestaltung bei Nierentransplantation: Ein Vergleich zwischen verwandten und nichtverwandten Spender-Empfänger-Paaren, in: Transplantationsmedizin 12 [2000], 164-173) – ein Umstand, der sowohl aus psychologischer als auch aus ethischer Sicht zu begrüßen ist und der *als solcher* prinzipiell den Schutz des Grundgesetzes genießt. |

| 41 | Vgl. Gutmann, Probleme einer gesetzlichen Regelung der Lebendspende von Organen, in: Medizinrecht 1997, 147-155 (150) unter Verweis auf BVerfGE 87, 209 (224) m.w.N.. Näher zum Bestimmtheitsgebot Schroth, Präzision im Strafrecht. Zur Deutung des Bestimmtheitsgebots, in: Grewendorf (Hg.), Rechtskultur als Sprachkultur, 1992, 93-110. |

| 42 | Beschlußempfehlung und Bericht des Ausschusses für Gesundheit (14. Ausschuß), u.a. zu dem Gesetzentwurf der Fraktionen der CDU/CSU, SPD und F.D.P. [Drucksache 13/4355] Entwurf eines Gesetzes über die Spende, Entnahme und Übertragung von Organen (Transplantationsgesetz - TPG), Bundestags-Drucksache 13/8017 v. 23.06.1997, 13. |

| 43 | Vgl. Beck / Beck-Gernsheim (Hg.), Riskante Freiheiten. Individualisierung in modernen Gesellschaften, 1994. |

| 44 | Gutmann, Probleme einer gesetzlichen Regelung der Lebendspende von Organen, in: Medizinrecht 1997, 147-155 (150); ders. (für die „Interdisziplinäre Arbeitsgruppe Lebendspende an der Universität München), Ergänzende Stellungnahme zur Anhörung des Ausschusses für Gesundheit des Deutschen Bundestags am 09.10.1996, Ausschuß-Drucksache 703/13, 2(4). |

| 45 | Thiel, Möglichkeiten der Cross-over-Lebendspende bei der Nierentransplantation, in: Kirste (Hg.), Nieren-Lebendspende. Rechtsfragen und Versicherungs-Regelungen für Mediziner, Lengerich 2000, 169-179 (170). |

46 Terasaki / Gjertson / Cecka, Paired kidney exchange is not a solution to AB0 incompatibility, in: Transplantation 65 (1998), 291; vgl. auch Thiel / Vogelbach et al., Crossover renal transplantation: hurdles to be cleared, Manuskript 2000, 5.

47 Terasaki / Gjertson / Cecka, Paired kidney exchange is not a solution to AB0 incompatibility, in: Transplantation 65 (1998), 291.

48 Thiel / Vogelbach et al., Crossover renal transplantation: hurdles to be cleared, Manuskript 2000, 7.

49 Rapaport, The case for a living emotionally related international kidney donor exchange registry, in: Transplantation Proceedings 18 (3/1986), Suppl. 2, 5-9.

50 Vgl. für die USA Terasaki / Gjertson / Cecka, Paired kidney exchange is not a solution to AB0 incompatibility, in: Transplantation 65 (1998), 291 („nationwide pool").

51 British Medical Association Medical Ethics Committee, Organ donation in the 21st century: Time for a consolidated approach, 2000, http://web.bma.org.uk/public/.

52 Mitteilung von Prof. Dr. H. Speerschneider, Jena, und Prof. Dr. J. Hoyer, Lübeck.

53 Differenzierend Woodle / Ross, Paired exchanges should be part of the solution to AB0 incompatibility in living donor kidney transplantation, in: Transplantation 66 (1998), 406 f.

54 Terasaki / Gjertson / Cecka, Paired kidney exchange is not a solution to AB0 incompatibility, in: Transplantation 65 (1998), 291(„nationwide pool").

55 Vgl. Schroth, Die strafrechtlichen Grenzen der Lebendspende, in: Roxin / Schroth / Knauer / Niedermair (Hg.), Medizinstrafrecht, Stuttgart / München ²2001, 271-290 (288). Zur Motivation möglicher Schadensersatzansprüche vgl. Thiel, Möglichkeiten der Cross-over-Lebendspende bei der Nierentransplantation, in: Kirste (Hg.), Nieren-Lebendspende. Rechtsfragen und Versicherungs-Regelungen für Mediziner, Lengerich 2000, 169-179 (176 f.).

56 Vgl. unten, V.

57 Vgl. Thiel, Möglichkeiten der Cross-over-Lebendspende bei der Nierentransplantation, in: Kirste (Hg.), Nieren-Lebendspende. Rechtsfragen und Versicherungs-Regelungen für Mediziner, Lengerich 2000, 169-179 (177) und National Kidney Foundation / American Society of Transplantation / American Society of Transplant Surgeons / American Society of Nephrology et al., Consensus statement on the live organ donor, JAMA 284 (13.12.2000), 2919-2926 (2923). Thiel und das Consensus statement optieren für Simultantransplantationen.

58 In diesem Sinn auch Thiel / Vogelbach et al., Crossover renal transplantation: hurdles to be cleared, Manuskript 2000, 6.

59 Vgl. Nickel / Schmidt-Preisigke / Sengler, Transplantationsgesetz. Kommentar, Stuttgart 2000, § 8 Rn. 20 und Gutmann / Schroth, Recht, Ethik und die Lebendspende von Organen – der gegenwärtige Problemstand, in: Transplantationsmedizin 12 (2000), 174-183 (175). An-

ders, ohne hinreichende Begründung, Edelmann, Ausgewählte Probleme bei der Organspende unter Lebenden, in: VersR 1999, 1065-1069 (1067).

60 Seidenath, Lebendspende von Organen: Zur Auslegung des § 8 Abs. 1 S. 2 TPG, in: Medizinrecht 1998, 253-256 (256); ähnlich Schreiber, Recht und Ethik der Lebend-Organtransplantation, in: Kirste (Hg.), Nieren-Lebendspende. Rechtsfragen und Versicherungsregelungen für Mediziner, Lengerich 2000, 33-44 (41) und Dufkova, Zur Frage der Zulässigkeit von sog. Cross-Spenden bei Nierentransplantationen lebender Organspender, in: Medizinrecht 2000, 408-412. Der letztgenannte Beitrag leidet daran, daß die Auslegung einer Gesetzesnorm „aus ärztlicher Sicht" (ebenda, 410) dem Recht fremd ist.

61 Seidenath, Lebendspende von Organen: Zur Auslegung des § 8 Abs. 1 S. 2 TPG, in: Medizinrecht 1998, 253-256 (255).

62 BVerfGE 8, 1 (34); 54, 277 (299 f. m.w.N.).

63 Vgl. BVerfGE 69, 1 (55).

64 Vgl. Schneewind, Stellungnahme zum Begriff „enge persönliche Beziehung" im Forschungs- und Anwendungskontext der Psychologie. Zur Vorlage an das Bundesverfassungsgericht im Verfahren 1 BvR 2181-83/98, 26.11.1998.

65 LSG Nordrhein-Westfalen, Urteil v. 31.1.2001, L 10 VS 28/00 (noch nicht rechtskräftig), im Anschluß an BVerfG, Beschluß zur Organentnahme bei lebenden Personen vom 11.8.1999 (1 BvR 2181-83/98), NJW 1999, 3399-3404 (3400).

66 BVerfG, Beschluß zur Organentnahme bei lebenden Personen vom 11.8.1999 (1 BvR 2181-83/98), NJW 1999, 3399-3404 (3400).

67 Vgl. Beschlußempfehlung und Bericht des Ausschusses für Gesundheit (14. Ausschuß), u.a. zu dem Gesetzentwurf der Fraktionen der CDU/CSU, SPD und F.D.P. [Drucksache 13/4355] Entwurf eines Gesetzes über die Spende, Entnahme und Übertragung von Organen (Transplantationsgesetz – TPG), Bundestags-Drucksache 13/8017 v. 23.06.1997, 41 f.

68 Entwurf und Begründung eines Gesetzes über die Spende, Entnahme und Übertragung von Organen (Transplantationsgesetz – TPG), Bundestags-Drucksache 13/4355 v. 16.04.1996, 21.

69 Zutreffend Nickel / Schmidt-Preisigke / Sengler, Transplantationsgesetz. Kommentar, Stuttgart 2000, § 8 Rn. 21 f., entgegen Schreiber, Recht und Ethik der Lebend-Organtransplantation, in: Kirste (Hg.), Nieren-Lebendspende. Rechtsfragen und Versicherungsregelungen für Mediziner, Lengerich 2000, 33-44 (41).

70 So das LSG Nordrhein-Westfalen, Urteil v. 31.1.2001, L 10 VS 28/00, unter Verweis auf Schroth, Stellungnahme zu dem Artikel von Bernhard Seidenath, „Lebendspende von Organen: Zur Auslegung des § 8 Abs. 1 S. 2 TPG", Medizinrecht 1998, 253-256, in: Medizinrecht 1999, 67-68 (68).

Anmerkungen

71 Schroth, Stellungnahme zu dem Artikel von Bernhard Seidenath, „Lebendspende von Organen: Zur Auslegung des § 8 Abs. 1 S. 2 TPG", in Medizinrecht 1998, 253-256, in: Medizinrecht 1999, 67-68 (67).

72 LSG Nordrhein-Westfalen, Urteil v. 31.1.2001, L 10 VS 28/00.

73 Seidenath, Lebendspende von Organen: Zur Auslegung des § 8 Abs. 1 S. 2 TPG, in: Medizinrecht 1998, 253-256 (256); Koch, Rechtsfragen der Organübertragung vom lebenden Spender, in: Zentralblatt für Chirurgie 124 (1999), 718-724 (720); ders., Aktuelle Rechtsfragen der Lebend-Organspende, in: Kirste (Hg.), Nieren-Lebendspende. Rechtsfragen und Versicherungsregelungen für Mediziner, Lengerich 2000, 49-63 (50); Schreiber, Recht und Ethik der Lebend-Organtransplantation, in: Kirste (Hg.), Nieren-Lebendspende. Rechtsfragen und Versicherungsregelungen für Mediziner, Lengerich 2000, 33-44 (40); Schroth, Stellungnahme zu dem Artikel von Bernhard Seidenath, „Lebendspende von Organen: Zur Auslegung des § 8 Abs. 1 S. 2 TPG", in Medizinrecht 1998, 253-256, in: Medizinrecht 1999, 67-68 (68).

74 Anders das LSG Nordrhein-Westfalen, Urteil v. 31.1.2001, L 10 VS 28/00.

75 So das LSG Nordrhein-Westfalen, Urteil v. 31.1.2001, L 10 VS 28/00, unter Verweis auf Schroth, Stellungnahme zu dem Artikel von Bernhard Seidenath, „Lebendspende von Organen: Zur Auslegung des § 8 Abs. 1 S. 2 TPG", Medizinrecht 1998, 253-256, in: Medizinrecht 1999, 67-68 (68). Vgl. Gutmann / Schroth, Recht, Ethik und die Lebendspende von Organen – der gegenwärtige Problemstand, in: Transplantationsmedizin 12 (2000), 174-183 (176) und Ulsenheimer, Strafrechtliche Aspekte der Organtransplantation, in: Laufs / Uhlenbruck et al., Handbuch des Arztrechts, München ²1999, § 142, 1164-1173 (1172 Rn. 33).

76 Koch, Aktuelle Rechtsfragen der Lebend-Organspende, in: Kirste (Hg.), Nieren-Lebendspende. Rechtsfragen und Versicherungsregelungen für Mediziner, Lengerich 2000, 49-63 (58).

77 Koch, Aktuelle Rechtsfragen der Lebend-Organspende, in: Kirste (Hg.), Nieren-Lebendspende. Rechtsfragen und Versicherungsregelungen für Mediziner, Lengerich 2000, 49-63 (57 f.).

78 Koch, Aktuelle Rechtsfragen der Lebend-Organspende, in: Kirste (Hg.), Nieren-Lebendspende. Rechtsfragen und Versicherungsregelungen für Mediziner, Lengerich 2000, 49-63 (58).

79 Die Bundesregierung hat sich dieser Ansicht angeschlossen, vgl. die Antwort der Parlamentarischen Staatssekretärin Christa Nickels vom 23. April 1999 auf die parlamentarische Anfrage der Bundestagsabgeordneten Reichard (Dresden, CDU/CSU) in bezug auf die „Verbesserung der Organspende-Möglichkeiten, z.B. durch Genehmigung von Ringtauschlösungen": „Die Voraussetzung des § 8 Abs. 1 Satz 2 TPG ist bei einer sogenannten Überkreuz-Lebendspende im Einzelfall erfüllt, wenn sich aus dem Anlaß der möglichen wechselseitigen Lebendspende bis zum Zeitpunkt der Spende jeweils zwischen dem (möglichen) Spender und dem (möglichen) Empfänger eine regelmäßig über einen längeren Zeitraum gewachsene, auf Dauer angelegte besondere persönliche Verbundenheit entwickelt hat" (Deutscher Bundestag, Drucksache 14/868 vom 30.04.1999, Schriftliche Fragen mit den in der Woche vom 26. April 1999 eingegangenen Antworten der Bundesregierung; sub 33).

80	LSG Nordrhein-Westfalen, Urteil v. 31.1.2001, L 10 VS 28/00; vgl. Nickel / Schmidt-Preisigke / Sengler, Transplantationsgesetz. Kommentar, Stuttgart 2000, § 8 Rn. 23.
81	Vgl. hierzu unten, V.
82	Vgl. BVerfG, Beschluß zur Organentnahme bei lebenden Personen vom 11.8.1999 (1 BvR 2181-83/98), NJW 1999, 3399 (3400, sub. I.2.).
83	Dies vermutet auch Koch, Aktuelle Rechtsfragen der Lebend-Organspende, in: Kirste (Hg.), Nieren-Lebendspende. Rechtsfragen und Versicherungsregelungen für Mediziner, Lengerich 2000, 49-63 (57 Anm. 28).
84	Sowada, Die „notwendige Teilnahme" als funktionales Privilegierungsmodell im Strafrecht, Berlin 1992, 117.
85	Vgl. Schönke/Schröder–Cramer, StGB, München ^{25}1997, vor § 25 Rn. 46 m.w.N.; Wolter, Notwendige Teilnahme und straflose Beteiligung, JuS 1982, 343 (345); Sowada, Die „notwendige Teilnahme" als funktionales Privilegierungsmodell im Strafrecht, Berlin 1992.
86	Vgl. Wolter, Notwendige Teilnahme und straflose Beteiligung, JuS 1982, 343 (344).
87	Das Gegenteil nimmt – ohne Begründung – an: Koch, Aktuelle Rechtsfragen der Lebend-Organspende, in: Kirste (Hg.), Nieren-Lebendspende. Rechtsfragen und Versicherungsregelungen für Mediziner, Lengerich 2000, 49-63 (57 Anm. 28).
88	Vgl. Schönke/Schröder–Cramer, StGB, München ^{25}1997, vor § 25 Rn. 47; Wolter, Notwendige Teilnahme und straflose Beteiligung, JuS 1982, 343 (345).
89	Nachweise bei Roxin, in: Leipziger Kommentar zum Strafgesetzbuch, ^{11}1993, vor § 26 Rn. 35.
90	Vgl. Schönke/Schröder–Cramer, StGB, München ^{25}1997, vor § 25 Rn. 47; Roxin, in: Leipziger Kommentar zum Strafgesetzbuch, ^{11}1993, vor § 26 Rn. 37 ff.
91	Entwurf und Begründung eines Gesetzes über die Spende, Entnahme und Übertragung von Organen (Transplantationsgesetz – TPG), Bundestags-Drucksache 13/4355 v. 16.04.1996, 20.
92	Vgl. Schönke/Schröder–Eser, Strafgesetzbuch, München 251997, § 9 Rn. 12 unter Verweis auf BGH NStZ 1986, 415.
93	Vgl. hierzu und im folgenden insbesondere Koch, Aktuelle Rechtsfragen der Lebend-Organspende, in: Kirste (Hg.), Nieren-Lebendspende. Rechtsfragen und Versicherungsregelungen für Mediziner, Lengerich 2000, 49-63 (60 f.).
94	Vgl. hierzu etwa Schönke/Schröder–Eser, Strafgesetzbuch, München ^{25}1997, § 9 Rn. 11 und 14.
95	Koch, Rechtsfragen der Organübertragung vom lebenden Spender, in: Zentralblatt für Chirurgie 124 (1999), 718-724 (721); ders., Aktuelle Rechtsfragen der Lebend-Organspende, in:

Kirste (Hg.), Nieren-Lebendspende. Rechtsfragen und Versicherungsregelungen für Mediziner, Lengerich 2000, 49-63 (61 f.).

96 Vgl. dazu den „Entwurf 1962", BT-Drucksache 4/650, 159 f. und Jescheck / Weigend, Strafrecht, Allgemeiner Teil, ⁵1996, 364.

97 So zutreffend auch Schreiber, Recht und Ethik der Lebend-Organtransplantation, in: Kirste (Hg.), Nieren-Lebendspende. Rechtsfragen und Versicherungsregelungen für Mediziner, Lengerich 2000, 33-44 (43).

98 BSGE 35, 102 bzw. NJW 1973, 1432.

99 1. Senat, Urteil vom 16.7.1996, SozR 3-2500 § 27 SGB V Nr. 7, 22. Vgl. hierzu und zum insoweit einhelligen, dem Gericht folgenden Stand der Literatur, Sauer, Sozialhilfe und Lebendorganspende, in: NDV (Nachrichtendienst des Deutschen Vereins für öffentliche und private Fürsorge) 2000, 97-101 (98).

100 Vgl. hierzu und zu einem entsprechenden Beschluß der Spitzenverbände der Krankenkassen Erdmann, Kostenübernahme und Versicherungsschutz bei Transplantation menschlicher Organe, in: Die Leistungen 1999, 321-323.

101 Vgl. Sauer, Sozialhilfe und Lebendorganspende, in: NDV (Nachrichtendienst des Deutschen Vereins für öffentliche und private Fürsorge) 2000, 97-101.

102 Bundessozialgericht, Urteil v. 15.4.1997, 1 RK 25/95, NJW 1997, 3114 bzw. Die Sozialgerichtsbarkeit 1998, 482. Hierzu kritisch die Anmerkung von Wolber, Krankenversicherung – Auslandsbehandlung – keine Leistungspflicht bei Organspende gegen Bezahlung, in: Die Sozialgerichtsbarkeit 1998, 484-485.

103 Vgl. zum Fall auch Thiel / Vogelbach, et al., Crossover renal transplantation: hurdles to be cleared, Manuskript 2000.

104 Landessozialgericht Nordrhein-Westfalen, Urteil v. 31.1.2001, L 10 VS 28/00. Dem Fall lag ein Antrag auf Versorgung nach dem Soldatenversorgungsgesetz zugrunde.

105 Thiel, Möglichkeiten der Cross-over-Lebendspende bei der Nierentransplantation, in: Kirste (Hg.), Nieren-Lebendspende. Rechtsfragen und Versicherungs-Regelungen für Mediziner, Lengerich 2000, 169-179 (176).

106 BVerfGE 82, 60, 80. Nach der Rechtsprechung des Bundesverfassungsgerichts muß bei der Krankenversorgung zudem jeder Patient sicher sein, „daß sein Grundrecht auf körperliche Unversehrtheit aus Art. 2 Abs. 2 Satz 1 GG nach allen Regeln ärztlicher Kunst gewahrt wird", vgl. BVerfG, Beschluß zur Organentnahme bei lebenden Personen vom 11.8.1999 (1 BvR 2181-83/98), NJW 1999, 3399-3404 (3401) unter Verweis auf BVerfGE 57, 70 (99).

107 Vgl. im einzelnen Schroth, Die strafrechtlichen Tatbestände des Transplantationsgesetzes, in: JZ 1997, 1149-1154 (1149 ff.) sowie König, Das strafbewehrte Verbot des Organhandels, in: Roxin / Schroth / Knauer / Niedermair (Hg.), Medizinstrafrecht, Stuttgart / München ²2001, 291-312 (294 f.) sowie, im Anschluß an Schroth, Dippel, Zur Entwicklung des Gesetzes über

die Spende, Entnahme und Übertragung von Organen (Transplantationsgesetz – TPG) vom 5.11.1997, in: Ebert et al. (Hg.), Festschrift für Walter Hanack, Berlin / New York 1999, 665-696 (692).

108 Vgl. im einzelnen König, Das strafbewehrte Verbot des Organhandels, in: Roxin / Schroth / Knauer / Niedermair (Hg.), Medizinstrafrecht, Stuttgart / München ²2001, 291-312; ders., Strafbarer Organhandel, Frankfurt a. Main 1999, 137 ff.

109 Vgl. Entwurf und Begründung eines Gesetzes über die Spende, Entnahme und Übertragung von Organen (Transplantationsgesetz, TPG), BT-Drs. 13/4355 v. 16.04.1996, 29 f. und hierzu bereits Schroth, Die strafrechtlichen Tatbestände des Transplantationsgesetzes, in: JZ 1997, 1149-1154 (1151); ders., Das Organhandelsverbot. Legitimität und Inhalt einer paternalistischen Strafrechtsnorm, in: Schünemann / Achenbach et al. (Hg.), Festschrift für Claus Roxin zum 70. Geburtstag, Berlin / New York 2001, 869-890 (883) sowie nunmehr Landessozialgericht Nordrhein-Westfalen, Urteil v. 31.1.2001, L 10 VS 28/00.

110 Vgl. etwa BGHSt 25, 290 (296); 28, 308 (309); 29, 239 (240); 31, 145 (147); BGH NJW 1988, 1333; vgl. auch BGH NJW 1986, 2584 (2585); BGH NStZ-RR 1996, 20; BGH NJW 1993, 76 und hierzu Weber, BtMG–Kommentar, München 1999, § 29 Rn. 84.

111 Vgl. König, Das strafbewehrte Verbot des Organhandels, in: Roxin / Schroth / Knauer / Niedermair (Hg.), Medizinstrafrecht, Stuttgart / München ²2001, 291-312 (298 f.).

112 König, Das strafbewehrte Verbot des Organhandels, in: Roxin / Schroth / Knauer / Niedermair (Hg.), Medizinstrafrecht, Stuttgart / München ²2001, 291-312 (302).

113 So Schroth, Die strafrechtlichen Tatbestände des Transplantationsgesetzes, in: JZ 1997, 1149-1154 (1151).

114 Landessozialgericht Nordrhein-Westfalen, Urteil v. 31.1.2001, L 10 VS 28/00 unter Bezugnahme auf Schroth, Stellungnahme zu dem Artikel von Bernhard Seidenath, „Lebendspende von Organen: Zur Auslegung des § 8 Abs. 1 S. 2 TPG", in Medizinrecht 1998, 253-256, in: Medizinrecht 1999, 67-68 (67).

115 Landessozialgericht Nordrhein-Westfalen, Urteil v. 31.1.2001, L 10 VS 28/00. Vgl. zur These, die Übernahme des weiten Begriffs des „Handeltreibens" aus dem Betäubungsmittelstrafrecht in das Transplantationsgesetz sei nach Sinn und Zweck des letzteren nicht angezeigt, Paul, Zur Auslegung des Begriffes „Handeltreiben" nach dem Transplantationsgesetz, in: Medizinrecht 1999, 214-216.

116 Vgl. nunmehr auch Schroth, Das Organhandelsverbot. Legitimität und Inhalt einer paternalistischen Strafrechtsnorm, in: Schünemann / Achenbach et al. (Hg.), Festschrift für Claus Roxin zum 70. Geburtstag, Berlin / New York 2001, 869-890 (886).

117 König, Das strafbewehrte Verbot des Organhandels, in: Roxin / Schroth / Knauer / Niedermair (Hg.), Medizinstrafrecht, Stuttgart / München ²2001, 291-312 (302).

118 Landessozialgericht Nordrhein-Westfalen, Urteil v. 31.1.2001, L 10 VS 28/00, a.E.

119
Deutscher Bundestag, Drucksache 14/868 vom 30.04.1999, Schriftliche Fragen mit den in der Woche vom 26. April 1999 eingegangenen Antworten der Bundesregierung; sub 30 ff.

120
Vgl. hierzu näher unten, IV.6 und V.2.8. sowie Ross / Woodle, Ethical issues in increasing living kidney donations by expanding kidney paired exchange programs, in: Transplantation 69 (2000), 1539-1543 und Thiel, Möglichkeiten der Cross-over-Lebendspende bei der Nierentransplantation, in: Kirste (Hg.), Nieren-Lebendspende. Rechtsfragen und Versicherungs-Regelungen für Mediziner, Lengerich 2000, 169-179 (172).

121
Vgl. aus der Fülle der Berichte Daar / Jakobsen / Land / Gutmann / Schneewind / Tahya, Living-donor renal transplantation: Evidence-based justification for an ethical option, in: Transplantation Reviews 11 (1997), 95-109 (98 f.); Steinkohl, „Spender Jochem Hoyer will Angst abbauen", in: Süddeutsche Zeitung v. 27./28.7.1996, 41 und Schuh, „Teile und heile. Ein Arzt spendet einem Fremden seine Niere", in: DIE ZEIT Nr. 32 v. 2.8.1996, 36.

122
Gutmann, Probleme einer gesetzlichen Regelung der Lebendspende von Organen, in: Medizinrecht 1997, 147-155 (150); ders. (für die „Interdisziplinäre Arbeitsgruppe Lebendspende an der Universität München), Ergänzende Stellungnahme zur Anhörung des Ausschusses für Gesundheit des Deutschen Bundestags am 09.10.1996, Ausschuß-Drucksache 703/13, 2(4); Esser, Verfassungsrechtliche Aspekte der Lebendspende von Organen, Düsseldorf 2000, 192.

123
Rittner / Besold / Wandel, Die anonymisierte Lebendspende nach § 9 Satz 1 TPG geeigneter Organe (§ 8 I 2 TPG lege ferenda) – ein Plädoyer pro vita und gegen ärztlichen und staatlichen Paternalismus, in: Medizinrecht 2001, 118-123.

124
Bruns / Debong / Andreas, Das neue Transplantationsgesetz. Was müssen die Krankenhausärzte beachten?, in: Arztrecht 11 (1998), 283-286 (285).

125
Nickel / Schmidt-Preisigke / Sengler, Transplantationsgesetz. Kommentar, Stuttgart 2000, § 8 Rn. 24.

126
Urteil v. 31.1.2001, L 10 VS 28/00; vgl. Schroth, Stellungnahme zu dem Artikel von Bernhard Seidenath, „Lebendspende von Organen: Zur Auslegung des § 8 Abs. 1 S. 2 TPG", in Medizinrecht 1998, 253-256, in: Medizinrecht 1999, 67-68 (67).

127
Vgl. ebenda. In diesem Sinn lautete auch die Antwort der Parlamentarischen Staatssekretärin Christa Nickels vom 23. April 1999 auf die parlamentarische Anfrage der Bundestagsabgeordneten Reichard (Dresden, CDU/CSU) in bezug auf die „Verbesserung der Organspende-Möglichkeiten, z.B. durch Genehmigung von Ringtauschlösungen", Deutscher Bundestag, Drucksache 14/868 vom 30.04.1999, Schriftliche Fragen mit den in der Woche vom 26. April 1999 eingegangenen Antworten der Bundesregierung, 22.

128
Vgl. zum Folgenden Schroth, Die strafrechtlichen Grenzen der Lebendspende, in: Roxin / Schroth / Knauer / Niedermair (Hg.), Medizinstrafrecht, Stuttgart / München ²2001, 271-290 (284 ff.) und Gutmann, Gesetzgeberischer Paternalismus ohne Grenzen? Zum Beschluß des Bundesverfassungsgerichts zur Lebendspende von Organen, in: NJW 1999, 3387-3389.

[129] Vgl. bereits Schroth, Die strafrechtlichen Tatbestände des Transplantationsgesetzes, in: JZ 1997, 1149-1154 (1153). So auch Dippel, Zur Entwicklung des Gesetzes über die Spende, Entnahme und Übertragung von Organen (Transplantationsgesetz – TPG) vom 5.11.1997, in: Ebert et al. (Hg.), Festschrift für Walter Hanack, Berlin / New York 1999, 665-696 (693).

[130] Vgl. Roxin, Strafrecht. Allgemeiner Teil, Band I, München ³1997, § 2 Rn. 23.

[131] Richter Sommer, Einzelvotum zu BVerfGE 90, 145 (213), im Anschluß an BVerfGE 88, 203 (257).

[132] Ebenda, unter Verweis auf BVerfGE 45, 187 (253).

[133] Vgl. bereits Gutmann (für die „Interdisziplinäre Arbeitsgruppe Lebendspende" an der Universität München), Stellungnahme zu den Anhörungen des Ausschusses für Gesundheit des Deutschen Bundestags am 25.09.1996 und 09.10.1996, Ausschuß-Drucksache 591/13, 11.

[134] BVerfG 90, 145 (221 – abw. Meinung Richter Sommer).

[135] Vgl. zum Organbegriff des Transplantationsgesetzes § 1 Abs. 1.

[136] „Zeus habe – so wurde erzählt, den Vogel geschickt, der an der unsterblichen Leber des Prometheus fraß. Alles, was der Adler am Tag verzehrte, wuchs in der Nacht ebenso wieder nach" (Kerényi, Die Mythologie der Griechen, Band I, München 1966, 174).

[137] Marcos, Right lobe living donor liver transplantation: A review, in: Liver Transplantation 6 (2000), 3-20 (5); Marcos / Fisher / Ham, Liver regeneration and function in donor and recipient after right lobe adult to adult living donor liver transplantation, in: Transplantation 69 (2000), 1375-1379. Vgl. auch Price, Legal and ethical aspects of organ transplantation, Cambridge 2000, 256.

[138] Marcos / Fisher / Ham, Liver regeneration and function in donor and recipient after right lobe adult to adult living donor liver transplantation, in: Transplantation 69 (2000), 1375-1379 (1375).

[139] Marcos, Right lobe living donor liver transplantation: A review, in: Liver Transplantation 6 (2000), 3-20 (5); Marcos / Fisher / Ham, Liver regeneration and function in donor and recipient after right lobe adult to adult living donor liver transplantation, in: Transplantation 69 (2000), 1375-1379.

[140] Vgl. zu diesem Kriterium Koch, Aktuelle Rechtsfragen der Lebend-Organspende, in: Kirste (Hg.), Nieren-Lebendspende. Rechtsfragen und Versicherungsregelungen für Mediziner, Lengerich 2000, 49-63 (50).

[141] Dieses verfehlte Argument bringen Nickel / Schmidt-Preisigke / Sengler, Transplantationsgesetz. Kommentar, Stuttgart 2000, § 8 Rn. 13, vor.

[142] § 1 Abs. 2 TPG.

143	Entwurf und Begründung eines Gesetzes über die Spende, Entnahme und Übertragung von Organen (Transplantationsgesetz, TPG), BT-Drs. 13/4355 v. 16.04.1996, 20 (zu § 7 Abs. 1 Satz 2 E-TPG).
144	Vgl. unten, IV.2.
145	Zur grundsätzlichen Unbrauchbarkeit des Kriteriums „Regenerationsfähigkeit des Organs" vgl. in diesem Sinn auch Price, Legal and ethical aspects of organ transplantation, Cambridge 2000, 256.
146	Koch, Aktuelle Rechtsfragen der Lebend-Organspende, in: Kirste (Hg.), Nieren-Lebendspende. Rechtsfragen und Versicherungsregelungen für Mediziner, Lengerich 2000, 49-63 (50).
147	Vgl. BVerfGE 47, 109 (120); 55, 144 (152); 71, 108 (114) 73, 206 (234 ff.).
148	Roxin, Strafrecht, Allgemeiner Teil, Band I, ³1997, § 5 VIII, Rn. 67.
149	BVerfGE 73, 206 (234); 92, 12.
150	BVerfGE 92, 1 (16).
151	1 BvR 2181/98 – 2183/98.
152	Der potentielle Organempfänger sah sich durch § 8 Abs. 1 Satz 2 und § 19 Abs. 2 TPG in seinen Grundrechten aus Art. 1 Abs. 1, Art. 2 Abs. 1 und 2, Art. 3 Abs. 1 und Art. 19 Abs. 1 GG verletzt; der potentielle Organspender rügte eine Verletzung seiner Grundrechte aus Art. 2 Abs. 1, Art. 2 Abs. 2 Satz 2, Art. 1 Abs. 1 und Art. 103 Abs. 2 GG. Der beteiligte Transplantationschirug Prof. Dr. Jochem Hoyer schließlich, der sich 1996 selbst eine Niere entnehmen hatte lassen, um sie altruistisch zu spenden, sah sich in seinen Grundrechten aus Art. 12 Abs. 1, Art. 4 Abs. 1, Art. 1 Abs. 1, Art. 2 Abs. 1 und 2 sowie Art. 103 Abs. 2 GG verletzt.
153	Von den Verfassungsorganen und Organisationen, die das Bundesverfassungsgericht aufgefordert hat, eine Stellungnahme zu den Verfahren abzugeben, haben sich – teils umfänglich – das Bundesministerium für Gesundheit, die Bundesärztekammer, die Deutsche Transplantationsgesellschaft, das Kirchenamt der EKD, der Vorsitzende der Deutschen Bischofskonferenz und der Verein „Dialysepatienten Deutschlands e.V." geäußert. Nicht oder nicht zur Sache geantwortet haben der Deutsche Bundestag, der Bundesrat und die Deutsche Stiftung Organtransplantation.
154	Vgl. zur Bedeutung dieses Grundrechts für die Lebendorganspende nunmehr Esser, Verfassungsrechtliche Aspekte der Lebendspende von Organen, Düsseldorf 2000, 79, und bereits Gutmann, Lebendspende von Organen – nur unter Verwandten?, in: Zeitschrift für Rechtspolitik 1994, 111-114 (113).
155	Vgl. zum Folgenden Sachs, Organentnahme bei lebenden Personen (Transplantationsgesetz) [zur Entscheidung des Bundesverfassungsgerichts vom 13.8.1999], in: JuS 2000, 393-395; Gutmann, Gesetzgeberischer Paternalismus ohne Grenzen? Zum Beschluß des Bundesverfassungsgerichts zur Lebendspende von Organen, in: NJW 1999, 3387-3389; Esser, Verfassungsrechtliche Aspekte der Lebendspende von Organen, Düsseldorf 2000, 79, 185 ff., 194, sowie

Seidenath, Anmerkung: Zur Verfassungsmäßigkeit der Regelung der Organentnahme bei Lebenden im Transplantationsgesetz, in: Medizinrecht 2000, 33-35.

156 Entwurf und Begründung eines Gesetzes über die Spende, Entnahme und Übertragung von Organen (Transplantationsgesetz, TPG), BT-Drs. 13/4355 v. 16.04.1996, 10 f.

157 Entwurf und Begründung eines Gesetzes über die Spende, Entnahme und Übertragung von Organen (Transplantationsgesetz, TPG), BT-Drs. 13/4355 v. 16.04.1996, 14.

158 So die Gesetzesbegründung, Bundestags-Drucksache 13/4355, 20. Richtig *insoweit* auch die Empfehlungen der Bundesärztekammer zur Lebendorganspende (Deutsches Ärzteblatt 97, 2000, A 3287 f.), die ausführen, die Lebendorganspende könne und solle „das Verfahren der postmortalen Organspende [...] nicht generell ersetzen."

159 Zusammenfassend Tarantino, Why should we implement living donation in renal transplantation, in: Clinical Nephrology 53 (2000), 55-63 (58).

160 Cecka, Results of more than 1000 recent living-unrelated donor transplants in the United States, in: Transplantation Proceedings 31 (1999), 234. Nur 12 % der Erstempfänger von Leichennieren erhalten Organe mit keinem HLA-mismatch, vgl. ebenda.

161 Vgl. U.S. Scientific Registry of Transplant Recipients and Organ Procurement and Transplantation Network (UNOS), 2000 Annual Report Transplant Data 1990-1999; Data Highlights – Kidney Characteristics, http://www.unos.org/Data/, für die 5-Jahres-Transplantatüberlebensrate (70,8 % gegenüber 71,6 %).

162 Quelle: Terasaki / Cecka / Gjertson / Takemoto, High survival rates of kidney transplants from spousal and living unrelated donors, in: The New England Journal of Medicine 333 (1995), 333-336; hier nach der deutschen Übersetzung in: Fahlenkamp / Schönberger / Tufveson / Loening, Lebendspende-Nierentransplantation, Podium Urologie 3 (3-89412-300-1), Wien 1997, 159-167 (160). Die Verfasser danken dem Blackwell Wissenschafts-Verlag, Berlin.

163 Cecka, Results of more than 1000 recent living-unrelated donor transplants in the United States, in: Transplantation Proceedings 31 (1999), 234.

164 British Transplantation Society and the Renal Association, United Kingdom guidelines for living donor kidney transplantation, London 2000, 7.

165 Mange / Joffe / Feldman, Effect of the use or nonuse of long-term dialysis on the subsequent survival of renal transplants from living donors, New England Journal of Medicine 344 (March 8, 2001), 726 ff.

166 In den USA werden etwa ein Viertel der Nierenlebendspenden unter Erwachsenen durchgeführt, bevor der Empfänger eine langfristige Dialysebehandlung beginnt, vgl. Mange / Joffe / Feldman, Effect of the use or nonuse of long-term dialysis on the subsequent survival of renal transplants from living donors, New England Journal of Medicine 344 (2001), 726 ff. (727). Unter den Lebendorgantransplantationen mit nichtverwandten Spendern waren in Norwegen

bis 1998 bereits fast 40% und 1998 die Hälfte präemptiv, vgl. Foss / Leivestad / Brekke et al., Unrelated living donors in 141 kidney transplantations, in: Transplantation 88 (1998), 49-52.

Zu den unterschiedlichen Einstellungen der verantwortlichen Ärzte in Europa zur präemptiven Transplantation im Jahr 1995 vgl. EUROTOLD Project Management Group, Questioning attitudes to living donor transplantation. European multicentre study: Transplantation of organs from living donors – ethical and legal dimensions, Leicester 1996, 128 ff.

167 Vgl. Kasiske / Snyder / Matas et al., Pre-emptive transplantation: The advantages and the advantaged, 2000, in: United States Renal Data System (USRDS) Presentations, http://www.usrds.org/pres/, und Thiel, Emotionally related living kidney donation: pro and contra, in: Nephrology Dialysis Transplantation 12 (1997), 1820-1824 (1821) sowie ders., Living kidney donor transplantation – new dimensions, in: Transplantation International 11 Suppl. 1 (1998), S50-S56 (S51 f.).

168 Hunsicker, A survival advantage for renal transplantation (Editorial), in: New England Journal of Medicine 341 (1999), 1762 f. (1762).

169 Donnelly / Oman / Henderson / Opelz, Predialysis Living Donor Renal Transplantation: Is it still the „Gold Standard" for Cost, Convenience, and Graft Survival?, in: Transplantation Proceedings 27 (1995), 1444-1446.

170 Am 31.12.1999 befanden such 9.513 deutsche Patienten auf der Warteliste für Nieren und 425 auf der Warteliste für Lebern; Mitteilung der Stiftung Eurotransplant, Leiden.

171 Einer Meldung der Süddeutschen Zeitung vom 12.03.1998 zufolge rechnet man in Deutschland für das Jahr 2004 mit über 70.000 Dialysepatienten, gegenwärtig sind es etwa 50.000.

172 Testa / Malago / Broelsch, Living donor liver transplantation in adults, in: Langenbeck's Archives of Surgery 384 (1999), 536-543 (536). Bei 966 Neuanmeldungen starben im Jahr 1999 151 Patienten auf der Warteliste bei Eurotransplant; 70 weitere Erkrankte mußten wegen ihres schlechten Allgemeinzustandes von der Liste genommen werden, vgl. Smit / Molzahn / Kirste / Grupp / Köhler, Organspende und Transplantation in Deutschland 1999, Deutsche Stiftung für Organtransplantation, Neu-Isenburg 2000, 42.

173 Smit / Molzahn / Kirste / Grupp / Köhler, Organspende und Transplantation in Deutschland 1999, Deutsche Stiftung für Organtransplantation, Neu-Isenburg 2000, 31.

174 Vgl. in diesem Sinn auch Price, Legal and ethical aspects of organ transplantation, Cambridge 2000, 267 f.

175 British Transplantation Society and the Renal Association, United Kingdom guidelines for living donor kidney transplantation, London 2000, 6.

176 Vgl. die amerikanische Großstudie von Wolfe / Ashby / Milford et al., Comparison of mortality in all patients on dialysis, patients on dialysis awaiting transplantation, and recipients of a first cadaveric transplant, in: New England Journal of Medicine 341 (December 2, 1999), 1725 ff. Das amerikanische nationale Nieren-Register (USRDS = United States Renal Data

System) stellte 1993 fest, daß die Überlebenswahrscheinlichkeit für einen Diabetiker nach 5-jähriger Dialysezeit statistisch nur noch knapp 20 Prozent beträgt, für einen mit einem lebend gespendeten Organ versorgten Diabetiker nach ebenfalls 5 Jahren hingegen etwa 80 Prozent (Daten vorgestellt von Prof. Dr. med. Heidbreder, Medizinische Universitätsklinik Würzburg, auf dem Symposium Nierentransplantation, Iphofen, 27.11.1998).

177 Vgl. bereits Gutmann, Probleme einer gesetzlichen Regelung der Lebendspende von Organen, in: Medizinrecht 1997, 147-155 (152) und im Anschluß an diesen Koch, Rechtsfragen der Organübertragung vom lebenden Spender, in: Zentralblatt für Chirurgie 124 (1999), 718-724 (722).

178 Vgl. etwa BVerfGE 39, 1 (42); 46, 160; 49, 89 (140 ff.); 53, 30 (57 ff.); 56, 54 (78); 88, 203 (253 ff.); kritisch gegenüber einer Übertragung der Schutzpflichtdogmatik auf den Bereich der Lebendorganspende ist Esser, Verfassungsrechtliche Aspekte der Lebendspende von Organen, Düsseldorf 2000, 196.

179 Insoweit gilt, was das Bundesverfassungsgericht zu § 8 Abs. 1 Satz 2 TPG ausgeführt hat, auch hier: Wird dem Patienten durch die Subsidiaritätsregel eine schlechtere Therapie aufgezwungen, stellt diese Beeinträchtigung eine adäquate Folge staatlicher Tätigkeit dar, die dieser normativ zurechenbar ist, und löst den Abwehrcharakter des Art. 2 Abs. 2 Satz 1 GG aus. Als Abwehrrecht sichert dieses Grundrecht den Einzelnen grundsätzlich auch gegen staatliche Maßnahmen, die lediglich mittelbar zu einer Verletzung des Lebens oder der körperlichen Unversehrtheit führen. Vgl. BVerfG, Beschluß zur Organentnahme bei lebenden Personen vom 11.8.1999 (1 BvR 2181-83/98), NJW 1999, 3399-3404 (3401).

180 BVerfGE 52, 131 (173 f., Sondervotum); vgl. nunmehr auch BVerfGE 89, 120 (130) und Esser, Verfassungsrechtliche Aspekte der Lebendspende von Organen, Düsseldorf 2000, 1956 f.

181 Forst, Kontexte der Gerechtigkeit, Frankfurt a. Main 1994, 435, im Anschluß an Honneth.

182 So die Antwort der Parlamentarischen Staatssekretärin Christa Nickels vom 23. April 1999 auf die parlamentarische Anfrage der Bundestagsabgeordneten Reichard (Dresden, CDU/CSU) in bezug auf die „Verbesserung der Organspende-Möglichkeiten, z.B. durch Genehmigung von Ringtauschlösungen", Deutscher Bundestag, Drucksache 14/868 vom 30.04.1999, Schriftliche Fragen mit den in der Woche vom 26. April 1999 eingegangenen Antworten der Bundesregierung; sub 33, und bereits die Begründung des Entwurfs eines Gesetzes über die Spende, Entnahme und Übertragung von Organen (Transplantationsgesetz, TPG), BT-Drs. 13/4355 v. 16.04.1996, 20.

183 Vgl. hierzu näher V.2.1.

184 Zur Organallokation vgl. Gutmann / Land, Ethische und rechtliche Fragen der Organverteilung: Der Stand der Debatte, in: Seelmann / Brudermüller (Hg.), Organtransplantation, 2000, 87-137 und Gutmann / Fateh-Moghadam, Rechtsfragen der Organverteilung. Das Transplantationsgesetz, die „Richtlinien" der Bundesärztekammer und die Empfehlungen der Deutschen Gesellschaft für Medizinrecht, in: Oduncu / Schroth / Vossenkuhl (Hg.), Organtransplantation – Organgewinnung, Verteilung und Perspektiven, 2001, i.E.

185 Die Verfasser danken Prof. em. Dr. theol. Johannes Gründel für dieses Argument.

186 Vgl. Price, Legal and ethical aspects of organ transplantation, Cambridge 2000, 266.

187 So bereits Koch, Rechtsfragen der Organübertragung vom lebenden Spender, in: Zentralblatt für Chirurgie 124 (1999), 718-724 (722).

188 Vgl. Beschlußempfehlung und Bericht des Ausschusses für Gesundheit (14. Ausschuß), u.a. zu dem Gesetzentwurf der Fraktionen der CDU/CSU, SPD und F.D.P. [Drucksache 13/4355] Entwurf eines Gesetzes über die Spende, Entnahme und Übertragung von Organen (Transplantationsgesetz - TPG), Bundestags-Drucksache 13/8017 v. 23.06.1997, 11.

189 Vgl. Gutmann (für die „Interdisziplinäre Arbeitsgruppe Lebendspende" an der Universität München), Stellungnahme zu den Anhörungen des Ausschusses für Gesundheit des Deutschen Bundestags am 25.09.1996 und 09.10.1996, Ausschuß-Drucksache 591/13, 7 ff.

190 Schreiber, Recht und Ethik der Lebend-Organtransplantation, in: Kirste (Hg.), Nieren-Lebendspende. Rechtsfragen und Versicherungsregelungen für Mediziner, Lengerich 2000, 33-44 (39).

191 Bundesärztekammer, Empfehlungen zur Lebendorganspende, in: Deutsches Ärzteblatt 97 (2000), A 3287 f.

192 Vgl. auch Nickel / Schmidt-Preisigke / Sengler, Transplantationsgesetz. Kommentar, Stuttgart 2000, § 8 Rn. 11.

193 Vgl. auch Nickel / Schmidt-Preisigke / Sengler, Transplantationsgesetz. Kommentar, Stuttgart 2000, § 8 Rn. 11.

194 Vgl. für die Rechtsordnung der Bundesrepublik BVerfGE 33, 125 (160); bestätigend BVerfGE 33, 303 (346); sowie (mit weiteren Nachweisen, hier am Beispiel der Frage der Organallokation) Gutmann / Fateh-Moghadam, Rechtsfragen der Organverteilung, in: Oduncu / Schroth / Vossenkuhl (Hg.): Organtransplantation – Organgewinnung, Verteilung und Perspektiven, 2001, i.E.

195 Ebenso Nickel / Schmidt-Preisigke / Sengler, Transplantationsgesetz. Kommentar, Stuttgart 2000, § 8 Rn. 11.

196 Thiel, 5 Jahre Schweizer Nierenlebendspende-Register (SNLR 1993-1998), in: Abstracts der 7. Schweizerischen Transplantationstagung, 29./30.01.1999, 33-34; ders., Living kidney donor transplantation – new dimensions, in: Transplantation International 11 Suppl. 1 (1998), S50-S56 (S54 f.).

197 So aber Entwurf und Begründung eines Gesetzes über die Spende, Entnahme und Übertragung von Organen (Transplantationsgesetz, TPG), BT-Drs. 13/4355 v. 16.04.1996, 20 und Nickel / Schmidt-Preisigke / Sengler, Transplantationsgesetz. Kommentar, Stuttgart 2000, § 8 Rn. 7.

| 198 | Vgl. hierzu bereits Gutmann, Probleme einer gesetzlichen Regelung der Lebendspende von Organen, in: Medizinrecht 1997, 147-155 (152) sowie zu den einschlägigen Risiken unten, IV.2. |

| 199 | Vgl. Niedermair, Körperverletzung mit Einwilligung und die Guten Sitten, München 1999, 129 ff., sowie, ihm folgend, Schroth, Die strafrechtlichen Grenzen der Lebendspende, in: Roxin / Schroth / Knauer / Niedermair (Hg.), Medizinstrafrecht, Stuttgart / München ²2001, 271-290 (272). |

| 200 | Vgl. Feinberg, The moral limits of the criminal law, III: Harm to self, New York 1986; Dworkin, Die Grenzen des Lebens. Abtreibung, Euthanasie und persönliche Freiheit, Reinbek 1994, 275 ff., 280; British Transplantation Society and the Renal Association, United Kingdom guidelines for living donor kidney transplantation, London 2000, 10; Spital, The ethics of unconventional living organ donation, in: Clinical Transplantation 5 (1991), 322-326 und Caplan, Commentary: Living dangerously. The morality of using living persons as donors of lobes of liver for transplantation, in: Cambridge Quarterly of Healthcare Ethics 4 (1992), 311-317. |

| 201 | Vgl. Feinberg, The moral limits of the criminal law, III: Harm to self, New York 1986; Dworkin, Die Grenzen des Lebens. Abtreibung, Euthanasie und persönliche Freiheit, Reinbek 1994, 275 ff., 280; Spital, The ethics of unconventional living organ donation, in: Clinical Transplantation 5 (1991), 322-326 und Caplan, Commentary: Living dangerously. The morality of using living persons as donors of lobes of liver for transplantation, in: Cambridge Quarterly of Healthcare Ethics 4 (1992), 311-317. |

| 202 | BVerfG, Beschluß zur Organentnahme bei lebenden Personen vom 11.8.1999 (1 BvR 2181-83/98), NJW 1999, 3399 (3401). Vgl. insbesondere BVerfG NJW 1979, 1925 (1930 f., Minderheitsvotum) und zum Ganzen Schwabe, Der Schutz des Menschen vor sich selbst, in: JZ 1998, 66-75 m.w.N. |

| 203 | Vgl. §§ 137 ff. SGB V. |

| 204 | Das Transplantationsgesetz sieht für die Bundesärztekammer nur wenige Aufgaben im Bereich der Lebendspende von Organen vor. Sie beschränken sich im wesentlichen auf das Feld der Richtlinien betreffend Schutzmaßnahmen und Qualitätssicherung. Nach § 16 Abs. 1 Nr. 4 und Nr. 6 TPG stellt die Bundesärztekammer den Stand der Erkenntnisse der medizinischen Wissenschaft in Richtlinien fest für „die Anforderungen an die im Zusammenhang mit einer Organentnahme zum Schutz der Organempfänger erforderlichen Maßnahmen einschließlich ihrer Dokumentation, insbesondere an [...] die Untersuchung des Organspenders, der entnommenen Organe und der Organempfänger, um die gesundheitlichen Risiken für die Organempfänger, insbesondere das Risiko der Übertragung von Krankheiten, so gering wie möglich zu halten, und [...] die Anforderungen an die im Zusammenhang mit einer Organentnahme und -übertragung erforderlichen Maßnahmen zur Qualitätssicherung [§ 10 Abs. 2 Nr. 5 TPG]." Diese Richtlinien betreffen nach dem Wortlaut des Gesetzes auch den Bereich der Lebendspende. |

205 Deutsches Ärzteblatt 97 (2000), A 3287 (3288).

206 National Kidney Foundation / American Society of Transplantation / American Society of Transplant Surgeons / American Society of Nephrology et al., Consensus statement on the live organ donor, JAMA 284 (13.12.2000), 2919-2926 (2120).

207 Vgl. zu den diesbezüglichen Münchener Erfahrungen Land, Lebendspende-Nierentransplantation unter erhöhtem Risiko beim Empfänger: Die Schwierigkeit bei Beurteilung der Transplantabilität – ein Kommentar, in: Transplantationsmedizin 12 (2000), 156-158.

208 In den Entwurf der Empfehlungen zur Lebendorganspende (Stand 30.11.1999) fand immerhin noch der Satz Eingang: „Auch bei der Lebendspende-Transplantation ist das Kriterium der Erfolgsaussicht entsprechend den Richtlinien für die Aufnahme in die Warteliste der jeweiligen Organe entsprechend den Regeln für die postmortale Organspende zu berücksichtigen".

209 Vgl. Maunz / Dürig / Herzog / Scholz et al., Grundgesetz, Kommentar, München (Loseblatt), Art. 2 Abs. 2, Rn. 10 f.

210 National Kidney Foundation / American Society of Transplantation / American Society of Transplant Surgeons / American Society of Nephrology et al., Consensus statement on the live organ donor, JAMA 284 (13.12.2000), 2919-2926 (2120).

211 British Transplantation Society and the Renal Association, United Kingdom guidelines for living donor kidney transplantation, London 2000, 73.

212 Ebenda.

213 BVerfGE 69, 315, 355; 83, 130, 152 m.w.N.

214 Dies verkennt Esser, Verfassungsrechtliche Aspekte der Lebendspende von Organen, Düsseldorf 2000, 125 ff.

215 Entwurf und Begründung eines Gesetzes über die Spende, Entnahme und Übertragung von Organen (Transplantationsgesetz, TPG), BT-Drs. 13/4355 v. 16.04.1996, 21.

216 Ebenda.

217 Schroth / Schneewind / Elsässer / Land / Gutmann, Patientenautonomie am Beispiel der Lebendspende von Nieren (Projekt im Rahmen der Förderinitiative Bioethik der Deutschen Forschungsgemeinschaft, 2001-2003), Antrag vom April 2000.

218 Vgl. die Aufstellung der Länderregelungen im Anhang.

219 Bundesärztekammer, Empfehlungen zur Lebendorganspende, in: Deutsches Ärzteblatt 97 (2000), A 3287-3288 (3288).

220 Kritiker des Kommissionsverfahrens befürchteten negative Auswirkungen auf die Vertrauensbildung zwischen Patienten und ärztlichen Behandlern, vgl. Wolff, Stellungnahme zur Anhörung des Gesundheitsausschusses des Deutschen Bundestags am 9.10.1996, Ausschußdrucksache 593/13, 16.

221	Vgl. oben, 2.2.1.5.
222	Vgl. zum Folgenden Schroth, Die strafrechtlichen Grenzen der Lebendspende, in: Roxin / Schroth / Knauer / Niedermair (Hg.), Medizinstrafrecht, Stuttgart / München ²2001, 271-290 (271 ff.).
223	Walter, Organentnahme nach dem Transplantationsgesetz – Befugnisse der Angehörigen, in: FamRZ 1998, 201-211 (203 f.).
224	Ulsenheimer, Strafrechtliche Aspekte der Organtransplantation, in: Laufs / Uhlenbruck et al., Handbuch des Arztrechts, München ²1999, § 142, 1164-1173 (Rn. 26); Uhlenbruck, Die zivilrechtlichen Probleme der Organtransplantation, in: Laufs / Uhlenbruck et al., Handbuch des Arztrechts, München ²1999, § 131, 1040-1050 (Rn. 14); bereits vor Erlaß des Transplantationsgesetzes in diesem Sinn etwa Carstens, Das Recht der Organtransplantation, Frankfurt a. Main u.a. 1978, 4; Voll, Die Einwilligung im Arztrecht, Frankfurt a. Main 1996, 232; Schreiber / Wolfslast, Entwurf für ein Transplantationsgesetz, in: Medizinrecht 1992, 189-195 (193); Hirsch / Schmidt-Didczuhn, Transplantation und Sektion. Die rechtliche und rechtspolitische Situation nach der Wiedervereinigung, Heidelberg 1992, 9. Vgl. zu diesem Prinzip auch Price, Legal and ethical aspects of organ transplantation, Cambridge 2000, 272.
225	Vgl. hierzu die Beiträge von Schneewind, u.a. Psychologische Aspekte der Lebendnierenspende, in: Zeitschrift für Transplantationsmedizin 5 (1993), 89-96; ders., Psychological aspects in living organ donation, in: Collins / Dubernard / Persijn / Land (Eds.), Procurement and preservation of vascularized organs, Dordrecht 1997, 325-330; ders. / Ney / Hammerschmidt / Oerter / Pabst / Schultz-Gambard, Veränderungserwartungen und faktische Veränderungen der Lebensgestaltung bei Nierentransplantation: Ein Vergleich zwischen verwandten und nichtverwandten Spender-Empfänger-Paaren, in: Transplantationsmedizin 12 (2000), 164-173.
226	So nunmehr auch Esser, Verfassungsrechtliche Aspekte der Lebendspende von Organen, Düsseldorf 2000, 142 f.
227	Vgl. hierzu näher unten, V.2.3.
228	Hierzu ausführlich Niedermair, Körperverletzung mit Einwilligung und die Guten Sitten, München 1999, 224 ff., 229 ff.
229	Vgl. umfassend Roxin, Strafrecht. Allgemeiner Teil, Band I, München ³1997, § 11, mit umfänglichen Nachweisen.
230	Hierzu ausführlich Roxin, a.a.O.
231	Entwurf und Begründung eines Gesetzes über die Spende, Entnahme und Übertragung von Organen (Transplantationsgesetz, TPG), BT-Drs. 13/4355 v. 16.04.1996, 22.
232	Vgl. – unter Einschluß von neueren Dokumenten – beispielsweise American Medical Association Council on Ethical and Judicial Affairs, The use of minors as organ and tissue donors (Policy E-2.167), in: Code of Medical Ethics Report 5 (1994), 229-242; American Society of Transplant Surgeons Ethics Committee, American Society of Transplant Surgeons' position

paper on adult-to-adult-living donor liver transplantation, Originaldokument vom 25.5.2000; veröffentlicht in: Liver Transplantation 6 (2000), 815-817; Arbeitsgemeinschaft der Transplantationszentren in der Bundesrepublik Deutschland e.V., Transplantationskodex, 1987; Bundesärztekammer, Empfehlungen zur Lebendorganspende, in: Deutsches Ärzteblatt 97 (2000), A 3287 f.; Deutsche Transplantationsgesellschaft (DTG), Transplantationskodex, in: Medizinrecht 1995, 154 f.; British Transplantation Society, Towards standards for organ and tissue transplantation in the United Kingdom, Richmond Surrey 1998; British Transplantation Society and the Renal Association, United Kingdom guidelines for living donor kidney transplantation, London 2000; Council of the Transplantation Society, Commercialization in transplantation: The problems and some guidelines for practice, in: Lancet 2 (1985), 715-716; General Medical Council (London), Guidance for doctors on transplantation of organs from live donors vom 22.12.1992, in: Fluss, Trade in Human Organs: National and International Responses, in: Englert (Ed.), Organ and tissue transplantation in the European Union: Management of difficulties and health risks linked to donors, Dordrecht 1995, 74-98, Annex 1 (84 f.); National Kidney Foundation / American Society of Transplantation / American Society of Transplant Surgeons / American Society of Nephrology et al., Consensus statement on the live organ donor, in: Journal of the American Medical Association [JAMA] 284 (13.12.2000), 2919-2926; U.S. Task Force on Organ Transplantation, Organ transplantation. Issues and recommendations, Washington 1986; United Network for Organ Sharing 1991 Ethics Committee, Ethics of organ transplantation from living donors, in: Transplantation Proceedings 24 (1992), 2236-2237 sowie World Health Organisation. Guiding principles on human organ transplantations, in: Lancet 337 (1991), 1470-1471, sowie in: World Health Organisation, Human organ transplantation. A report on developments under the auspices of World Health Organisation (1987-1991), Geneva 1991.

233 Vgl. etwa Giesen, International Medical Malpractice Law, Tübingen 1988; Fischer / Lilie, Ärztliche Verantwortung im europäischen Rechtsvergleich, Köln u.a. 1999, 33 ff. und die Landesberichte im Anhang; Leenen / Gevers / Pinet, The rights of Patients in Europe. A comparative study, Deventer u.a., 1993 sowie für den Bereich des *common law* Kennedy / Grubb (Eds.), Principles of Medical Law, Oxford 1998.

234 Gesetzliche Regelungen fehlen etwa in Irland.

235 Vgl. Nielsen, Living organ donors – Legal perspectives from Western Europe, in: Price / Akveld (Eds.), Living organ donation in the nineties: European medico-legal perspectives (EUROTOLD), Leicester 1996, 63-77 (74).

236 Vgl. Price, The texture and content of living donor transplant laws and policies, in: Transplantation Proceedings 28 (1996), 378-379 (378) und Scott, The body as property, New York 1981, 235 ff. („The creation of clear rules, the elimination of legal confusion, and the official endorsement of personal autonomy are some of the advantages of express legal permission for living organ donation"); sowie Price, Legal and ethical aspects of organ transplantation, Cambridge 2000, 18 f, 231.

237 In Deutschland wird dies verfassungsrechtlich durch den rechtsstaatlichen Grundsatz des Vorbehalts des Gesetzes umgesetzt, insbesondere in der spezifischen Ausprägung, die er durch die „Wesentlichkeitsrechtsprechung" des Bundesverfassungsgerichts erfahren hat; vgl. BVerfGE 33, 125 (158); 33, 303 (337); 34, 52 (60); 34, 165 (192 f.); 40, 237 (249); 45, 400 (417); 47, 46 (78f.); 49, 89 (126 ff.); 57, 295 (327); 61, 260 (275); 76, 1 (74 f.); 83, 130 (142, 152).

238 Vgl. für die Rechtsordnung der Bundesrepublik BVerfGE 33, 125 (160); bestätigend BVerfGE 33, 303 (346); sowie Scholz, Instrumentale Beherrschung der Biotechnologie durch die Rechtsordnung, in: Gesellschaft für Rechtspolitik Trier (Hg.), Bitburger Gespräche, Jahrbuch 1986/1, 59 ff. (88) sowie Laufs, Rechtliche Grenzen der Fortpflanzungsmedizin, 1987, 19 f., sowie (am Beispiel der Frage der Organallokation) Gutmann / Fateh-Moghadam, Rechtsfragen der Organverteilung, in: Oduncu / Schroth / Vossenkuhl (Hg.): Organtransplantation – Organgewinnung, Verteilung und Perspektiven, 2001, i.E.

Kritisch zu standesrechtlicher Selbstregulierung auf dem Gebiet der Lebendspende äußern sich auch Nielsen, Living organ donors – Legal perspectives from Western Europe, in: Price / Akveld (Eds.), Living organ donation in the nineties: European medico-legal perspectives (EUROTOLD), Leicester 1996, 63-77 (73) und Nys, Desirable characteristics of living donation transplant legislation, im selben Band, 127-137 (128).

239 Dickens / Fluss / King, Legislation in organ and tissue donation, in: Chapman / Deierhoi / Wight (Eds.), Organ and tissue donation for transplantation, London 1997, 95-119 (95) unter Verweis auf Gerson, Refining the law of organ donation: lessons from the French law of presumed consent, in: Journal of International Law and Politics (19) 1987, 1013-1032.

240 Zu beachten ist, daß die jeweiligen nationalen Gesetze sehr unterschiedlichen Definitionen dessen folgen, was mit den Begriffen „Organ" oder „Gewebe" gemeint sein soll, vgl. Dickens / Fluss / King, Legislation in organ and tissue donation, in: Chapman / Deierhoi / Wight (Eds.), Organ and tissue donation for transplantation, London 1997, 95-119, 106 (97 f.). Soweit möglich und nötig werden entsprechende Differenzierungen im folgenden getroffen werden.

241 Vgl. zum internationalen Standard bereits Giesen, International Medical Malpractice Law, Tübingen 1988, 608 f., Rn. 1289 ff.

242 Vgl. insoweit auch Wolfslast, Comparative European legislation on organ procurement, in: Baillière's Clinical Anaesthesiology 13 (1999), 117-119 (118) und Price, Legal and ethical aspects of organ transplantation, Cambridge 2000, 228.

243 Council of Europe, Resolution 78 (29) on harmonisation of legislations of member states relating to removal, grafting and transplantation of human substances, 1978.

244 Council of Europe, Convention for the Protection of Human Rights and Dignity of the Human Being with Regard to the Application of Biology and Medicine (Convention on Human Rights and Biomedicine) vom 4.4.1997, European Treaty Series No. 164 ; Secretary General of the Council of Europe, Explanatory Report to the Convention on Human Rights and Biomedicine, 17.12.1996.

245	Vgl. Art 1 (2) der Konvention.
246	Council of Europe, Recommendation No R(97)16 of the Committee of Ministers to member states on liver transplantation from living related donors, 30.9.1997; abrufbar auch unter http://www.social.coe.int/en/qoflife/recomm/R(97)16.htm.
247	Council of Europe, Steering Committee on Bioethics (CDBI), Draft additional Protocol to the Convention of Human Rights and Biomedicine, on Transplantation of Organs and Tissues of Human Origin, in der von dem CDBI am 5.-8. Juni 2000 verabschiedeten Fassung, Strasbourg 2000; abrufbar auch unter http://www.social.coe.int/en/ qoflife/publi/steercom.htm; sowie die Entwurfsfassung des Zusatzprotokolls mit Stand vom 6.1.1999 (Council of Europe, Committee of Ministers, Steering Committee on Bioethics, Draft Additional Protocol to the Convention for the Protection of Human Rights and Dignity with regard to the Application of Biology and Medicine, on Transplantation of Human Organs and Tissues of Human Origin, Dokument CM [98]212 Addendum I).
248	Gemäß Artikel 31 (2) der Konvention liegen die die Konvention ergänzenden Protokolle nur für die Unterzeichner des Übereinkommens zur Unterzeichnung auf. Sie bedürfen der Ratifikation, Annahme oder Genehmigung. Ein Unterzeichner kann die Protokolle ohne vorherige oder gleichzeitige Ratifikation, Annahme oder Genehmigung des Übereinkommens nicht ratifizieren, annehmen oder genehmigen.
249	Vgl. Nielsen, Living organ donors – Legal perspectives from Western Europe, in: Price / Akveld (Eds.), Living organ donation in the nineties: European medico-legal perspectives (EUROTOLD), Leicester 1996, 63-77 (75).
250	Vgl. Roscam Abbing, Organ transplantation: Challenges for the EU, in: Englert (Ed.), Organ and tissue transplantation in the European Union: Management of difficulties and health risks linked to donors, Dordrecht 1995, 18-23.
251	Ebenda, 19 und 22. Dazu, daß die Gewährleistung eines hohen Verbraucherschutzniveaus die EU auch zu Maßnahmen gegen den Organhandel ermächtigen soll, sowie zur Forderung nach einem offensiveren Vorgehen der Gemeinschaft auf diesem Gebiet vgl. Roscam Abbing, Organ trading: Responsibilities of the EU countries, in: Englert (Ed.), Organ and tissue transplantation in the European Union: Management of difficulties and health risks linked to donors, Dordrecht 1995, 99-102. In diesem Sinn auch EUROTOLD Project Management Group, Questioning attitudes to living donor transplantation. European multicentre study: Transplantation of organs from living donors – ethical and legal dimensions, Leicester 1996, 141.
252	EUROTOLD Project Management Group, Questioning attitudes to living donor transplantation. European multicentre study: Transplantation of organs from living donors – ethical and legal dimensions, Leicester 1996.
253	Europäisches Parlament, Resolution on Prohibiting Trade in Transplant Organs vom 14.9. 1993, in: Fluss, Trade in Human Organs: National and International Responses, in: Englert (Ed.), Organ and tissue transplantation in the European Union: Management of difficulties and health risks linked to donors, Dordrecht 1995, 74-98, Annex 4 (92 ff.). Die Resolution em-

pfahl u.a. Schritte zur Sicherstellung der „maximalen Verwendung von Lebendspendern" für die Nierentransplantation; beschränkte dieses Ziel aber auf „familienangehörige" Spender (Ziffer 6 [d]) und forderte die Kommission der Europäischen Gemeinschaft auf, in einem Verhaltenskodex für die Transplantationsmedizin die Entnahme von Organen bei Minderjährigen und nicht geschäftsfähigen Erwachsenen zu untersagen (Ziffer 5 [e]).

254 Vgl. Roscam Abbing, Organ transplantation: Challenges for the EU, in: Englert (Ed.), Organ and tissue transplantation in the European Union: Management of difficulties and health risks linked to donors, Dordrecht 1995, 18-23 (19).

255 Vgl. Bia / Ramos / Danovitch et al., Evaluation of living renal donors, in: Transplantation 60 (1995), 322-327.

256 EUROTOLD Project Management Group, Questioning attitudes to living donor transplantation. European multicentre study: Transplantation of organs from living donors – ethical and legal dimensions, Leicester 1996, 99 f.

257 Vgl. für den Rechtsbereich des *common law* auch Dickens, Donation and transplantation of organs and tissues, in: Kennedy / Grubb (Eds.) Principles of Medical Law, Oxford 1998, 787-842 (820) und Price, Legal and ethical aspects of organ transplantation, Cambridge 2000, 233.

258 Gesetz Nr. 32 vom 13. Juni 1986 über die Entnahme und Transplantation von Organen, Art. 8 § 1 S. 1.

259 Gesetz Nr. 94-654 vom 29.7.1994, Einfügung von „Titre I" am Beginn des VI. Buches des „Code de la santé publique", hier Art. L. 665-11 („Principes generaux") sowie Einfügung von „Chapitre I" in „Titre III" des VI. Buches des „Code de la santé publique", hier Art. L. 671-3.

260 Gesetz Nr. 12 vom 22. April 1993 über die Entnahme und Transplantation menschlicher Organe und Gewebe, Sec. 8 Abs. 1.

261 Königliches Dekret Nr. 2070 über die Entnahme und klinische Verwendung von menschlichen Organen und die räumliche Koordination bei Spende und Transplantation von Organen und Geweben vom 30. Dezember 1999, Art. 9 Abs. 1 Buchst. c; Gesetz Nr. 30 vom 27. Oktober 1979 über die Entnahme und Transplantation von Organen, Art. 4 Buchst. c.

262 Gesetz Nr. 355 vom 26. April 1985 über die Entnahme menschlicher Organe und Gewebe für medizinische Zwecke, Sec. 3 Abs. 2.

Nach Mitteilung von Salmela Kaija (Helsinki University Central Hospital) vom 19.3.2001 befndet sich in Finnland ein neues Transplantationsgesetz in Vorbereitung, das Ende 2001 in Kraft treten soll.

263 Gesetz Nr. 1383 vom 2. August 1983 über die Entnahme und Transplantation menschlicher Organe und Gewebe; vgl. World Health Organisation, Legislative responses to organ transplantation, Dordrecht/Boston/London 1994, 211.

264 Nr. 458 über die Nierentransplantation zwischen lebenden Personen vom 26. Juni Dezember 1967, Art. 2 Abs. 3; Gesetz Nr. 482 über die Transplantation von Leberteilen vom 16. Gesetz

	1999, Art. 1 Nr. 2. Vgl. zum italienischen Transplantationsrecht auch Bilancetti, La responsibilità penale e civile del medico, Milano ³1998, 232 ff.
265	Gesetz über die Organspende vom 24. Mai 1996, Sec. 3 Abs. 2 S. 2. Vgl. zu den Bestimmungen zur Einwilligung in ärztliche Eingriffe im Niederländischen Bürgerlichen Gesetzbuch Dute, Landesbericht Niederlande, in: Fischer / Lilie, Ärztliche Verantwortung im europäischen Rechtsvergleich, Köln u.a. 1999, 281-299 (287 ff.).
266	Gesetz vom 26. Oktober 1995 über die Entnahme und Transplantation von Zellen, Geweben und Organen, 9 I Nr. 7. Vgl. zum polnischen Transplantationsgesetz Weigend / Zielinska, Das neue polnische Transplantationsgesetz, in: Medizinrecht 1995, 445-451.
267	Gesetz vom 22. Dezember 1992 über die Transplantation von menschlichen Organen und / oder Geweben, Art. 1 Abs. 3, Art. 11 2. Spiegelstrich.
268	Vgl. zu diesem Prinzip auch Price, Legal and ethical aspects of organ transplantation, Cambridge 2000, 272.
269	Price, The texture and content of living donor transplant laws and policies, in: Transplantation Proceedings 28 (1996), 378-379 (378).
270	Gesetz Nr. 402 vom 13. Juni 1990 über die Untersuchung von Leichen, Autopsien und Transplantationen, Kap. IV Sec. 13 Abs. 3.
271	Gesetz Nr. 355 vom 26. April 1985 über die Entnahme menschlicher Organe und Gewebe für medizinische Zwecke, Sec. 3 Abs. 1 S. 1.
272	Gesetz Nr. 1383 vom 2. August 1983 über die Entnahme und Transplantation menschlicher Organe und Gewebe; vgl. World Health Organisation, Legislative responses to organ transplantation, Dordrecht/Boston/London 1994, 211 sowie Price, Legal and ethical aspects of organ transplantation, Cambridge 2000, 276 Anm. 41.
273	Gesetz Nr. 458 über die Nierentransplantation zwischen lebenden Personen vom 26. Juni 1967, Art. 2 Abs. 2; Gesetz Nr. 482 über die Transplantation von Leberteilen vom 16. Dezember 1999, Art. 1 Nr. 2.
274	Gesetz Nr. 6 vom 9. Februar 1973 über Transplantation etc, Kap. I Sec. 1.
275	Gesetz vom 26. Oktober 1995 über die Entnahme und Transplantation von Zellen, Geweben und Organen, 9 I Nr. 5.
276	Gesetz Nr. 12 vom 22. April 1993 über die Entnahme und Transplantation menschlicher Organe und Gewebe, Sec. 7.
277	Gesetz vom 22. Dezember 1992 über die Transplantation von menschlichen Organen und / oder Geweben, Art. 11.
278	Gesetz Nr. 831 vom 8. Juni 1995 über Transplantation, etc., Art. 10.

279	Gesetz Nr. 277/1994 des Nationalrates der Slowakischen Republik vom 24.08.1994 über die gesundheitliche Fürsorge, § 48 Abs. 2 S. 1.
280	Verordnung Nr. 18 vom 4. November 1972, Art. 2, Abs. 1, 2.
281	Gesetz Nr. 97 über die Entnahme und Transplantation biologischer Materialien menschlichen Ursprungs von 1987, Art. 7 Abs. 3; vgl. World Health Organisation, Legislative responses to organ transplantation, Dordrecht/Boston/London 1994, 85; sowie Price, Legal and ethical aspects of organ transplantation, Cambridge 2000, 276.
282	Königliches Dekret Nr. 2070 über die Entnahme und klinische Verwendung von menschlichen Organen und die räumliche Koordination bei Spende und Transplantation von Organen und Geweben vom 30. Dezember 1999, Art. 9 Abs. 3 S. 1; Gesetz Nr. 30 vom 27. Oktober 1979 über die Entnahme und Transplantation von Organen, Art. 4 Buchst. b.
283	Gesetz Nr. 94-654 vom 29.7.1994, Einfügung von „Chapitre I" in „Titre III" des VI. Buches des „Code de la santé publique", hier Art. L. 671-3.
284	Dekret 96/375 vom 29.4.1996 (Journal Officiel de la République française, Lois et Décrets, du 5 mai 1996, Nr. 106, 6799-6800), hier: Einfügung von Art. 671-3-1 in den „Code de la santé publique". Dies normierte bereits in diesem Sinn das Dekret n° 78-501 vom 31.3.1978 (J.O. du 4 avril 1978).
285	Dekret 96/375 vom 29.4.1996 (Journal Officiel de la République française, Lois et Décrets, du 5 mai 1996, Nr. 106, 6799-6800), hier: Einfügung von Art. 671-3-1 in den „Code de la santé publique". Dies schrieb auch bereits das Dekret n° 78-501 vom 31.3.1978 (J.O. du 4 avril 1978) vor.
286	Gesetz Nr. 32 vom 13. Juni 1986 über die Entnahme und Transplantation von Organen, Art. 9 S. 2.
287	Gesetz über die Entnahme von Substanzen menschlichen Ursprungs vom 25. November 1982, vgl. Price, Legal and ethical aspects of organ transplantation, Cambridge 2000, 276, Anm. 44.
288	Gesetz über die Organspende vom 24. Mai 1996, Sec. 3 Abs. 2 S. 1. Zusätzlich ist bestimmt, daß die Aufklärung sowohl mündlich als auch schriftlich und – wo angemessen – auch mit audiovisuellen Mitteln zu erfolgen hat. Von der ordnungsgemäßen Aufklärung, wozu auch die Information über die Erstattung der durch die Entnahme entstehenden Kosten gehört, hat sich der das Organ entnehmende Arzt zu vergewissern (Sec. 3 Abs. 2 S. 1, 2).
289	Gesetz Nr. 2238 vom 29.5.1979, Art. 7 a, b. Vgl. zur türkischen Gesetzgebung insgesamt Aydin, Regulations and organ transplantation in Turkey, in: European Journal of Health Law 7 (2000), 327-332.
290	Gesetz über die Entnahme und Transplantation menschlicher Körperteile zum Zweck medizinischer Behandlung vom 12.3.2000, Art. 10 Abs. 1, Art. 7 S. 1, Art. 6 Abs. 1.
291	Gesetz vom 26. Oktober 1995 über die Entnahme und Transplantation von Zellen, Geweben und Organen, 9 I Nr.5, 6.

292	Kalchschmidt, Die Organtransplantation. Überlegungen de lege lata und de lege ferenda, Wien 1997, 183 f., 248 f.
293	Kalchschmidt, Die Organtransplantation. Überlegungen de lege lata und de lege ferenda, Wien 1997, 185 ff., 248 f.; Haslinger, Rechtliche Aspekte von Organspende und Transplantation, in: Österreichisches Organspendemanual, Wien 2000, 7/1 – 7/6 (7/2); vgl. §§ 869-871 ABGB.
294	Gesetz betreffend die Transplantation menschlicher Organe vom 27.7.1989 (Human Organ Transplants Act 1989).
295	Dickens, Donation and transplantation of organs and tissues, in: Kennedy / Grubb (Eds.) Principles of Medical Law, Oxford 1998, 787-842 (819 f.). Vgl. zu den hohen rechtlichen Anforderungen des *common law* an die Einwilligungsfähigkeit (competency) bei der Organentnahme ebenda, 822 f. Auch hier gilt, daß sich der Arzt, soll der Eingriff gerechtfertigt sein, sehr nachdrücklich vergewissern muß, daß der Spender freiwillig handelt, vgl. ebenda, 823. Zur Entwicklung des britischen und amerikanischen *case law* vgl. Price, Legal and ethical aspects of organ transplantation, Cambridge 2000, 231 f.
296	Unverständlich ist, wie Fischer und Lilie in ihrer lockeren Aufzählung einzelner gesetzlicher Bestimmungen (in: dies., Ärztliche Verantwortung im europäischen Rechtsvergleich, Köln u.a. 1999, 136) noch zehn Jahre nach Erlaß des britischen Transplantationsgesetzes meinen können, dieses erfasse die Organentnahme vom Lebenden nicht. Entgegen den Informationen der Autoren regeln auch das portugiesische Gesetz von 1993 und das zypriotische Gesetz von 1987 diesen Komplex, nicht jedoch etwa dasjenige Norwegens.
297	Gesetz betreffend die Transplantation menschlicher Organe vom 27.7.1989 (Human Organ Transplants Act 1989), Sektion 2 i.V.m. den Vorschriften über die Lebendorgantransplantation nichtverwandter Spender von 1989 (The Human Organ Transplants [Unrelated Persons] Regulations 1989), Regulation 3.
298	Vorschriften über die Lebendorgantransplantation nichtverwandter Spender von 1989 (The Human Organ Transplants [Unrelated Persons] Regulations 1989, Regulation 3 (2 a-d).
299	Entwurf eines Bundesgesetzes über die Transplantation von Organen, Geweben und Zellen vom 12.09.2001, Art. 12 Buchst. b. Vgl. zur Aufklärung im Arzt-Patienten-Verhältnis nach geltendem Schweizer Recht allgemein Hausheer, Landesbericht Schweiz, in Fischer / Lilie, Ärztliche Verantwortung im europäischen Rechtsvergleich, Köln u.aq. 1999, 321-334 (321 ff).
300	Entwurf eines Bundesgesetzes über die Transplantation von Organen, Geweben und Zellen vom 12.09.2001, Art 14 S.2
301	Gesetz vom 26. Oktober 1995 über die Entnahme und Transplantation von Zellen, Geweben und Organen, 9 I Nr. 5.
302	Gesetz Nr. 355 vom 26. April 1985 über die Entnahme menschlicher Organe und Gewebe für medizinische Zwecke, Art. 3 Abs. 1 S. 1.

303	Gesetz Nr. 32 vom 13. Juni 1986 über die Entnahme und Transplantation von Organen, Art. 8 § 1 S. 2 i.V.m. dem Königlichen Erlaß vom 20.10.1986 (Arrêté Royal réglant le mode d'expression du consentement au prélèvement d'organes et de tissus sur des personnes vivantes), Art. 3.
304	Gesetz Nr. 355 vom 26. April 1985 über die Entnahme menschlicher Organe und Gewebe für medizinische Zwecke, Sec. 3 Abs. 2 S. 2.
305	Gesetz Nr. 1383 vom 2. August 1983 über die Entnahme und Transplantation menschlicher Organe und Gewebe, Art. 5-6; vgl. World Health Organisation, Legislative responses to organ transplantation, Dordrecht/Boston/London 1994, 211.
306	Gesetz Nr. 458 über die Nierentransplantation zwischen lebenden Personen vom 26.6.1967, Art. 2 Abs. 3, S. 2; Gesetz Nr. 482 über die Transplantation von Leberteilen vom 16. 12.1999, Art. 1 Nr. 2.
307	Gesetz über die Organspende vom 24. Mai 1996, Sec. 6 S. 2.
308	Gesetz Nr. 12 vom 22. April 1993 über die Entnahme und Transplantation menschlicher Organe und Gewebe, Sec. 8 Abs. 6.
309	Gesetz über die Entnahme und Transplantation menschlicher Körperteile zum Zweck medizinischer Behandlung vom 12.3.2000, Art. 10 Abs. 4.
310	Gesetz Nr. 94-654 vom 29.7.1994, Einfügung von „Titre I" am Beginn des VI. Buches des „Code de la santé publique", hier Art. L. 665-11 („Principes generaux") sowie Einfügung von „Chapitre I" in „Titre III" des VI. Buches des „Code de la santé publique", hier Art. L. 671-3.
311	Königliches Dekret Nr. 2070 über die Entnahme und klinische Verwendung von menschlichen Organen und die räumliche Koordination bei Spende und Transplantation von Organen und Geweben vom 30. Dezember 1999, Art. 9 Abs. 5 S. 1.
312	Verordnung Nr. 18 vom 4. November 1972, Art. 2 Abs. 3 S. 1. Nach Art. 2 Abs. 3 S. 2 muß allerdings die Rücknahme der Einwilligung in der medizinischen Akte des Spenders dokumentiert und vom Spender unterzeichnet werden, bzw. dann, wenn der Spender seine Rücknahme in schriftlicher Form abgibt, muß das Schriftstück der medizinischen Akte beigefügt werden.
313	Gesetz vom 26. Oktober 1995 über die Entnahme und Transplantation von Zellen, Geweben und Organen, 9 I 8.
314	Verordnung Nr. 18 vom 4. November 1972, Art. 2 Abs. 3 S. 3.
315	Königliches Dekret Nr. 2070 über die Entnahme und klinische Verwendung von menschlichen Organen und die räumliche Koordination bei Spende und Transplantation von Organen und Geweben vom 30. Dezember 1999, Art. 9 Abs. 5 S. 2.
316	Grubb, Consent to treatment: The competent patient – A. Consent and battery, in: Kennedy / Grubb (Eds.) Principles of Medical Law, Oxford 1998, 109-136 (118). Vgl. auch Blackie,

Landesberichte England und Schottland, in: Fischer / Lilie, Ärztliche Verantwortung im europäischen Rechtsvergleich, Köln u.a. 1999, 195-252 (221 ff.).

317 Vorschriften über die Lebendorgantransplantation nichtverwandter Spender von 1989 (The Human Organ Transplants [Unrelated Persons] Regulations 1989, Regulation 3 [2d]).

318 Europarat, Lenkungsausschuß für Bioethik, Entwurf eines Zusatzprotokolls zu der Konvention über Menschenrechte und Biomedizin über die Transplantation von Organen und Geweben menschlichen Ursprungs, in der vom Lenkungsausschuß für Bioethik (CDBI) am 5.-8. Juni 2000 angenommenen Fassung, Art. 11. Eine der Einwilligung vorausgehende umfassende Information des Spenders über die Risiken der Transplantation schlägt auch die Empfehlung des Europarats an die Mitgliedsstaaten zu Lebertransplantationen von lebenden verwandten Spendern vor: Council of Europe, Recommendation No R(97)16 of the Committee of Ministers to member states on liver transplantation from living related donors, 30.9.1997, Appendix iii) Abs. 1.

319 Europarat, Lenkungsausschuß für Bioethik, Entwurf eines Zusatzprotokolls zu der Konvention über Menschenrechte und Biomedizin über die Transplantation von Organen und Geweben menschlichen Ursprungs, in der vom Lenkungsausschuß für Bioethik (CDBI) am 5.-8. Juni 2000 angenommenen Fassung, Art. 11.

320 Europarat, Lenkungsausschuß für Bioethik, Entwurf eines Zusatzprotokolls zu der Konvention über Menschenrechte und Biomedizin über die Transplantation von menschlichen Organen und Geweben menschlichen Ursprungs, in der vom Lenkungsausschuß für Bioethik (CDBI) am 5.-8. Juni 2000 angenommenen Fassung, Art. 12.

321 Entwurf eines erläuternden Berichts (Teil B) zum Entwurf eines Zusatzprotokolls zu dem Übereinkommen zum Schutz der Menschenrechte und der Menschenwürde im Hinblick auf die Anwendung von Biologie und Medizin über die Transplantation von Organen und Geweben menschlichen Ursprungs (Teil A), in der vom Ministerkomitee zur Veröffentlichung am 2.-3. Februar 1999 genehmigten Fassung, Art. 12 Nr. 66.

322 Dujmovits, Das österreichische Transplantationsrecht und die Menschenrechtskonvention zur Biomedizin, in: Barta / Kalchschmidt / Kopetzki (Hg.), Rechtspolitische Aspekte des Transplantationsrechts, Wien 1999, 55-77 (70).

323 Gesetz Nr. 402 vom 13. Juni 1990 über die Untersuchung von Leichen, Autopsien und Transplantationen, Kap. IV Sec. 13 Abs. 1.

324 Gesetz Nr. 355 vom 26. April 1985 über die Entnahme menschlicher Organe und Gewebe für medizinische Zwecke, Sec. 2 Abs. 1 S. 1.

325 Gesetz über die Entnahme von Substanzen menschlichen Ursprungs vom 25. November 1982; vgl. Price, Legal and ethical aspects of organ transplantation, Cambridge 2000, 270 Anm. 8.

326 Gesetz über die Organspende vom 24. Mai 1996, Sec. 6 S. 1.

327 Gesetz Nr. 6 vom 9. Februar 1973 über Tranplantation etc., Kap. 1 Sec. 1.

328	Gesetz vom 26. Oktober 1995 über die Entnahme und Transplantation von Zellen, Geweben und Organen, 9 I Nr. 7.
329	Gesetz vom 22. Dezember 1992 über die Transplantation von menschlichen Organen und / oder Geweben, Art. 11 2. Spiegelstrich.
330	Gesetz Nr. 277/1994 des Nationalrates der Slowakischen Republik vom 24.08.1994 über die gesundheitliche Fürsorge, § 48 Abs. 3 S. 1.
331	Gesetz über die Entnahme und Transplantation menschlicher Körperteile zum Zweck medizinischer Behandlung vom 12.3.2000, Art. 10 Abs. 1 S. 1, Art. 7 S. 1.
332	Gesetz Nr. 97 über die Entnahme und Transplantation biologischer Materialien menschlichen Ursprungs von 1987, Art. 7; vgl. World Health Organisation, Legislative responses to organ transplantation, Dordrecht/Boston/London 1994, 184.
333	Entwurf eines Bundesgesetzes über die Transplantation von Organen, Geweben und Zellen vom 12.09.2001, Art. 12 Buchst. b.
334	Gesetz Nr. 831 vom 8. Juni 1995 über Transplantation, etc., Art. 6 Abs. 1 S. 2. In den Regeln und generellen Empfehlungen Nr. 4 vom 18.6.1996 der Nationalen Behörde für Gesundheit und Wohlfahrt zur Entnahme von Organen und Geweben für Transplantation, etc. sind für alle Fälle der Lebendspende umfangreiche Dokumentationspflichten bezüglich der Aufklärung, der Einwilligung, der Einwilligungsfähigkeit und der Beziehung zwischen Spender und Empfänger statuiert.
335	Gesetz Nr. 32 vom 13. Juni 1986 über die Entnahme und Transplantation von Organen, Art. 8 § 2 S. 1 i.V.m. dem Königlichen Erlaß vom 20.10.1986 (Arrêté Royal réglant le mode d'expression du consentement au prélèvement d'organes et de tissus sur des personnes vivantes), Art. 1.
336	Verordnung Nr. 18 vom 4. November 1972, Art. 2 Abs. 2 S. 1.
337	Gesetz Nr. 1383 vom 2. August 1983 über die Entnahme und Transplantation menschlicher Organe und Gewebe, Art. 5, vgl. World Health Organisation, Legislative responses to organ transplantation, Dordrecht / Boston / London 1994, 211.
338	Council of Europe, Resolution (78) 29 on harmonisation of legislations of member states to removal, grafting and transplantation of human substances, Art. 3 S. 2.
339	Council of Europe, Convention for the Protection of Human Rights and Dignity of the Human Being with Regard to the Application of Biology and Medicine (Convention on Human Rights and Biomedicine) vom 4.4.1997, European Treaty Series No. 164, Art. 19 Abs. 2.
340	Europarat, Lenkungsausschuß für Bioethik, Entwurf eines Zusatzprotokolls zu der Konvention über Menschenrechte und Biomedizin über die Transplantation von menschlichen Organen und Geweben menschlichen Ursprungs, in der vom Lenkungsausschuß für Bioethik (CDBI) am 5.-8. Juni 2000 angenommenen Fassung, Art. 12.

341 Königliches Dekret Nr. 2070 über die Entnahme und klinische Verwendung von menschlichen Organen und die räumliche Koordination bei Spende und Transplantation von Organen und Geweben vom 30. Dezember 1999, Art. 9 Abs. 2 S. 2.

342 Gesetz vom 22. Dezember 1992 über die Transplantation von menschlichen Organen und / oder Geweben, Art. 3 Abs. 2 S. 2.

343 Nys, Desirable characteristics of living donation transplant legislation, in: Price / Akveld (Eds.), Living organ donation in the nineties: European medico-legal perspectives (EUROTOLD), Leicester 1996, 127-137 (132).

344 Es handelt sich um Panama, Kolumbien, Guatemala, Paraguay und Bolivien, vgl. Gutmann / Gerok, International legislation in living organ donation, in: Collins / Dubernard / Persijn / Land (Eds.), Procurement and preservation of vascularized organs, Dordrecht 1997, 317-324 (320).

345 Gesetz des Nationalrates der Slowakischen Republik vom 24. August 1994 über die gesundheitliche Fürsorge, § 46 Abs. 2 S. 4.

346 Vgl. zu diesem Problem grundsätzlich Amelung, Die Einwilligung des Unfreien. Das Problem der Freiwilligkeit bei der Einwilligung eingesperrter Personen, in: ZStW 95 (1983), 1-31.

347 Gesetz Nr. 2238 vom 29.5.1979, Art. 7 Buchst. d.

348 Gesetz Nr. 32 vom 13. Juni 1986 über die Entnahme und Transplantation von Organen, Art. 6 § 2 Nr. 1.

349 Vgl. etwa Gutmann / Land, Ethics regarding living donor organ transplantation, in: Langenbeck's Archives of Surgery 384 (1999), 515-522; United Network for Organ Sharing 1991 Ethics Committee, Ethics of organ transplantation from living donors, in: Transplantation Proceedings 24 (1992), 2236-2237.

350 Dickens, Donation and transplantation of organs and tissues, in: Kennedy / Grubb (Eds.) Principles of Medical Law, Oxford 1998, 787-842 (834 f.).

351 Council of Europe, Recommendation No R(97)16 of the Committee of Ministers to member states on liver transplantation from living related donors, 30.9.1997, Appendix iii.

352 Gesetz Nr. 458 über die Nierentransplantation zwischen lebenden Personen vom 26.6.1967, Art. 4 1. Alt.; Gesetz Nr. 482 über die Transplantation von Leberteilen vom 16.12.1999, Art. 1 Nr. 2; vgl. auch Bilancetti, La responsibilità penale e civile del medico, Milano ³1998, 232 ff.

353 Gesetz Nr. 12 vom 22. April 1993 über die Entnahme und Transplantation menschlicher Organe und Gewebe, Sec. 8 Abs. 1.

354 Gesetz vom 22. Dezember 1992 über die Transplantation von menschlichen Organen und / oder Geweben, Art. 6 Abs. 1.

355 Gesetz Nr. 277/1994 des Nationalrates der Slowakischen Republik vom 24.08.1994 über die gesundheitliche Fürsorge, § 48 Abs. 1 und Abs. 3 S. 1.

356	Verordnung Nr. 18 vom 4. November 1972, Art. 10 Abs. 4.
357	Gesetz vom 26. Oktober 1995 über die Entnahme und Transplantation von Zellen, Geweben und Organen, 9 I Nr. 9.
358	Gesetz Nr. 1383 vom 2. August 1983 über die Entnahme und Transplantation menschlicher Organe und Gewebe, Art. 5, vgl. World Health Organisation, Legislative responses to organ transplantation, Dordrecht/Boston/London 1994, 211.
359	Vgl. etwa zur Doktrin der „natürlichen Einsichtsfähigkeit" im deutschen Recht beispielsweise Voll, Die Einwilligung im Arztrecht. Frankfurt a. Main 1996 sowie zur 16-Jahres-Grenze in Großbritannien (Sect. 8 des Familiy Law Reform Act 1969) Munby, Consent to treatment: Children and the incompetent patient, in: Kennedy / Grubb (Eds.) Principles of Medical Law, Oxford 1998, 179-279 (181 f.).
360	Vgl. für Großbritannien für den Fall nicht einwilligungsfähiger Erwachsener Munby, Consent to treatment: Children and the incompetent patient, in: Kennedy / Grubb (Eds.) Principles of Medical Law, Oxford 1998, 179-279 (188).
361	Für Großbritannien und die dort herrschende Doktrin der beschränkten Relevanz der elterlichen Einwilligung im Verhältnis zu den Entscheidungen und Pflichten des behandelnden Arztes vgl. Munby, Consent to treatment: Children and the incompetent patient, in: Kennedy / Grubb (Eds.) Principles of Medical Law, Oxford 1998, 179-279 (insbes. 183 ff.).
362	Gesetz Nr. 458 über die Nierentransplantation zwischen lebenden Personen vom 26.6.1967, Art. 4 2. Alt.; Gesetz Nr. 482 über die Transplantation von Leberteilen vom 16. Dezember 1999, Art. 1 Nr. 2.
363	Gesetz vom 22. Dezember 1992 über die Transplantation von menschlichen Organen und / oder Geweben, Art. 6 Abs. 2.
364	Vgl. Feinberg, The Moral Limits of the Criminal Law, vol. III: Harm to Self, New York / Oxford 1984; Price, Legal and ethical aspects of organ transplantation, Cambridge 2000, 248.
365	Vgl. Price, Legal and ethical aspects of organ transplantation, Cambridge 2000, 243 ff., 246.
366	Dickens / Fluss / King, Legislation in organ and tissue donation, in: Chapman / Deierhoi / Wight (Eds.), Organ and tissue donation for transplantation, London 1997, 95-119 (98).
367	Dies stellt auch Price (Legal and ethical aspects of organ transplantation, Cambridge 2000, 247) fest.
368	Gesetz Nr. 402 vom 13. Juni 1990 über die Untersuchung von Leichen, Autopsien und Transplantationen, Kap. IV Sec. 12 Abs. 4.
369	Gesetz Nr. 355 vom 26. April 1985 über die Entnahme menschlicher Organe und Gewebe für medizinische Zwecke, Sec. 3 Abs. 1 S. 2.

[370] Gesetz Nr. 1383 vom 2. August 1983 über die Entnahme und Transplantation menschlicher Organe und Gewebe, Art. 5, vgl. World Health Organisation, Legislative responses to organ transplantation, Dordrecht/Boston/London 1994, 211.

[371] Gesetz Nr. 6 vom 9. Februar 1973 über Transplantation etc., Kap. I Sec. 1.

[372] Gesetz Nr. 12 vom 22. April 1993 über die Entnahme und Transplantation menschlicher Organe und Gewebe, Sec. 6 Abs. 4.

[373] Gesetz vom 22. Dezember 1992 über die Transplantation von menschlichen Organen und / oder Geweben, Art. 1 Abs. 2.

[374] Gesetz Nr. 831 vom 8. Juni 1995 über Transplantation, etc., Sec. 5. Die Erläuterungen des schwedischen Ministeriums für Gesundheit und Soziales betonen, daß dieses Verbot als wichtigster Grundsatz der Lebendorgantransplantation unbedingte Geltung beanspruche, und zwar unabhängig von dem Gewicht der Gründe, die jemanden zu einer Spende veranlassen könnten. Insoweit habe ein potentieller Spender kein Recht auf Selbstbestimmung, dies gelte selbst für einen Elternteil, der mit einer Lebendorganspende das Leben seines Kindes zu retten hoffe, vgl. Sweden, Ministry of Health and Social Affairs, The Swedish Transplant Act (incl. Guidance on the Provisions), Stockholm 1997, 35 f. (Sec. 5).

[375] Gesetz Nr. 97 über die Entnahme und Transplantation biologischer Materialien menschlichen Ursprungs von 1987, Art. 7, vgl. World Health Organisation, Legislative responses to organ transplantation, Dordrecht/Boston/London 1994, 184.

[376] Gesetz vom 26. Oktober 1995 über die Entnahme und Transplantation von Zellen, Geweben und Organen, 9 I Nr. 4.

[377] Gesetz Nr. 2238 vom 29.5.1979, Art. 8.

[378] Königliches Dekret Nr. 2070 über die Entnahme und klinische Verwendung von menschlichen Organen und die räumliche Koordination bei Spende und Transplantation von Organen und Geweben vom 30. Dezember 1999, Art. 9 Abs. 1 Buchst. b.

[379] Gesetz Nr. 32 vom 13. Juni 1986 über die Entnahme und Transplantation von Organen, Art. 6, Abs. 1.

[380] Gesetz über die Organspende vom 24. Mai 1996, Sec. 3 Abs. 3.

[381] Vgl. Price, Legal and ethical aspects of organ transplantation, Cambridge 2000, 257.

[382] Gesetz über die Entnahme und Transplantation menschlicher Körperteile für medizinische Zwecke, Art. 7 S. 2.

[383] Vgl. Grubb, Consent to treatment: The competent patient – A. Consent and battery, in: Kennedy / Grubb (Eds.) Principles of Medical Law, Oxford 1998, 109-136 (121 ff.).

[384] Vgl. näher und m.w.N. New / Solomon / Dingwall / McHale, A question of give and take. Improving the supply of donor organs for transplantation, King's Fund Institute Research Report no. 18, London 1994, 33.

385	Entwurf eines Bundesgesetzes über die Transplantation von Organen, Geweben und Zellen vom 12.09.2001, Art 12. 12 Buchst. c. Nach dem Entwurf des erläuternden Berichtes zum Transplantationsgesetz vom Dezember 1999, Art. 19, 94 f. obliegt die Entscheidung, ob das Risiko medizinisch vertretbar ist, den behandelnden ärztlichen Fachpersonen und der Kommission für Lebendspende. Die Vertretbarkeit der Lebendspende hängt danach sowohl von den physischen als auch von den psychischen Risiken ab.
386	Council of Europe, Resolution (78) 29 on harmonisation of legislations of member states to removal, grafting and transplantation of human substances, Art. 5.
387	Europarat, Lenkungsausschuß für Bioethik, Entwurf eines Zusatzprotokolls zu der Konvention über Menschenrechte und Biomedizin über die Transplantation von menschlichen Organen und Geweben menschlichen Ursprungs, in der vom Lenkungsausschuß für Bioethik (CDBI) am 5.-8. Juni 2000 angenommenen Fassung, Art. 10.
388	Entwurf eines erläuternden Berichts (Teil B) zum Entwurf eines Zusatzprotokolls zu dem Übereinkommen zum Schutz der Menschenrechte und der Menschenwürde im Hinblick auf die Anwendung von Biologie und Medizin über die Transplantation von Organen und Geweben menschlichen Ursprungs (Teil A), in der vom Ministerkomitee zur Veröffentlichung am 2.-3. Februar 1999 genehmigten Fassung, Art. 10, Nr. 59.
389	Entwurf eines erläuternden Berichts (Teil B) zum Entwurf eines Zusatzprotokolls zu dem Übereinkommen zum Schutz der Menschenrechte und der Menschenwürde im Hinblick auf die Anwendung von Biologie und Medizin über die Transplantation von Organen und Geweben menschlichen Ursprungs (Teil A), in der vom Ministerkomitee zur Veröffentlichung am 2.-3. Februar 1999 genehmigten Fassung, Art. 10, Nr. 59.
390	Gesetz Nr. 94-654 vom 29.7.1994, Einfügung von „Chapitre I" in „Titre III" des VI. Buches des „Code de la santé publique", hier Art. L. 671-3.
391	Dujmovits, Das österreichische Transplantationsrecht und die Menschenrechtskonvention zur Biomedizin, in: Barta / Kalchschmidt / Kopetzki (Hg.), Rechtspolitische Aspekte des Transplantationsrechts, Wien 1999, 55-77 (69) unter Verweis auf § 90 Ö-StGB.
392	Vgl. Art. 122-4, al. 1 des französischen code pénal.
393	Instruktiv Jung, Die französische Rechtslage auf dem Gebiet der Transplantationsmedizin, Medizinrecht 1996, 355 (357).
394	Dies schrieb bereits das Dekret n° 78-501 vom 31.3.1978 (J.O. du 4 avril 1978) vor.
395	Gesetz Nr. 94-654 vom 29.7.1994, Einfügung von „Chapitre I" in „Titre III" des VI. Buches des „Code de la santé publique", hier Art. L. 671-3.
396	Dekret 96/375 vom 29.4.1996 (Journal Officiel de la République française, Lois et Décrets, du 5 mai 1996, Nr. 106, 6799-6800), hier: Einfügung von Art. 671-3-3 in den „Code de la santé publique"; ungenau Fischer / Lilie, Ärztliche Verantwortung im europäischen Rechtsvergleich, Köln u.a. 1999, 137.

397	Vgl. Art. 147 ff., insbesondere Art. 155 und 156 des spanischen Strafgesetzbuches von 1995 (die den Art. 418 ff., insbesondere Art. 428.1 und 428.2 des spanischen Strafgesetzbuches von 1973 entsprechen) und hierzu Casabona, Legal issues concerning the living donor and some criteria for harmonised European legislation, in: Price / Akveld (Eds.), Living organ donation in the nineties: European medico-legal perspectives (EUROTOLD), Leicester 1996, 139-155 (140, 145 und 151).
398	Königliches Dekret Nr. 2070 über die Entnahme und klinische Verwendung von menschlichen Organen und die räumliche Koordination bei Spende und Transplantation von Organen und Geweben vom 30. Dezember 1999, Art. 9 Abs. 3 S. 1, 2 i.V.m. dem Gesetz Nr. 30 vom 27. Oktober 1979 über die Entnahme und Transplantation von Organen und Art. 155 f. des spanischen Strafgesetzbuches von 1995.
399	Königliches Dekret Nr. 2070 über die Entnahme und klinische Verwendung von menschlichen Organen und die räumliche Koordination bei Spende und Transplantation von Organen und Geweben vom 30. Dezember 1999, Art. 9 Abs. 4 S. 1.
400	Königliches Dekret Nr. 2070 über die Entnahme und klinische Verwendung von menschlichen Organen und die räumliche Koordination bei Spende und Transplantation von Organen und Geweben vom 30. Dezember 1999, Art. 9 Abs. 4 S. 2 – 5.
401	Königliches Dekret Nr. 2070 über die Entnahme und klinische Verwendung von menschlichen Organen und die räumliche Koordination bei Spende und Transplantation von Organen und Geweben vom 30. Dezember 1999, Art. 9 Abs. 5 S. 1.
402	Königliches Dekret Nr. 2070 über die Entnahme und klinische Verwendung von menschlichen Organen und die räumliche Koordination bei Spende und Transplantation von Organen und Geweben vom 30. Dezember 1999, Art. 9 Abs. 2 S. 2.
403	Art. 5 des Bürgerlichen Gesetzbuchs. Vgl. Bilancetti, La responsibilità penale e civile del medico, Milano ³1998, 232 ff.
404	Gesetz Nr. 458 über die Nierentransplantation zwischen lebenden Personen vom 26.6.1967.
405	Gesetz Nr. 482 über die Transplantation von Leberteilen vom 16.12.1999.
406	Gesetz Nr. 458 über die Nierentransplantation zwischen lebenden Personen vom 26.6.1967, Art. 2 Abs. 1; Gesetz Nr. 482 über die Transplantation von Leberteilen vom 16. 12.1999, Art. 1 Nr. 2.
407	Gesetz Nr. 458 über die Nierentransplantation zwischen lebenden Personen vom 26.6.1967, Art. 2 Abs. 3; Gesetz Nr. 482 über die Transplantation von Leberteilen vom 16. 12.1999, Art. 1 Nr. 2.
408	Gesetz Nr. 458 über die Nierentransplantation zwischen lebenden Personen vom 26.6.1967, Art. 2 Abs. 4 S. 1; Gesetz Nr. 482 über die Transplantation von Leberteilen vom 16. 12.1999, Art. 1 Nr. 2.

409	Gesetz Nr. 458 über die Nierentransplantation zwischen lebenden Personen vom 26.6.1967, Art. 3 Abs. 1, 2; Gesetz Nr. 482 über die Transplantation von Leberteilen vom 16. 12.1999, Art. 1 Nr. 2.
410	Gesetz Nr. 458 über die Nierentransplantation zwischen lebenden Personen vom 26.6.1967, Art. 3 Abs. 3; Gesetz Nr. 482 über die Transplantation von Leberteilen vom 16. 12.1999, Art. 1 Nr. 2.
411	Gesetz Nr. 458 über die Nierentransplantation zwischen lebenden Personen vom 26.6.1967, Art. 2 Abs. 4-6; Gesetz Nr. 482 über die Transplantation von Leberteilen vom 16. 12.1999, Art. 1 Nr. 2.
412	Vorschriften über die Lebendorgantransplantation nichtverwandter Spender von 1989 (The Human Organ Transplants [Unrelated Persons] Regulations 1989).
413	United Kingdom Department of Health, Unrelated Live Transplant Regulatory Authority (ULTRA), http://doh.gov.uk/ultra.htm.
414	Gesetz betreffend die Transplantation menschlicher Organe vom 27.7.1989 (Human Organ Transplants Act 1989), Sektion 2.
415	The Human Organ Transplants [Unrelated Persons] Regulations 1989, Regulation 3 (1a, b).
416	The Human Organ Transplants [Unrelated Persons] Regulations 1989, Regulation 2(1c), 3 (2e).
417	The Human Organ Transplants [Unrelated Persons] Regulations 1989, Regulation 3 (2e).
418	Gesetz Nr. 355 vom 26. April 1985 über die Entnahme menschlicher Organe und Gewebe für medizinische Zwecke, Sec. 2 Abs. 1 S. 1, 2 i.V.m. Verordnung Nr. 724 vom 23. August 1985 über die Entnahme von menschlichen Organen und Geweben für medizinische Zwecke, Sec. 1-3.
419	Mitteilung von Salmela Kaija (Helsinki University Central Hospital) vom 19.3.2001.
420	Gesetz vom 26. Oktober 1995 über die Entnahme und Transplantation von Zellen, Geweben und Organen, 9 I Nr. 1, Nr. 2 i.V.m. 10 I, II.
421	Gesetz vom 26. Oktober 1995 über die Entnahme und Transplantation von Zellen, Geweben und Organen, 10 III, IV i.V.m. 9 I 1, 3-9.
422	Gesetz über die Entnahme und Transplantation menschlicher Körperteile zum Zwecke medizinischer Behandlung vom 12.3.2000, Art. 8 Abs. 3, Art. 24 Abs. 1.
423	Gesetz vom 22. Dezember 1992 über die Transplantation von menschlichen Organen und / oder Geweben, Sec. 5.
424	Verordnung Nr. 18 vom 4. November 1972, Sec. 1, Abs. 2.
425	Entwurf eines Bundesgesetzes über die Transplantation von Organen, Geweben und Zellen (Fassung 1999), Art. 21 Abs. 1.

426	Entwurf eines Bundesgesetzes über die Transplantation von Organen, Geweben und Zellen (Fassung 1999), Art. 17 Abs. 1 Buchst. d.
427	Eidgenössisches Departement des Innern, Erläuternder Bericht zum Entwurf des Transplantationsgesetzes, Dezember 1999, Art. 17, S. 93, sowie Art. 21, S. 96: „Die Kommission für Lebendspende muss die Beweggründe der spendenden Person hinterfragen und ihre Motivation nachvollziehen können; namentlich muss sie sich vergewissern, daß kein Druck auf die spendende Person ausgeübt wurde und sie ihren Entscheid freiwillig und in Kenntnis der Tragweite des Eingriffs gefällt hat. Die Kommission für Lebendspende muß zudem in Anwendung der Bestimmungen über die Unentgeltlichkeit und das Handelsverbot zur Überzeugung gelangen, dass einzig die Absicht des Helfens das Verhalten der spendenden Person bestimmt und dass mit der Lebendspende kein finanzieller Gewinn oder ein anderer Vorteil angestrebt wird."
428	Eidgenössisches Departement des Innern, Erläuternder Bericht zum Entwurf des Transplantationsgesetzes, Dezember 1999, Art. 19, S. 94.
429	Schweizerischer Bundesrat, Botschaft zum Bundesgesetz über die Transplantation von Organen, Geweben und Zellen vom 12.02.2001, 43 u. 119.
430	Vgl. 10 Abs. 1 TPG.
431	Gesetz Nr. 94-654 vom 29.7.1994, Einfügung von „Titre I" am Beginn des VI. Buches des „Code de la santé publique", hier Art. L. 665-15.
432	Gesetz Nr. 94-654 vom 29.7.1994, Einfügung von „Chapitre I" in „Titre III" des VI. Buches des „Code de la santé publique", hier Art. L. 671-16.
433	Gesetz Nr. 94-654 vom 29.7.1994, Einfügung von „Chapitre III" in „Titre III" des VI. Buches des „Code de la santé publique", hier Art. L. 674-1.
434	Gesetz Nr. 94-654 vom 29.7.1994, Einfügung von „Chapitre III" in „Titre III" des VI. Buches des „Code de la santé publique", hier Art. L. 674-3. Knochenmark wird von dem Gesetz als Organ definiert (Art. 671-1). Die Strafnorm umfaßt auch die nicht den strengen gesetzlichen Vorschriften entsprechende Entnahme von Knochenmark lebender Spender im Falle von Minderjährigen bzw. von erwachsenen Personen, die Subjekt gesetzlicher Schutzmaßnahmen sind, vgl. ebenda.
435	Gesetz Nr. 94-654 vom 29.7.1994, Einfügung von „Chapitre III" in „Titre III" des VI. Buches des „Code de la santé publique", hier Art. L. 674-5 (fünf Jahre Haft und FF 500.000,-- Geldstrafe). Die Strafnorm umfaßt auch die nicht den strengen gesetzlichen Vorschriften entsprechende Entnahme von Knochenmark lebender Spender im Falle von Minderjährigen bzw. von erwachsenen Personen, die Subjekt gesetzlicher Schutzmaßnahmen sind, vgl. ebenda.
436	Gesetz Nr. 32 vom 13. Juni 1986 über die Entnahme und Transplantation von Organen, Art. 17 § 3 i.V.m. Art. 5, Art. 8.
437	Gesetz Nr. 32 vom 13. Juni 1986 über die Entnahme und Transplantation von Organen, Art. 17 § 3 i.V.m. Art. 6 § 1, § 2 Nr. 1.

438	Gesetz Nr. 32 vom 13. Juni 1986 über die Entnahme und Transplantation von Organen, Art. 17 § 3 i.V.m. Art. 9.
439	Gesetz Nr. 831 vom 8. Juni 1995 über Transplantation, etc., Sec. 14.
440	Entwurf eines Bundesgesetzes über die Transplantation von Organen, Geweben und Zellen vom 12.09.2001, Art 66 S.1 Buchst. e, S. 2 und 3.
441	Gesetz vom 22. Dezember 1992 über die Transplantation von menschlichen Organen und / oder Geweben, Art. 3 Abs. 3.
442	Vgl. zu diesem „sehr schwierigen Punkt" für eine Rechtsharmonisation auf europäischer Ebene Nielsen, Living organ donors – Legal perspectives from Western Europe, in: Price / Akveld (Eds.), Living organ donation in the nineties: European medico-legal perspectives (EUROTOLD), Leicester 1996, 63-77 (76) und EUROTOLD Project Management Group, Questioning attitudes to living donor transplantation. European multicentre study: Transplantation of organs from living donors – ethical and legal dimensions, Leicester 1996, 131.
443	Zu den unterschiedlichen Einstellungen der Transplantationszentren in Europa hinsichtlich der Zulassung minderjähriger Spender im Jahr 1995 vgl. EUROTOLD Project Management Group, Questioning attitudes to living donor transplantation. European multicentre study: Transplantation of organs from living donors – ethical and legal dimensions, Leicester 1996, 128 ff.
444	Scott, The body as property, New York 1981, 235-65.
445	U.S. Task Force on Organ Transplantation, Organ transplantation. Issues and recommendations, Washington 1986.
446	Der Spender muß volljährig und im Vollbesitz seiner geistigen Kräfte sein. Eine Organentnahme bei Personen, die aufgrund psychischer Krankheiten, Geistesschwäche oder aus anderen Gründen nicht in der Lage sind, eine wirksame Einwilligungserklärung abzugeben, ist verboten. Ebensowenig darf bei Minderjährigen eine Organentnahme stattfinden, auch nicht mit Einwilligung der Eltern oder des Vormundes; vgl. Königliches Dekret Nr. 2070 über die Entnahme und klinische Verwendung von menschlichen Organen und die räumliche Koordination bei Spende und Transplantation von Organen und Geweben vom 30. Dezember 1999, Art. 9 Abs. 1 Buchst. a, d; Gesetz Nr. 30 vom 27. Oktober 1979 über die Entnahme und Transplantation von Organen, Art. 4 Abs. 1 Buchst. a (Volljährigkeit) und Buchstabe b (Vollbesitz der geistigen Kräfte und Einwilligungsfähigkeit).
447	Gesetz Nr. 458 über die Nierentransplantation zwischen lebenden Personen vom 26.6.1967, Art. 2 Abs. 2; Gesetz Nr. 482 über die Transplantation von Leberteilen vom 16. 12.1999, Art. 1 Nr. 2.
448	Gesetz betreffend die Transplantation menschlicher Organe vom 27.7.1989 (Human Organ Transplants Act 1989).

449 Vgl. Munby, Consent to treatment: Children and the incompetent patient, in: Kennedy / Grubb (Eds.), Principles of Medical Law, Oxford 1998, 179-279 (182). Vgl. auch Blackie, Landesberichte England und Schottland, in: Fischer / Lilie, Ärztliche Verantwortung im europäischen Rechtsvergleich, Köln u.a. 1999, 195-252 (227 ff.) und ebenda, 229 f. zum schottischen Age of Legal Capacity Act 1991.

450 Dickens, Donation and transplantation of organs and tissues, in: Kennedy / Grubb (Eds.), Principles of Medical Law, Oxford 1998, 787-842 (824 f.); vgl. Munby, Consent to treatment: Children and the incompetent patient, in: Kennedy / Grubb (Eds.), Principles of Medical Law, Oxford 1998, 179-279 (218), aber auch Price, Legal and ethical aspects of organ transplantation, Cambridge 2000, 340 ff.

451 Vgl. New / Solomon / Dingwall / McHale, A question of give and take. Improving the supply of donor organs for transplantation, King's Fund Institute Research Report no. 18, London 1994, 33 f. m.w.N.

452 Vgl. die Nachweise bei Giesen, International Medical Malpractice Law, Tübingen 1988, 610 Rn. 1296 f.

453 Dickens; Donation and transplantation of organs and tissues, in: Kennedy / Grubb (Eds.), Principles of Medical Law, Oxford 1998, 787-842 (825 ff.); Giesen, International Medical Malpractice Law, Tübingen 1988, 611.

454 British Transplantation Society and the Renal Association, United Kingdom guidelines for living donor kidney transplantation, London 2000, 13.

455 Vgl. auch Dickens, Donation and transplantation of organs and tissues, in: Kennedy / Grubb (Eds.), Principles of Medical Law, Oxford 1998, 787-842 sowie Markus, Die Einwilligungsfähigkeit im amerikanischen Recht, Frankfurt a. Main u.a. 1995.

456 Vgl. National Kidney Foundation / American Society of Transplantation / American Society of Transplant Surgeons / American Society of Nephrology et al., Consensus statement on the live organ donor, JAMA 284 (13.12.2000), 2919-2926 (2924 f.) und American Medical Association Council on Ethical and Judicial Affairs, The use of minors as organ and tissue donors (Policy E-2.167), 1994, in: Code of Medical Ethics Report 5 (1994), 229-242.

457 Kalchschmidt, Die Organtransplantation. Überlegungen de lege lata und de lege ferenda, Wien 1997, 200 ff., 249; Kalchschmidt / Barta, Rechtspolitische Überlegungen zur Organtransplantation. Plädoyer für ein Transplantationsgesetz, in: Barta / Kalchschmidt / Kopetzki (Hg.), Rechtspolitische Aspekte des Transplantationsrechts, Wien 1999, 13-42 (35); Haslinger, Rechtliche Aspekte von Organspende und Transplantation, in: Österreichisches Organspendemanual, Wien 2000, 7/1 – 7/6 (7/2).

458 Kalchschmidt, Die Organtransplantation. Überlegungen de lege lata und de lege ferenda, Wien 1997, 202, 249; anderer Ansicht ist offenbar Haslinger, Rechtliche Aspekte von Organspende und Transplantation, in: Österreichisches Organspendemanual, Wien 2000, 7/1 – 7/6 (7/2).

459 Vgl. Matesanz / Miranda (Eds.), International figures on organ donation and transplantation activities 1999, in: Transplant Newsletter (Madrid), vol. 5 N° 1, 2000, 18 f.

460 Gesetz Nr. 6 vom 9. Februar 1973 über Transplantation etc., Kap. I Sec. 1.

461 Gesetz über die Entnahme von Substanzen menschlichen Ursprungs vom 25. November 1982, Sec. 8; vgl. Price, Legal and ethical aspects of organ transplantation, Cambridge 2000, 338 Anm. 114.

462 Gesetz Nr. 831 vom 8. Juni 1995 über Transplantation, etc., Sec. 8 Abs. 1 S. 1.

463 Gesetz Nr. 831 vom 8. Juni 1995 über Transplantation, etc., Sec. 8 Abs. 1 S. 3.

464 Gesetz Nr. 831 vom 8. Juni 1995 über Transplantation, etc., Sec. 8 Abs. 2 S. 1, 2. Als Beispiel für solche besonderen Gründe, die hier ganz ausnahmsweise die Entnahme rechtfertigen können, nennen die Erläuterungen zum schwedischen Gesetz, daß kein anderer geeigneter Spender exisitiert und der Empfänger sterben könnte, falls die Transplantation nicht stattfindet, vgl. Sweden, Ministry of Health and Social Affairs, The Swedish Transplant Act (incl. Guidance on the Provisions), Stockholm 1997, S. 40 f (Sec. 8).

465 Schreiben von Dr. Håkan Gäbel, National Board of Health and Welfare, Stockholm, vom 7.3.2001.

466 Gesetz Nr. 2238 vom 29.5.1979 über Entnahme, Aufbewahrung, Transfer und Transplantation von Organen und Geweben, Kap. II Sec. 6.

467 Gesetz Nr. 2238 vom 29.5.1979 über Entnahme, Aufbewahrung, Transfer und Transplantation von Organen und Geweben, Kap. II Sec. 7c.

468 Gesetz Nr. 402 vom 13. Juni 1990 über die Untersuchung von Leichen, Autopsien und Transplantationen, Kap. IV, Sec. 13 Abs. 2 S. 2.

469 Gesetz Nr. 402 vom 13. Juni 1990 über die Untersuchung von Leichen, Autopsien und Transplantationen; ergänzt durch das Gesetz Nr. 259 vom 12. April 2000.

470 Gesetz Nr. 32 vom 13. Juni 1986 über die Entnahme und Transplantation von Organen, Art. 5.

471 Code Civil Belge, Livre Ier, Titre XI, Art. 488.

472 Zusätzlich muß die weitere Voraussetzung für die Zulassung der Spende erfüllt sein, nämlich eine Gefahr für das Leben des Empfängers bestehen und kein vergleichbar zufriedenstellendes Resultat mit einer Leichenorgantransplantation erzielt werden können, Gesetz Nr. 32 vom 13. Juni 1986 über die Entnahme und Transplantation von Organen, Art. 6 § 2 Nr. 2 i.V.m. § 1.

473 Gesetz Nr. 32 vom 13. Juni 1986 über die Entnahme und Transplantation von Organen, Art. 7 §§ 1, 2.

474 Europäisches Parlament, Resolution on Prohibiting Trade in Transplant Organs vom 14.9. 1993, Ziffer 5 (e), in: Fluss, Trade in Human Organs: National and International Responses,

in: Englert (Ed.), Organ and tissue transplantation in the European Union: Management of difficulties and health risks linked to donors, Dordrecht 1995, 74-98, Annex 4 (92 ff.).

[475] Council of Europe, Resolution 78 (29) on harmonisation of legislations of member states relating to removal, grafting and transplantation of human substances, 1978, Art. 6 Abs. 2, 3.

[476] World Health Organisation. Guiding principles on human organ transplantations, in: Lancet 337 (1991), 1470-1471, principle 4.2.

[477] Gesetz Nr. 94-654 vom 29.7.1994, Einfügung von „Chapitre I" in „Titre III" des VI. Buches des „Code de la santé publique", hier Art. L. 671-5 und 671-6. Verfahrensbestimmungen finden sich in dem Dekret 96/375 vom 29.4.1996 (Journal Officiel de la République française, Lois et Décrets, du 5 mai 1996, Nr. 106, 6799-6800), hier: Einfügung von Art. 671-3-4 bis 671-3-8 in den „Code de la santé publique".

[478] Gesetz Nr. 94-654 vom 29.7.1994, Einfügung von „Chapitre I" in „Titre III" des VI. Buches des „Code de la santé publique", hier Art. L. 671-4.

[479] Jung, Die französische Rechtslage auf dem Gebiet der Transplantationsmedizin, Medizinrecht 1996, 355 (359 Anm. 58).

[480] Gesetz über die Organspende vom 24. Mai 1996, Secs. 4, 5 ex negativo.

[481] Gesetz über die Organspende vom 24. Mai 1996, Secs. 4, 5.

[482] Gesetz vom 26. Oktober 1995 über die Entnahme und Transplantation von Zellen, Geweben und Organen, 9 II – V.

[483] Gesetz vom 26. Oktober 1995 über die Entnahme und Transplantation von Zellen, Geweben und Organen, 9 I Nr. 7.

[484] Wie hier, jedenfalls bezüglich psychisch kranker und unterentwickelter Personen, Weigend / Zielinska, Das neue polnische Transplantationsgesetz, Medizinrecht 1995, 445-451 (447).

[485] Gesetz über die Entnahme und Transplantation menschlicher Körperteile zum Zweck medizinischer Behandlung, Art. 11 Abs. 1- 4. Benötigt wird die Einwilligung des gesetzlichen Stellvertreters. Ist der Spender 15 Jahre oder älter, muß auch er eingewilligt haben. Eine Entnahme von Körperteilen beim Minderjährigen ist nur erlaubt, wenn kein anderer Spender zur Verfügung steht und die geplante Transplantation nötig ist, um das Leben des Empfängers zu retten. Gegen den Willen des Spenders darf in keinem Fall ein Organ entnommen werden.

[486] Gesetz über die Entnahme und Transplantation menschlicher Körperteile zum Zweck medizinischer Behandlung, Art. 9 Abs. 1, 2, 3. Für die hier vorgenommene Auslegung des Gesetzes, das dem Verfasser nur in einer nicht autorisierten Arbeitsübersetzung vorliegt, im Sinne eines Verbotes der Entnahme nicht regenerierbarer Organe bei Minderjährigen spricht insbesondere die Gesetzessystematik.

[487] Gesetz Nr. 12 vom 22. April 1993 über die Entnahme und Transplantation menschlicher Organe und Gewebe, Sec. 6 Abs. 3.

488 Gesetz Nr. 12 vom 22. April 1993 über die Entnahme und Transplantation menschlicher Organe und Gewebe, Sec. 8 Abs. 3, 4.

489 Gesetz Nr. 12 vom 22. April 1993 über die Entnahme und Transplantation menschlicher Organe und Gewebe, Sec. 8 Abs. 5.

490 Gesetz Nr. 355 vom 26. April 1985 über die Entnahme menschlicher Organe und Gewebe für medizinische Zwecke, Sec. 2 Abs. 2 i.V.m. Verordnung Nr. 724 vom 23.August 1985 über die Entnahme von menschlichen Organen und Geweben für medizinische Zwecke, Sec. 3.

491 Gesetz Nr. 1383 vom 2. August 1983 über die Entnahme und Transplantation menschlicher Organe und Gewebe; vgl. International Digest of Health Legislation (35) 1984, 211.

492 Das rumänische Gesetz über die Gewinnung und Transplantation menschlicher Organe von 1996 war den Verfassern nicht zugänglich; es ist offenbar auch der Weltgesundheitsorganisation nicht bekannt. Die angegebene Information stammt aus EUROTOLD Project Management Group, Questioning attitudes to living donor transplantation. European multicentre study: Transplantation of organs from living donors – ethical and legal dimensions, Leicester 1996, 132.

493 Entwurf eines Bundesgesetzes über die Transplantation von Organen, Geweben und Zellen vom 12.09.2001, Art. 13 S.1.

494 Entwurf eines Bundesgesetzes über die Transplantation von Organen, Geweben und Zellen vom 12.09.2001, Art. 66 S. 1 Buchst. f.

495 Entwurf eines Bundesgesetzes über die Transplantation von Organen, Geweben und Zellen (Fassung 1999), Art. 20 S. 2, 3.

496 Entwurf eines Bundesgesetzes über die Transplantation von Organen, Geweben und Zellen vom 12.09.2001, Art. 13 S. 2 Buchst. c E-TPG.

497 Entwurf eines Bundesgesetzes über die Transplantation von Organen, Geweben und Zellen vom 12.09.2001, Art. 13 S. 2 Buchst. h und Abs. 4 E-TPG.

498 Schweizerischer Bundesrat, Botschaft zum Bundesgesetz über die Transplantation von Organen, Geweben und Zellen vom 12.09.2001, 119.

499 Council of Europe, Convention for the Protection of Human Rights and Dignity of the Human Being with Regard to the Application of Biology and Medicine (Convention on Human Rights and Biomedicine) vom 4.4.1997, Art. 20.

500 Council of Europe, Steering Committee on Bioethics (CDBI), Draft additional Protocol to the Convention of Human Rights and Biomedicine, on Transplantation of Organs and Tissues of Human Origin, in der von dem CDBI am 5.-8. Juni 2000 verabschiedeten Fassung, Strasbourg 2000, Art. 13 Abs. 2.

501 Council of Europe, Recommendation No R(97)16 of the Committee of Ministers to member states on liver transplantation from living related donors, 30.9.1997, sub iv).

Anmerkungen 175

502 Dickens / Fluss, / King, Legislation in organ and tissue donation, in: Chapman / Deierhoi / Wight (Eds.), Organ and tissue donation for transplantation, London 1997, 95-119 (98).

503 Gutmann / Gerok, International legislation in living organ donation, in: Collins / Dubernard / Persijn / Land (Eds.), Procurement and preservation of vascularized organs, Dordrecht 1997, 317-324 (318 ff.).

504 Vgl. § 1 Abs. 2 TPG.

505 Für einen grundsätzlichen Ausschluß Minderjähriger auch die Empfehlungen zu medizinrechtlichen Fragen der Organtransplantation [1988] der Deutschen Gesellschaft für Medizinrecht, in: Hiersche / Hirsch / Graf-Baumann (Hg.), Rechtsfragen der Organtransplantation, Berlin 1990, 164-166, Ziffer 2; in diesem Sinn auch Voll, Die Einwilligung im Arztrecht, Frankfurt a. Main 1996, 236 f.; Kern, Zum Entwurf eines Transplantationsgesetzes der Länder, in: Medizinrecht 1994, 389-392 (390); Schreiber / Wolfslast, Ein Entwurf für ein Transplantationsgesetz, in: Medizinrecht 1992, 189-195 (194); Uhlenbruck, in: Laufs / Uhlenbruck, Handbuch des Arztrechts, 1992, § 131 m.w.N.; sowie Carstens, Das Recht der Organtransplantation, Frankfurt a. Main u.a. 1978, 36.

506 So auch Price, Legal and ethical aspects of organ transplantation, Cambridge 2000, 360 ff.; Hirsch / Schmidt-Didczuhn, Transplantation und Sektion, Heidelberg 1992, 11; Laufs, Rechtsfragen der Organtransplantation, in: Hiersche / Hirsch / Graf-Baumann (Hg.), Rechtsfragen der Organtransplantation, Berlin 1990, 57-74 (65).

507 Vgl. hierzu Esser, Verfassungsrechtliche Aspekte der Lebendspende von Organen, Düsseldorf 2000, 119.

508 Vgl. National Kidney Foundation / American Society of Transplantation / American Society of Transplant Surgeons / American Society of Nephrology et al., Consensus statement on the live organ donor, JAMA 284 (13.12.2000), 2919-2926 (2924 f.) und American Medical Association Council on Ethical and Judicial Affairs, The use of minors as organ and tissue donors (Policy E-2.167), 1994, in: Code of Medical Ethics Report 5 (1994), 229-242 sowie Giesen, International Medical Malpractice Law, Tübingen 1988, 610 Rn. 1296 f.

509 Zu einem Vergleich der USA mit den europäischen Staaten in dieser Hinsicht siehe EUROTOLD Project Management Group, Questioning attitudes to living donor transplantation. European multicentre study: Transplantation of organs from living donors – ethical and legal dimensions (Commission of the European Community Ref: BMHI-CT92-1841), Leicester 1996, 128 ff., 133.

510 U.S. Scientific Registry of Transplant Recipients and Organ Procurement and Transplantation Network [UNOS], 2000 Annual Report Transplant Data 1990-1999, Table 20; http://www.unos.org/Data/.

511 Giesen, International Medical Malpractice Law, Tübingen 1988, 611 Rn. 1298; vgl. auch Ach / Anderheiden / Quante, Ethik der Organtransplantation, Erlangen 2000, 122; vgl. auch Nys, Desirable characteristics of living donation transplant legislation, in: Price / Akveld (Eds.),

	Living organ donation in the nineties: European medico-legal perspectives (EUROTOLD), Leicester 1996, 127-137 (130); abwägend Schroth, Die strafrechtlichen Grenzen der Lebendspende, in: Roxin / Schroth / Knauer / Niedermair (Hg.), Medizinstrafrecht, Stuttgart / München ²2001, 271-290 (272).
512	Vgl. auch die kurzen Ausführungen bei Wolfslast, Comparative European legislation on organ procurement, in: Baillière's Clinical Anaesthesiology 13 (1999), 117-119, die von „contrasting trends" spricht.
513	Schlich, Transplantation. Geschichte, Medizin, Ethik der Organverpflanzung, München 1998, 16.
514	siehe unten, IV.3.
515	Commentaries on Guiding Principles, in: World Health Organisation. Human organ transplantation. A report on developments under the auspices of World Health Organisation (1987-1991), 1991, 10.
516	World Health Organisation, Human Organ Transplantation. A report on developments under the auspices of the WHO (1987-1991), 1992, 5-11.
	Eine ähnliche Position vertrat 1987 – auf Drängen Frankreichs – die Europäische Gesundheitsministerkonferenz, vgl. Council of Europe, 3rd Conference of European Health Ministers, Paris, 16-17 November 1987, Final Text, Doc. MSN-3-7, App. II, 12.
517	Vgl. v.a. United Network for Organ Sharing 1991 Ethics Committee, Transplantation Proceedings 24 (1992), 2236-2237 („The donor [...] has a right to take a reasonable risk in order to achieve substantial benefit for the recipient. This is true even if the donor and the recipient are not related"); daneben: US Task Force on Organ Transplantation, Organ transplantation: Issues and recommendations, Washington 1986; Childress, The gift of life: Ethical problems and policies in obtaining and distributing organs for transplantation, Primary Care: Clinics in Office Practices 13 (1986), 379-394; Blake / Cardella, Kidney donation by living unrelated donors [Editorial], in: Journal of the Canadian Medical Association [CMAJ] 141 (1989), 773-775; Daar / Sells, Living not-related donor renal transplantation – a reappraisal. Transplantation Reviews 4 (1990), 128-140; Elick / Sutherland / Gillingham / Najarjan, Use of distant relatives and living unrelated donors: A strategy to increase the application of kidney transplantation to treat chronic renal failure, in: Transplantation Proceedings 22 (1990), 343-344; Evans, Organ donations should not be restricted to relatives, in: Journal of Medical Ethics 15 (1989),17-20; Lamb, Organ transplants and ethics, 1990, 104 ff.; Spital, The ethics of unconventional living organ donation, in: Clinical Transplantation 5 (1991), 322-326; ders., Unrelated living donors: Should they be used?, in: Transplantation Proceedings 24 (1992), 2215-2217; Jakobsen, A second opinion. In defence of the living donor transplant, in: Health Policy 16 (1990), 123-126 sowie die Resolution Nr. 5 des Internationalen Münchner Kongresses über „Organ replacement therapy – ethics, justice and commerce" vom Dezember 1990, abgedruckt in: Land/Dossetor (Eds.), Organ replacement therapy: ethics, justice and commerce, 1991, 556

("Live donor kidney transplantation between spouses and other emotionally related persons is ethically acceptable").

518 Vgl. dazu, daß die besonderen Probleme der Entwicklungsländer kein Argument gegen Regelungen in westlichen Staaten darstellen, die diesen angemessen sind, auch Thiel, Living kidney donor transplantation – new dimensions, in: Transplantation International 11 Suppl. 1 (1998), S50-S56.

519 Nachweise bei Land, Medizinische Aspekte der Lebendspende: Nutzen/Risiko-Abwägung, in: Zeitschrift für Transplantationsmedizin 5 (1993), 52-58 und Spital, Do U.S. transplant centers encourage emotionally related kidney donation?, in: Transplantation 61 (1996), 374-377, Ref. 3 und 10-18.

520 Terasaki et al., New England Journal of Medicine 1995, 333-336, für die gesamten USA. Die durchschnittliche Drei-Jahres-Überlebensrate der transplantierten Nieren beträgt dieser Untersuchung zufolge 85% bei Spenden unter Ehegatten, 82 % bei Eltern-auf-Kind-Spenden, 81% bei mit dem Empfänger weder verwandten noch verheirateten Spendern, aber nur 70 % bei der postmortalen Organspende, bei die HLA-Kompatibilität das immer noch vorrangige Verteilungskriterium ist; vgl. näher oben, I.3.1.

Diese Zusammenhänge wurden auch in der deutschen juristischen Literatur lange nicht wahrgenommen, vgl. etwa Kern, Zum Entwurf eines Transplantationsgesetzes der Länder, in: Medizinrecht 1994, 389-392 (S. 390 Anm. 12), der meint, die Kritik an der gesetzlichen Beschränkung der Lebendspende auf Verwandte übersehe „die histologischen Zusammenhänge".

521 Vgl. zu diesem Problem, das überwiegend unter dem Stichwort prozeduraler Gerechtigkeit diskutiert wird, Röhl, Verfahrensgerechtigkeit (Procedural Justice) – Einführung in den Themenbereich und Überblick, in: Zeitschrift für Rechtssoziologie 14 (1993), 1-34 und Schmidt, Some equity-efficiency trade-offs in the provision of scarce goods: The case of lifesaving medical resources, in: The Journal of Political Philosophy 2 (1994), 44-66; daneben Price, The texture and content of living donor transplant laws and policies, in: Transplantation Proceedings 28 (1996), 378-379 (379).

522 Dies befürchtet unter Verweis auf „wirtschaftliche und andere Abhängigkeiten" Dickens, Donation and transplantation of organs and tissues, in: Kennedy / Grubb (Eds.) Principles of Medical Law, Oxford 1998, 787-842 (828).

523 Vgl. Schneewind, Psychologische Aspekte der Lebendnierenspende, in: Zeitschrift für Transplantationsmedizin 5 (1993), 89-96 (93); Land, The problem of living organ donation: Facts, thoughts and reflections, in: Transplantation International 2 (1989), 168-179.

524 Hoyer, Die altruistische Lebendspende, in: Nieren- und Hochdruckkrankheiten 27 (1998), 193-198 (197); Spital, Unrelated living donors: Should they be used?, in: Transplantation Proceedings 24 (1992): 2215-2217 (2216); vgl. auch Matas / Garvey / Jacobs / Kahn, Nondirected donation of kidneys from living donors, in: The New England Journal of Medicine 343 (2000), 433-436.

525	So – ohne Begründung – Council of Europe, Conference of European Health Ministers 1987 (Paris 16.-17. Nov.), Organ transplantation, Current legislation in Council of Europe member states and Finland and results of European co-operation, Strasbourg: Council of Europe, 1987, 5.
526	Vgl. Schneewind / Ney / Hammerschmidt / Oerter / Pabst / Schultz-Gambard, Veränderungserwartungen und faktische Veränderungen der Lebensgestaltung bei Nierentransplantation: Ein Vergleich zwischen verwandten und nichtverwandten Spender-Empfänger-Paaren, in: Transplantationsmedizin 12 (2000), 164-173; Schneewind, Psychologische Aspekte der Lebendnierenspende, in: Zeitschrift für Transplantationsmedizin 5 (1993), 89-96 (93).
527	Vgl. Schneewind / Ney / Hammerschmidt / Oerter / Pabst / Schultz-Gambard, Veränderungserwartungen und faktische Veränderungen der Lebensgestaltung bei Nierentransplantation: Ein Vergleich zwischen verwandten und nichtverwandten Spender-Empfänger-Paaren, in: Transplantationsmedizin 12 (2000), 164-173.
528	Vgl. Schneewind, Psychologische Aspekte der Lebendnierenspende, in: Zeitschrift für Transplantationsmedizin 5 (1993), 89-96 (94).
529	Vgl. auch New / Solomon / Dingwall / McHale, A question of give and take. Improving the supply of donor organs for transplantation, King's Fund Institute Research Report no. 18, London 1994, 68.
530	Ebenso Gillon, Transplantation: A framework for analysis of the ethical issues, in: Transplantation Proceedings 22 (1990), S. 902-903.
531	United Network for Organ Sharing 1991 Ethics Committee, Ethics of organ transplantation from living donors, in: Transplantation Proceedings 24 (1992), 2236-2237: „The donor [...] has a right to take a reasonable risk in order to achieve substantial benefit for the recipient. This is true even if the donor and the recipient are not related."
532	Vgl. etwa Beck, Risikogesellschaft. Auf dem Weg in eine andere Moderne, Frankfurt a. Main 1986, 121 ff., 205 ff.
533	Vgl. Hondrich / Koch-Arzberger, Solidarität in der modernen Gesellschaft, Frankfurt a. Main 1992, 15 f., 20 ff., 114 ff.; Keupp, Ambivalenzen postmoderner Identität, in: Beck / Beck-Gernsheim (Hg.), Riskante Freiheiten. Individualisierung in modernen Gesellschaften, Frankfurt a. Main 1994, 336 ff. (342 ff.).
534	London u.a. 1990, 110.
535	Vgl. insoweit auch die Kritik von New / Solomon / Dingwall und McHale (A question of give and take. Improving the supply of donor organs for transplantation, King's Fund Institute Research Report no. 18, London 1994, 35) am britischen Transplantationsgesetz.
536	So auch Childress, The gift of life: ethical problems and policies in obtaining and distributing organs for transplantation, in: Primary Care: Clinics in Office Practices 13 (1986), 388: „The

available evidence suggests that living unrelated donors need not be categorically excluded. Decisions about their acceptability should be made on a case-by-case basis".

537 Es handelt sich hier um Argentinien, Costa Rica, Honduras und Venezuela, vgl. Gutmann / Gerok, International legislation in living organ donation, in: Collins / Dubernard / Persijn / Land (Eds.), Procurement and preservation of vascularized organs, Dordrecht 1997, 317-324 (320 ff.).

538 Loi n° 76-1181 vom 22.12.1976; vgl. hierzu Jung, Die französische Rechtslage auf dem Gebiet der Transplantationsmedizin, Medizinrecht 1996, 355 ff. (356). Das Gesetz von 1976 wurde ergänzt durch das Dekret n° 78-501 vom 31.3.1978, J.O. du 4 avril 1978.

539 Dem Gesetzgebungsprozeß war ein singulärer Fall von Organhandel vorausgegangen, vgl. Dorozynski, European kidney markets, in: British Medical Journal 299 (1989), 1182-1183.

540 Loi n° 94-654 du 29 juillet 1994 relative au don et à l'utilisation des èlements et produits du corps humain; à l'assistance médicale à la procréation et au diagnostic prénatal, Journal Officiel du 30 juillet 1994.

541 Ehegatten („le conjoint"), und nicht, wie Jung (Die französische Rechtslage auf dem Gebiet der Transplantationsmedizin, Medizinrecht 1996, 355 [357]) meint, „Verlobte".

542 Gesetz Nr. 94-654 vom 29.7.1994, Einfügung von „Chapitre I" in „Titre III" des VI. Buches des „Code de la santé publique", hier Art. L. 671-3 („En cas d'urgence, le donneur peut être le conjoint").

543 So wurden in Frankreich 1998 etwa 31,4 (regional variierend zwischen zwischen 22,7 und 36,3) Nierentransplantationen pro Million Einwohner und Jahr durchgeführt, vgl. Etablissement français des Greffes, Rapport du Conseil Médical et Scientifique sur le prélèvement et la greffe en France en 1998, Paris, édition fin 1999. 1999 stehen 29,4 Nierentransplantationen (von Organen toter Spender) pro Million Einwohner und Jahr in Frankreich der kleineren Zahl von 23,7 in Deutschland gegenüber (vgl. Matesanz / Miranda [Eds.], International figures on organ donation and transplantation activities 1999, in: Transplant Newsletter (Madrid), vol. 5 N° 1, 2000, 18).

544 Am 31.12.1999 befanden sich 344 Patienten auf der Warteliste für Lebern und 4.827 Patienten auf der Warteliste für Nieren; vgl. Etablissement français des Greffes, Rapport préliminaire sur les activités de prélèvement et de greffe en 1999, in: Entante n° 12 (avril 2000), 2.

545 Die Durchschnittswartezeit auf eine Niere betrug 1998 13,1 Monate, vgl. Etablissement français des Greffes, Rapport du Conseil Médical et Scientifique sur le prélèvement et la greffe en France en 1998, Paris, édition fin 1999; andere Quellen sprechen von etwa zwei Jahren, vgl. Bertaux, Les donneurs d'organes vivants ne doivent pas être oubliés, in: Revivre n° 80/81 (Juin 1999), 8.

546 Vgl. Etablissement français des Greffes, Rapport préliminaire sur les activités de prélèvement et de greffe en 1999, in: Entante n° 12 (avril 2000), 2. Die Warteliste für Nieren stieg von 1995 (4068) bis 1999 (4827) um 19 %.

547 Im Jahr 1999 verstarben 86 Patienten auf der Warteliste für Lebern und 95 Patienten auf der Warteliste für Nieren; vgl. Etablissement français des Greffes, Rapport préliminaire sur les activités de prélèvement et de greffe en 1999, in: Entante n° 12 (avril 2000), 3.

548 Matesanz / Miranda (Eds.), International figures on organ donation and transplantation activities 1999, in: Transplant Newsletter (Madrid), vol. 5 N° 1, 2000, 18.

549 Absolute Zahlen: Etablissement français des Greffes, Rapport préliminaire sur les activités de prélèvement et de greffe en 1999, in: Entante n° 12 (avril 2000), 3; ergänt durch Angaben in: Etablissement français des Greffes, Rapport du Conseil Médical et Scientifique sur le prélèvement et la greffe en France en 1998, Paris, édition fin 1999; Berechnung der Anteile durch die Autoren.

550 Vgl. unten, IV.5.

551 Vgl. Gabolde / Hervé, Transplantation rénale avec donneur vivant: Refléxions á partir de l'étude de la pratique des centres français de greffe, in: Journal International de Bioétique 9 (1998), 141 ff. (145 f.). Eine zu enge Auslegung der gesetzlichen Bestimmungen in der Praxis der Lebendspende thematisiert auch das „Dossier de Presse" zur Rede der Ministerin für Beschäftigung und Solidarität, Martine Aubry, anläßlich der „Journée Nationale de la Greffe" am 22.6.2000, http://www.sante.gouv.fr/htm/actu/34_000622.htm.

552 Vgl. unten, V.2.1.

553 Bis 1994 bzw. für das französische Gesetzgebugsverfahren ist zumindest keine adäquate Rezeption der Diskussion festzustellen. Vgl. mittlerweile jedoch etwa Gabolde / Hervé, Transplantation rénale avec donneur vivant: Refléxions á partir de l'étude de la pratique des centres français de greffe, in: Journal International de Bioétique 9 (1998), 141 ff.

554 Vgl. Favereau, Des vivants au secours de vivants, in: Libération, 22.11.2000, 2.

555 Favereau, Des vivants au secours de vivants, in: Libération, 22.11.2000, 2.

556 Enquète nationale sur le don et le prélèvement d'organes.

557 Etablissement Français des Greffes (Ed.), „Dossier de Presse" zur Rede der Ministerin für Beschäftigung und Solidarität, Martine Aubry, anläßlich der „Journée Nationale de la Greffe" am 22.6.2000, http://www.sante.gouv.fr/htm/actu/34_000622.htm; vgl. hierzu auch Favereau, Dossier: Greffes d'organes. L'appel aux vivants, in: Libération, 22.11.2000, 2 (Aussage D. Houssins, Direktor des Etablissement français des Greffes). Die Enquète ist umfänglich dokumentiert in Carvais / Sasportes, La greffe humaine. Incertitudes éthiques du don de soi à la tolèrance de l'autre, Paris 2000.

558 Vgl. die Dokumentation der Fédération des associations pour le don d'organes et de tissues humains (FRANCE ADOT), Réexamen des lois bioéthiques, unter http://assoc.wanadoo.fr/france-adot/. Das genannte Dossier der *Libération* zur Organlebendspende vom 22. November 2000 beklagt die mangelnde Priorität, die die französische Regierung der Revision der 1994 getroffenen Bestimmungen einräumt.

Anmerkungen

559 Vgl. für die Leberlebendspende Boudjema, Transplantation hépatique à donneur vivant, Revivre, N° spécial (XXIIIe congrès international 16 et 17 septembre 2000), 21.

560 FRANCE ADOT, Motion pour le réexamen des lois de bioéthique, in: Revivre n° 83 (janvier 2000), p. 12, sub IV. Dieser Text ist auch dokumentiert im Rahmen der Dokumentation der Fédération des associations pour le don d'organes et de tissues humains (FRANCE ADOT), Réexamen des lois bioéthiques, unter http://assoc.wanadoo.fr/france-adot/.

561 Vgl. Favereau, Des vivants au secours de vivants, in: Libération, 22.11.2000, 2. Vgl. bereits die – noch zurückhaltenden – Hinweise in dem „Dossier de Presse" zur Rede der Ministerin für Beschäftigung und Solidarität, Martine Aubry, anläßlich der „Journée Nationale de la Greffe" am 22.6.2000, http://www.sante.gouv.fr/htm/actu/34_000622.htm.

562 Gesetz vom 22. Dezember 1992 über die Transplantation von menschlichen Organen und / oder Geweben, Kap. III Sect. 11.

563 Gesetz Nr. 12 vom 22. April 1993 über die Entnahme und Transplantation menschlicher Organe und Gewebe, Kap. II Sect. 6 (2).

564 1997: 2; 1998: 6; 1999: 4; 2000: 7 Lebend-Nierentransplantationen; Mitteilung von Salmela Kaija (Helsinki University Central Hospital) vom 19.3.2001.

565 Gesetz über die Entnahme und Transplantation menschlicher Körperteile zum Zweck medizinischer Behandlung vom 12.3.2000, Art. 8.

566 Vgl. New / Solomon / Dingwall / McHale, A question of give and take. Improving the supply of donor organs for transplantation, King's Fund Institute Research Report no. 18, London 1994 und Dickens, Donation and transplantation of organs and tissues, in: Kennedy / Grubb (Eds.) Principles of Medical Law, Oxford 1998, 787-842 (831).

567 Das Gesetz bezieht sich nicht auf Knochenmark, vgl. The Human Organ Transplants Act 1989, Sect. 7.

568 The Human Organ Transplants Act 1989, Section 2 (1); vgl. hierzu auch Dickens, Donation and transplantation of organs and tissues, in: Kennedy / Grubb (Eds.) Principles of Medical Law, Oxford 1998, 787-842 (819 ff.).

569 The Human Organ Transplants Act 1989, Sect. 2 (2) i.V.m. den Human Organ Transplants (Establishment of Relationship) Regulations 1989 (Statutory Instrument 1989 No. 2107).

570 Human Organ Transplants (Establishment of Relationship) Regulations 1998 (Statutory Instrument 1998 No. 1428).

571 The Human Organ Transplants Act 1989, Section 1 (5).

572 The Human Organ Transplants Act 1989, Section 2 (3).

573 Human Organ Transplants (Unrelated Persons) Regulations 1989, Statutory Instrument 1989 No. 2480.

574	Human Organ Transplants (Unrelated Persons) Regulations 1989, Regulation 2 (1-5).
575	So United Kingdom Departement of Health, Unrelated Live Transplant Regulatory Authority (ULTRA) Report 1995 – 1998, 1999, http://www.doh.gov.uk/ultrarep.htm.
576	Human Organ Transplants (Unrelated Persons) Regulations 1989, Regulation 3 (1-2); vgl. United Kingdom Departement of Health, Unrelated Live Transplant Regulatory Authority (ULTRA), http://www.doh.gov.uk/ultra.htm.
577	United Kingdom Departement of Health, Unrelated Live Transplant Regulatory Authority (ULTRA) Report 1995 – 1998, 1999, http://www.doh.gov.uk/ultrarep.htm.
578	Vorschriften über die Lebendorgantransplantation nichtverwandter Spender von 1989 (The Human Organ Transplants [Unrelated Persons] Regulations 1989), Regulation 3 (1a,b).
579	Vorschriften über die Lebendorgantransplantation nichtverwandter Spender von 1989 (The Human Organ Transplants [Unrelated Persons] Regulations 1989), Regulation 2(1c), 3 (2e).
580	„Offer of an inducement".
581	Vorschriften über die Lebendorgantransplantation nichtverwandter Spender von 1989 (The Human Organ Transplants [Unrelated Persons] Regulations 1989), Regulation 3 (2e).
582	United Kingdom Departement of Health, Unrelated Live Transplant Regulatory Authority (ULTRA) Report 1995 – 1998, 1999, http://www.doh.gov.uk/ultrarep.htm.
583	General Medical Council (London), Guidance for doctors on transplantation of organs from live donors vom 22.12.1992, Ziffer 7, in: Fluss, Trade in Human Organs: National and International Responses, in: Englert (Ed.), Organ and tissue transplantation in the European Union: Management of difficulties and health risks linked to donors, Dordrecht 1995, 74-98, Annex 1 (84 f.).
584	Nicht zuletzt für Patienten asiatischer Herkunft, für die besondere Probleme in der Vermittlung postmortal gewonnener Organe bestehen, wird in England aktiv nach möglichen Lebendspendern gesucht, vgl. Ready / Jain, Reaching out to Asia for living kidney donors, in: Transplantation Proceedings 32 (2000), 1572-1573 und Royal College of Surgeons of England, The report of the working party to review organ transplantation, London 1999, sub 86.
585	New / Solomon / Dingwall / McHale, A question of give and take. Improving the supply of donor organs for transplantation, King's Fund Institute Research Report no. 18, London 1994, 35 und 53.
586	Terasaki / Cecka / Gjertson, / Takemoto, High survival rates of kidney transplants from spousal and living unrelated donors, in: The New England Journal of Medicine 333 (1995), 333-336.
587	Vgl. hierzu auch British Transplantation Society and the Renal Association, United Kingdom guidelines for living donor kidney transplantation, London 2000, 7, denen zufolge fast alle britischen Transplantationszentren eine Ausweitung der Organlebendspende auch unter Nicht-

Anmerkungen 183

verwandten entsprechend dem Vorbild der Vereinigten Staaten und der Praxis in vergleichbaren europäischen Ländern befürworten.

588 British Transplantation Society, Towards standards for organ and tissue transplantation in the United Kingdom, Richmond Surrey 1998, sub 2.2.2.

589 Nicholson / Bradley, Renal transplantation from living donors should be seriously considered to help overcome the shortfall of organs (Editorial), in: British Medical Journal 318 (1999), 409 f.; sowie hierzu Daar, Use of renal transplants from living donors. Practice is essential to alleviate shortage of organs, in: British Medical Journal 318 (1999), 1553; ders., Renal transplantation from living donors – additional justification (Electronic response), 15.2.1999, http://www.bmj.com/cgi/eletters/318/7181/409, sowie Morris / Cranston, Use of renal translants from living donors. Surgical techniques should be fully evaluated, in: British Medical Journal 318 (1999), 1553.

590 British Transplantation Society and the Renal Association, United Kingdom guidelines for living donor kidney transplantation, London 2000, 7.

591 British Transplantation Society and the Renal Association, United Kingdom guidelines for living donor kidney transplantation, London 2000, 7.

592 Royal College of Surgeons of England, The report of the working party to review organ translantation, London 1999, sub 86, 87 und 137.

593 Vgl. für die Zeit bis 1998 die Statistik in: United Kingdom Departement of Health, Unrelated Live Transplant Regulatory Authority (ULTRA) Report 1995 – 1998, 1999, http://www.doh.gov.uk/ultrarep.htm.

594 Vgl. United Kingdom Transplant Support Service Authority (UKTSSA), Transplant Activity 1998, London 1999 und dies., Transplant Statistics 1 January 2000 to 31 December 2000, http://www.uktransplant.org.uk.

595 United Kingdom Transplant Support Service Authority (UKTSSA), Transplant Activity 1998, London 1999; dies., Transplant Statistics 1 January 2000 to 31 December 2000, http://www.uktransplant.org.uk; korrigierte und ergänzte Zahlen für 1999 und 2000 nach Mitteilung von UK Transplant vom 30.3.2001 sowie nach UK Transplant, Transplant Activity in the UK and Republic of Ireland. Preliminary Data 2000, London 2001.

596 Bereits abwägend EUROTOLD Project Management Group, Questioning attitudes to living donor transplantation. European multicentre study: Transplantation of organs from living doors – ethical and legal dimensions (Commission of the European Community Ref: BMHI-CT92-1841), Leicester 1996, 138.

597 Vgl. Rudge, Policy issues relating to living donation in the United Kingdom, in: Price / Akveld (Eds.), Living organ donation in the nineties: European medico-legal perspectives (EUROTOLD), Leicester 1996, 13-18 (18) und zu den unterschiedlichen Einstellungen der verantwortlichen Ärzte in Europa zur präemptiven Transplantation im Jahr 1995 vgl. EUROTOLD Project Management Group, Questioning attitudes to living donor transplantation. Eu-

ropean multicentre study: Transplantation of organs from living donors – ethical and legal dimensions (Commission of the European Community Ref: BMHI-CT92-1841), Leicester 1996, 138.

[598] Rudge, Policy issues relating to living donation in the United Kingdom, in: Price / Akveld (Eds.), Living organ donation in the nineties: European medico-legal perspectives (EUROTOLD), Leicester 1996, 13-18 (18).

[599] Sells, Paired kidney-exchange programs (Correspondence), in: The New England Journal of Medicine 337 (1997), 1392 f.

[600] Human Organ Transplants Act 1989, Sect. 1 (1) und (3).

[601] United Kingdom Departement of Health, Unrelated Live Transplant Regulatory Authority (ULTRA) Report 1995 – 1998, 1999, http://www.doh.gov.uk/ultrarep.htm. Ebenso das British Medical Association Medical Ethics Committee, Organ donation in the 21st century: Time for a consolidated approach, 2000 (http://web.bma.org.uk/public/), am Beispiel des Überkreuzspende-Pools.

[602] Allerdings erhalten die Vorschriften über die Lebendorgantransplantation nichtverwandter Spender von 1989 (The Human Organ Transplants [Unrelated Persons] Regulations 1989, Regulation 3 [2c]), wie ausgeführt, die weitergehendere Vorschrift, daß die Genehmigungsbehörde ULTRA die Lebendorgantransplanation unter genetisch nicht Verwandten nur genehmigen darf, wenn sichergestellt ist, daß die Einwilligung des Spenders nicht auf einem „Anreiz" *(offer of an inducement)* beruht. Der Begriff des *Anreizes* öffnet sich wenigstens nach seinem Wortlaut, wenn auch nicht nach seinem teleologischen Sinn, eher der Interpretation, daß er auch Überkreuz-Spenden erfassen und untersagen will.

[603] Sells, Paired kidney-exchange programs (Correspondence), in: The New England Journal of Medicine 337 (1997), 1392 f.

[604] United Kingdom Departement of Health, Review of the Unrelated Live Transplant regulatory Authority, London 2000 (auch unter http:/www.doh.gov.uk/ultrareview.htm).

[605] Ebenda.

[606] Gesetz Nr. 831 vom 8. Juni 1995 über Transplantation, Section 7.

[607] Sweden, Ministry of Health and Social Affairs, The Swedish Transplant Act (incl. Guidance on the Provisions), Stockholm 1997, 38.

[608] Mitteilung von Dr. Håkan Gäbel, National Board of Health and Welfare (Socialstyrelsen), Stockholm, vom 7.3.2001.

[609] Fehrmann-Ekholm / Wadström / Tufveson, Lebendspende-Nierentansplantation aus schwedischer Perspektive, in: Fahlenkamp / Schönberger / Tufveson / Loening, Lebendspende-Nierentansplantation, Podium Urologie 3, Wien 1997, 123-134 (127); ergänzt durch Angaben, die von Dr. Håkan Gäbel, National Board of Health and Welfare (Socialstyrelsen), Stockholm, am 7.3.2001 mitgeteilt wurden.

610	Gesetz Nr. 458 über die Nierentransplantation zwischen lebenden Personen vom 26.6.1967, Art. 1 Abs. 2 und 3; Gesetz Nr. 482 über die Transplantation von Leberteilen vom 16. 12. 1999, Art. 1 Nr. 2.
611	Gesetz vom 26. Oktober 1995 über die Entnahme und Transplantation von Zellen, Geweben und Organen, Art. 9 I Nr. 1, Nr. 2 i.V.m. Abs. 10 I, II.
612	Vgl. Weigend / Zielinska, Das neue polnische Transplantationsgesetz, Medizinrecht 1995, 445-451(447 f.) und Pacholczyk, Polish Law of 26.10.95 – Regulating the removal and transplantation of human cells, tissues and organs, in: Price / Akveld (Eds.), Living organ donation in the nineties: European medico-legal perspectives (EUROTOLD), Leicester 1996, 87-98 (89).
613	Gesetz vom 26. Oktober 1995 über die Entnahme und Transplantation von Zellen, Geweben und Organen, 10 III, IV i.V.m. 9 I 1, 3-9.
614	Die Novelle des Krankenanstaltengesetzes vom 1. Juni 1982 (§§ 62a-62c B-KAG) enthält keine Bestimmungen zur Lebendorganspende.
615	Das Gesetz Nr. 6 vom 9. Februar 1973 und das Änderungsgesetz vom 12.6.1987 regeln insoweit nichts.
616	Königliches Dekret Nr. 2070 über die Entnahme und klinische Verwendung von menschlichen Organen und die räumliche Koordination bei Spende und Transplantation von Organen und Geweben vom 30. Dezember 1999, Art. 9 Abs. 2 S. 2, 3, Abs. 3-5.
617	Gesetz über die Organspende vom 24. Mai 1996, ch. II, secs. 3-8 ex negativo.
618	Gesetz Nr. 402 vom 13. Juni 1990, ch. 4; ergänzt durch das Gesetz Nr. 259 vom 12. April 2000.
619	Gesetz Nr. 831 vom 8. Juni 1995 über Transplantation, Section 7.
620	Artikel 24^{decies} der Bundesverfassung (Bundesgesetzblatt, 20.4.1999, Nr. 15, 1341), der durch die Volksabstimmung vom 7.2.1999 mit fast 88% Ja-Stimmen in die Verfassung implementiert wurde.
621	Entwurf eines Bundesgesetzes über die Transplantation von Organen, Geweben und Zellen vom 12.09.2001 sowie Botschaft des Schweizerischer Bundesrats zum Bundesgesetz über die Transplantation von Organen, Geweben und Zellen vom 12.09.2001, auch abrufbar unter http://www.bag.admin.ch.
622	Art. 12 Buchst. a des Entwurfes.
623	Erläuternder Bericht des eidgenössischen Departements des Inneren zum Entwurf des Transplantationsgesetzes, Dezember 1999, S. 7 f; vgl. auch ebenda, 94 [Herv. d. Verf.].
624	Erläuternder Bericht des eidgenössischen Departements des Inneren zum Entwurf des Transplantationsgesetzes, Dezember 1999, 97.

625	Erläuternder Bericht des eidgenössischen Departements des Inneren zum Entwurf des Transplantationsgesetzes, Dezember 1999, 94.
626	Thiel, Möglichkeiten der Cross-over-Lebendspende bei der Nierentransplantation, in: Kirste (Hg.), Nieren-Lebendspende. Rechtsfragen und Versicherungs-Regelungen für Mediziner, Lengerich 2000, 169-179 (175).
627	Bericht über die Ergebnisse des Vernehmlassungsverfahrens zum Vorentwurf eines Transplantationsgesetzes, November 2000, sub. 2.3 sowie Botschaft des Schweizerischen Bundesrats vom 12.09.2001, 43.
628	Wolfslast, Comparative European legislation on organ procurement, in: Baillière's Clinical Anaesthesiology 13 (1999), 117-119 (118).
629	Nielsen, Living organ donors – Legal perspectives from Western Europe, in: Price / Akveld (Eds.), Living organ donation in the nineties: European medico-legal perspectives (EUROTOLD), Leicester 1996, 63-77 (73); vgl. Nys, Desirable characteristics of living donation transplant legislation, im selben Band, 127-137 (131).
630	Vgl. Resolution (78) 29 on Harmonisation of Legislation of Member States relating to removal, grafting and transplantation of human substances [1978], Art. 4: The „[r]emoval of substances which cannot regenerate must be confined to transplantation between genetically related persons except in exceptional cases where there are good chances of success".
631	Cecka, Results of more than 1000 recent living-unrelated donor transplants in the United States, in: Transplantation Proceedings 31 (1999), 234. Nur 12 % der Erstempfänger von Leichennieren erhalten Organe mit keinem HLA-mismatch, vgl. ebenda.
632	Europarat, Lenkungsausschuß für Bioethik, Entwurf eines Zusatzprotokolls zu der Konvention über Menschenrechte und Biomedizin über die Transplantation von menschlichen Organen und Geweben menschlichen Ursprungs, in der vom Lenkungsausschuß für Bioethik (CDBI) am 5.-8. Juni 2000 angenommenen Fassung, Art. 9 („Organ removal from a living donor may be carried out for the benefit of a recipient with whom the donor has a close personal relationship as defined by law, or, in the absence of such relationship, only under the conditions defined by law and with the approval of an appropriate independent body").
633	Council of Europe, Committee of Ministers, Steering Committee on Bioethics, Draft Explanatory Report to the draft Additional Protocol to the Convention for the Protection of Human Rights and Dignity with regard to the Application of Biology and Medicine, on Transplantation of Human Organs and Tissues of Human Origin, Dokument CM [98]212 Addendum I), part B, 21, Art. 9 N° 54.
634	Thiel / Vogelbach et al., Crossover renal transplantation: hurdles to be cleared, Manuskript 2000, 8.
635	Council of Europe, Committee of Ministers, Steering Committee on Bioethics, Draft Explanatory Report to the draft Additional Protocol to the Convention for the Protection of Human Rights and Dignity with regard to the Application of Biology and Medicine, on Transplan-

tation of Human Organs and Tissues of Human Origin, Dokument CM [98]212 Addendum I), part B, 21, Art. 9 N° 53.

Diese Erläuterungen beziehen sich noch auf die Entwurfsfassung des Zusatzprotokolls mit Stand vom 6.1.1999, wo es in Art. 9 noch geheissen hatte: „Organ removal from a living donor shall only be carried out for the benefit of a recipient with whom the donor has an appropriate relationship as defined by law, or otherwise with the approval of an appropriate independent body", auf deutsch: „Einem lebenden Spender darf ein Organ nur zum Nutzen eines Empfängers entnommen werden, zu dem der Spender eine von der Rechtsordnung bestimmte angemessene Beziehung hat, oder andernfalls nach Billigung durch eine geeignete unabhängige Stelle" (Council of Europe, Committee of Ministers, Steering Committee on Bioethics, Draft Additional Protocol to the Convention for the Protection of Human Rights and Dignity with regard to the Application of Biology and Medicine, on Transplantation of Human Organs and Tissues of Human Origin, Dokument CM [98]212 Addendum I).

Dem gegenüber stellt der Wortlaut der Fassung von 2000 („Organ removal from a living donor may be carried out for the benefit of a recipient with whom the donor has a close personal relationship as defined by law, or, in the absence of such relationship, only under the conditions defined by law and with with the approval of an appropriate independent body") nur eine redaktionelle Änderung dar, die den liberalen Charakter der Norm noch stärker betont. Die hier zitierten Ausführungen der Erläuterungen des Entwurfs von 1999 gelten deshalb in vollem Umfang auch für die am 5.-8. Juni 2000 angenommene Fassung des Entwurfs.

636 Gemäß Artikel 31 (2) der Konvention liegen die die Konvention ergänzenden Protokolle nur für die Unterzeichner des Übereinkommens zur Unterzeichnung auf.

637 Aristoteles, Die Nikomachische Ethik, 5. Buch, 14. Kapitel, 1137a 32 ff., nach der Übersetzung von Eugen Rolfes bearbeitet von Günther Bien, Hamburg 1995, 127.

638 Gesetz Nr. 2238 vom 29.5.1979 über die Entnahme, Aufbewahrung, Transfer und Transplantation von Organen und Geweben, Art. 7(f).

639 Council of Europe, Resolution 78 (29) on harmonisation of legislations of member states relating to removal, grafting and transplantation of human substances, 1978, Art. 6 Abs. 2.

640 Gesetz Nr. 94-654 vom 29.7.1994, Einfügung von „Titre I" am Beginn des VI. Buches des „Code de la santé publique", hier Art. L. 665-14 („Principes generaux applicables au don et a l'utilisation des elements et produits du corps humain"). In diesem Sinn auch explizit Jung, Die französische Rechtslage auf dem Gebiet der Transplantationsmedizin, Medizinrecht 1996, 355 (358).

641 Dies übersieht Jung, ebenda.

642 Gesetz Nr. 94-654 vom 29.7.1994, Einfügung von „Titre I" am Beginn des VI. Buches des „Code de la santé publique", hier Art. L. 665-14, Satz 3.

643 Vgl. Jung, Die französische Rechtslage auf dem Gebiet der Transplantationsmedizin, Medizinrecht 1996, 355 (358).

644	Casabona, Legal issues concerning the living donor and some criteria for harmonised European legislation, in: Price / Akveld (Eds.), Living organ donation in the nineties: Euro-pean medico-legal perspectives (EUROTOLD), Leicester 1996, 139-155; vgl. Gesetz Nr. 30 vom 27. Oktober 1979 über die Entnahme und Transplantation von Organen, Art. 4 Buchst. d.
645	Königliches Dekret Nr. 2070 über die Entnahme und klinische Verwendung von menschlichen Organen und die räumliche Koordination bei Spende und Transplantation von Organen und Geweben vom 30. Dezember 1999, Capítulo II, Art. 5.2.2.
646	World Health Organization, Human Organ Transplantation. A report on developments under the auspices of the WHO (1987-1991), Genf 1991, 5-11 („Organs for transplantation should be removed preferably from the bodies of deceased persons.").
647	Commentaries on Guiding Principles, in: World Health Organisation, Human organ transplantation. A report on developments under the auspices of the WHO (1987-1991), Genf 1991, 10.
648	Council of Europe, Recommendation No R(97)16 of the Committee of Ministers to member states on liver transplantation from living related donors, 30.9.1997, Appendix sub i).
649	Council of Europe, Recommendation No R(97)16 of the Committee of Ministers to member states on liver transplantation from living related donors, 30.9.1997, Appendix sub ii).
650	Europarat, Lenkungsausschuß für Bioethik, Entwurf eines Zusatzprotokolls zu der Konvention über Menschenrechte und Biomedizin über die Transplantation von menschlichen Organen und Geweben menschlichen Ursprungs, in der vom Lenkungsausschuß für Bioethik (CDBI) am 5.-8. Juni 2000 angenommenen Fassung, Art. 8.
651	Council of Europe, Convention for the Protection of Human Rights and Dignity of the Human Being with Regard to the Application of Biology and Medicine (Convention on Human Rights and Biomedicine) vom 4.4.1997, European Treaty Series No. 164, Art. 19 Abs. 1.
652	Entwurf eines erläuternden Berichts (Teil B) zum Entwurf eines Zusatzprotokolls zu dem Übereinkommen zum Schutz der Menschenrechte und der Menschenwürde im Hinblick auf die Anwendung von Biologie und Medizin über die Transplantation von Organen und Geweben menschlichen Ursprungs (Teil A), in der vom Ministerkomitee zur Veröffentlichung am 2.-3. Februar 1999 genehmigten Fassung, Art. 8, Nr. 49 f.; Secretary General of the Council of Europe, Explanatory Report to the Convention on Human Rights and Biomedicine, 17.12.1996, Art. 19, Nr. 118, 119.
653	Entwurf eines erläuternden Berichts (Teil B) zum Entwurf eines Zusatzprotokolls zu dem Übereinkommen zum Schutz der Menschenrechte und der Menschenwürde im Hinblick auf die Anwendung von Biologie und Medizin über die Transplantation von Organen und Geweben menschlichen Ursprungs (Teil A), in der vom Ministerkomitee zur Veröffentlichung am 2.-3. Februar 1999 genehmigten Fassung, Art. 8, Nr. 50; sowie Secretary General of the Council of Europe, Explanatory Report to the Convention on Human Rights and Biomedicine, 17.12.1996, Art. 19, Nr. 119.
654	Persönliche Mitteilung von A. Jakobsen, Medizinischer Direktor des Rijkshospitalet, Oslo.

| 655 | Entwurf eines erläuternden Berichts (Teil B) zum Entwurf eines Zusatzprotokolls zu dem Übereinkommen zum Schutz der Menschenrechte und der Menschenwürde im Hinblick auf die Anwendung von Biologie und Medizin über die Transplantation von Organen und Geweben menschlichen Ursprungs (Teil A), in der vom Ministerkomitee zur Veröffentlichung am 2.-3. Februar 1999 genehmigten Fassung, Art. 8, Nr. 51.

656 Daß in Frankreich Organentnahmen beim lebenden Spender nur „im direkten therapeutischen Interesse des Empfängers" durchgeführt werden dürfen, stellt per se noch keine Subsidiaritätsregelung dar, vgl. Gesetz Nr. 94-654 vom 29.7.1994, Einfügung von „Chapitre I" in „Titre III" des VI. Buches des „Code de la santé publique", hier Art. L. 671-3.

657 Kritisch insofern Weigend / Zielinska, Das neue polnische Transplantationsgesetz, Medizinrecht 1995, 445-451(451). Eine Bestimmung zur Nachrangigkeit der Lebendspende findet sich nur in der polnischen Regelung für die Knochenmarkspende Minderjähriger. In diesem Fall wird eine unmittelbare Todesgefahr vorausgesetzt, die nicht anders als durch die Knochenmarkspende abgewendet werden kann, vgl. Gesetz vom 26. Oktober 1995 über die Entnahme und Transplantation von Zellen, Geweben und Organen, Art. 9 Nr. 9 Abs. 2.

658 Allerdings heißt es in der Broschüre des Schwedischen Gesundheits- und Sozialministeriums zum schwedischen Gesetz, daß die Heranziehung von Lebendspendern bei Materialien oder Organen, die nicht regenerativ sind, auf ein Minimum beschränkt bleiben solle. Der Hauptgrund dafür sei das Risiko des Drucks, das auf den potentiellen Spender ausgeübt werden könne. Auch wenn das Risiko eines körperlichen Schadens für den Spender gering sei, müsse es doch in eine Entscheidung miteingestellt werden, vgl. Sweden, Ministry of Health and Social Affairs, The Swedish Transplant Act (incl. Guidance on the Provisions), Stockholm 1997, 11.

659 Dort wird für die Entnahme eines Organs beim Lebenden lediglich die Bedingung aufgestellt, daß die Transplantation auf eine bestimmte Person mit der Aussicht auf eine wesentliche Verbesserung von deren Lebenserwartung oder Lebensumständen erfolgen muß, vgl. Königliches Dekret Nr. 2070 über die Entnahme und klinische Verwendung von menschlichen Organen und die räumliche Koordination bei Spende und Transplantation von Organen und Geweben vom 30. Dezember 1999, Art. 9 Abs. 1 Buchst. e; ähnlich im wesentlichen bereits Gesetz Nr. 30 vom 27. Oktober 1979 über die Entnahme und Transplantation von Organen, Art. 4 Buchst. d.

660 So zutreffend Dujmovits, Das österreichische Transplantationsrecht und die Menschenrechtskonvention zur Biomedizin, in: Barta / Kalchschmidt / Kopetzki (Hg.), Rechtspolitische Aspekte des Transplantationsrechts, Wien 1999, 55-77 (69). Die Begründung der Gegenansicht durch Kalchschmidt (Die Organtransplantation. Überlegungen de lege lata und de lege ferenda, Wien 1997, 224 sowie dies. / Barta, Rechtspolitische Überlegungen zur Organtransplantation. Plädoyer für ein Transplantationsgesetz, in: Barta / Kalchschmidt / Kopetzki [Hg.], Rechtspolitische Aspekte des Transplantationsrechts, Wien 1999, 13-42 [37]) für die Geltung des „ultima-ratio"-Prinzips de lege lata überzeugt nicht. Sie übersieht die – in Einzelfällen erheblichen – medizinischen Vorteile der Lebendspende; ihr Rekurs auf den „Grundsatz der

Verhältnismäßigkeit" ist verfehlt, weil sie hierbei das Gewicht des Selbstbestimmungsrechts der Patienten bei der Bestimmung dessen, was verhältnismäßig ist, ausblendet, und ihre Bezugnahme auf den ärztlichen Grundsatz des „primum non nocere" reflektiert – wie im folgenden Kapitel zur „Ethik der Lebendorganspende" näher zu erläutern ist – ein kaum angemessenes Verständnis der für die Lebendorganspende einschlägigen medizin-ethischen Prinzipien. De lege ferenda empfiehlt sich die Aufnahme des Subsidiaritätsgrundsatzes in ein künftiges österreichisches Transplantationsgesetz deshalb nicht.

661 Gesetz über die Entnahme und Transplantation menschlicher Körperteile zum Zweck medizinischer Behandlung vom 12.3.2000, Art. 8 Abs. 2.

662 Gesetz Nr. 32 vom 13. Juni 1986 über die Entnahme und Transplantation von Organen, Art. 6 § 1.

663 Vgl. Matesanz / Miranda (Eds.), International figures on organ donation and transplantation activities 1999, in: Transplant Newsletter (Madrid), vol. 5 N° 1, 2000, 18 f.

664 Gesetz über die Organspende vom 24. Mai 1996, Sec. 3 Abs. 3.

665 Mitgeteilt durch die niederländische Transplantatstichting mit Schreiben vom 26.2.2001; Daten für 2000 vorläufig.

666 Vgl. Matesanz / Miranda (Eds.), International figures on organ donation and transplantation activities 1999, in: Transplant Newsletter (Madrid), vol. 5 N° 1, 2000, 18 f.

667 Entwurf eines Bundesgesetzes über die Transplantation von Organen, Geweben und Zellen vom Dezember 1999, Art. 17 Abs. 1 Buchst. b,c.

668 Erläuternder Bericht des eidgenössischen Departements des Inneren zum Entwurf des Transplantationsgesetzes, Dezember 1999, 93.

669 Lediglich in einer Fußnote wird auf die heute überwiegende Meinung hingewiesen, daß die Dialyse bezüglich der Lebensqualität der Patienten keine alternative therapeutische Methode vergleichbarer Wirksamkeit darstelle, vgl. Erläuternder Bericht des eidgenössischen Departements des Inneren zum Entwurf des Transplantationsgesetzes, Dezember 1999, 92f.

670 Eidgenössisches Departement des Innern, Bericht über die Ergebnisse des Vernehmlassungsverfahrens zum Vorentwurf eines Transplantationsgesetzes, November 2000, 21, zu Kapitel 4 Art. 17 Abs. 1 Buchst. b des Gesetzes.

671 In diesem Sinne äußerten sich die Schweizerische Akademie der Geistes- und Sozialwissenschaften, die Schweizerische Akademie der Medizinischen Wissenschaften, die Schweizerische Gesellschaft für Kardiologie, die Schweizerische Gesellschaft für Nephrologie, die Universität Basel (Medizinische Fakultät, Dekanat), das Universitätsspital Zürich, der Kanton Schaffhausen, die FDP, die Eidgenössische Fachkommission für biologische Sicherheit, Dr. med. H.J. Gloor (Leitender Arzt Abt. Innere Medizin, Kantonsspital Schaffhausen), Interpharma, KIDS Kidney Care, das Kantonsspital Aarau (Spitalleitung), sowie das Kantonsspital Baden (Abt. Nephrologie), vgl. Eidgenössisches Departement des Innern, Bericht über die Er-

Anmerkungen 191

gebnisse des Vernehmlassungsverfahrens zum Vorentwurf eines Transplantationsgesetzes, November 2000, 21 zu Kapitel 4 Art. 17 Abs. 1 Buchst. b des Gesetzes.

672 So der Cantone del Ticino und die Schweizerische Akademie der Medizinischen Wissenschaften, vgl. Eidgenössisches Departement des Innern, Bericht über die Ergebnisse des Vernehmlassungsverfahrens zum Vorentwurf eines Transplantationsgesetzes, November 2000, 21 zu Kapitel 4 Art. 17 Abs. 1 Buchst. b des Gesetzes.

673 Eidgenössisches Departement des Innern, Bericht über die Ergebnisse des Vernehmlassungsverfahrens zum Vorentwurf eines Transplantationsgesetzes, November 2000, S. 6 sowie S. 21 zu Kapitel 4 Art. 17 Abs. 1 Buchst. c des Gesetzes.

674 In diesem Sinne äußerten sich neben FDP und Sozialdemokratischer Partei der Schweiz, die Schweizer Gesellschaft für Nephrologie, As de Cœur (AG Transplantationsgesetz), das Kanntonsspital Aarau (Spitalleitung), das Kantonsspital Baden (Abt. Nephrologie, das Konkordat der schweizerischen Krankenversicherer, die PHOENIX Association, die Schweizerische Vereinigung der Knochenmarktransplantierten sowie die Schweizerische Vereinigung der Lebertransplantierten, vgl. Eidgenössisches Departement des Innern, Bericht über die Ergebnisse des Vernehmlassungsverfahrens zum Vorentwurf eines Transplantationsgesetzes, November 2000, 21 zu Art. 17 Abs. 1 Buchst. c des Gesetzes.

675 Der Entwurf eines Bundesgesetzes über die Transplantation von Organen, Geweben und Zellen vom 12.09.2001 wertet einen Verstoß gegen die „Subsidiaritätsrestklausel" des Art. 12 Buchst. d E-TPG in seinem Art. 67 S. 1 Buchst. c als Übertretung und bedroht sie mit Haft oder Buße bis zu 50.000 Franken.

676 Entwurf eines Bundesgesetzes über die Transplantation von Organen, Geweben und Zellen vom 12.09.2001, Art. 12 Buchst. d.

677 Entwurf eines Bundesgesetzes über die Transplantation von Organen, Geweben und Zellen vom 12.09.2001, Art. 14 S. 3.

678 Botschaft des Schweizerischer Bundesrats zum Bundesgesetz über die Transplantation von Organen, Geweben und Zellen vom 12.09.2001, 119 f.

679 Vgl. zum folgenden oben, I.3.1.

680 British Transplantation Society and the Renal Association, United Kingdom guidelines for living donor kidney transplantation, London 2000, 7.

681 Vgl. Koppernock, Das Grundrecht auf bioethische Selbstbestimmung. Zur Rekonstruktion des allgemeinen Persönlichkeitsrechts, Baden-Baden 1997.

682 Forst, Kontexte der Gerechtigkeit, Frankfurt a. Main 1994, 435.

683 Vgl. oben, I.3.1.(3).

684	National Kidney Foundation / American Society of Transplantation / American Society of Transplant Surgeons / American Society of Nephrology et al., Consensus statement on the live organ donor, JAMA 284 (13.12.2000), 2919-2926.
685	Vgl. oben, I.3.2.
686	Vgl. Schmidt, Politik der Organverteilung. Eine Untersuchung über Empfängerauswahl in der Transplantationsmedizin, Baden-Baden 1996 und Thiel, Excuses of nephrologists not to transplant, in: Land / Dossetor (Eds.), Organ replacement therapy: Ethics, justice and commerce, Berlin / Heidelberg / New York 1991, 353-363.
687	Vgl. Nys, Desirable characteristics of living donation transplant legislation, in: Price / Akveld (Eds.), Living organ donation in the nineties: European medico-legal perspectives (EUROTOLD), Leicester 1996, 127-137 (130).
688	Rothman, The international organ traffic, in: The New York Review of Books 45 (26.3.1998), 14-17; Rothman / Rose / Awaya et al., The Bellagio Task Force report on transplantation, bodily integrity, and the international traffic in organs, in: Transplantation Proceedings 29 (1997), 2739-2745; Kreis, Worldwide organ trafficking: fact or fiction?, in: Englert (Ed.), Organ and tissue transplantation in the European Union: Management of difficulties and health risks linked to donors, Dordrecht 1995, 67-73; Daar / Gutmann / Land, Reimbursement, 'rewarded gifting', financial incentives and commercialism in living organ donation, in: Collins / Dubernard / Persijn / Land (Eds.), Procurement and preservation of vascularized organs, Dordrecht 1997, 301-316; Daul / Metz-Kurschel / Philipp, Kommerzielle Nierentransplantation in der „Dritten Welt", in: Deutsche Medizinische Wochenschrift 121 (1996), 1341-1344.
689	Frishberg / Feinstein / Drukker, Living Unrelated (Commercial) Renal Transplantation in Children, in: Journal of the American Society of Nephrology 9 (1998), 1100-1103; vgl. Finkel, This little kidney went to market, in: The New York Times Magazine, May 27, 2001.
690	Rothman, The international organ traffic, in: The New York Review of Books 45 (26.3.1998), 14-17; Rothman / Rose / Awaya et al., The Bellagio Task Force report on transplantation, bodily integrity, and the international traffic in organs, in: Transplantation Proceedings 29 (1997), 2739-2745.
691	Vgl. zu den offensichtlich nicht sehr weit gediehenen Versuchen eines amerikanisch-tschechischen Unternehmens, eine entsprechende Vermittlungstätigkeit aufzunehmen, „Klinik wirbt für illegale Organspende", in: Süddeutsche Zeitung v. 7.1.2001.
692	Zargooshi, J., Iranian Kidney Donors: Motivations and relations with recipients, in: Clinical Urology 165 (2001), 386-392.
693	Vgl. König, Strafbarer Organhandel, Frankfurt a. Main u.a. 1999, 31.
694	Vgl. New / Solomon / Dingwall / McHale, A question of give and take. Improving the supply of donor organs for transplantation, King's Fund Institute Research Report no. 18, London 1994 und Dickens, Donation and transplantation of organs and tissues, in: Kennedy / Grubb (Eds.) Principles of Medical Law, Oxford 1998, 787-842 (831).

Im Jahr 2001 wurden neue Gerüchte über angebliche Einzelfälle britisch-indischen Organhandels laut, vgl. British doctors offer kidneys from Third World donors, in: The Sunday Times, April 1, 2001.

695 Dem Gesetzgebungsprozeß war ein singulärer Fall von Organhandel vorausgegangen, vgl. Dorozynski, European kidney markets, in: British Medical Journal 299 (1989), 1182-1183.

696 Es handelte sich hierbei um sechs Fälle mit „Spendern" aus Moldawien und Rumänien und Empfängern aus Israel, vgl. Luman, Unrelated living donor transplants in Estonia, in: Nephrology Dialysis Transplantation 13 (1998), 1636. Zur Organhandelspraxis mit Unterstützung israelischer Kliniken vgl. etwa Finkel, This little kidney went to market, in: The New York Times Magazine, May 27, 2001 und Frishberg / Feinstein / Drukker, Living Unrelated (Commercial) Renal Transplantation in Children, in: Journal of the American Society of Nephrology 9 (1998), 1100-1103.

697 Vgl. Finkel, This little kidney went to market, in: The New York Times Magazine, May 27, 2001.

698 Einen Überblick über internationale Erklärungen gegen den Organhandel geben Dickens / Fluss / King, Legislation in organ and tissue donation, in: Chapman / Deierhoi / Wight (Eds.), Organ and tissue donation for transplantation, London 1997, 95-119, 114.

699 Vgl. Dickens / Fluss / King, Legislation in organ and tissue donation, in: Chapman / Deierhoi / Wight (Eds.), Organ and tissue donation for transplantation, London 1997, 95-119, 114.

700 Council of the [International] Transplantation Society, Commercialization in transplantation: The problems and some guidelines for practice, in: Lancet 2 (1985), 715-716.

701 Sheil, Policy Statement from the Ethics Committee of the Transplantation Society, in: The Transplantation Society Bulletin Nr. 3 (June) 1995, 3; vgl. hierzu Calne, Ethics in organ donation and transplantation: the position of the Transplantation Society, in: Chapman / Deierhoi / Wight (Eds.), Organ and tissue donation for transplantation, London 1997, 62-66.

702 General Medical Council (London), Guidance for doctors on transplantation of organs from live donors vom 22.12.1992, Ziffern 1-4, in: Fluss, Trade in Human Organs: National and International Responses in: Englert (Ed.), Organ and tissue transplantation in the European Union: Management of difficulties and health risks linked to donors, Dordrecht 1995, 74-98, Annex 1 (84 f.).

703 World Health Organisation. Guiding principles on human organ transplantations, in: Lancet 337 (1991), 1470-1471, sowie in: World Health Organisation, Human organ transplantation. A report on developments under the auspices of the WHO (1987-1991), Genf 1991.

704 Europäisches Parlament, Resolution on Prohibiting Trade in Transplant Organs vom 14.9.1993, Ziffer 1, in: Fluss, Trade in Human Organs: National and International Responses, in: Englert (Ed.), Organ and tissue transplantation in the European Union: Management of difficulties and health risks linked to donors, Dordrecht 1995, 74-98, Annex 4 (92 ff.).

705 Council of Europe, Resolution 78 (29) on harmonisation of legislations of member states relating to removal, grafting and transplantation of human substances, 1978, Art. 9.

706 Council of Europe, Convention for the Protection of Human Rights and Dignity of the Human Being with Regard to the Application of Biology and Medicine (Convention on Human Rights and Biomedicine) vom 4.4.1997, European Treaty Series No. 164; Council of Europe, Steering Committee on Bioethics (CDBI), Draft additional Protocol to the Convention of Human Rights and Biomedicine, on Transplantation of Organs and Tissues of Human Origin, in der von dem CDBI am 5.-8. Juni 2000 verabschiedeten Fassung, Strasbourg 2000, Art. 20.1.

707 Council of Europe, Steering Committee on Bioethics (CDBI), Draft additional Protocol to the Convention of Human Rights and Biomedicine, on Transplantation of Organs and Tissues of Human Origin, in der von dem CDBI am 5.-8. Juni 2000 verabschiedeten Fassung, Strasbourg 2000, Art. 20.2 und 21.

708 World Health Organisation. Human organ transplantation. A report on developments under the auspices of World Health Organisation (1987-1991).

709 Die Entwicklung auf diesem Gebiet wurde laufend durch Beiträge des früheren Leiters der Abteilung für Gesundheitsgesetzgebung bei der WHO, Fluss, dokumentiert, vgl. ders., Preventing commercial transactions in human organs and tissues: An international overview of regulatory and administrative measures, in: Land, / Dossetor (Eds.), Organ replacement therapy: Ethics, justice and commerce, Berlin / Heidelberg / New York 1991, 154-163; ders., Legal aspects of transplantation: Emerging trends in international action and national legislation, in: Transplantation Proceedings 24 (1992), 2121-2122; ders., Trade in Human Organs: National and International Responses, in: Englert (Ed.), Organ and tissue transplantation in the European Union: Management of difficulties and health risks linked to donors, Dordrecht 1995, 74-85 sowie ders. / Dickens / King, Legislation in organ and tissue donation, in: Chapman / Deierhoi / Wight (Eds.), Organ and tissue donation for transplantation, London 1997, 95-119.

710 World Health Organisation. Guiding principles on human organ transplantations, in: Lancet 337 (1991), 1470-1471, sowie in: World Health Organisation, Human organ transplantation. A report on developments under the auspices of the WHO (1987-1991), Genf 1991, principle 5.

711 Council of Europe, Steering Committee on Bioethics (CDBI), Draft additional Protocol to the Convention of Human Rights and Biomedicine, on Transplantation of Organs and Tissues of Human Origin, in der von dem CDBI am 5.-8. Juni 2000 verabschiedeten Fassung, Strasbourg 2000, Art. 20.1. Satz 2.

712 Gesetz Nr. 32 vom 13. Juni 1986 über die Entnahme und Transplantation von Organen, Sec. 4 Abs. 1, 2.

713 Gesetz betreffend die Transplantation menschlicher Organe vom 27.7.1989 (Human Organ Transplants Act 1989), Sec. 1 (1) a.

714 Gesetz betreffend die Transplantation menschlicher Organe vom 27.7.1989 (Human Organ Transplants Act 1989), Sec. 1 (1) b.

715	Gesetz betreffend die Transplantation menschlicher Organe vom 27.7.1989 (Human Organ Transplants Act 1989), Sec. 1 (1) c.
716	Gesetz betreffend die Transplantation menschlicher Organe vom 27.7.1989 (Human Organ Transplants Act 1989), Sec. 1 (1) d.
717	Gesetz betreffend die Transplantation menschlicher Organe vom 27.7.1989 (Human Organ Transplants Act 1989), Sec. 1 (2) a.
718	Gesetz betreffend die Transplantation menschlicher Organe vom 27.7.1989 (Human Organ Transplants Act 1989), Sec. 1 (2) b.
719	Gesetz betreffend die Transplantation menschlicher Organe vom 27.7.1989 (Human Organ Transplants Act 1989), Sec. 1 (3) a.
720	Gesetz betreffend die Transplantation menschlicher Organe vom 27.7.1989 (Human Organ Transplants Act 1989), Sec. 1 (3) b.
721	Gesetz Nr. 402 vom 13. Juni 1990, Sec. 20 Abs. 3.
722	Gesetz Nr. 94-654 vom 29.7.1994, Einfügung von „Titre I" am Beginn des VI. Buches des „Code de la santé publique", hier Art. L. 665-13.
723	Art. 16-9 code civil in der Fassung des Art. I des Gesetzes Nr. 94-653 vom 29.7.1994.
724	Art. 16-1 und 16-5 code civil in der Fassung des Art. I des Gesetzes Nr. 94-653 vom 29.7.1994.
725	Gesetz Nr. 94-654 vom 29.7.1994, Einfügung von „Titre I" am Beginn des VI. Buches des „Code de la santé publique", hier Art. L. 665-12 („Principes generaux applicables au don et á l'utilisation des elements et produits du corps humain").
726	Gesetz Nr. 94-654 vom 29.7.1994, Einfügung von „Chapitre III" in „Titre III" des VI. Buches des „Code de la santé publique", hier Art. L. 674-2 i.V.m. Art. 511-2 code pénal.
727	Ebenda.
728	Gesetz Nr. 94-654 vom 29.7.1994, Einfügung von „Chapitre III" in „Titre III" des VI. Buches des „Code de la santé publique", hier Art. L. 674-4 (fünf Jahre Haft und FF 500.000,-- Geldstrafe). Knochenmark wird von dem Gesetz als Organ definiert (Art. 671-1).
729	Gesetz Nr. 458 über die Nierentransplantation zwischen lebenden Personen vom 26.6.1967, Art. 6; Gesetz Nr. 482 über die Transplantation von Leberteilen vom 16. 12.1999, Art. 1 Nr. 2.
730	Gesetz Nr. 458 über die Nierentransplantation zwischen lebenden Personen vom 26.6.1967, Art. 7; Gesetz Nr. 482 über die Transplantation von Leberteilen vom 16. 12.1999, Art. 1 Nr. 2.
731	Sittenwidrigkeit nach § 879 Abs. 1 ABGB, vgl. Haslinger, Rechtliche Aspekte von Organspende und Transplantation, in: Österreichisches Organspendemanual, Wien 2000, 7/1 – 7/6 (7/3).

732	Dujmovits, Das österreichische Transplantationsrecht und die Menschenrechtskonvention zur Biomedizin, in: Barta / Kalchschmidt / Kopetzki (Hg.), Rechtspolitische Aspekte des Transplantationsrechts, Wien 1999, 55-77 (71).
733	„gratificación".
734	Vgl. Königliches Dekret Nr. 2070 über die Entnahme und klinische Verwendung von menschlichen Organen und die räumliche Koordination bei Spende und Transplantation von Organen und Geweben vom 30. Dezember 1999, Art. 8.1 und 8.2; ähnlich bereits Gesetz Nr. 30 vom 27. Oktober 1979 über die Entnahme und Transplantation von Organen, Art. 2 S. 1 und 2.
735	Vgl. Königliches Dekret Nr. 2070 über die Entnahme und klinische Verwendung von menschlichen Organen und die räumliche Koordination bei Spende und Transplantation von Organen und Geweben vom 30. Dezember 1999, Art. 8.3. und 8.4.
736	Vgl. Art. 147 ff., insbesondere Art. 156 des spanischen Strafgesetzbuches (1995) und hierzu Casabona, Legal issues concerning the living donor and some criteria for harmonised European legislation, in: Price / Akveld (Eds.), Living organ donation in the nineties: European medico-legal perspectives (EUROTOLD), Leicester 1996, 139-155 (140, 145 und 151).
737	Ergänzung des Gesetzes Nr. 355 vom 26.4.1986, Sec. 11 durch Gesetz Nr. 780 vom 25.8. 1994.
738	Gesetz Nr. 1383 vom 2. August 1983 über die Entnahme und Transplantation menschlicher Organe und Gewebe, Sec. 2.
739	Gesetz über die Organspende vom 24. Mai 1996, Sektion 2.
740	Gesetz vom 26. Oktober 1995 über die Entnahme und Transplantation von Zellen, Geweben und Organen, Sec. 18 Abs. 1, 2.
741	Gesetz vom 26. Oktober 1995 über die Entnahme und Transplantation von Zellen, Geweben und Organen, Sec. 20.
742	Gesetz vom 26. Oktober 1995 über die Entnahme und Transplantation von Zellen, Geweben und Organen, Sec. 19.
743	Gesetz Nr. 12 vom 22. April 1993 über die Entnahme und Transplantation menschlicher Organe und Gewebe, Sec. 5 Abs. 1.
744	Gesetz Nr. 12 vom 22. April 1993 über die Entnahme und Transplantation menschlicher Organe und Gewebe, Sec. 9 Abs. 1.
745	Gesetz Nr. 831 vom 8. Juni 1995 über Transplantation, etc., Sec. 15 S. 1, 2.
746	Sweden, Ministry of Health and Social Affairs, The Swedish Transplant Act (incl. Guidance on the Provisions), Stockholm 1997, 49.
747	Sweden, Ministry of Health and Social Affairs, The Swedish Transplant Act (incl. Guidance on the Provisions), Stockholm 1997, 49.

Anmerkungen 197

748 Gesetz Nr. 831 vom 8. Juni 1995 über Transplantation, etc., Sec. 15 S. 3.

749 Sweden, Ministry of Health and Social Affairs, The Swedish Transplant Act (incl. Guidance on the Provisions), Stockholm 1997, 50.

750 Artikel 24^{decies} Abs. 3 der Bundesverfassung (Bundesgesetzblatt, 20.4.1999, Nr. 15, 1341). Artikel 24^{decies} wurde durch die Volksabstimmung vom 7.2.1999 mit fast 88% Ja-Stimmen in die Verfassung implementiert. Dadurch schufen die Schweizer die rechtlichen Voraussetzungen für eine umfassende gesetzliche Regelung der mit der Transplantationsmedizin zusammenhängenden Probleme.

751 Entwurf eines Bundesgesetzes über die Transplantation von Organen, Geweben und Zellen, Art. 6.

752 Entwurf eines Bundesgesetzes über die Transplantation von Organen, Geweben und Zellen, Art. 7 S. 1.

753 Entwurf eines Bundesgesetzes über die Transplantation von Organen, Geweben und Zellen, Art. 6 S. 2. Der Bundesrat erhält den Auftrag, die Entschädigung durch die Sozialversicherung für den Erwerbsausfall der Spenderin oder des Spenders zu regeln, vgl. Art. 14 Abs. 1.

754 Entwurf eines Bundesgesetzes über die Transplantation von Organen, Geweben und Zellen, Art. 7 S. 1 Buchst. b.

755 Entwurf eines Bundesgesetzes über die Transplantation von Organen, Geweben und Zellen, Art. 7 S. 2.

756 Entwurf eines Bundesgesetzes über die Transplantation von Organen, Geweben und Zellen, Art. 66 S. 1 Buchst. a, b.

757 Gesetz über die Entnahme und Transplantation menschlicher Körperteile zum Zwecke medizinischer Behandlung vom 27.1.2000, Art. 4.

758 Gesetz Nr. 277/1994 des Nationalrates der Slowakischen Republik vom 24.08.1994 über die gesundheitliche Fürsorge, § 46 Abs. 3, der „Zahlungen" in Zusammenhang mit Entnahme und Transplantation von Organen verbietet.

759 Gesetz Nr. 2238 vom 29.5.1979 über Entnahme, Aufbewahrung, Transfer und Transplantation von Organen und Geweben, Kap. 1 Sec. 3.

760 Gesetz Nr. 97 über die Entnahme und Transplantation biologischer Materialien menschlichen Ursprungs von 1987, Sec. 4.

761 Verordnung Nr. 18 vom 4. November 1972, Sec. 2 Abs. 1.

762 Vgl. Dickens / Fluss, / King, Legislation in organ and tissue donation, in: Chapman / Deierhoi / Wight (Eds.), Organ and tissue donation for transplantation, London 1997, 95-119 (106).

763 Vgl. zur Diskussion im Gesetzgebungsprozeß Gutmann, Probleme einer gesetzlichen Regelung der Lebendspende von Organen, in: Medizinrecht 1997, 147-155 (155).

764 § 24 TPG i.V.m. § 5 Nr. 15 StGB.

765 Dickens / Fluss / King, Legislation in organ and tissue donation, in: Chapman / Deierhoi / Wight (Eds.), Organ and tissue donation for transplantation, London 1997, 95-119 (106 f).

766 Vgl. zur Übersicht Daar / Gutmann / Land, Reimbursement, 'rewarded gifting', financial incentives and commercialism in living organ donation, in: Collins / Dubernard / Persijn / Land (Eds.), Procurement and preservation of vascularized organs, Dordrecht 1997, 301-316 sowie Andrews, My body, my property, in: Hastings Center Report 16 (1986), 28-38; dies., The body as property: Some philosophical reflections – A response to J.F. Childress, in: Transplantation Proceedings 24 (1992), 2149-2151; Annas, Life, liberty and the pursuit of organ sales, in: Hastings Center Report 14 (1984), 22-23; Blumstein, The case for commerce in organ transplantation, in: Transplantation Proceedings 24 (1992), 2190-2197; Brams, Transplantable human organs: Should their sale be authorized by State statutes?, in: American Journal of Law & Medicine 3 (1977), 183-196; Engelhardt, The foundations of bioethics, New York / Oxford 1986; Hansmann, The economics and ethics of markets for human organs, in: Blumstein / Sloan (Eds.), Organ transplantation policy: Issues and prospects, Durham / London 1989, 57-85; Harvey, Paying organ donors, in: Journal of Medical Ethics 16 (1990), 117-119; Hebborn, Möglichkeiten und Grenzen eines Marktes für Organtransplantate. Eine konsitutionenökonomische Analyse der Eigenkommerzialisierung menschlicher Organe zum Zwecke der Transplantation, (Diss.) Bayreuth 1998; Hou, Expanding the kidney donor pool: Ethical and medical considerations, in: Kidney International 58 (2000), 1820-1836; Hylton, The law and ethics of organ sales, in: Byrd / Hruschka / Joerden (Eds.), Jahrbuch für Recht und Ethik / Annual Review of Law and Ethics, Berlin 1996, 115-136; Mavrodes, The morality of selling human organs, in: Basson (Ed.), Ethics, humanism and medicine. Proceedings of three conferences sponsored by the committee on ethics, humanism and medicine at the University of Michigan 1978-79, New York 1980, 133-139; Peters, Marketing organs for transplantation, in: Dialysis & Transplantation 13 (1984), 40-42; Radcliffe Richards / Daar / Guttmann / Hoffenberg / Kennedy / Lock / Sells / Tilney (for the International Forum for Transplant Ethics), The case for allowing kidney sales, in: The Lancet 351 (1998), 1950-1952; Radcliffe Richards, From him that hath not, in: Land / Dossetor (Eds.), Organ replacement therapy: Ethics, justice and commerce, Berlin / Heidelberg / New York 1991, 191-196; Schroeder, Gegen die Spendenlösung bei der Organgabe, in: Zeitschrift für Rechtspolitik 1997, 265-267; Schwindt / Vining, Proposal for a future delivery market for transplant organs, in: Journal of Health Politics, Policy and Law 11 (1986), 485-500; *kritisch* Brecher, Buying human kidneys: autonomy, commodity and power, in: Journal of Medical Ethics 17 (1991), 99; ders,; The kidney trade: or, the customer is always wrong, in: Journal of Medical Ethics 16 (1990), 120-123; Manga, A commercial market for organs? Why not, in: Bioethics 1 (1987), 321-338; Sells, The case against buying organs and a futures market in transplants, in: Transplantation Proceedings 24 (1992), 2198-2202; Dossetor, Kidney vending: „Yes!" or „No!", in: American Journal of Kidney Diseases 35 (2000), 1002-1018.

767 Vgl. zur Übersicht Daar / Gutmann / Land, Reimbursement, 'rewarded gifting', financial incentives and commercialism in living organ donation, in: Collins / Dubernard / Persijn / Land

(Eds.), Procurement and preservation of vascularized organs, Dordrecht 1997, 301-316; Daar, Nonrelated donors and commercialism: A historical perspective, in: Transplantation Proceedings 24 (1992), 2087-2090; ders., Paid organ donation – towards an understanding of the issues, in: Chapman / Deierhoi / Wight (Eds.), Organ and tissue donation for transplantation, London 1997, 46-61; ders., Daar, Rewarded gifting and rampant commercialism in perspective: Is there a difference?, in: Land / Dossetor (Eds.), Organ replacement therapy: Ethics, justice and commerce, Berlin / Heidelberg / New York 1991, 181-190; ders., Rewarded gifting, in: Transplantation Proceedings 24 (1992), 2207-2211; Dossetor, Kidney vending: „Yes!" or „No!", in: American Journal of Kidney Diseases 35 (2000), 1002-1018; Elsässer, Die Transplantation lebend gespendeter Organe aus heutiger christlicher Sicht, in: Transplantationsmedizin 12 (2000), 184-188; ders., Ethische Probleme bei der Lebendspende von Organen, in: Zeitschrift für Transplantationsmedizin 5 (1993), 65-69; Gründel, Ethische Probleme bei der Lebendspende von Organen, in: Zeitschrift für Transplantationsmedizin 5 (1993), 70-74; Gutmann / Land, Ethics regarding living donor organ transplantation, in: Langenbeck's Archives of Surgery 384 (1999), 515-522; Land, Das belohnte Geschenk? Überlegungen zur Organspende von gesunden Menschen, in: Merkur 45 (1991), 120-129.

768 Vgl. EUROTOLD Project Management Group, Questioning attitudes to living donor transplantation. European multicentre study: Transplantation of organs from living donors – ethical and legal dimensions, Leicester 1996, 81 ff., 101 ff sowie Garwood-Gowers, To pay or not to pay: That is the question. The economic rights of the living donor, in: Price / Akveld (Eds.), Living organ donation in the nineties: European medico-legal perspectives (EUROTOLD), Leicester 1996, 179-189; Halvorsen, Living donors – Social welfare and other material support, in: Price / Akveld (Eds.), Living organ donation in the nineties: European medico-legal perspectives (EUROTOLD), Leicester 1996, 169-177 und Price / Garwood-Gowers, Legisearch. A synopsis of transplant laws in Europe related to living organ donor transplantation, 1996, http://www.maths.lancs.ac.uk/~henderr1/EuroTold/ Legisearch/.

769 Vgl. Bertaux, Les donneurs d'organes vivants ne doivent pas être oubliés, in: Revivre n° 80/81 (Juin 1999), p. 8. Aufsehen erregte der Fall („M. Boukaïs") eines Spenders, der nach einer Lebersegment-Lebendspende arbeitsunfähig wurde, vgl. „Dossier: Le donneur piégé" in L'Yonne Républicaine v. 30.10.1999 und die anläßlich dieses Falls erfolgte Petition der Organisation FRANCE ADOT an das französische Gesundheitsministerium vom 4.5.2000.

770 § 2 Abs. 1 Nr. 13b SGB VII. Vgl. hierzu instruktiv Wolber, Unfallversicherungsschutz bei Organspenden nach dem Transplantationsgesetz. SGB VII und Organspenden, in: Die Sozialversicherung 1998, 147-150, sowie Erdmann, Kostenübernahme und Versicherungsschutz bei Transplantation menschlicher Organe, in: Die Leistungen 1999, 321-323.

771 BSGE 35, 102 bzw. NJW 1973, 1432 (3. Senat).

772 BSG 1. Senat, Urteil vom 16.7.1996, SozR 3-2500 § 27 SGB V Nr. 7, 22.

773 Gesetzentwurf der Bayerischen Staatsregierung zur Ausführung des Transplantationsgesetzes und des Transfusionsgesetzes vom 5.7.1999, Bayerischer Landtag, Drucksache 14/1450, 3.

774 Hoyer, Die altruistische Lebendspende, in: Nieren- und Hochdruckkrankheiten 27 (1998), 193-198.

775 Vgl. Schroth, Das Organhandelsverbot. Legitimität und Inhalt einer paternalistischen Strafrechtsnorm, in: Schünemann / Achenbach et al. (Hg.), Festschrift für Claus Roxin zum 70. Geburtstag, Berlin / New York 2001, 869-890 (884); ders., Die strafrechtlichen Grenzen der Lebendspende, in: Roxin / Schroth / Knauer / Niedermair (Hg.), Medizinstrafrecht, Stuttgart / München ²2001, 271-290 (281) sowie König, Das strafbewehrte Verbot des Organhandels, in: Roxin / Schroth / Knauer / Niedermair (Hg.), Medizinstrafrecht, Stuttgart / München ²2001, 291-312 (300).

776 Vgl. EUROTOLD Project Management Group, Questioning attitudes to living donor transplantation. European multicentre study: Transplantation of organs from living donors – ethical and legal dimensions, Leicester 1996, 141.

777 Hierfür auch Garwood-Gowers, To pay or not to pay: That is the question. The economic rights of the living donor, in: Price / Akveld (Eds.), Living organ donation in the nineties: European medico-legal perspectives (EUROTOLD), Leicester 1996, 179-189 (186).

778 Allen / Lynch / Strong, The living organ donor, in: Chapman / Deierhoi / Wight (Eds.), Organ and tissue donation for transplantation, London 1997, 162-199 (163); eine ähnliche Schätzung findet sich bei EUROTOLD Project Management Group, Questioning attitudes to living donor transplantation. European multicentre study: Transplantation of organs from living donors – ethical and legal dimensions, Leicester 1996, 1. Die Collaborative Transplant Study (CTS) der Universität Heidelberg verzeichnet 42.511 Lebendnierentransplantationen für den Zeitraum 1985-2000, vgl. CTS-K-15001-Mar2001.

779 Nach Thiel, Emotionally related living kidney donation: pro and contra, in: Nephrology Dialysis Transplantation 12 (1997), 1820-1824 (1820).

780 Foss / Leivestad / Brekke et al., Unrelated living donors in 141 kidney transplantations, in: Transplantation 88 (1998), 49-52.

781 Thiel, Emotionally related living kidney donation: pro and contra, in: Nephrology Dialysis Transplantation 12 (1997), 1820-1824 (1820).

782 Siebels / Theodorakis / Hofstetter / Land, Risiken und Komplikationen bei 125 Lebendspender-Nephroureterektomien [in München-Großhadern], in: Transplantationsmedizin 12 (2000), 126-140.

783 Strong, Whither living donor liver transplantation (Editorial), in: Liver Transplantation and Surgery 5 (1999), 536-538 (536), gibt die Zahl mit 1.200 bis zum Jahr 1999 an.

784 Broelsch / Malagó / Testa / Gamazo, Living donor liver transplantation in adults, outcome in Europe, in: Liver Transplantation 6 (2000), S64-S65.

785 Vgl. U.S. Scientific Registry of Transplant Recipients and Organ Procurement and Transplantation Network [UNOS], 2000 Annual Report Transplant Data 1990-1999, U.S. donors by or-

gan and donor type – 1990 to 1999; http://www.unos.org/Data/.), in Deutschland waren es 41 (vgl. Smit / Molzahn / Kirste / Grupp / Köhler, Organspende und Transplantation in Deutschland 1999, Deutsche Stiftung für Organtransplantation, Neu-Isenburg 2000, 43) und in Großbritannien 14 (United Kingdom Transplant Support Service Authority (UKTSSA), Transplant Statistics 1 January 2000 to 31 December 2000, http://www.uktransplant.org.uk).

786 Testa / Malago / Broelsch, Living donor liver transplantation in adults, in: Langenbeck's Archives of Surgery 384 (1999), 536-543 (541).

787 Marcos / Ham / Fisher, Emergency adult-to-adult living donor liver transplantation for fulminant hepatitic failure, in: Transplantation 69 (2000), 2202-2205.

788 Gruessner / Kandall / Drangstveit et al., Simultaneous pancreas-kidney transplantation from living donors, in: Annals of Surgery 226 (1997), 471-482.

789 Vgl. Margreiter, Living-donor pancreas and small-bowel transplantation, in: Langenbeck's Archives of Surgery 384 (1999), 544-549.

Diese Operation wurde in den USA, in der Regel zusammen mit einer Nierentransplantation, 5 mal durchgeführt, vgl. U.S. Scientific Registry of Transplant Recipients and Organ Procurement and Transplantation Network (UNOS), 2000 Annual Report Transplant Data 1990-1999, U.S. donors by organ and donor type – 1990 to 1999; http://www.unos.org/Data/.

790 Vgl. Barr / Schenkel / Cohen, Recipient and donor outcomes in living related and unrelated lobar transplantation, in: Transplantation Proceedings 30 (1998), 2261-2263 und Starnes / Woo / MacLaughlin et al., Comparison of outcomes between living donor and cadaveric lung transplantation in children, in: The Annals of Thoracic Surgery 68 (1999), 2279-2283. Diese Operation wird seit 1990 durchgeführt. In den USA gab es im Jahr 1999 26 (1998: 47) Lebendspenden eines Lungenlappens, vgl. U.S. Scientific Registry of Transplant Recipients and Organ Procurement and Transplantation Network (UNOS), 2000 Annual Report Transplant Data 1990-1999, U.S. donors by organ and donor type – 1990 to 1999; http://www.unos.org/Data/; in Großbritannien 4 (United Kingdom Transplant Support Service Authority (UKTSSA), Transplant Statistics 1 January 2000 to 31 December 2000, http://www.uktransplant.org.uk), sowie 1998 einen Fall unter Nichtverwandten (United Kingdom Department of Health, Unrelated Live Transplant Regulatory Authority [ULTRA] Report 1995 – 1998, 1999, http://doh.gov.uk/ultrarep.htm).

791 Vgl. Margreiter, Living-donor pancreas and small-bowel transplantation, in: Langenbeck's Archives of Surgery 384 (1999), 544-549.

In den USA gab es 1999 keinen und 1998 einen Fall der Lebendtransplantation eines Darmteils, vgl. U.S. Scientific Registry of Transplant Recipients and Organ Procurement and Transplantation Network (UNOS), 2000 Annual Report Transplant Data 1990-1999, U.S. donors by organ and donor type – 1990 to 1999; http://www.unos.org/Data/.

792 0,03 Prozent nach Najarian / Chavers / McHugh / Matas, 20 years or more of follow-up of living kidney donors, in: The Lancet 340 (1992), 807-810; ebenso Thiel, Emotionally related

living kidney donation: pro and contra, in: Nephrology Dialysis Transplantation 12 (1997), 1820-1824 (1821); Allen / Lynch / Strong, The living organ donor, in: Chapman / Deierhoi / Wight (Eds.), Organ and tissue donation for transplantation, London 1997, 162-199 (163); Bia / Ramos / Danovitch et al., Evaluation of living renal donors, in: Transplantation 60 (1995), 322-327 und, m.w.N., Tarantino, Why should we implement living donation in renal transplantation, in: Clinical Nephrology 53 (2000), 55-63 (56); 0,03 - 0,06% nach British Transplantation Society and the Renal Association, United Kingdom guidelines for living donor kidney transplantation, London 2000, 17.

793 Tarantino, Why should we implement living donation in renal transplantation, in: Clinical Nephrology 53 (2000), 55-63 (56).

794 Jakobsen, Living renal transplantation – the Oslo experience, in: Nephrology Dialysis Transplantation 12 (1997), 1825-1827; Siebels / Theodorakis / Hofstetter / Land, Risiken und Komplikationen bei 125 Lebendspender-Nephroureterektomien [in München-Großhadern], in: Transplantationsmedizin 12 (2000), 126-140.

795 Thiel, Emotionally related living kidney donation: pro and contra, in: Nephrology Dialysis Transplantation 12 (1997), 1820-1824 (1821); Duraj / Tydén / Blom, Living-donor nephrectomy: how safe is it?, in: Transplantation Proceedings 27 (1995), 803 f.; Allen / Lynch / Strong (The living organ donor, in: Chapman / Deierhoi / Wight [Eds.], Organ and tissue donation for transplantation, London 1997, 162-199 [165]) sprechen von kurzzeitiger Spendermorbidität in 20% der Fälle.

796 Johnson / Remucal / Gillingham et al., Complications and risks of living donor nephrectomy, in: Transplantation 64 (1997), 1124-1128.

797 Siebels / Theodorakis / Hofstetter / Land, Risiken und Komplikationen bei 125 Lebendspender-Nephroureterektomien, in: Transplantationsmedizin 12 (2000), 126-140; vgl. auch Schönberger / Loening, Das Risiko des Spenders, in: Fahlenkamp / Schönberger / Tufveson / Loening, Lebendspende-Nierentransplantation, Podium Urologie 3, Wien 1997, 69-78.

798 Gridelli / Remuzzi, Strategies for making more organs available for transplantation, in: The New England Journal of Medicine 343 (2000), 404-410 (406).

799 Land, Medizinische Aspekte der Lebendspende: Nutzen/Risiko-Abwägung, in: Zeitschrift für Transplantationsmedizin 5 (1993), 52-58 (55).

800 Tarantino, Why should we implement living donation in renal transplantation, in: Clinical Nephrology 53 (2000), 55-63 (56).

801 British Transplantation Society and the Renal Association, United Kingdom guidelines for living donor kidney transplantation, London 2000, 18.

802 Bia / Ramos / Danovitch et al., Evaluation of living renal donors, in: Transplantation 60 (1995), 322-327.

803 Dies bemängeln Nicholson / Bradley, Renal transplantation from living donors should be seriously considered to help overcome the shortfall of organs (Editorial), in: British Medical Journal 318 (1999), 409 f.

804 Vgl. zusammenfassend Tarantino, Why should we implement living donation in renal transplantation, in: Clinical Nephrology 53 (2000), 55-63 (57); British Transplantation Society and the Renal Association, United Kingdom guidelines for living donor kidney transplantation, London 2000, 18 ff.; Fehrmann-Ekholm / Elinder / Stenbeck / Tydén / Groth, Kidney Donors Live Longer, in: Transplantation 64 (1997), 976-978; Bia / Ramos / Danovitch et al., Evaluation of living renal donors, in: Transplantation 60 (1995), 322-327 sowie Land, Medizinische Aspekte der Lebendspende: Nutzen/Risiko-Abwägung, in: Zeitschrift für Transplantationsmedizin 5 (1993), 52-58 (55).

805 Fehrmann-Ekholm / Elinder / Stenbeck / Tydén / Groth, Kidney Donors Live Longer, in: Transplantation 64 (1997), 976-978.

806 So im Jahr 1989 noch Michielsen, Medical risk and benefit in renal donors: the use of living donors reconsidered, in: Land / Dossetor (Eds.), Organ replacement therapy: Ethics, justice and commerce, Berlin / Heidelberg / New York 1991, 32-39.

807 Johnson / Anderson et al., Long-term follow-up of living kidney donors: Quality of life after donation, in: Transplantation 67 (1999), 717-721; Westlie / Talseth / Fauchald / Jakobsen / Flatmark, Quality of life in living donors, in: Kidney International 37 (1990), 1984-1989; Simmons, Long-term reactions of renal recipients and donors, in: Levy (Ed.), Psychonephrology 2, Plenum, New York 1983, 275-287; Spartà / Thiel, How living related donors think about their organ donation 1 to 21 years later, in: Kidney International 44 (1993), 262; Thiel, Emotionally related living kidney donation: pro and contra, in: Nephrology Dialysis Transplantation 12 (1997), 1820-1824 (1822 m.w.N.); Schneewind / Ney / Hammerschmidt / Oerter / Pabst / Schultz-Gambard, Veränderungserwartungen und faktische Veränderungen der Lebensgestaltung bei Nierentransplantation: Ein Vergleich zwischen verwandten und nichtverwandten Spender-Empfänger-Paaren, in: Transplantationsmedizin 12 (2000), 164-173 sowie Schneewind, in: Schroth / Schneewind / Elsässer / Land / Gutmann, Patientenautonomie am Beispiel der Lebendspende von Nieren (Projekt im Rahmen der Förderinitiative Bioethik der Deutschen Forschungsgemeinschaft, 2001-2003), Antrag vom April 2000, 13.

808 Renz / Roberts (Long-term complications of living donor liver transplantation, Liver Transplantation 6 [2000], S73-S76) berichten von drei Todesfällen bis 2000; Strong (Whither living donor liver transplantation [Editorial], in: Liver Transplantation and Surgery 5 [1999], 536-538 [536]), berichtet von 6 Todesfällen bis Ende 1999.

809 Levinsky, Organ donation by unrelated donors (Editorial), in: The New England Journal of Medicine 343 (2000), 430-432. Renz / Roberts (Long-term complications of living donor liver transplantation, Liver Transplantation 6 [2000], S73-S76) schätzen das Risiko bei Spenden für kindliche Empfänger auf 0,13% und bei Spenden zugunsten erwachsener Empfänger auf 0,2%. Letzteres liegt in Europa wegen eines Todesfalls gegenwärtig bei 0,8%, vgl. Broelsch /

Malagó / Testa / Gamazo, Living donor liver transplantation in adults, outcome in Europe, in: Liver Transplantation 6 (2000), S64-S65.

810 Strong, Whither living donor liver transplantation (Editorial), in: Liver Transplantation and Surgery 5 (1999), 536-538 (537), unter Verweis auf Grewal / Thistlethwaite / Loss at al., Complications in 100 living-liver donors, in: Annals of Surgery 228 (1998), 214-219.

811 Strong, Whither living donor liver transplantation (Editorial), in: Liver Transplantation and Surgery 5 (1999), 536-538 (536).

812 Vgl. Whitington / Siegler / Broelsch, Living donor nonrenal organ transplantation: A focus on living related orthotopic liver transplantation, in: Land / Dossetor (Eds.), Organ replacement therapy: ethics, justice and commerce, Berlin / Heidelberg / New York 1991, 117-129 (124) und hierzu Allen / Lynch / Strong, The living organ donor, in: Chapman / Deierhoi / Wight (Eds.), Organ and tissue donation for transplantation, London 1997, 162-199 (168).

813 Grewal / Thistlethwaite / Loss at al., Complications in 100 living-liver donors, in: Annals of Surgery 228 (1998), 214-219.

814 Renz / Roberts, Long-term complications of living donor liver transplantation, in: Liver Transplantation 6 (2000), S73-S76 (S74 f.).

815 Rogiers / Broering / Mueller / Burdelski, Living-donor liver transplantation in children, in: Langenbeck's Archives of Surgery 384 (1999), 528-535.

816 Strong, Whither living donor liver transplantation (Editorial), in: Liver Transplantation and Surgery 5 (1999), 536-538 (537); vgl. auch American Society of Transplant Surgeons Ethics Committee, American Society of Transplant Surgeons' position paper on adult-to-adult-living donor liver transplantation, Text vom 25.5.2000 bzw. in: Liver Transplantation 6 (2000), 815-817 sowie Marcos, Right lobe living donor liver transplantation: A review, in: Liver Transplantation 6 (2000), 3-20.

817 Renz / Roberts, Long-term complications of living donor liver transplantation, in: Liver Transplantation 6 (2000), S73-S76 (S75).

818 Testa / Malago / Broelsch, Living donor liver transplantation in adults, in: Langenbeck's Archives of Surgery 384 (1999), 536-543 (541).

819 Renz / Roberts, Long-term complications of living donor liver transplantation, in: Liver Transplantation 6 (2000), S73-S76 (S75).

820 Broelsch / Malagó / Testa / Gamazo, Living donor liver transplantation in adults – outcome in Europe, in: Liver Transplantation 6 (2000), S64-S65.

821 Marcos, Right lobe living donor liver transplantation: A review, in: Liver Transplantation 6 (2000), 3-20 (12).

822 Shapiro / Adams, Ethical issues surrounding adult-to-adult living donor liver transplantation, in: Liver Transplantation 6 (2000), S77-S80 (S79).

823	Shapiro / Adams, Ethical issues surrounding adult-to-adult living donor liver transplantation, in: Liver Transplantation 6 (2000), S77-S80; American Society of Transplant Surgeons Ethics Committee, American Society of Transplant Surgeons' position paper on adult-to-adult-living donor liver transplantation, Text vom 25.5.2000 bzw. in: Liver Transplantation 6 (2000), 815-817.
824	American Society of Transplant Surgeons Ethics Committee, American Society of Transplant Surgeons' position paper on adult-to-adult-living donor liver transplantation, Text vom 25.5.2000 bzw. in: Liver Transplantation 6 (2000), 815-817.
825	Strong, Whither living donor liver transplantation (Editorial), in: Liver Transplantation and Surgery 5 (1999), 536-538 (538).
826	Council of Europe, Recommendation No R(97)16 of the Committee of Ministers to member states on liver transplantation from living related donors, 30.9.1997, sub i); allerdings mit der Einschränkung, es handele sich um eine Empfehlung, die auf „den gegenwärtigen Daten" beruhe, die es damals in signifikanter Form jedoch noch nicht gab.
827	Broelsch / Malagó / Testa / Gamazo, Living donor liver transplantation in adults – outcome in Europe, in: Liver Transplantation 6 (2000), S64-S65 (S65).
828	Siehe näher unten, V.2.1.
829	Land, Ergebnisse der nichtverwandten Lebendspende-Nierentransplantation: ein eindrucksvolles Paradigma in der Argumentation für die „Reperfusionsschädigungs"-Hypothese, in: Transplantationsmedizin 12 (2000), 148-155.
830	Vgl. Cecka, Results of more than 1000 recent living-unrelated donor transplants in the United States, in: Transplantation Proceedings 31 (1999), 234 und ders. / Terasaki, Living donor kidney transplants: Superior success rates despite histoincompatibilities, in: Transplantation Proceedings 29 (1997), 203.
831	Daten und Graphik der Collaborative Transplant Study (CTS), Universität Heidelberg, CTS-K-21201-Mar2001. Die Verfasser danken Prof. Dr. G. Opelz.
832	Vgl. Starnes / Woo / MacLaughlin et al., Comparison of outcomes between living donor and cadaveric lung transplantation in children, in: The Annals of Thoracic Surgery 68 (1999), 2279-2283.
833	Strong, Whither living donor liver transplantation (Editorial), in: Liver Transplantation and Surgery 5 (1999), 536-538 (536).
834	Broelsch / Malagó / Testa / Gamazo, Living donor liver transplantation in adults – outcome in Europe, in: Liver Transplantation 6 (2000), S64-S65.
835	Marcos, Right-lobe living donor liver transplantation, in: Liver Transplantation 6 (2000), S59-S63.

836 U.S. Scientific Registry of Transplant Recipients and Organ Procurement and Transplantation Network (UNOS), 2000 Annual Report Transplant Data 1990-1999, Tables 20 and 43, http://www.unos.org/Data/. Bei der Leberlebendspende ist das Geschlechterverhältnis in den USA ausgeglichen, vgl. ebenda, Table 53.

837 Siebels / Theodorakis / Hofstetter / Land, Risiken und Komplikationen bei 125 Lebendspender-Nephroureterektomien, in: Transplantationsmedizin 12 (2000), 126-140 (127).

838 229 von 346; Mitteilung der DSO vom 5.4.2001.

839 Thiel, 5 Jahre Schweizer Nierenlebendspende-Register (SNLR 1993-1998), in: Abstracts der 7. Schweizerischen Transplantationstagung, 29./30.01.1999, 32-34 (33) – dort steht als Rechenergebnis versehentlich die Zahl 76%.

840 Kim / Kim, Organ donation-third-party donation: expanding the donor pool, in: Transplantation Proceedings 32 (2000), 1489-1491 (1491).

841 Vgl. Gilligan, In a different voice. Psychological theory and women's development, Cambridge, Mass. u.a., 1982, und Nunner-Winkler (Hg.), Weibliche Moral, Frankfurt a. Main 1991.

842 Für eine Bestandsaufnahme bis zum Jahr 1995 vgl. EUROTOLD Project Management Group, Questioning attitudes to living donor transplantation. European multicentre study: Transplantation of organs from living donors – ethical and legal dimensions, Leicester 1996, 18 ff., 28.

843 Vgl. Land, Lebendspende von Organen – derzeitiger Stand der internationalen Debatte, in: Zeitschrift für Transplantationsmedizin 5 (1993), 59-63.

844 Smit / Schoeppe, Organspende und Transplantation in Deutschland 1995, Neu-Isenburg 1996, 19.

845 Council of Europe, Preliminary Data Report Organ Donation and Transplantation 1995, Transplant Newsletter March 1996; ergänzt durch Daten des Danish Council of Ethics, Waiting lists and number of organ transplants in selected European countries, http://www.etiskraad.dk/publikationer/orgdon_eng/ [Appendix B], sowie U.S. Scientific Registry of Transplant Recipients and Organ Procurement and Transplantation Network (UNOS), 2000 Annual Report Transplant Data 1990-1999; http://www.unos.org/Data/.

846 Für 1999 vgl. die Tabelle im Anhang C; für 1992 nach Jakobsen, Living donor practices and processes in Europe, in: Price / Akveld (Eds.), Living organ donation in the nineties: European medico-legal perspectives (EUROTOLD), Leicester 1996, 1-11 (5).

847 Vgl. Smit / Molzahn / Kirste / Grupp / Köhler, Organspende und Transplantation in Deutschland 1999, Deutsche Stiftung für Organtransplantation, Neu-Isenburg 2000, die entsprechende Publikation für die Vorjahre sowie den Beitrag zu: Nieren–Transplantationen in Deutschland, in: Diatra-Journal 1/2001, 31.

848 Smit / Molzahn / Kirste / Grupp / Köhler, Organspende und Transplantation in Deutschland 1999, Deutsche Stiftung für Organtransplantation, Neu-Isenburg 2000, 33.

Anmerkungen

849 U.S. Scientific Registry of Transplant Recipients and Organ Procurement and Transplantation Network (UNOS), 2000 Annual Report Transplant Data 1990-1999; http://www.unos.org/Data/.

850 Smit / Molzahn / Kirste / Grupp / Köhler, Organspende und Transplantation in Deutschland 1999, Deutsche Stiftung für Organtransplantation, Neu-Isenburg 2000, 33; die Zahl für 1990 (alte Bundesländer) wurde Land, Lebendspende von Organen – derzeitiger Stand der internationalen Debatte, in: Zeitschrift für Transplantationsmedizin 5 (1993), 59-63 (60), entnommen.

851 Smit / Molzahn / Kirste / Grupp / Köhler, Organspende und Transplantation in Deutschland 1999, Deutsche Stiftung für Organtransplantation, Neu-Isenburg 2000, 45; die Zahl für 2000 nach Mitteilung der Deutschen Stiftung für Organtransplantation und Tuffs, Organspende und Transplantation in Deutschland im Jahr 2000, in: Diatra Journal 1/2001, 29.

852 Vgl. Swisstransplant, Jahresbericht für 1999, http://www.Swisstransplant.org.

853 Siehe oben, II.3.1.2.2.(2).

854 Swisstransplant, Jahresbericht für 1999, http://www.Swisstransplant.org; Die Zahl für 2000 wurde der Mitteilung „Transplantationen Schweiz" in Diatra Journal 1/2001, 32, entnommen.

855 United Kingdom Transplant Support Service Authority (UKTSSA), Transplant Activity 1998, London 1999; dies., Transplant Statistics 1 January 2000 to 31 December 2000, http://www.uktransplant.org.uk; korrigierte und ergänzte Zahlen für 1999 und 2000 nach Mitteilung von UK Transplant vom 30.3.2001. Etwas differierende Zahlenangaben finden sich in: British Transplantation Society and the Renal Association, United Kingdom guidelines for living donor kidney transplantation, London 2000, 6.

856 So, für 1995, EUROTOLD Project Management Group, Questioning attitudes to living donor transplantation. European multicentre study: Transplantation of organs from living donors – ethical and legal dimensions, Leicester 1996, 126.

857 Knapp 95% der Lebendspender spendeten eine Niere, knapp 5% ein Lebersegment, vgl. ebenda.

858 U.S. Scientific Registry of Transplant Recipients and Organ Procurement and Transplantation Network (UNOS), 2000 Annual Report Transplant Data 1990-1999, U.S. donors by organ and donor type – 1990 to 1999; http://www.unos.org/Data/.

Für das Jahr 2000 ist die Dynamik der Lebendspende noch deutlicher: Ihr zahlenmäßiger Umfang stieg gegenüber dem Vorjahr um 16,5%, während die postmortale Organspende nur um 2,7% zunahm, vgl. Living donors set mark for organ transplants, Washington Post, 17.4.2001.

859 U.S. Scientific Registry of Transplant Recipients and Organ Procurement and Transplantation Network (UNOS), 2000 Annual Report Transplant Data 1990-1999, Figure 1 [alle Organe]; http://www.unos.org/Data/.

860 U.S. Scientific Registry of Transplant Recipients and Organ Procurement and Transplantation Network (UNOS), 2000 Annual Report Transplant Data 1990-1999; http://www.unos.org/Data/.

861 U.S. Scientific Registry of Transplant Recipients and Organ Procurement and Transplantation Network (UNOS), 2000 Annual Report Transplant Data 1990-1999; http://www.unos.org/Data/.

862 U.S. Scientific Registry of Transplant Recipients and Organ Procurement and Transplantation Network (UNOS), 2000 Annual Report Transplant Data 1990-1999; http://www.unos.org/Data/.

863 U.S. Scientific Registry of Transplant Recipients and Organ Procurement and Transplantation Network (UNOS), 2000 Annual Report Transplant Data 1990-1999, U.S. donors by organ and donor type – 1990 to 1999; http://www.unos.org/Data/.

864 U.S. Scientific Registry of Transplant Recipients and Organ Procurement and Transplantation Network (UNOS), 2000 Annual Report Transplant Data 1990-1999, U.S. donors by organ and donor type – 1990 to 1999 and Table 21; http://www.unos.org/Data/.

865 U.S. Scientific Registry of Transplant Recipients and Organ Procurement and Transplantation Network (UNOS), 2000 Annual Report Transplant Data 1990-1999, Figure 15; http://www.unos.org/Data/.

866 Dies gilt schon seit den 70er Jahren, vgl. EUROTOLD Project Management Group, Questioning attitudes to living donor transplantation. European multicentre study: Transplantation of organs from living donors – ethical and legal dimensions, Leicester 1996, 18.

867 So Fleischhauer / Hermerén / Holm et al., Comparative report on transplantation and relevant ethical problems in five European countries, and some reflections on Japan, in: Transplantation International 13 (2000), 266-275 (270).

868 EUROTOLD Project Management Group, Questioning attitudes to living donor transplantation. European multicentre study: Transplantation of organs from living donors – ethical and legal dimensions, Leicester 1996, 23.

869 Vgl. die Tabelle im Anhang C.

870 Vgl. auch Allen / Lynch / Strong, The living organ donor, in: Chapman / Deierhoi / Wight (Eds.), Organ and tissue donation for transplantation, London 1997, 162-199 (166).

871 Mitteilung von Salmela Kaija (Helsinki University Central Hospital) vom 19.3.2001.

872 Vgl. Fleischhauer / Hermerén / Holm et al., Comparative report on transplantation and relevant ethical problems in five European countries, and some reflections on Japan, in: Transplantation International 13 (2000), 266-275 (270).

873 EUROTOLD Project Management Group, Questioning attitudes to living donor transplantation. European multicentre study: Transplantation of organs from living donors – ethical and legal dimensions, Leicester 1996, 23.

874 Vgl. Jakobsen, The Oslo experience with living donor kidney transplantation, Vortrag auf dem Symposium Lebendorganspende der Europäischen Akademie der Wissenschaften und der Deutschen Akademie für Transplantationsmedizin, München, 9.12.2000; ders. / Albrechtsen et al., Allowing relatives to bridge the gap: the Norwegian experience, in: Land / Dossetor (Eds.) Organ replacement therapy: ethics, justice, and commerce, Berlin / Heidelberg / New York 1991, 48-49; ders., Living renal transplantation – the Oslo experience, in: Nephrology Dialysis Transplantation 12 (1997), 1825-1827.

Der Grund für die Forcierung der Organlebendspende in Norwegen liegt auch in dem Umstand, daß in dem großen, aber sehr dünn besiedelten Land weder ein flächendeckendes Angebot an Hämodialyseeinrichtungen noch ein gut funktionierendes Programm zur Gewinnung von Organen Verstorbener möglich ist.

875 Vgl. zusammenfassend Gutmann, An den Grenzen der Solidarität? Gerechtigkeit unter Fremden im liberalen Rechtsstaat am Beispiel der Organspende, Vortrag auf der Jahrestagung der deutschen Sektion der Internationalen Vereinigung für Rechts- und Sozialphilosophie (IVR), Heidelberg, i.E.; sowie United Network for Organ Sharing Ethics Committee (Presumed Consent Subcommittee), An Evaluation of the Ethics of Presumed Consent and a Proposal Based on Required Response, 30.6.1993, abrufbar unter http://www.unos.or/resources.

876 Man denke nur an die Diskussion um das deutsche Transplantationsgesetz.

877 EUROTOLD Project Management Group, Questioning attitudes to living donor transplantation. European multicentre study: Transplantation of organs from living donors – ethical and legal dimensions, Leicester 1996, 2.

878 Ebenda, 125.

879 EUROTOLD Project Management Group, Questioning attitudes to living donor transplantation. European multicentre study: Transplantation of organs from living donors – ethical and legal dimensions, Leicester 1996, 117 ff., 119.

880 Vgl. EUROTOLD Project Management Group, Questioning attitudes to living donor transplantation. European multicentre study: Transplantation of organs from living donors – ethical and legal dimensions, Leicester 1996, 139 f.

881 Vgl. oben, I.3.1.

882 1990: 5,2% / 1994: 7,5% / 1999: 20,1%; U.S. Scientific Registry of Transplant Recipients and Organ Procurement and Transplantation Network (UNOS), 2000 Annual Report Transplant Data 1990-1999, Table 19 – All donors sowie Data Highlights, Cadaveric and living donor characteristics; http://www.unos.org/Data/.

883 Bei den Nierenspendern waren es 20,4% und bei den Leberspendern 13,1 %, vgl. U.S. Scientific Registry of Transplant Recipients and Organ Procurement and Transplantation Network (UNOS), 2000 Annual Report Transplant Data 1990-1999,Tables 20 and 22; http://www.unos.org/Data/.

884 U.S. Scientific Registry of Transplant Recipients and Organ Procurement and Transplantation Network (UNOS), 2000 Annual Report Transplant Data 1990-1999, Table 19 – All donors; http://www.unos.org/Data/.

885 Europäisches Parlament, Resolution on Prohibiting Trade in Transplant Organs vom 14.9.1993, Ziffer 6 (d), in: Fluss, Trade in Human Organs: National and International Responses, in: Englert (Ed.), Organ and tissue transplantation in the European Union: Management of difficulties and health risks linked to donors, Dordrecht 1995, 74-98, Annex 4 (92 ff.)

886 Smit / Molzahn / Kirste / Grupp / Köhler, Organspende und Transplantation in Deutschland 1999, Deutsche Stiftung für Organtransplantation, Neu-Isenburg 2000, 33; Zahlen für das Jahr 2000 nach Mitteilung der Deutschen Stiftung für Organtransplantation sowie nach: Nieren-Transplantationen in Deutschland, in: Diatra-Journal 1/2001, 31. Die Gruppe der mit dem Empfänger nicht verwandten Spender umfaßt in dieser Zählung u.a. Ehegatten, Lebenspartner, Freunde, nicht aber miteinander verschwägerte Personen.

887 Zahlen nach Smit / Molzahn / Kirste / Grupp / Köhler, Organspende und Transplantation in Deutschland 1999, Deutsche Stiftung für Organtransplantation, Neu-Isenburg 2000, 33; Zahlen für das Jahr 2000 nach Mitteilung der Deutschen Stiftung für Organtransplantation sowie nach Nieren –Transplantationen in Deutschland, in: Diatra-Journal 1/2001, 31. Die Gruppe der mit dem Empfänger nicht verwandten Spender umfaßt in dieser Zählung u.a. Ehegatten, Lebenspartner und Freunde, nicht jedoch miteinander verschwägerte Personen.

888 1996: 7,4%; 1999: 29,1%; mitgeteilt durch die niederländische Transplantatstichting mit Schreiben vom 26.2.2001.

889 Mitgeteilt durch die niederländische Transplantatstichting mit Schreiben vom 26.2.2001; Daten für 2000 vorläufig.

890 Vgl. oben, II.3.1.2.2.(2).

891 In Norwegen wurden bisher einige, wenn auch wenige, Freunde als Spender akzeptiert; Überkreuz-Spenden wurden bisher nicht durchgeführt; Mitteilung von A. Jakobsen, Medizinischer Direktor des Rijkshospitalet in Oslo, vom 8.2.2001; vgl. auch Foss / Leivestad / Brekke et al., Unrelated living donors in 141 kidney transplantations, in: Transplantation 88 (1998), 49-52.

892 Vgl. Jakobsen, The Oslo experience with living donor kidney transplantation, Vortrag auf dem Symposium Lebendorganspende der Europäischen Akademie der Wissenschaften und der Deutschen Akademie für Transplantationsmedizin, München, 9.12.2000; Foss / Leivestad / Brekke et al., Unrelated living donors in 141 kidney transplantations, in: Transplantation 88 (1998), 49-52.

893 Thiel, 5 Jahre Schweizer Nierenlebendspende-Register (SNLR 1993-1998), in: Abstracts der 7. Schweizerischen Transplantationstagung, 29./30.01.1999, 32-34 (33).

894 Vgl. u.a. Faden / Beauchamp, A history and theory of informed consent, New York 1986; Appelbaum / Lidz / Meisel, Informed consent – Legal theory and clinical practice, New York 1987, van Oosten, The Doctrine of Informed Consent in Medical Law, Frankfurt a. Main u.a. 1991 sowie Markus, Die Einwilligungsfähigkeit im amerikanischen Recht, Frankfurt a. Main u.a. 1995.

895 Vgl. die Nachweise in Gutmann / Land, Ethics regarding living donor organ transplantation, in: Langenbeck's Archives of Surgery 384 (1999), 515-522; Daar / Jakobsen / Land / Gutmann / Schneewind / Tahya, Living-donor renal transplantation: Evidence-based justification for an ethical option, in: Transplantation Reviews 11 (1997), 95-109 sowie Gutmann, Rechtsphilosophische Aspekte der Lebendspende von Nieren, in: Zeitschrift für Transplantationsmedizin 5 (1993), 75-88; daneben Task Force on Organ Transplantation, Organ transplantation. Issues and recommendations, Washington 1986 und United Network for Organ Sharing 1991 Ethics Committee, Ethics of organ transplantation from living donors, in: Transplantation Proceedings 24 (1992), 2236-2237.

896 National Kidney Foundation / American Society of Transplantation / American Society of Transplant Surgeons / American Society of Nephrology et al., Consensus statement on the live organ donor, JAMA 284 (13.12.2000), 2919-2926. Vgl. Warren, Physician, health care provider guidelines to assure proper care of live organ donors published in JAMA, in: Transplant News 10 Nr. 23, 15.12.2000, 1-3.

Die Konsenserklärung kommt zu dem Schluß, daß eine Person, die in eine Organentnahme einwilligt, einwilligungsfähig sein und freiwillig handeln müsse, nicht unter Zwang stehen dürfe, medizinisch und psychosozial geeignet sowie über die Risiken und Vorteile für sie selbst und über die Risiken, Vorteile und alternativen Behandlungsmöglichkeiten für den Empfänger vollständig aufgeklärt sein müsse. Die Vorteile des Eingriffs für Spender und Empfänger müßten die mit der Organentnahme und -übertragung verbundenen Risiken überwiegen; schließlich dürften Spender nicht in „klinisch hoffnungslosen" Situationen herangezogen werden. Der Text der Erklärung gibt zu diesen Anforderungen detaillierte Hinweise und betont nicht zuletzt die Notwendigkeit einer gründlichen psychologischen Evaluation und Beratung der spendewilligen Person sowie eines Einwilligungsverfahrens, das, soweit dies möglich ist, ein zeitliches Moratorium („cooling-off-period") vorsieht, vgl. ebenda.

897 Ebenda, 2923. Das Consensus Statement optiert für Simultanoperationen.

898 Zur Problematik der an eine bestimmte Person oder an einen bestimmten Patientenkreis gerichteten altruistischen Fremdspende vgl. ebenda, 2924.

899 Ebenda, 2924.

900 Vgl. zur Aufklärung des Empfängers über den Umstand, daß er ein lebend gespendetes Organ erhalten soll, und die Notwendigkeit seiner Einwilligung, ebenda.

901 Vgl. hierzu näher Ross / Woodle, Ethical issues in increasing living kidney donations by expanding kidney paired exchange programs, in: Transplantation 69 (2000), 1539-1543 (1542).

902 National Kidney Foundation / American Society of Transplantation / American Society of Transplant Surgeons / Amerian Society of Nephrology et al., Consensus statement on the live organ donor, JAMA 284 (13.12.2000), 2919-2926 (2923 f.). Vgl. zu den ethischen Problemen, die durch solche Ansätze impliziert werden, etwa Ross / Woodle, Ethical issues in increasing living kidney donations by expanding kidney paired exchange programs, in: Transplantation 69 (2000), 1539-1543.

903 Spital, Public attitudes toward kidney donation by friends and altruistic strangers in the United States, in: Transplantation 71 (2001), 1061-1064. Levinsky, Organ donation by unrelated donors (Editorial), in: The New England Journal of Medicine 343 (2000), 430-432 (431) spricht unter Verweis auf eine Presseerklärung der National Kidney Foundation vom 22.6.2000 von einem Viertel der amerikanischen Bevölkerung, die sich vorstellen könnte, ein Organ für eine fremde Person zu spenden. Nach der von Spital zitierten Umfrage antworteten auf Frage „Would you donate one of your kidneys to a stranger in need for free?" indes 24% der Befragten mit „ja" und weitere 21% mit „wahrscheinlich ja".

904 Spital, The ethics of unconventional living organ donation, Clinical Transplantation 5 (1991), 322-326; ders., Unrelated living donors: Should they be used?, in: Transplantation Proceedings 24 (1992): 2215-2217; ders., Do U.S. transplant centers encourage emotionally related kidney donation?, in: Transplantation 61 (1996), 374-377; ders., Evolution of attitudes at U.S. transplant centers toward kidney donation by friends and altruistic strangers, in: Transplantation 69 (2000), 1728-1731. Vgl. auch Beasley / Hull / Rosenthal, Living kidney donation: A survey of professional attitudes and practices, in: American Journal of Kidney Diseases 30 (1997), 549-557.

905 Spital, Evolution of attitudes at U.S. transplant centers toward kidney donation by friends and altruistic strangers, in: Transplantation 69 (2000), 1728-1731 (1729 f.).

906 Zur Nieren-Lebendspende unter Nichtverwandten an diesem Zentrum vgl. Elick / Sutherland / Gillingham / Najarjan, Use of distant relatives and living unrelated donors: A strategy to increase the application of kidney transplantation to treat chronic renal failure, in: Transplantation Proceedings 22 (1990), 343-344.

907 Matas / Garvey / Jacobs / Kahn, Nondirected donation of kidneys from living donors, in: The New England Journal of Medicine 343 (2000), 433-436; vgl. hierzu Levinsky, Organ donation by unrelated donors (Editorial), in: The New England Journal of Medicine 343 (2000), 430-432 sowie Shelton, Seeking the kindness of strangers with organ transplants, in: American Medical News, 6.11.2000.

908 Ross / Rubin / Siegler / Josephson / Thistlethwaite / Woodle, Ethics of a paired-kidney-exchange program, in: The New England Journal of Medicine 336 (1997), 1752-1755 sowie Ross / Woodle, Ethical issues in increasing living kidney donations by expanding kidney paired exchange programs, in: Transplantation 69 (2000), 1539-1543.

Anmerkungen 213

909 Der National Organ Transplant Act von 1984 (Pub L. No. 98-507) verbietet den Transfer menschlicher Organe „for valuable consideration".

910 Ross / Rubin / Siegler / Josephson / Thistlethwaite / Woodle, Ethics of a paired-kidney-exchange program, in: The New England Journal of Medicine 336 (1997), 1752-1755.

911 Vgl. Veatch, Transplantation Ethics, Washington 2000, 188.

912 Park / Moon / Kim / Kim, Exchange donor program in kidney transplantation, in: Transplantation 67 (1999), 336-338; dies., Exchange donor program in kidney transplantation, in: Transplantation Proceedings 31 (1999), 356 f. und Kim / Kim, Organ donation-third-party donation: expanding the donor pool, in: Transplantation Proceedings 32 (2000), 1489-1491.

913 Dies ist auch in Japan der Fall, wo die Lebendspende von Organen deshalb im Vordergrund steht, allerdings fast ausschließlich auf die Verwandtenspende beschränkt. Zur gegenwärtigen Öffnung der japanischen Praxis gegenüber der Lebendspende zwischen nichtverwandten Personen vgl. etwa Kikuchi / Narumi / Hama et al., Kidney transplantation from spousal donors, in: Transplantation Proceedings 32 (2000), 1817 f.

914 Kim / Kim, Organ donation-third-party donation: expanding the donor pool, in: Transplantation Proceedings 32 (2000), 1489-1491 (1490 f.).

904 Vgl. die Nachweise in diesem Kapitel und die Überblicke bei Daar / Jakobsen / Land / Gutmann / Schneewind / Tahya, Living-donor renal transplantation: Evidence-based justification for an ethical option, in: Transplantation Reviews 11 (1997), 95-109; Gutmann / Land, Ethics regarding living donor organ transplantation, in: Langenbeck's Archives of Surgery 384 (1999), 515-522; Gutmann, Rechtsphilosophische Aspekte der Lebendspende von Nieren, in: Zeitschrift für Transplantationsmedizin 5 (1993), 75-88; Childress, The gift of life: ethical problems and policies in obtaining and distributing organs for transplantation, Primary Care: Clinics in Office Practics 13 (1986), 379-394; United Network for Organ Sharing 1991 Ethics Committee, Ethics of organ transplantation from living donors, in: Transplantation Proceedings 24 (1992), 2236-2237 sowie Elsässer, Die Transplantation lebend gespendeter Organe aus heutiger christlicher Sicht, in: Transplantationsmedizin 12 (2000), 184-188.

916 Vgl. zur Übersicht Walters (Ed.), Bibliography of Bioethics, Washington D.C. (jährlich fortlaufend); und die im Aufbau befindliche, gegenwärtig noch stark auf deutschsprachige Publikationen fixierte Datenbank BELIT des Deutschen Referenzzentrums für Ethik in den Biowissenschaften; daneben Schöne-Seifert, Medizinethik, in: Nida-Rümelin (Hg.), Angewandte Ethik, Stuttgart 1996, 552-648; Gillon (Ed.), Principles of health care ethics, New York 1994 sowie Beauchamp / Childress, Principles of biomedical ethics, New York / Oxford, ⁴1994 und Veatch (Ed.) Medical ethics, Boston 1989.

917 Vgl. etwa Childress, The gift of life: Ethical problems and policies in obtaining and distributing organs for transplantation, in: Primary Care: Clinics in Office Practics 13 (1986), 379-394; Gillon, Transplantation: A framework for analysis of the ethical issues. in: Transplantation Proceedings 22 (1990), 902-903; Lamb, Organ transplants and ethics, London 1990; Sells, Transplants, in: Gillon (Ed.), Principles of health care ethics, New York 1994,

1003-1025 sowie Ach / Anderheiden / Quante, Ethik der Organtransplantation, Erlangen 2000.

918 Nida-Rümelin, Theoretische und angewandte Ethik. Paradigmen, Begründungen, Bereiche, in: ders. (Hg.), Angewandte Ethik, Stuttgart 1996, 57-85.

919 Vgl. etwa United Network for Organ Sharing 1991 Ethics Committee, Ethics of organ transplantation from living donors, in: Transplantation Proceedings 24 (1992), 2236-2237; American Medical Association Council on Ethical and Judicial Affairs, The use of minors as organ and tissue donors (Policy E-2.167), 1994, in: Code of Medical Ethics Report 5 (1994), 229-242; American Society of Transplant Surgeons Ethics Committee, American Society of Transplant Surgeons' position paper on adult-to-adult-living donor liver transplantation, Text vom 25.5.2000 bzw. in: Liver Transplantation 6 (2000), 815-817; British Medical Association Medical Ethics Committee, Organ donation in the 21st century: Time for a consolidated approach, London 2000; British Transplantation Society and the Renal Association, United Kingdom guidelines for living donor kidney transplantation, London 2000 sowie National Kidney Foundation / American Society of Transplantation / American Society of Transplant Surgeons / American Society of Nephrology et al., Consensus statement on the live organ donor, in: JAMA 284 (13.12.2000), 2919-2926.

920 National Kidney Foundation / American Society of Transplantation / American Society of Transplant Surgeons / American Society of Nephrology et al., Consensus statement on the live organ donor, in: JAMA 284 (13.12.2000), 2919-2926 (2922); Caplan, Commentary: Living dangerously. The morality of using living persons as donors of lobes of liver for transplantation, in: Cambridge Quarterly of Healthcare Ethics 4 (1992), 311-317 (315); Gutmann / Land, Ethics regarding living donor organ transplantation, in: Langenbeck's Archives of Surgery 384 (1999), 515-522 (519).

921 Deutsche Transplantationsgesellschaft (DTG), Transplantationskodex, in: Transplantationsmedizin (7) 1995, 154 f. (154 sub 6.); vgl. bereits den Transplantationskodex der Arbeitsgemeinschaft der Transplantationszentren in der Bundesrepublik Deutschland e.V. aus dem Jahr 1987.

922 Vgl. zur Übersicht Gutmann / Schroth, Recht, Ethik und die Lebendspende von Organen – der gegenwärtige Problemstand, in: Transplantationsmedizin 12 (2000), 174-183.

923 Stellungnahmen vom 10.2.1999.

924 Bundesärztekammer, Empfehlungen zur Lebendorganspende, in: Deutsches Ärzteblatt 97 (2000), A 3287 f.

925 Siehe hierzu näher oben, I.3.2.

926 Bundesärztekammer, Empfehlungen zur Lebendorganspende, in: Deutsches Ärzteblatt 97 (2000), A 3287 f.

927	National Kidney Foundation / American Society of Transplantation / American Society of Transplant Surgeons / American Society of Nephrology et al., Consensus statement on the live organ donor, in: JAMA 284 (13.12.2000), 2919-2926.
928	British Transplantation Society and the Renal Association, United Kingdom guidelines for living donor kidney transplantation, London 2000.
929	Vgl. Beauchamp / Childress, Principles of biomedical ethics, New York / Oxford ⁴1994; Childress, The place of autonomy in bioethics, in: Hastings Center Report 20 (1990), 12-17; Häyry, The limits of medical paternalism, London / New York 1991; VanDeVeer, Paternalistic interventions. The moral bounds of benevolence, Princeton, N.J., 1986.
930	Hippokrates, Fünf auserlesene Schriften, eingeleitet und neu übertragen von W. Capelle, Zürich 1955, 179 f.
931	Insoweit wäre es eine Scheinargumentation, das Prinzip des *primum non nocere* etwas zu „dehnen" und die möglichen positiven psychosozialen Folgen der Lebendspende für den Spender mit in Rechnung zu stellen; so aber New / Solomon / Dingwall / McHale, A question of give and take. Improving the supply of donor organs for transplantation, King's Fund Institute Research Report no. 18, London 1994, 67.
932	Vgl. die Darstellung bei Elsässer, Die Transplantation lebend gespendeter Organe aus heutiger christlicher Sicht, in: Transplantationsmedizin 12 (2000), 184-188.
933	„Sich eines integrierenden Teils als Organs berauben", schreibt Kant 1797 in der „Metaphysik der Sitten" unter der Überschrift „Von der Pflicht des Menschen gegen sich selbst als einem animalischen Wesen", „z. B. einen Zahn zu verschenken, oder zu verkaufen, um ihn in die Kinnlade eines anderen zu pflanzen [...] und dgl. gehört zum partialen Selbstmorde" und ist deshalb „Verbrechen an seiner eigenen Person". Wer dies tue, so die Begründung, behandle sich und seinen Körper als bloßes Mittel zum Zweck, und dies bedeute, „die Menschheit in seiner Person herabzuwürdigen"; vgl. Kant, Metaphysik der Sitten, Werkausgabe, Ed. Weischedel, Band VIII, Frankfurt a. Main 1968, 553 ff.
934	Vgl. etwa Beauchamp / Childress, Principles of biomedical ethics. New York / Oxford ⁴1994; Veatch, Resolving conflicts among principles: Ranking, balancing, and specifying, in: Kennedy Institute of Ethics Journal 5 (1995), 199-218 sowie United Network for Organ Sharing 1991 Ethics Committee, Ethics of organ transplantation from living donors, in: Transplantation Proceedings 24 (1992), 2236-2237 und EUROTOLD Project Management Group, Questioning attitudes to living donor transplantation. European multicentre study: Transplantation of organs from living donors – ethical and legal dimensions, Leicester 1996, 51 ff.
935	Schneewind, Psychological aspects in living organ donation, in: Collins / Dubernard / Persijn / Land (Eds.), Procurement and preservation of vascularized organs, Dordrecht 1997, 325-330; Schneewind / Ney / Hammerschmidt / Oerter / Pabst / Schultz-Gambard, Veränderungserwartungen und faktische Veränderungen der Lebensgestaltung bei Nierentransplantation: Ein Vergleich zwischen verwandten und nichtverwandten Spender-Empfänger-Paaren, in: Transplantationsmedizin 12 (2000), 164-173; Simmons, Long-term reactions of renal recipients and do-

nors, in: Levy (Ed.), Psychonephrology 2, Plenum, New York 1983, 275-287. Vgl. auch Hoyer, Die altruistische Lebendspende, in: Nieren- und Hochdruckkrankheiten 27 (1998), 193-198 (196 f.); British Transplantation Society and the Renal Association, United Kingdom guidelines for living donor kidney transplantation, London 2000, 9; United Network for Organ Sharing 1991 Ethics Committee, Ethics of organ transplantation from living donors, in: Transplantation Proceedings 24 (1992), 2236-2237 (2236).

[936] Vgl. Daar / Jakobsen / Land / Gutmann / Schneewind / Tahya, Living-donor renal transplantation: Evidence-based justification for an ethical option, in: Transplantation Reviews 11 (1997), 95-109 (102 f.).

[937] Blumstein, Commentary: Live-donor liver transplants, in: Cambridge Quarterly of Healthcare Ethics 4 (1992), 307-311 (307 f.); Shapiro / Adams, Ethical issues surrounding adult-to-adult living donor liver transplantation, in: Liver Transplantation 6 (2000), S77-S80; United Network for Organ Sharing 1991 Ethics Committee, Ethics of organ transplantation from living donors, in: Transplantation Proceedings 24 (1992), 2236-2237.

[938] Das normative Nutzenprinzip kann aus sich heraus weder den Eigenwert der Person noch den Gedanken der Unverletzlichkeit ihrer fundamentalen Interessen begründen. Hiermit steht in Zusammenhang, daß der Utilitarismus das eigenständige normative Gewicht *individueller Rechte* nicht und insbesondere dann nicht zu erfassen vermag, wenn diese (gerade in ihrer Funktion, den *status negativus* ihres Träger zu schützen) Hindernisse für die Nutzenmaximierung darstellen, vgl. Hart, Between utility and rights, in: ders., Essays in jurisprudence and philosophy, Oxford 1983, 198-222 (200); Lyons, Utility and Rights, in: Waldron, J. (Ed.), Theories of Rights, Oxford 1984, 110-136 sowie Thomson, The Realm of Rights, Cambridge 1990. Im Bereich der Lebendorganspende würden utilitaristische Theorien nicht nur die Vorstellung einer prima facie bestehenden Pflicht zur Spende favorisieren, sondern – jedenfalls in ihren aktutilitaristischen Versionen – auch Probleme haben, die zwangsweise Entnahme eines Organs beim lebenden Spender als moralisch schlecht zu erweisen, vgl. zu letzterem insbesondere die Analyse Thomsons (The Realm of Rights, Cambridge 1990). Vgl. auch Price, Legal and ethical aspects of organ transplantation, Cambridge 2000, 225 f., 235 und Veatch, Transplantation Ethics, Washington 2000, 190.

[939] Vgl. Dworkin, Die Grenzen des Lebens. Abtreibung, Euthanasie und persönliche Freiheit, Reinbek 1994, 275 ff., 280.

[940] Benn, The Principle of Respect for Persons, in: ders., A Theory of Freedom, Cambridge 1988, 103-121 (106 ff.).

[941] Das Selbstbestimmungsrecht über den eigenen Körper ist ein Persönlichkeits- und kein Eigentumsrecht. Nach Locke und der von ihm begründeten Argumentationslinie hat "jeder Mensch ein Eigentum an seiner eigenen Person" (Locke, Zwei Abhandlungen über die Regierung, Frankfurt a. Main 1977, II, Kap. 5 § 27, 216) während Kant die adäquatere persönlichkeitsrechtliche Fassung des Verhältnisses der Person zu ihrem körperlichen Dasein begründete, vgl. ders., Metaphysik der Sitten, Vom Sachenrecht, § 17, Werkausgabe, Ed. Weischedel,

Band VIII, Frankfurt a. Main 1968, 382). Vgl. zur angelsächsischen Diskussion auch Price, Legal and ethical aspects of organ transplantation, Cambridge 2000, 236 ff.

942 British Transplantation Society and the Renal Association, United Kingdom guidelines for living donor kidney transplantation, London 2000, 10; Spital, The ethics of unconventional living organ donation, in: Clinical Transplantation 5 (1991), 322-326.

943 Vgl. hierzu Ach / Anderheiden / Quante, Ethik der Organtransplantation, Erlangen 2000, 92 und 111 ff. und Lamb, Ethical aspects of different types of living organ donation, in: Price / Akveld (Eds.), Living organ donation in the nineties: European medico-legal perspectives (EUROTOLD), Leicester 1996, 43-52 (45).

944 Veatch, Theories of medical ethics: The professional model compared with the societal model, in: Land / Dossetor (Eds.), Organ replacement therapy: Ethics, justice and commerce, Berlin / Heidelberg / New York 1991, 3-9; ders., A theory of medical ethics, New York 1981; Häyry, The limits of medical paternalism, London 1991; Gutmann, Medizinische Ethik und Organtransplantation, in: Ethik in der Medizin 10 (1998) Suppl. 1, 58-67 (58 ff.).

945 Beispielhaft Eigler, Das Problem der Organspende vom Lebenden, in: Deutsche Medizinische Wochenschrift 1997, 1398-1401.

946 Vgl. auch British Transplantation Society and the Renal Association, United Kingdom guidelines for living donor kidney transplantation, London 2000, 10; Spital, When a stranger offers a kidney: ethical issues in living organ donation, in: American Journal of Kidney Diseases 32 (1998), 676-691 (683) und Price, Legal and ethical aspects of organ transplantation, Cambridge 2000, 227.

947 Caplan, Commentary: Living dangerously. The morality of using living persons as donors of lobes of liver for transplantation, in: Cambridge Quarterly of Healthcare Ethics 4 (1992), 311-317 (317); Hou, Expanding the kidney donor pool: Ethical and medical considerations, in: Kidney International 58 (2000), 1820-1836 (1827, 1831); vgl. Kramer / Sprung, Living related donation in lung transplantation: Ethical considerations, in: Archives of Internal Medicine 155 (1995), 1734-1738.

948 Elliott, Doing harm: Living organ donors, clinical research and *The Tenth Man*, in: Journal of Medical Ethics 21 (1995), 91-96 (95).

949 Caplan, Commentary: Living dangerously. The morality of using living persons as donors of lobes of liver for transplantation, in: Cambridge Quarterly of Healthcare Ethics 4 (1992), 311-317 (316).

950 United Network for Organ Sharing 1991 Ethics Committee, Ethics of organ transplantation from living donors, in: Transplantation Proceedings 24 (1992), 2236-2237.

951 Vgl. auch Price, Legal and ethical aspects of organ transplantation, Cambridge 2000, 261.

952 Eine rechtliche und in der Regel auch ethische Pflicht des Arztes, die Organspende abzulehnen, besteht vor allem (1.) im Falle eines Spenders, der sich töten lassen will, (2.) im Fall des

irrational handelnden Spenders, der entweder die Gründe, die ihm die Lebendspende nach seiner eigenen Auffassung verbieten müssen, oder die Situation, auf die er sich einlassen will, kognitiv verkennt, sowie im Fall eines unter Zwang stehenden Spenders. Vgl. insbesondere zu (1.) und (2.) die differenzierten Ausführungen bei Ach / Anderheiden / Quante, Ethik der Organtransplantation, Erlangen 2000, 111 ff.

953 British Transplantation Society and the Renal Association, United Kingdom guidelines for living donor kidney transplantation, London 2000, 11.

954 Beauchamp / Childress, Principles of biomedical ethics, New York / Oxford ^{4}1994, 370; British Transplantation Society and the Renal Association, United Kingdom guidelines for living donor kidney transplantation, London 2000, 11; Price, Legal and ethical aspects of organ transplantation, Cambridge 2000, 261.

955 United Network for Organ Sharing 1991 Ethics Committee, Ethics of organ transplantation from living donors, in: Transplantation Proceedings 24 (1992), 2236-2237 (2237). Vgl. zur Betonung der ethischen Dimension der *Handlung* des Arztes Elliott, Doing harm: Living organ donors, clinical research and *The Tenth Man*, in: Journal of Medical Ethics 21 (1995), 91-96 (95).

956 Vgl. zur Ethik der Aufklärung von Lebendorganspendern Ach / Anderheiden / Quante, Ethik der Organtransplantation, Erlangen 2000, 97 ff. und Beauchamp / Childress, Principles of biomedical ethics, New York / Oxford, ^{4}1994, 85 ff.

957 British Transplantation Society and the Renal Association, United Kingdom guidelines for living donor kidney transplantation, London 2000, 11; Spital, The ethics of unconventional living organ donation, in: Clinical Transplantation 5 (1991), 322-326 (324) und ders., When a stranger offers a kidney: ethical issues in living organ donation, in: American Journal of Kidney Diseases 32 (1998), 676-691 (684). Vgl. nunmehr auch Ach / Anderheiden / Quante, Ethik der Organtransplantation, Erlangen 2000, 92 zu der These, dem Autonomieprinzip komme bei der Lebendspende insoweit ein Vorrang zu, als es einer besonderen und ausgewiesenen Begründung bedürfe, wenn einem autonomen Spendewunsch nicht entsprochen werde.

958 Ach / Anderheiden / Quante, Ethik der Organtransplatation, Erlangen 2000, 91 ff.; Childress, Who should decide? Paternalism in health care, New York 1982; Beauchamp / Childress, Principles of biomedical ethics, New York / Oxford, ^{4}1994, 209 ff.; Häyry, The limits of medical paternalism, London 1991; Spital, The ethics of unconventional living organ donation, in: Clinical Transplantation 5 (1991), 322-326; VanDeVeer, Paternalistic interventions. The moral bounds of benevolence, Princeton 1986; Veatch, A theory of medical ethics, New York 1981; ders., Theories of medical ethics: The professional model compared with the societal model, in: Land / Dossetor (Eds.), Organ replacement therapy: Ethics, justice and commerce, Berlin / Heidelberg / New York 1991, 3-9.

959 Veatch, Transplantation Ethics, Washington 2000, 200 ff., 202.

960 Caplan, Commentary: Living dangerously. The morality of using living persons as donors of lobes of liver for transplantation, in: Cambridge Quarterly of Healthcare Ethics 4 (1992), 311-317 (314).

961 Vgl. Elsässer, Die Transplantation lebend gespendeter Organe aus heutiger christlicher Sicht, in: Transplantationsmedizin 12 (2000), 184-188; ders., Ethische Probleme bei der Lebendspende von Organen, in: Zeitschrift für Transplantationsmedizin 5 (1993), 65-69; Gründel, Ethische Probleme bei der Lebendspende von Organen, in: Zeitschrift für Transplantationsmedizin 5 (1993), 70-74 und Schockenhoff, Verkannte Chancen der Lebendspende?, in: Zentralblatt für Chirurgie 124 (1999), 725-728 (727 f.).

962 Schneewind / Ney / Hammerschmidt / Oerter / Pabst / Schultz-Gambard, Veränderungserwartungen und faktische Veränderungen der Lebensgestaltung bei Nierentransplantation: Ein Vergleich zwischen verwandten und nichtverwandten Spender-Empfänger-Paaren, in: Transplantationsmedizin 12 (2000), 164-173; vgl. daneben Reiter-Theil, Altruismus mit ethischen Komplikationen? Erfahrungen aus der Begutachtung vor Lebendnierenspende, in: Zeitschrift für medizinische Ethik 45 (1999), 139-148 (145 f.).

963 Schneewind, in: Schroth / Schneewind / Elsässer / Land / Gutmann, Patientenautonomie am Beispiel der Lebendspende von Nieren (Projekt im Rahmen der Förderinitiative Bioethik der Deutschen Forschungsgemeinschaft, 2001-2003), Antrag vom April 2000, 13.

964 So Bickebölller / Gossman / Kramer / Scheuermann, „Sich in besonderer Verbundenheit offensichtlich nahestehen". Eine Interpretation des Gesetzestexts zur Lebendnierenspende im Sinne personaler Freundschaft, in: Zeitschrift für medizinische Ethik 44 (1998), 325-333 (332). Der Beitrag zeigt überdies die Problematik einer juristisch uninformierten Medizinethik. Als „Interpretation des Gesetzestextes", die er seinem Untertitel nach sein will, ist er unbrauchbar. Die juristische Auslegung eines Gesetzes folgt auch dort, wo sie ethische Prinzipien inkorporiert, gänzlich anderen Wegen als denen, die die Autoren aufzeigen. Auch wurde die Lebendspende von Organen im Transplantationsgesetz deshalb erlaubt, weil ihr Verbot Grundrechte der betroffenen Spender und Empfänger verletzt hätte, und nicht, weil sie „eine ausgezeichnete Ausdrucksweise der Person darstellt und eine Konsequenz ihres Versprechens durch die vorethische Aufforderung angesichts des Anderen ist und so zur Konstitution des Selbst in der Bezeugung beiträgt" (ebenda).

965 Tugendhat, Vorlesungen über Ethik, Frankfurt a. Main 1993, 65 ff.

966 Eibach, Organspende von Lebenden: Auch unter Fremden ein Akt der „Nächstenliebe"?, in: Zeitschrift für medizinische Ethik 45 (1999), 217-231(220 ff., 229).

967 Eibach bezieht sich mit seiner Argumentation im übrigen auf den Text der Verfassungsbeschwerden gegen § 8 Abs. 1 Satz 2 des Transplantationsgesetzes. Er gibt den Inhalt der Beschwerdeschriften in diesen Verfahren jedoch in einer grob entstellenden Weise wieder. Seine Behauptungen, die Beschwerdeführer gingen von einer „utilitaristischen Ethik" aus (ebenda, 218) und propagierten überdies eine „eindeutige moralische (und rechtliche) Verpflichtung [!] zur Lebendspende auch unter Fremden" (ebenda, 228), entbehren jeder Grundlage.

968	Vgl. zu dieser Differenzierung Gutmann, Freiwilligkeit als Rechtsbegriff, München 2001.
969	Die gegenteilige Ansicht bei Esser (Verfassungsrechtliche Aspekte der Lebendspende von Organen, Düsseldorf 2000, 122) resultiert aus einem grundsätzlichen Verkennen dessen, was der Begriff Freiwilligkeit meint.
970	So der Bundesgerichtshof, BGHZ 101, 215 (219).
971	Vgl. Gutmann, Freiwilligkeit als Rechtsbegriff, München 2001, 82 f.; Veacth, Transplantation Ethics, Washington 2000, 191 ff.; daneben New / Solomon / Dingwall / McHale, A question of give and take. Improving the supply of donor organs for transplantation, King's Fund Institute Research Report no. 18, London 1994, 67 und Price, The voluntarism and informedness of living donors, in: Price / Akveld (Eds.), Living organ donation in the nineties: European medico-legal perspectives (EUROTOLD), Leicester 1996, 107-121 (115 ff.).
972	Crouch / Elliott, Moral agency and the family: The case of living related organ transplantation, in: Cambridge Quarterly of Healthcare Ethics 8 (1999), 275-287; Price, Legal and ethical aspects of organ transplantation, Cambridge 2000, 298; Spital, When a stranger offers a kidney: ethical issues in living organ donation, in: American Journal of Kidney Diseases 32 (1998), 676-691 (679); Sells, Voluntarism and coercion in living organ donation, in: Collins / Dubernard / Persijn / Land (Eds.), Procurement and preservation of vascularized organs, Dordrecht 1997, 295-300 (passim); United Network for Organ Sharing 1991 Ethics Committee, Ethics of organ transplantation from living donors, in: Transplantation Proceedings 24 (1992), 2236-2237 (2237).
973	Entgegen Küfner, Rechtsphilosophische Aspekte moderner Medizintechniken am Beispiel der Organtransplantation und der Intensivmedizin (Diss. München), Frankfurt a. Main 1997, 29 f.
974	Vgl. Price, The voluntarism and informedness of living donors, in: Price / Akveld (Eds.), Living organ donation in the nineties: European medico-legal perspectives (EUROTOLD), Leicester 1996, 107-121 (117).
975	Vgl. Simmons / Klein / Simmons, Gift of life: The effect of organ transplantation on individual, familiy and social dynamics, 1987, 164, 245, 255, 260 und hierzu Schneewind, Psychologische Aspekte der Lebendnierenspende, in: Zeitschrift für Transplantationsmedizin 5 (1993), 89-96 (93). Eine empirische Umfrage bei 160 west- und osteuropäischen Spendern und Empfängern, die eine hohe Zahl an *snap-decisions* der Spender bestätigt, findet sich bei EUROTOLD Project Management Group, Questioning attitudes to living donor transplantation. European multicentre study: Transplantation of organs from living donors – ethical and legal dimensions, Leicester 1996, 72 ff, 75.
976	Vgl. Beauchamp / Childress, Principles of biomedical ethics, New York / Oxford, ⁴1994, 370 und Price, The voluntarism and informedness of living donors, in: Price / Akveld (Eds.), Living organ donation in the nineties: European medico-legal perspectives (EUROTOLD), Leicester 1996, 107-121 (112).

977 Die These Hessings (Living donors: Some psychological aspects of informed consent, in: Price / Akveld [Eds.], Living organ donation in the nineties: European medico-legal perspectives [EUROTOLD], Leicester 1996, 99-105 [104]), die spontane Natur mancher Spenderentscheidungen zerstöre die Möglichkeit einer aufgeklärten Einwilligung einer Person in die Lebendorganentnahme, ist deshalb nicht nachvollziehbar.

978 Price weist zudem zu Recht auf die Bedeutung einer in wesentlichen Bereichen frühzeitig genug erfolgenden Aufklärung des Spenders hin, um eine vorschnelle Festlegung zu verhindern, vgl. ders., The voluntarism and informedness of living donors, in: Price / Akveld (Eds.), Living organ donation in the nineties: European medico-legal perspectives (EUROTOLD), Leicester 1996, 107-121 (112).

979 Dworkin, Is more choice better than less?, in: ders., The theory and practice of autonomy, Cambridge 1988, 62-81.

980 Vgl. die Antwort der Bundesregierung auf die Große Anfrage der Abgeordneten Frau Schmidt (Hamburg) und der Fraktion DIE GRÜNEN: Probleme der Transplantationsmedizin I-V, BTDrs. 11/7980 vom 26.9.1990, 38 ff. In diese Richtung scheint auch Piechowiak, Lebendspende von Organen nur als ultima ratio akzeptabel, in: Fortschritte der Medizin 114 (1996), 305(41)-306(42), argumentieren zu wollen.

981 Schneewind / Ney / Hammerschmidt / Oerter / Pabst / Schultz-Gambard, Veränderungserwartungen und faktische Veränderungen der Lebensgestaltung bei Nierentransplantation: Ein Vergleich zwischen verwandten und nichtverwandten Spender-Empfänger-Paaren, in: Transplantationsmedizin 12 (2000), 164-173 (168).

982 Dies tut Elliott, Doing harm: Living organ donors, clinical research and *The Tenth Man*, in: Journal of Medical Ethics 21 (1995), 91-96.

983 Gutmann / Elsässer/ Gründel / Land / Schneewind / Schroth, Living kidney donation: Safety by procedure, in: Terasaki (Ed.), Clinical Transplants 1994, Los Angeles 1995, 356-357; Caplan, Commentary: Living dangerously. The morality of using living persons as donors of lobes of liver for transplantation, in: Cambridge Quarterly of Healthcare Ethics 4 (1992), 311-317 (315); Price, Legal and ethical aspects of organ transplantation, Cambridge 2000, 302 f.

984 British Transplantation Society and the Renal Association, United Kingdom guidelines for living donor kidney transplantation, London 2000, 23.

985 British Transplantation Society, Towards standards for organ and tissue transplantation in the United Kingdom, Richmond Surrey 1998, sub 2.2.2.

986 Vgl. § 8 Abs. 2 TPG. Die EUROTOLD Project Management Group, Questioning attitudes to living donor transplantation. European multicentre study: Transplantation of organs from living donors – ethical and legal dimensions, Leicester 1996, 143 betont die Bedeutung der Aufklärung des Spenders gerade auch durch den transplantierenden Arzt,

987 British Transplantation Society and the Renal Association, United Kingdom guidelines for living donor kidney transplantation, London 2000, 24.

988 British Transplantation Society, Towards standards for organ and tissue transplantation in the United Kingdom, Richmond Surrey 1998, sub 2.2.2.

989 Vgl. New / Solomon / Dingwall / McHale, A question of give and take. Improving the supply of donor organs for transplantation, King's Fund Institute Research Report no. 18, London 1994, 67 und Price, The voluntarism and informedness of living donors, in: Price / Akveld (Eds.), Living organ donation in the nineties: European medico-legal perspectives (EUROTOLD), Leicester 1996, 107-121 (108).

990 Vgl. Vollmann, Medizinethische Probleme bei der Lebendspende von Organen, in: Fortschritte der Medizin 114 (1996), 303(39)-305(41), 305(41).

991 Vgl. bereits die Ausführungen des General Medical Council (London), Guidance for doctors on transplantation of organs from live donors vom 22.12.1992, abgedruckt bei Fluss, Trade in Human Organs: National and International Responses, in: Englert (Ed.), Organ and tissue transplantation in the European Union: Management of difficulties and health risks linked to donors, Dordrecht 1995, 74-98 (84 f.), sowie Lamb, Ethical aspects of different types of living organ donation, in: Price / Akveld (Eds.), Living organ donation in the nineties: European medico-legal perspectives (EUROTOLD), Leicester 1996, 43-52 (48 – „separation principle").

992 Council of Europe, Recommendation No R(97)16 of the Committee of Ministers to member states on liver transplantation from living related donors, 30.9.1997, sub iii).

993 National Kidney Foundation / American Society of Transplantation / American Society of Transplant Surgeons / American Society of Nephrology et al., Consensus statement on the live organ donor, in: JAMA 284 (13.12.2000), 2919-2926.

994 National Kidney Foundation / American Society of Transplantation / American Society of Transplant Surgeons / American Society of Nephrology et al., Consensus statement on the live organ donor, in: JAMA 284 (13.12.2000), 2919-2926 (2120 f.).

995 § 8 Abs. 3 TPG; vgl. oben. I.6.

996 Vgl. Beauchamp / Childress, Principles of biomedical ethics, New York / Oxford, ⁴1994, 218 m.w.N. sowie Feinberg, Harm to Self, New York / Oxford 1986.

997 Vgl. in diesem Sinn auch Price, The voluntarism and informedness of living donors, in: Price / Akveld (Eds.), Living organ donation in the nineties: European medico-legal perspectives (EUROTOLD), Leicester 1996, 107-121 (118).

998 Auch das amerikanische „Consensus Statement on the Live Organ Donor" der an der Organtransplantation beteiligten ärztlichen und weiteren Organisationen betont nunmehr die Notwendigkeit einer gründlichen psychologischen Evaluation und Beratung der spendewilligen Person, die im Sinne aktiver Intervention den Entscheidungsprozeß des Spenders fördert, vgl. National Kidney Foundation / American Society of Transplantation / American Society of Transplant Surgeons / American Society of Nephrology et al., Consensus statement on the live organ donor, in: JAMA 284 (13.12.2000), 2919-2926 (2922).

Anmerkungen 223

999 Gutmann / Elsässer / Gründel / Land / Schneewind / Schroth, Living kidney donation: Safety by procedure, in: Terasaki (Ed.), Clinical Transplants 1994, Los Angeles 1995, 356-357; in diesem Sinn für Beratungsverfahren auch Schockenhoff, Verkannte Chancen der Lebendspende?, in: Zentralblatt für Chirurgie 124 (1999), 725-728 (727).

1000 Auch das amerikanische „Consensus Statement on the Live Organ Donor" betont nunmehr die Notwendigkeit eines Einwilligungsverfahrens, das, soweit dies möglich ist, ein zeitliches Moratorium („cooling-off-period") vorsieht, vgl. National Kidney Foundation / American Society of Transplantation / American Society of Transplant Surgeons / American Society of Nephrology et al., Consensus statement on the live organ donor, in: JAMA 284 (13.12.2000), 2919-2926 (2922).

1001 British Transplantation Society, Towards standards for organ and tissue transplantation in the United Kingdom, Richmond Surrey 1998, sub 2.2.2.; ebenso British Transplantation Society and the Renal Association, United Kingdom guidelines for living donor kidney transplantation, London 2000, 23 sowie – im Anschluß an K.A. Schneewind – Price, Legal and ethical aspects of organ transplantation, Cambridge 2000, 306.

1002 Vgl. etwa Beauchamp / Childress, Principles of biomedical ethics, New York / Oxford, ^{4}1994, 307 ff.

1003 National Kidney Foundation / American Society of Transplantation / American Society of Transplant Surgeons / American Society of Nephrology et al., Consensus statement on the live organ donor, in: JAMA 284 (13.12.2000), 2919-2926 (2921).

1004 Hierfür explizit Allen / Lynch / Strong, The living organ donor, in: Chapman / Deierhoi / Wight (Eds.), Organ and tissue donation for transplantation, London 1997, 162-199 (171) und EUROTOLD Project Management Group, Questioning attitudes to living donor transplantation. European multicentre study: Transplantation of organs from living donors – ethical and legal dimensions, Leicester 1996, 144; abwägend Beauchamp / Childress, Principles of biomedical ethics, New York / Oxford, ^{4}1994, 317.

1005 Schroth / Schneewind / Elsässer / Land / Gutmann, Patientenautonomie am Beispiel der Lebendspende von Nieren (Projekt im Rahmen der Förderinitiative Bioethik der Deutschen Forschungsgemeinschaft, 2001-2003).

1006 Vgl. Marcos / Ham / Fisher, Emergency adult-to-adult living donor liver transplantation for fulminant hepatitic failure, in: Transplantation 69 (2000), 2202-2205.

1007 Vgl. auch Blumstein, Commentary: Live-donor liver transplants, in: Cambridge Quarterly of Healthcare Ethics 4 (1992), 307-311 (310); United Network for Organ Sharing 1991 Ethics Committee, Ethics of organ transplantation from living donors, in: Transplantation Proceedings 24 (1992), 2236-2237 (2236) sowie die British Transplantation Society, Towards standards for organ and tissue transplantation in the United Kingdom, Richmond Surrey 1998, sub 5.2.5.

Das Minister-Komitee des Europarats riet noch 1997 von der Durchführung solcher Eil-Leber-Lebendspenden ab, vgl. Council of Europe, Recommendation No R(97)16 of the Committee of Ministers to member states on liver transplantation from living related donors, 30.9.1997, sub i).

1008 British Transplantation Society, Towards standards for organ and tissue transplantation in the United Kingdom, Richmond Surrey 1998, sub 2.2.2.; Eigler, Das Problem der Organspende vom Lebenden, in: Deutsche Medizinische Wochenschrift 1997, 1398-1401 (1401). Für die Leber-Lebendspende fordern dies auch Shapiro / Adams, Ethical issues surrounding adult-to-adult living donor liver transplantation, in: Liver Transplantation 6 (2000), S77-S80.

1009 Thiel, 5 Jahre Schweizer Nierenlebendspende-Register (SNLR 1993-1998), in: Abstracts der 7. Schweizerischen Transplantationstagung, 29./30.01.1999, 33-34; ders., Living kidney donor transplantation – new dimensions, in: Transplantation International 11 Suppl. 1 (1998), S50-S56 (S54 f.).

1010 Vgl. Living Donor Organ Network (LDON), South-Eastern Organ Procurement Foundation (SEOPF), Presseerklärung vom Oktober 2000: Major new initiative will track and protect health status of living kidney donors, http://www.seopf/press.htm; sowie hierzu Shelton, Group will track, insure live organ donors, in: American Medical News, 9.10.2000.

1011 Morris / Cranston, Use of renal transplants from living donors. Surgical techniques should be fully evaluated, in: British Medical Journal 318 (1999), 1553.

1012 § 10 Abs. 2 Nr. 6 TPG.

1013 § 11 Abs. 5 TPG.

1014 Living Donor Organ Network (LDON), South-Eastern Organ Procurement Foundation (SEOPF), Presseerklärung vom Oktober 2000: Major new initiative will track and protect health status of living kidney donors, http://www.seopf/press.htm; sowie hierzu Shelton, Seeking the kindness of strangers with organ transplants, in: American Medical News, 6.11.2000.

1015 British Transplantation Society and the Renal Association, United Kingdom guidelines for living donor kidney transplantation, London 2000, 12; U.S. Task Force on Organ Transplantation, Organ transplantation. Issues and recommendations, Washington 1986; Spital, Unrelated living donors: Should they be used?, in: Transplantation Proceedings 24 (1992): 2215-2217; Thiel, Living unrelated kidney transplantation, in: Collins / Dubernard / Persijn / Land (Eds.), Procurement and preservation of vascularized organs, Dordrecht 1997, 367-374; Elsässer, Ethische Probleme bei der Lebendspende von Organen, in: Zeitschrift für Transplantationsmedizin 5 (1993), 65-69; Gründel, Ethische Probleme bei der Lebendspende von Organen, in: Zeitschrift für Transplantationsmedizin 5 (1993), 70-74; Gutmann, Rechtsphilosophische Aspekte der Lebendspende von Nieren, in: Zeitschrift für Transplantationsmedizin 5 (1993), 75-88; Vollmann, Medizinethische Probleme bei der Lebendspende von Organen, in: Fortschritte der Medizin 114 (1996), 303(39)-305(41); und die Resolution des Münchener Kongresses über „Organ replacement therapy – ethics, justice and commerce" vom Dezember 1990, abgedruckt in: Land / Dossetor (Eds.), Organ replacement therapy: ethics, justice and commerce, 1991, 556 („Live donor kidney transplantation between spouses and other emotionally related persons is ethically acceptable"). Am moralischen Recht von Ärzte, nahestehenden Personen grundsätzlich die Organspende füreinander vorzuenthalten, zweifeln auch Jakobsen / Albrechtsen et al., Allowing relatives to bridge the gap: the Norwegian experience, in: Land / Dossetor (Eds.) Organ replacement therapy: ethics, justice, and commerce, Berlin / Heidelberg / New York 1991, 48-49 (49).

1016 So Menikoff, Organ swapping, in: Hastings Center Report 1999 (Nr. 6), 28-33 und ähnlich Eibach, Organspende von Lebenden: Auch unter Fremden ein Akt der „Nächstenliebe"?, in: Zeitschrift für medizinische Ethik 45 (1999), 217-231 (224). Gegen diese verfehlte Position argumentieren auch: National Kidney Foundation / American Society of Transplantation / American Society of Transplant Surgeons / American Society of Nephrology et al., Consensus statement on the live organ donor, in: JAMA 284 (13.12.2000), 2919-2926 (2923) und Thiel, Möglichkeiten der Cross-over-Lebendspende bei der Nierentransplantation, in: Kirste (Hg.), Nieren-Lebendspende. Rechtsfragen und Versicherungs-Regelungen für Mediziner, Lengerich 2000, 169-179 (172).

1017 Ross / Rubin / Siegler / Josephson / Thistlethwaite / Woodle, Ethics of a paired-kidney-exchange program, in: The New England Journal of Medicine 336 (1997), 1752-1755 (1753).

1018 Vgl. auch Veatch, Transplantation Ethics, Washington 2000, 198 f. Diesbezüglich ist die Position der Bundesregierung abwegig und nicht mehr als ein erkennbares Verlegenheitsargument, wenn sie ausführen läßt: „Die Lebendspende eines nicht regenerierungsfähigen Organs oder Organteils für einen kranken Angehörigen (sei er blutsverwandt oder durch andere besondere persönlicher Verbundenheit nahestehend) kann trotz der dauerhaften Reduktion der gesundheitlichen Beschaffenheit des Spenders deswegen akzeptiert werden, *weil sich der Vorteil für den Spender aus der direkten, engen persönlichen Beziehung zum Empfänger ergibt. Dieser Gesichtspunkt fehlt bei einer ‚Ringtauschlösung',* denn hier besteht in der Regel zwischen dem Spender und dem Empfänger keine direkte, enge persönliche Beziehung, die in Anbetracht der mit einer Spende verbundenen irreversiblen, gesundheitlich relevanten Schädigung des Spenders einen ausreichenden Grund darstellt, um dem Wunsch nach einer Spende nachzugeben" – so die Antwort der Parlamentarischen Staatssekretärin Christa Nickels vom 23. April 1999 auf die parlamentarische Anfrage der Bundestagsabgeordneten Reichard (Dresden, CDU/CSU) in bezug auf die „Verbesserung der Organspende-Möglichkeiten, z.B. durch Genehmigung von Ringtauschlösungen", Deutscher Bundestag, Drucksache 14/868 vom 30.04.1999, Schriftliche Fragen mit den in der Woche vom 26. April 1999 eingegangenen Antworten der Bundesregierung; sub 33, Herv. die Aut.

1019 So Bickeböller / Gossman / Kramer / Scheuermann, „Sich in besonderer Verbundenheit offensichtlich nahestehen". Eine Interpretation des Gesetzestexts zur Lebendnierenspende im Sinne personaler Freundschaft, in: Zeitschrift für medizinische Ethik 44 (1998), 325-333 (332).

1020 Thiel, Living kidney donor transplantation – new dimensions, in: Transplantation International 11 Suppl. 1 (1998), S50-S56 (S53).

1021 Vgl. auch National Kidney Foundation / American Society of Transplantation / American Society of Transplant Surgeons / American Society of Nephrology et al., Consensus statement on the live organ donor, in: JAMA 284 (13.12.2000), 2919-2926 (2923) sowie Thiel, Möglichkeiten der Cross-over-Lebendspende bei der Nierentransplantation, in: Kirste (Hg.), Nieren-Lebendspende. Rechtsfragen und Versicherungs-Regelungen für Mediziner, Lengerich 2000, 169-179 (174).

1022 British Medical Association Medical Ethics Committee, Organ donation in the 21st century: Time for a consolidated approach, 2000, http://web.bma.org.uk/public/.

1023 Vgl. hierzu näher Ross / Woodle, Ethical issues in increasing living kidney donations by expanding kidney paired exchange programs, in: Transplantation 69 (2000), 1539-1543.

1024 Vgl. Ross / Rubin / Siegler / Josephson / Thistlethwaite / Woodle, Ethics of a paired-kidney-exchange program, in: The New England Journal of Medicine 336 (1997), 1752-1755 (1753).

1025 British Medical Association Medical Ethics Committee, Organ donation in the 21st century: Time for a consolidated approach, 2000, http://web.bma.org.uk/public/.

1026 Sells, Paired kidney-exchange programs (Correspondence), in: The New England Journal of Medicine 337 (1997), 1392 f.

1027 National Kidney Foundation / American Society of Transplantation / American Society of Transplant Surgeons / American Society of Nephrology et al., Consensus statement on the live organ donor, in: JAMA 284 (13.12.2000), 2919-2926 (2923). Das Consensus Statement optiert für Simultanoperationen. Ebenso Thiel, Möglichkeiten der Cross-over-Lebendspende bei der Nierentransplantation, in: Kirste (Hg.), Nieren-Lebendspende. Rechtsfragen und Versicherungs-Regelungen für Mediziner, Lengerich 2000, 169-179 (175).

1028 Thiel, Living kidney donor transplantation – new dimensions, in: Transplantation International 11 Suppl. 1 (1998), S50-S56 (S53).

1029 Vgl. zu diesem Modell Ross / Woodle, Ethical issues in increasing living kidney donations by expanding kidney paired exchange programs, in: Transplantation 69 (2000), 1539-1543 und Thiel, Möglichkeiten der Cross-over-Lebendspende bei der Nierentransplantation, in: Kirste (Hg.), Nieren-Lebendspende. Rechtsfragen und Versicherungs-Regelungen für Mediziner, Lengerich 2000, 169-179 (172).

1030 Thiel, Möglichkeiten der Cross-over-Lebendspende bei der Nierentransplantation, in: Kirste (Hg.), Nieren-Lebendspende. Rechtsfragen und Versicherungs-Regelungen für Mediziner, Lengerich 2000, 169-179 (179).

1031 Vgl. hierzu näher National Kidney Foundation / American Society of Transplantation / American Society of Transplant Surgeons / American Society of Nephrology et al., Consensus statement on the live organ donor, in: JAMA 284 (13.12.2000), 2919-2926 (2923 f.) sowie Ross / Woodle, Ethical issues in increasing living kidney donations by expanding kidney paired exchange programs, in: Transplantation 69 (2000), 1539-1543 (1542). Skeptisch in diesem Sinn sind auch Thiel / Vogelbach et al., Crossover renal transplantation: hurdles to be cleared, Manuskript 2000, 7.

1032 Vgl. vor allem § 12 Abs. 3 TPG. Vgl. hierzu Gutmann / Fateh-Moghadam, Rechtsfragen der Organverteilung. Das Transplantationsgesetz, die „Richtlinien" der Bundesärztekammer und die Empfehlungen der Deutschen Gesellschaft für Medizinrecht, in: Oduncu / Schroth / Vossenkuhl (Hg.), Organtransplantation – Organgewinnung, Verteilung und Perspektiven, 2001, i.E.

1033 Das amerikanische *Consensus Statement* schlägt insoweit die Durchführung einer Pilotstudie zu komplizierteren Ringtauschlösungen unter Einbeziehung altruistischer Fremdspender vor, vgl. National Kidney Foundation / American Society of Transplantation / American Society of Transplant Surgeons / American Society of Nephrology et al., Consensus statement on the live organ donor, in: JAMA 284 (13.12.2000), 2919-2926 (2923 f.). Für die ethische Akzeptabilität, ja Wünschbarkeit solcher Modelle spricht sich sehr nachdrücklich auch Thiel aus, in: ders., Möglichkeiten der Cross-over-Lebendspende bei der Nierentransplantation, in: Kirste (Hg.), Nieren-Lebendspende. Rechtsfragen und Versicherungs-Regelungen für Mediziner, Lengerich 2000, 169-179 (172).

1034 Veatch, Transplantation Ethics, Washington 2000, 200.

1035 Vgl. Thiel, Möglichkeiten der Cross-over-Lebendspende bei der Nierentransplantation, in: Kirste (Hg.), Nieren-Lebendspende. Rechtsfragen und Versicherungs-Regelungen für Mediziner, Lengerich 2000, 169-179 (172).

1036 Vgl. aus der Fülle der Berichte Daar / Jakobsen / Land / Gutmann / Schneewind / Tahya, Living-donor renal transplantation: Evidence-based justification for an ethical option, in: Transplantation Reviews 11 (1997), 95-109 (98 f.); Steinkohl, „Spender Jochem Hoyer will Angst abbauen", in: Süddeutsche Zeitung v. 27./28.7.1996, 41 und Schuh, „Teile und heile. Ein Arzt spendet einem Fremden seine Niere", in: DIE ZEIT Nr. 32 v. 2.8.1996, 36.

1037 Bundesverfassungsgericht, Beschluß zur Organentnahme bei lebenden Personen vom 11.8. 1999 (1 BvR 2181-83/98), NJW 1999, 3399-3404; vgl. oben, I.2.7.

1038 Hou, Expanding the kidney donor pool: Ethical and medical considerations, in: Kidney International 58 (2000), 1820-1836 (1824); Matas / Garvey / Jacobs / Kahn, Nondirected donation of kidneys from living donors, in: The New England Journal of Medicine 343 (2000), 433-436 (436).

1039 Matas / Garvey / Jacobs / Kahn, Nondirected donation of kidneys from living donors, in: The New England Journal of Medicine 343 (2000), 433-436; vgl. hierzu Levinsky, Organ donation by unrelated donors (Editorial), in: The New England Journal of Medicine 343 (2000), 430-432 sowie Shelton, Seeking the kindness of strangers with organ transplants, in: American Medical News, 6.11.2000.

1040 Vgl. Ignatieff, The Needs of Strangers, New York 1984; dt. Wovon lebt der Mensch? Was es heißt, auf menschliche Weise in Gesellschaft zu leben, Berlin 1993, insbes. 9 f.

1041 Kim / Kim, Organ donation-third-party donation: expanding the donor pool, in: Transplantation Proceedings 32 (2000), 1489-1491 (1490 f.).

1042 Matas / Garvey / Jacobs / Kahn, Nondirected donation of kidneys from living donors, in: The New England Journal of Medicine 343 (2000), 433-436; United Network for Organ Sharing 1991 Ethics Committee, Ethics of organ transplantation from living donors, in: Transplantation Proceedings 24 (1992), 2236-2237 (2237); Hoyer, Die altruistische Lebendspende, in: Nieren- und Hochdruckkrankheiten 27 (1998), 193-198 und Hou, Expanding the kidney donor pool: Ethical and medical considerations, in: Kidney International 58 (2000), 1820-1836 (1824, 1831).

1043 National Kidney Foundation / American Society of Transplantation / American Society of Transplant Surgeons / American Society of Nephrology et al., Consensus statement on the live organ donor, in: JAMA 284 (13.12.2000), 2919-2926 (2924).

1044 Vgl. British Transplantation Society and the Renal Association, United Kingdom guidelines for living donor kidney transplantation, London 2000, 12 und Hou, Expanding the kidney donor pool: Ethical and medical considerations, in: Kidney International 58 (2000), 1820-1836 (1824).

1045 Hoyer, Die altruistische Lebendspende, in: Nieren- und Hochdruckkrankheiten 27 (1998), 193-198 (197); Spital, Unrelated living donors: Should they be used?, in: Transplantation Proceedings 24 (1992): 2215-2217 (2216); vgl. auch Matas / Garvey / Jacobs / Kahn, Nondirected donation of kidneys from living donors, in: The New England Journal of Medicine 343 (2000), 433-436.

1046 Vgl. auch Spital, When a stranger offers a kidney: ethical issues in living organ donation, in: American Journal of Kidney Diseases 32 (1998), 676-691 (683 f.).

1047 Vgl. zu diesem Vorschlag United Network for Organ Sharing 1991 Ethics Committee, Ethics of organ transplantation from living donors, in: Transplantation Proceedings 24 (1992), 2236-2237 (2237) sowie für Deutschland Gutmann, Probleme einer gesetzlichen Regelung der Lebendspende von Organen, in: Medizinrecht 1997, 147-155 (150) und Hoyer, Die altruistische Lebendspende, in: Nieren- und Hochdruckkrankheiten 27 (1998), 193-198 (198). Vgl. hierzu nunmehr, auch zur Notwendigkeit der Aufklärung des Empfängers über den Umstand, daß er ein lebend gespendetes Organ erhalten soll, und zur Notwendigkeit einer entsprechenden Einwilligung, National Kidney Foundation / American Society of Transplantation / American Society of Transplant Surgeons / American Society of Nephrology et al., Consensus statement on the live organ donor, in: JAMA 284 (13.12.2000), 2919-2926 (2924).

1048 Vgl. zur moralischen Bedeutung dieser Unterscheidung O'Neill, Distant strangers, moral standing, and porous boundaries, in: dies., Bounds of justice, Cambridge 2000, 186-202.

1049 Matas / Garvey / Jacobs / Kahn, Nondirected donation of kidneys from living donors, in: The New England Journal of Medicine 343 (2000), 433-436 (436).

1050 Art. 22 Satz 1 Buchstabe b des Schweizer Entwurfs vom Dezember 1999 erstreckt den Geltungsbereich der Regeln für die Organzuteilung auf Organe „lebender Spenderinnen und Spender, die keine empfangende Person bezeichnet haben." Vgl. nunmehr § 15 Abs. 1 des Entwurfs vom September 2001.

Anhang A: Verzeichnis der zitierten Gesetze und Verordnungen

1. Deutschland

1.1. Bundesebene

Gesetz über die Spende, Entnahme und Übertragung von Organen (Transplantationsgesetz – TPG) vom 5.11.1997, BGBl. 1997 I, 2631

Hauptmaterialien:

Entwurf und Begründung eines Gesetzes über die Spende, Entnahme und Übertragung von Organen (Transplantationsgesetz – TPG), Bundestags-Drucksache 13/4355 v. 16.04.1996

Beschlußempfehlung und Bericht des Ausschusses für Gesundheit (14. Ausschuß), u.a. zu dem Gesetzentwurf der Fraktionen der CDU/ CSU, SPD und F.D.P. [Drucksache 13/4355] Entwurf eines Gesetzes über die Spende, Entnahme und Übertragung von Organen (Transplantationsgesetz - TPG), Bundestags-Drucksache 13/8017 v. 23.06.1997

1.2. Ausführungsvorschriften der Bundesländer

Baden-Württemberg, Gesetz zur Änderung des Kammergesetzes vom 24.11.1999, BWGBl. 1999 Nr. 19, 453-457

Bayern, Gesetz zur Ausführung des Transplantationsgesetzes und des Transfusionsgesetzes (AGTTG), BayGVoBl. 1999, 25, 463-466 sowie hierzu: Gesetzentwurf der Bayerischen Staatsregierung zur Ausführung des Transplantationsgesetzes und des Transfusionsgesetzes vom 5.7.1999, Bayerischer Landtag, Drucksache 14/1450

Berlin, Achtes Gesetz zur Änderung des Berliner Kammergesetzes vom 5.10.1999, GVoBl. für Berlin 55 Nr. 42, 537-539

Brandenburg, Verordnung zur Ausführung des Transplantationsgesetzes (TPGAV) vom 9.12.1999, GVBL. II./00, 24

Bremen, Heilberufsgesetz in der Neufassung vom 5.1.2000, § 11b, Gesetzblatt der

Freien Hansestadt Bremen Nr. 3 v. 28.1.2000, 9

Hamburg, Fünftes Gesetz zur Änderung des Hamburgischen Ärztegesetzes vom 21.12.1999, Hamburgisches GVBl. 1999, 338 ff. v. 27.12. 1999

Hessen, Gesetz zur Ausführung des Transplantationsgesetzes (HAGTPG) vom 29.11.2000, GVBl. I, 514

Mecklenburg-Vorpommern, Gesetz zur Ausführung des Transplantationsgesetzes (Transplantationsausführungsgesetz – TPGAG M-V) vom 24.11.2000, GS Meckl.- Vorp. Gl. Nr. 212-7, GVOBL. M.-V. vom 29.11.2000, 541

Niedersachsen, Kammergesetz für die Heilberufe in der Fassung vom 16. 12.1999, MFAS 405, 1-21

Nordrhein-Westfalen, Gesetz zur Ausführung des Transplantationsgesetzes in der Fassung vom 16.12.1999, GV-NRW 1999 Nr. 45 vom 19. 11.1999, 599

Rheinland- Pfalz, Landesgesetz zur Ausführung des Transplantationsgesetzes (AGTPG), vom 30.11.1999, GVoBl. für das Land Rheinland-Pfalz vom 10.12.1999, 424 f.

Saarland, Ausführungsgesetz zum Transplantationsgesetz (AGTPG), vom 26.1.2000 (Gesetz Nr. 1443), Amtsblatt des Saarlandes vom 2.6. 2000, 886

Sachsen, Verordnung des Sächsischen Staatsministeriums für Soziales, Gesundheit, Jugend und Familie zur Errichtung einer Kommission bei einer Lebendspende

(KommTPGVO) vom 14.12.1999, Sächs.GVBl. 2000 vom 21.1.2000, Bl. Nr. 1, 8, i.V.m. § 5 Abs. 2 des Sächsischen Heilberufekammergesetzes vom 24.5.1994 in der Fassung vom 10.12.1998

Sachsen-Anhalt, Entwurf eines Gesetzes zur Änderung des Gesundheitsdienstgesetzes – GDG LSA – vom 22.12.1999, Landtag von Sachsen-Anhalt, Drucksache 3/2512, in Verbindung mit internem Verwaltungserlaß

Schleswig-Holstein, Landesverordnung zur Bestimmung der Zuständigkeiten nach dem Transplantationsgesetz vom 2.12.1999 (GS Schl.-H. II, Gl.Nr. 200-0-302), GVoBl. Schl.-H. 2000 Nr. 1, 4

Thüringen, Entwurf eines Novellierungsgesetzes zum Heilberufegesetz, §§ 17h – 17j

2. Gesetze und Verordnungen der europäischen Staaten

Die im folgenden genannten Gesetze und Verordnungen werden, soweit nicht die Originalveröffentlichungen verwendet werden konnten, nach ihrer Publikation durch die Weltgesundheitsorganisation (WHO) in Genf, insbesondere im „International Digest for Health Legislation", zitiert.

Belgien:

Gesetz Nr. 32 vom 13. Juni 1986 über die Entnahme und Transplantation von Organen, Moniteur Belge v. 14.2.1987, 2129-2132

Verordnung vom 20.10.1986, Moniteur Belge v. 14.2.1987, 2139-2140

Code civil, livre Ier

Dänemark:

Gesetz Nr. 402 vom 13. Juni 1990 (Lovtidende, 1990, 14.6.1990, Nr. 63. 1331-1334)

ergänzt durch das Gesetz Nr. 259 vom 12. April 2000 (Lovitende, 2000, Part A. 13.4.2000, Nr. 52, 259)

Finnland:

Gesetz Nr. 355 vom 26.April 1985 über die Entnahme menschlicher Organe und Gewebe für medizinische Zwecke (Finlands Författningssamling, 6.5.1985, Nos. 355-358, 741-743);

ergänzt durch das Gesetz Nr. 780 vom 25.8.1994 (Finlands Författningssamling, 31.8.1994, Nos. 780-788, 2383)

Verordnung Nr. 724 vom 23. August 1985 (Finlands Författningssamling, 30.8.1985, Nos. 719-732, 1350-1351)

Frankreich:

Gesetz Nr. 94-654 vom 29.7.1994 (Loi n° 94-654 du 29 juillet 1994 relative au don et à l'utilisation des èlements et produits du corps humain; à l'assistance médicale à la procréation et au diagnostic prénatal, Journal Officiel de la République française, Lois et Décrets, du 30 juillet 1994).

Gesetz Nr. 94-653 vom 29.7.1994 (Loi n° 94-654 du 29 juillet 1994 relative au respect du corps humain, Journal Officiel du 30 juillet 1994).

Dekret 96/375 vom 29.4.1996 (Journal Officiel de la République française, Lois et Décrets, du 5 mai 1996, Nr. 106, 6799-6800)

Griechenland:

Gesetz Nr. 1383 vom 2. August 1983 über die Entnahme und Transplantation menschlicher Organe und Gewebe (Ephêmeris tês Kybernêseôs tês Hellênikês Dêmokratias, Part I, 5. 8. 1983, Nr. 106, 1917-1920)

Großbritannien:

Gesetz betreffend die Transplantation menschlicher Organe vom 27.7.1989 (Human Organ Transplants Act 1989)

Human Organ Transplants (Unrelated Persons) Regulations 1989 (Statutory Instrument 1989 No. 2480)

Human Organ Transplants (Establishment of Relationship) Regulations 1989 (Statutory Instrument 1989 No. 2107)

Human Organ Transplants (Establishment of Relationship) Regulations 1998 (Statutory Instrument 1998 No. 1428)

Italien:

Gesetz Nr. 458 über die Nierentransplantation zwischen lebenden Personen vom 26. Juni 1967 (G.U. del 27.6.1967, n. 160)

Gesetz Nr. 482 über die Transplantation von Leberteilen vom 16. Dezember 1999 (G.U. del 20.12.1999, n. 297)

Art. 5 des Bürgerlichen Gesetzbuchs

Luxemburg:

Gesetz über die Entnahme von Substanzen menschlichen Ursprungs vom 25. November 1982

Niederlande:

Gesetz über die Organspende vom 24. Mai 1996 (Staatsblad van het Koninkrijk der Nederlanden, 1996, 11 ff.)

Norwegen:

Gesetz Nr. 6 vom 9. Februar 1973 über Transplantation etc. (Norsk Lovtidend, Part 1, 5.3.1973, Nr. 5, 196-199)

Änderungsgesetz vom 12.6.1987

Österreich:

Novelle des Krankenanstaltengesetzes vom 1. Juni 1982, §§ 62a-62c B-KAG, BGBL Nr. 273/1982

Polen:

Gesetz vom 26. Oktober 1995 über die Entnahme und Transplantation von Zellen, Geweben und Organen (Rzeczypospolitej Polskiej, 6.12. 1996, Nr. 138, 2008-3012, Text Nr. 682)

Portugal:

Gesetz Nr. 12 vom 22. April 1993 über die Entnahme und Transplantation menschlicher Organe und Gewebe (Diário da República, Part I A, 22.4.1993, Nr. 94, 1961-1963)

Rumänien:

Gesetz über die Volksgesundheit vom Juli 1978, Art. 129-137

Gesetz über die Gewinnung und Transplantation menschlicher Organe von 1996

Russische Föderation:

Gesetz vom 22. Dezember 1992 über die Transplantation von menschlichen Organen und/oder Geweben

Schweden:

Gesetz Nr. 831 vom 8. Juni 1995 über Transplantation, etc. (Svensk författningssssamling, 22.6.1995, 4)

Schweiz:

Entwurf eines Bundesgesetzes über die Transplantation von Organen, Geweben und Zellen vom 12.09.2001

Schweizerischer Bundesrat, Botschaft zum Bundesgesetz über die Transplantation von Organen, Geweben und Zellen vom 12.09.2001

Entwurf eines Bundesgesetzes über die Transplantation von Organen, Geweben und Zellen; nebst erläuterndem Bericht des Eidgenössischen Departements des Inneren, Dezember 1999

Artikel 24^{decies} der Bundesverfassung (Bundesgesetzblatt, 20.4.1999, Nr. 15, 1341)

Eidgenössisches Departement des Innern, Bericht über die Ergebnisse des Vernehmlassungsverfahrens zum Vorentwurf eines Transplantationsgesetzes, November 2000

Slowakei:

Gesetz des Nationalrates der Slowakischen Republik vom 24. August 1994 über die gesundheitliche Fürsorge (Zákon Národnej Rady Slovenskej Republiky z 24. augusta 1994 o zdravotnej starostlivostli; Zbierka zákonov c. 277/1994, Ciastka 77, 1350 ff.), §§ 45 bis 48; in deutscher Arbeitsübersetzung durch das Generalkonsulat der Slowakischen Republik, München, sowie in englischer Arbeitsübersetzung durch die Botschaft der Slowakischen Republik, Berlin

Slowenien:

Gesetz über die Entnahme und Transplantation menschlicher Körperteile zum Zwecke medizinischer Behandlung (Zakon o odvzemu in presaditvi delov cloveškega telesa zaradi zdravljenja – ZOPDCT, Nr. 501 – 7/98 – 1/3) vom 27.1.2000, in Kraft seit 12.3.2000; in englischer Arbeitsübersetzung der Botschaft der Republik Slowenien in Berlin

Spanien:

Gesetz Nr. 30 vom 27. Oktober 1979 über die Entnahme und Transplantation von Organen (Boletín Oficial del Estado, Gaceta de Madrid, 6.11.1979, Nr. 266, Serial Nr. 26445, 25742-25743)

Königliches Dekret Nr. 2070 über die Entnahme und klinische Verwendung von menschlichen Organen und die räumliche Koordination bei Spende und Transplantation von Organen und Geweben vom 30. Dezember 1999 (Boletín Oficial del Estado, 4.1.2000. Nr. 3, 179-190)

Türkei:

Gesetz Nr. 2238 vom 29.5.1979 über die Entnahme, Aufbewahrung, Transfer und Transplantation von Organen und Geweben (T.C. Resmî Gazete, 3.6.1979, Nr. 16655, 1-4)

Ungarn:

Verordnung Nr. 18 vom 4. November 1972 (Magyar Közlöny, 4.11.1972, Nr. 87, 862-866)

Zypern:

Gesetz Nr. 97 über die Entnahme und Transplantation biologischer Materialien menschlichen Ursprungs von 1987 (Episemi Ephimerida tes Kypriakes Demokratias, 22.5.1987, Nr. 2230, Supplement Nr. 1, 921-926)

3. Dokumente des Europarats und der Europäischen Union

3.1. Europarat

Council of Europe, Convention for the Protection of Human Rights and Dignity of the Human Being with Regard to the Application of Biology and Medicine (Convention on Human Rights and Biomedicine) vom 4.4.1997, European Treaty Series No. 164

Secretary General of the Council of Europe, Explanatory Report to the Convention on Human Rights and Biomedicine, 17.12.1996

Council of Europe, Steering Committee on Bioethics (CDBI), Draft additional Protocol to the Convention of Human Rights and Biomedicine, on Transplantation of Organs and Tissues of Human Origin, in der von dem CDBI am 5.-8. Juni 2000 verabschiedeten Fassung, Strasbourg 2000; abrufbar auch unter http://www.social. coe.int/en/qoflife/publi/steercom.htm

sowie die Entwurfsfassung des Zusatzprotokolls mit Stand vom 6.1.1999 (Council of Europe, Committee of Ministers, Steering Committee on Bioethics, Draft Additional Protocol to the Convention for the Protection of Human Rights and Dignity with regard to the Application of Biology and Medicine, on Transplantation of Human Organs and Tissues of Human Origin, Dokument CM [98]212 Addendum I)

Council of Europe, Conference of European Health Ministers 1987 (Paris 16.-17. Nov.), Organ transplantation, Current legislation in Council of Europe member states and Finland and results of European co-operation, Strasbourg: Council of Europe, 1987

Council of Europe, Recommendation No R(97)16 of the Committee of Ministers to member states on liver transplantation from living related donors, 30.9.1997; abrufbar auch unter http://www.social.coe.int/en/qoflife/recomm/R(97)16.htm

Council of Europe, Meeting the organ shortage. Current status and strategies for improvement of organ donation, Strasbourg 1999; abrufbar auch unter http://www.social.coe.int/en/qoflife/publi/donation.htm

Council of Europe, Resolution 78 (29) on harmonisation of legislations of member states relating to removal, grafting and transplantation of human substances, 1978

3.2. Europäische Union

Vertrag zur Gründung der Europäischen Gemeinschaft (EG-V) in der Fassung des Vertrags von Amsterdam vom 2.10.1997

Europäisches Parlament, Resolution on Prohibiting Trade in Transplant Organs vom 14.9.1993, in: S.S. Fluss, Trade in Human Organs: National and International Responses, in: Englert (Ed.), Organ and tissue transplantation in the European Union: Management of difficulties and health risks linked to donors, Dordrecht 1995, 74-98, Annex 4

Anhang B:

Gesetz über die Spende, Entnahme und Übertragung von Organen (Transplantationsgesetz – TPG)
vom 5. November 1997 (BGBl. I, S. 2631)

Der Bundestag hat mit Zustimmung des Bundesrates das folgende Gesetz beschlossen:

Erster Abschnitt

Allgemeine Vorschriften

§ 1

Anwendungsbereich

(1) Dieses Gesetz gilt für die Spende und die Entnahme von menschlichen Organen, Organteilen oder Geweben (Organe) zum Zwecke der Übertragung auf andere Menschen sowie für die Übertragung der Organe einschließlich der Vorbereitung dieser Maßnahmen. Es gilt ferner für das Verbot des Handels mit menschlichen Organen.

(2) Dieses Gesetz gilt nicht für Blut und Knochenmark sowie embryonale und fetale Organe und Gewebe.

§ 2

Aufklärung der Bevölkerung, Erklärung zur Organspende, Organspenderegister, Organspendeausweise

(1) Die nach Landesrecht zuständigen Stellen, die Bundesbehörden im Rahmen ihrer Zuständigkeit, insbesondere die Bundeszentrale für gesundheitliche Aufklärung, sowie die Krankenkassen sollen auf der Grundlage dieses Gesetzes die Bevölkerung über die Möglichkeiten der Organspende, die Voraussetzungen der Organentnahme und die Bedeutung der Organübertragung aufklären. Sie sollen auch Ausweise für die Erklärung zur Organspende (Organspendeausweise) zusammen mit geeigneten Aufklärungsunterlagen bereithalten. Die Krankenkassen und die privaten Krankenversicherungsunternehmen stellen diese Unterlagen in regelmäßigen Abständen ihren Versicherten, die das sechzehnte Lebensjahr vollendet haben, zur Verfügung mit der Bitte, eine Erklärung zur Organspende abzugeben.

(2) Wer eine Erklärung zur Organspende abgibt, kann in eine Organentnahme nach § 3 einwilligen, ihr widersprechen oder die Entscheidung einer namentlich benannten Person seines Vertrauens übertragen (Erklärung zur Organspende). Die Erklärung kann auf bestimmte Organe beschränkt werden. Die Einwilligung und die Übertragung der Entscheidung können vom vollendeten sechzehnten, der Widerspruch kann vom vollendeten vierzehnten Lebensjahr an erklärt werden.

(3) Das Bundesministerium für Gesundheit kann durch Rechtsverordnung mit Zustimmung des Bundesrates einer Stelle die Aufgabe übertragen, die Erklärungen zur Organspende auf Wunsch der Erklärenden zu speichern und darüber berechtigten Personen Auskunft zu erteilen (Organspenderegister). Die gespeicherten personenbezogenen Daten dürfen nur zum Zwecke der Feststellung verwendet werden, ob bei demjenigen, der die Erklärung abgegeben hatte, eine Organentnahme nach § 3 oder § 4 zulässig ist. Die Rechtsverordnung regelt ins-

besondere

1. die für die Entgegennahme einer Erklärung zur Organspende oder für deren Änderung zuständigen öffentlichen Stellen (Anlaufstellen), die Verwendung eines Vordrucks, die Art der darauf anzugebenden Daten und die Prüfung der Identität des Erklärenden,

2. die Übermittlung der Erklärung durch die Anlaufstellen an das Organspenderegister sowie die Speicherung der Erklärung und der darin enthaltenen Daten bei den Anlaufstellen und dem Register,

3. die Aufzeichnung aller Abrufe im automatisierten Verfahren nach § 10 des Bundesdatenschutzgesetzes sowie der sonstigen Auskünfte aus dem Organspenderegister zum Zwecke der Prüfung der Zulässigkeit der Anfragen und Auskünfte,

4. die Speicherung der Personendaten der nach Absatz 4 Satz 1 auskunftsberechtigten Ärzte bei dem Register sowie die Vergabe, Speicherung und Zusammensetzung der Codenummern für ihre Auskunftsberechtigung,

5. die Löschung der gespeicherten Daten und

6. die Finanzierung des Organspenderegisters.

(4) Die Auskunft aus dem Organspenderegister darf ausschließlich an den Erklärenden sowie an einen von einem Krankenhaus dem Register als auskunftsberechtigt benannten Arzt erteilt werden, der weder an der Entnahme noch an der Übertragung der Organe des möglichen Organspenders beteiligt ist und auch nicht Weisungen eines Arztes untersteht, der an diesen Maßnahmen beteiligt ist. Die Anfrage darf erst nach der Feststellung des Todes gemäß § 3 Abs. 1 Nr. 2 erfolgen. Die Auskunft darf nur an den Arzt weitergegeben werden, der die Organentnahme vornehmen soll, und an die Person, die nach § 3 Abs. 3 Satz 1 über die beabsichtigte oder nach § 4 über eine in Frage kommende Organentnahme zu unterrichten ist.

(5) Das Bundesministerium für Gesundheit kann durch allgemeine Verwaltungsvorschrift mit Zustimmung des Bundesrates ein Muster für einen Organspendeausweis festlegen und im Bundesanzeiger bekanntmachen.

Zweiter Abschnitt

Organentnahme bei toten Organspendern

§ 3

Organentnahme mit Einwilligung des Organspenders

(1) Die Entnahme von Organen ist, soweit in § 4 nichts Abweichendes bestimmt ist, nur zulässig, wenn

1. der Organspender in die Entnahme eingewilligt hatte,

2. der Tod des Organspenders nach Regeln, die dem Stand der Erkenntnisse der medizinischen Wissenschaft entsprechen, festgestellt ist und

3. der Eingriff durch einen Arzt vorgenommen wird.

(2) Die Entnahme von Organen ist unzulässig, wenn

1. die Person, deren Tod festgestellt ist, der Organentnahme widersprochen hatte,

2. nicht vor der Entnahme bei dem Organspender der endgültige, nicht behebbare Ausfall der Gesamtfunktion des Großhirns, des Kleinhirns und des Hirnstamms nach Verfahrensregeln, die dem Stand der Erkenntnisse der medizinischen Wis-

senschaft entsprechen, festgestellt ist.

(3) Der Arzt hat den nächsten Angehörigen des Organspenders über die beabsichtigte Organentnahme zu unterrichten. Er hat Ablauf und Umfang der Organentnahme aufzuzeichnen. Der nächste Angehörige hat das Recht auf Einsichtnahme. Er kann eine Person seines Vertrauens hinzuziehen.

§ 4
Organentnahme mit Zustimmung anderer Personen

(1) Liegt dem Arzt, der die Organentnahme vornehmen soll, weder eine schriftliche Einwilligung noch ein schriftlicher Widerspruch des möglichen Organspenders vor, ist dessen nächster Angehöriger zu befragen, ob ihm von diesem eine Erklärung zur Organspende bekannt ist. Ist auch dem Angehörigen eine solche Erklärung nicht bekannt, so ist die Entnahme unter den Voraussetzungen des § 3 Abs. 1 Nr. 2 und 3 und Abs. 2 nur zulässig, wenn ein Arzt den Angehörigen über eine in Frage kommende Organentnahme unterrichtet und dieser ihr zugestimmt hat. Der Angehörige hat bei seiner Entscheidung einen mutmaßlichen Willen des möglichen Organspenders zu beachten. Der Arzt hat den Angehörigen hierauf hinzuweisen. Der Angehörige kann mit dem Arzt vereinbaren, daß er seine Erklärung innerhalb einer bestimmten, vereinbarten Frist widerrufen kann.

(2) Nächste Angehörige im Sinne dieses Gesetzes sind in der Rangfolge ihrer Aufzählung

1. Ehegatte,
2. volljährige Kinder,
3. Eltern oder, sofern der mögliche Organspender zur Todeszeit minderjährig war und die Sorge für seine Person zu dieser Zeit nur einem Elternteil, einem Vor mund oder einem Pfleger zustand, dieser Sorgeinhaber,
4. volljährige Geschwister,
5. Großeltern.

Der nächste Angehörige ist nur dann zu einer Entscheidung nach Absatz 1 befugt, wenn er in den letzten zwei Jahren vor dem Tod des möglichen Organspenders zu diesem persönlichen Kontakt hatte. Der Arzt hat dies durch Befragung des Angehörigen festzustellen. Bei mehreren gleichrangigen Angehörigen genügt es, wenn einer von ihnen nach Absatz 1 beteiligt wird und eine Entscheidung trifft; es ist jedoch der Widerspruch eines jeden von ihnen beachtlich. Ist ein vorrangiger Angehöriger innerhalb angemessener Zeit nicht erreichbar, genügt die Beteiligung und Entscheidung des nächsterreichbaren nachrangigen Angehörigen. Dem nächsten Angehörigen steht eine volljährige Person gleich, die dem möglichen Organspender bis zu seinem Tode in besonderer Verbundenheit offenkundig nahegestanden hat; sie tritt neben den nächsten Angehörigen.

(3) Hatte der mögliche Organspender die Entscheidung über eine Organentnahme einer bestimmten Person übertragen, tritt diese an die Stelle des nächsten Angehörigen.

(4) Der Arzt hat Ablauf, Inhalt und Ergebnis der Beteiligung der Angehörigen sowie der Personen nach Absatz 2 Satz 6 und Absatz 3 aufzuzeichnen. Die Personen nach den Absätzen 2 und 3 haben das Recht auf Einsichtnahme. Eine Vereinbarung nach Absatz 1 Satz 5 bedarf der Schriftform.

§ 5
Nachweisverfahren

(1) Die Feststellungen nach § 3 Abs. 1 Nr. 2 und Abs. 2 Nr. 2 sind jeweils

durch zwei dafür qualifizierte Ärzte zu treffen, die den Organspender unabhängig voneinander untersucht haben. Abweichend von Satz 1 genügt zur Feststellung nach § 3 Abs. 1 Nr. 2 die Untersuchung und Feststellung durch einen Arzt, wenn der endgültige, nicht behebbare Stillstand von Herz und Kreislauf eingetreten ist und seitdem mehr als drei Stunden vergangen sind.

(2) Die an den Untersuchungen nach Absatz 1 beteiligten Ärzte dürfen weder an der Entnahme noch an der Übertragung der Organe des Organspenders beteiligt sein. Sie dürfen auch nicht Weisungen eines Arztes unterstehen, der an diesen Maßnahmen beteiligt ist. Die Feststellung der Untersuchungsergebnisse und ihr Zeitpunkt sind von den Ärzten unter Angabe der zugrundeliegenden Untersuchungsbefunde jeweils in einer Niederschrift aufzuzeichnen und zu unterschreiben. Dem nächsten Angehörigen sowie den Personen nach § 4 Abs. 2 Satz 6 und Abs. 3 ist Gelegenheit zur Einsichtnahme zu geben. Sie können eine Person ihres Vertrauens hinzuziehen.

§ 6
Achtung der Würde des Organspenders

(1) Die Organentnahme und alle mit ihr zusammenhängenden Maßnahmen müssen unter Achtung der Würde des Organspenders in einer ärztlichen Sorgfaltspflicht entsprechenden Weise durchgeführt werden.

(2) Der Leichnam des Organspenders muß in würdigem Zustand zur Bestattung übergeben werden. Zuvor ist dem nächsten Angehörigen Gelegenheit zu geben, den Leichnam zu sehen.

§ 7
Auskunftspflicht

(1) Dem Arzt, der eine Organentnahme bei einem möglichen Spender nach § 3 oder § 4 beabsichtigt, oder der von der Koordinierungsstelle (§ 11) beauftragten Person ist auf Verlangen Auskunft zu erteilen, soweit dies zur Feststellung, ob die Organentnahme nach diesen Vorschriften zulässig ist und ob ihr medizinische Gründe entgegenstehen, sowie zur Unterrichtung nach § 3 Abs. 3 Satz 1 erforderlich ist. Der Arzt muß in einem Krankenhaus tätig sein, das nach § 108 des Fünften Buches Sozialgesetzbuch oder nach anderen gesetzlichen Bestimmungen für die Übertragung der Organe, deren Entnahme er beabsichtigt, zugelassen ist oder mit einem solchen Krankenhaus zum Zwecke der Entnahme dieser Organe zusammenarbeitet. Die Auskunft soll für alle Organe, deren Entnahme beabsichtigt ist, zusammen eingeholt werden. Die Auskunft darf erst erteilt werden, nachdem der Tod des möglichen Organspenders gemäß § 3 Abs. 1 Nr. 2 festgestellt ist.

(2) Zur Auskunft verpflichtet sind

1. Ärzte, die den möglichen Organspender wegen einer dem Tode vorausgegangenen Erkrankung behandelt hatten,

2. Ärzte, die über den möglichen Organspender eine Auskunft aus dem Organspenderegister nach § 2 Abs. 4 erhalten haben,

3. der Arzt, der bei dem möglichen Organspender die Leichenschau vorgenommen hat,

4. die Behörde, in deren Gewahrsam sich der Leichnam des möglichen Organspenders befindet, und

5. die von der Koordinierungsstelle beauftragte Person, soweit sie nach Absatz 1 Auskunft erhalten hat.

Dritter Abschnitt

Organentnahme bei lebenden Organspendern

§ 8

Zulässigkeit der Organentnahme

(1) Die Entnahme von Organen einer lebenden Person ist nur zulässig, wenn

1. die Person

   a) volljährig und einwilligungsfähig ist,

   b) nach Absatz 2 Satz 1 aufgeklärt worden ist und in die Entnahme eingewilligt hat,

   c) nach ärztlicher Beurteilung als Spender geeignet ist und voraussichtlich nicht über das Operationsrisiko hinaus gefährdet oder über die unmittelbaren Folgen der Entnahme hinaus gesundheitlich schwer beeinträchtigt wird,

2. die Übertragung des Organs auf den vorgesehenen Empfänger nach ärztlicher Beurteilung geeignet ist, das Leben dieses Menschen zu erhalten oder bei ihm eine schwerwiegende Krankheit zu heilen, ihre Verschlimmerung zu verhüten oder ihre Beschwerden zu lindern,

3. ein geeignetes Organ eines Spenders nach § 3 oder § 4 im Zeitpunkt der Organentnahme nicht zur Verfügung steht und

4. der Eingriff durch einen Arzt vorgenommen wird.

Die Entnahme von Organen, die sich nicht wieder bilden können, ist darüber hinaus nur zulässig zum Zwecke der Übertragung auf Verwandte ersten oder zweiten Grades, Ehegatten, Verlobte oder andere Personen, die dem Spender in besonderer persönlicher Verbundenheit offenkundig nahestehen.

(2) Der Organspender ist über die Art des Eingriffs, den Umfang und mögliche, auch mittelbare Folgen und Spätfolgen der beabsichtigten Organentnahme für seine Gesundheit sowie über die zu erwartende Erfolgsaussicht der Organübertragung und sonstige Umstände, denen er erkennbar eine Bedeutung für die Organspende beimißt, durch einen Arzt aufzuklären. Die Aufklärung hat in Anwesenheit eines weiteren Arztes, für den § 5 Abs. 2 Satz 1 und 2 entsprechend gilt, und, soweit erforderlich, anderer sachverständiger Personen zu erfolgen. Der Inhalt der Aufklärung und die Einwilligungserklärung des Organspenders sind in einer Niederschrift aufzuzeichnen, die von den aufklärenden Personen, dem weiteren Arzt und dem Spender zu unterschreiben ist. Die Niederschrift muß auch eine Angabe über die versicherungsrechtliche Absicherung der gesundheitlichen Risiken nach Satz 1 enthalten. Die Einwilligung kann schriftlich oder mündlich widerrufen werden.

(3) Die Entnahme von Organen bei einem Lebenden darf erst durchgeführt werden, nachdem sich der Organspender und der Organempfänger zur Teilnahme an einer ärztlich empfohlenen Nachbetreuung bereit erklärt haben. Weitere Voraussetzung ist, daß die nach Landesrecht zuständige Kommission gutachtlich dazu Stellung genommen hat, ob begründete tatsächliche Anhaltspunkte dafür vorliegen, daß die Einwilligung in die Organspende nicht freiwillig erfolgt oder das Organ Gegenstand verbotenen Handeltreibens nach § 17 ist. Der Kommission muß ein Arzt, der weder an der Entnahme noch an der Übertragung von Organen beteiligt ist

noch Weisungen eines Arztes untersteht, der an solchen Maßnahmen beteiligt ist, eine Person mit der Befähigung zum Richteramt und eine in psychologischen Fragen erfahrene Person angehören. Das Nähere, insbesondere zur Zusammensetzung der Kommission, zum Verfahren und zur Finanzierung, wird durch Landesrecht bestimmt.

Vierter Abschnitt

Entnahme, Vermittlung und Übertragung bestimmter Organe

§ 9

Zulässigkeit der Organübertragung

Die Übertragung von Herz, Niere, Leber, Lunge, Bauchspeicheldrüse und Darm darf nur in dafür zugelassenen Transplantationszentren (§ 10) vorgenommen werden. Sind diese Organe Spendern nach § 3 oder § 4 entnommen worden (vermittlungspflichtige Organe), ist ihre Übertragung nur zulässig, wenn sie durch die Vermittlungsstelle unter Beachtung der Regelungen nach § 12 vermittelt worden sind. Sind vermittlungspflichtige Organe im Geltungsbereich dieses Gesetzes entnommen worden, ist ihre Übertragung darüber hinaus nur zulässig, wenn die Entnahme unter Beachtung der Regelungen nach § 11 durchgeführt wurde.

§ 10

Transplantationszentren

(1) Transplantationszentren sind Krankenhäuser oder Einrichtungen an Krankenhäusern, die nach § 108 des Fünften Buches Sozialgesetzbuch oder nach anderen gesetzlichen Bestimmungen für die Übertragung von in § 9 Satz 1 genannten Organen zugelassen sind. Bei der Zulassung nach § 108 des Fünften Buches Sozialgesetzbuch sind Schwerpunkte für die Übertragung dieser Organe zu bilden, um eine bedarfsgerechte, leistungsfähige und wirtschaftliche Versorgung zu gewährleisten und die erforderliche Qualität der Organübertragung zu sichern.

(2) Die Transplantationszentren sind verpflichtet,

1. Wartelisten der zur Transplantation angenommenen Patienten mit den für die Organvermittlung nach § 12 erforderlichen Angaben zu führen sowie unverzüglich über die Annahme eines Patienten zur Organübertragung und seine Aufnahme in die Warteliste zu entscheiden und den behandelnden Arzt darüber zu unterrichten, ebenso über die Herausnahme eines Patienten aus der Warteliste,

2. über die Aufnahme in die Warteliste nach Regeln zu entscheiden, die dem Stand der Erkenntnisse der medizinischen Wissenschaft entsprechen, insbesondere nach Notwendigkeit und Erfolgsaussicht einer Organübertragung,

3. die auf Grund der §en 11 und 12 getroffenen Regelungen zur Organentnahme und Organvermittlung einzuhalten,

4. jede Organübertragung so zu dokumentieren, daß eine lückenlose Rückverfolgung der Organe vom Empfänger zum Spender ermöglicht wird; bei der Übertragung von vermittlungspflichtigen Organen ist die Kenn-Nummer (§ 13 Abs. 1 Satz 1) anzugeben, um eine Rückverfolgung durch die Koordinierungsstelle zu ermöglichen,

5. vor und nach einer Organübertragung Maßnahmen für eine erforderliche psychische Betreuung der Patienten im Krankenhaus sicherzustellen und

6. nach Maßgabe der Vorschriften des Fünften Buches Sozialgesetzbuch Maßnahmen zur Qualitätssicherung, die auch einen Vergleich mit anderen Transplantationszentren ermöglichen, im Rahmen ihrer Tätigkeit nach diesem Gesetz durchzuführen; dies gilt für die Nachbetreuung von Organspendern nach § 8 Abs. 3 Satz 1 entsprechend.

(3) Absatz 2 Nr. 4 und 6 gilt für die Übertragung von Augenhornhäuten entsprechend.

§ 11
Zusammenarbeit bei der Organentnahme, Koordinierungsstelle

(1) Die Entnahme von vermittlungspflichtigen Organen einschließlich der Vorbereitung von Entnahme, Vermittlung und Übertragung ist gemeinschaftliche Aufgabe der Transplantationszentren und der anderen Krankenhäuser in regionaler Zusammenarbeit. Zur Organisation dieser Aufgabe errichten oder beauftragen die Spitzenverbände der Krankenkassen gemeinsam, die Bundesärztekammer und die Deutsche Krankenhausgesellschaft oder die Bundesverbände der Krankenhausträger gemeinsam eine geeignete Einrichtung (Koordinierungsstelle). Sie muß auf Grund einer finanziell und organisatorisch eigenständigen Trägerschaft, der Zahl und Qualifika- tion ihrer Mitarbeiter, ihrer betrieblichen Organisation sowie ihrer sachlichen Ausstattung die Gewähr dafür bieten, daß die Maßnahmen nach Satz 1 in Zusammenarbeit mit den Transplantationszentren und den anderen Krankenhäusern nach den Vorschriften dieses Gesetzes durchgeführt werden. Die Transplantationszentren müssen in der Koordinierungsstelle angemessen vertreten sein.

(2) Die Spitzenverbände der Krankenkassen gemeinsam, die Bundesärztekammer, die Deutsche Krankenhausgesellschaft oder die Bundesverbände der Krankenhausträger gemeinsam und die Koordinierungsstelle regeln durch Vertrag die Aufgaben der Koordinierungsstelle mit Wirkung für die Transplantationszentren und die anderen Krankenhäuser. Der Vertrag regelt insbesondere

1. die Anforderungen an die im Zusammenhang mit einer Organentnahme zum Schutz der Organempfänger erforderlichen Maßnahmen sowie die Rahmenregelungen für die Zusammenarbeit der Beteiligten,

2. die Zusammenarbeit und den Erfahrungsaustausch mit der Vermittlungsstelle,

3. die Unterstützung der Transplantationszentren bei Maßnahmen zur Qualitätssicherung,

4. den Ersatz angemessener Aufwendungen der Koordinierungsstelle für die Erfüllung ihrer Aufgaben nach diesem Gesetz einschließlich der Abgeltung von Leistungen, die Transplantationszentren und andere Krankenhäuser im Rahmen der Organentnahme erbringen.

(3) Der Vertrag nach den Absätzen 1 und 2 sowie seine Änderung bedarf der Genehmigung durch das Bundesministerium für Gesundheit und ist im Bundesanzeiger bekanntzumachen. Die Genehmigung ist zu erteilen, wenn der Vertrag oder seine Änderung den Vorschriften dieses Gesetzes und sonstigem Recht entspricht. Die Spitzenverbände der Krankenkassen gemeinsam, die Bundesärztekammer und die Deutsche Krankenhausgesellschaft oder die Bundesverbände der Krankenhausträger gemeinsam überwachen die Einhaltung der Vertragsbestimmungen.

(4) Die Transplantationszentren und die anderen Krankenhäuser sind verpflichtet, untereinander und mit der Koordinierungsstelle zusammenzuarbeiten. Die

Krankenhäuser sind verpflichtet, den endgültigen, nicht behebbaren Ausfall der Gesamtfunktion des Großhirns, des Kleinhirns und des Hirnstamms von Patienten, die nach ärztlicher Beurteilung als Spender vermittlungspflichtiger Organe in Betracht kommen, dem zuständigen Transplantationszentrum mitzuteilen, das die Koordinierungsstelle unterrichtet. Das zuständige Transplantationszentrum klärt in Zusammenarbeit mit der Koordinierungsstelle, ob die Voraussetzungen für eine Organentnahme vorliegen. Hierzu erhebt das zuständige Transplantationszentrum die Personalien dieser Patienten und weitere für die Durchführung der Organentnahme und -vermittlung erforderliche personenbezogene Daten. Die Krankenhäuser sind verpflichtet, dem zuständigen Transplantationszentrum diese Daten zu übermitteln; dieses übermittelt die Daten an die Koordinierungsstelle.

(5) Die Koordinierungsstelle veröffentlicht jährlich einen Bericht, der die Tätigkeit jedes Transplantationszentrums im vergangenen Kalenderjahr nach einheitlichen Vorgaben darstellt und insbesondere folgende, nicht personenbezogene Angaben enthält:

1. Zahl und Art der durchgeführten Organübertragungen nach § 9 und ihre Ergebnisse, getrennt nach Organen von Spendern nach den §§ 3 und 4 sowie nach § 8,
2. die Entwicklung der Warteliste, insbesondere aufgenommene, transplantierte, aus anderen Gründen ausgeschiedene sowie verstorbene Patienten,
3. die Gründe für die Aufnahme oder Nichtaufnahme in die Warteliste,
4. Altersgruppe, Geschlecht, Familienstand und Versichertenstatus der zu Nummer 1 bis 3 betroffenen Patienten,
5. die Nachbetreuung der Spender nach § 8 Abs. 3 Satz 1 und die Dokumentation ihrer durch die Organspende bedingten gesundheitlichen Risiken,
6. die durchgeführten Maßnahmen zur Qualitätssicherung nach § 10 Abs. 2 Nr. 6.

In dem Vertrag nach Absatz 2 können einheitliche Vorgaben für den Tätigkeitsbericht und die ihm zugrundeliegenden Angaben der Transplantationszentren vereinbart werden.

(6) Kommt ein Vertrag nach den Absätzen 1 und 2 nicht innerhalb von zwei Jahren nach Inkrafttreten dieses Gesetzes zustande, bestimmt das Bundesministerium für Gesundheit durch Rechtsverordnung mit Zustimmung des Bundesrates die Koordinierungsstelle und ihre Aufgaben.

§ 12

Organvermittlung, Vermittlungsstelle

(1) Zur Vermittlung der vermittlungspflichtigen Organe errichten oder beauftragen die Spitzenverbände der Krankenkassen gemeinsam, die Bundesärztekammer und die Deutsche Krankenhausgesellschaft oder die Bundesverbände der Krankenhausträger gemeinsam eine geeignete Einrichtung (Vermittlungsstelle). Sie muß auf Grund einer finanziell und organisatorisch eigenständigen Trägerschaft, der Zahl und Qualifikation ihrer Mitarbeiter, ihrer betrieblichen Organisation sowie ihrer sachlichen Ausstattung die Gewähr dafür bieten, daß die Organvermittlung nach den Vorschriften dieses Gesetzes erfolgt. Soweit sie Organe vermittelt, die außerhalb des Geltungsbereichs dieses Gesetzes entnommen werden, muß sie auch gewährleisten, daß die zum Schutz der Organempfänger erforderlichen Maßnahmen nach dem Stand der Erkenntnisse der medizinischen Wissenschaft durchgeführt werden. Es dürfen nur Organe vermittelt werden, die im

Einklang mit den am Ort der Entnahme geltenden Rechtsvorschriften entnommen worden sind, soweit deren Anwendung nicht zu einem Ergebnis führt, das mit wesentlichen Grundsätzen des deutschen Rechts, insbesondere mit den Grundrechten, offensichtlich unvereinbar ist.

(2) Als Vermittlungsstelle kann auch eine geeignete Einrichtung beauftragt werden, die ihren Sitz außerhalb des Geltungsbereiches dieses Gesetzes hat und die Organe im Rahmen eines internationalen Organaustausches unter Anwendung der Vorschriften dieses Gesetzes für die Organvermittlung vermittelt. Dabei ist sicherzustellen, daß die Vorschriften der §en 14 und 15 sinngemäß Anwendung finden; eine angemes7sene Datenschutzaufsicht muß gewährleistet sein.

(3) Die vermittlungspflichtigen Organe sind von der Vermittlungsstelle nach Regeln, die dem Stand der Erkenntnisse der medizinischen Wissenschaft entsprechen, insbesondere nach Erfolgsaussicht und Dringlichkeit für geeignete Patienten zu vermitteln. Die Wartelisten der Transplantationszentren sind dabei als eine einheitliche Warteliste zu behandeln. Die Vermittlungsentscheidung ist für jedes Organ unter Angabe der Gründe zu dokumentieren und unter Verwendung der Kenn-Nummer dem Transplantationszentrum und der Koordinierungsstelle zu übermitteln.

(4) Die Spitzenverbände der Krankenkassen gemeinsam, die Bundesärztekammer, die Deutsche Krankenhausgesellschaft oder die Bundesverbände der Krankenhausträger gemeinsam und die Vermittlungsstelle regeln durch Vertrag die Aufgaben der Vermittlungsstelle mit Wirkung für die Transplantationszentren. Der Vertrag regelt insbesondere

1. die Art der von den Transplantationszentren nach § 13 Abs. 3 Satz 3 zu meldenden Angaben über die Patienten sowie die Verarbeitung und Nutzung dieser Angaben durch die Vermittlungsstelle in einheitlichen Wartelisten für die jeweiligen Arten der durchzuführenden Organübertragungen,

2. die Erfassung der von der Koordinierungsstelle nach § 13 Abs. 1 Satz 4 gemeldeten Organe,

3. die Vermittlung der Organe nach den Vorschriften des Absatzes 3 sowie Verfahren zur Einhaltung der Vorschriften des Absatzes 1 Satz 3 und 4,

4. die Überprüfung von Vermittlungsentscheidungen in regelmäßigen Abständen durch eine von den Vertragspartnern bestimmte Prüfungskommission,

5. die Zusammenarbeit und den Erfahrungsaustausch mit der Koordinierungsstelle und den Transplantationszentren,

6. eine regelmäßige Berichterstattung der Vermittlungsstelle an die anderen Vertragspartner,

7. den Ersatz angemessener Aufwendungen der Vermittlungsstelle für die Erfüllung ihrer Aufgaben nach diesem Gesetz,

8. eine vertragliche Kündigungsmöglichkeit bei Vertragsverletzungen der Vermittlungsstelle.

(5) Der Vertrag nach den Absätzen 1 und 4 sowie seine Änderung bedarf der Genehmigung durch das Bundesministerium für Gesundheit und ist im Bundesanzeiger bekanntzumachen. Die Genehmigung ist zu erteilen, wenn der Vertrag oder seine Änderung den Vorschriften dieses Gesetzes und sonstigem Recht entspricht. Die Spitzenverbände der Krankenkassen gemeinsam, die Bundesärztekammer und die Deutsche Krankenhausgesellschaft oder die Bundesverbände der Krankenhausträger gemeinsam überwachen die Einhaltung der

Vertragsbestimmungen.

(6) Kommt ein Vertrag nach den Absätzen 1 und 4 nicht innerhalb von zwei Jahren nach Inkrafttreten dieses Gesetzes zustande, bestimmt das Bundesministerium für Gesundheit durch Rechtsverordnung mit Zustimmung des Bundesrates die Vermittlungsstelle und ihre Aufgaben.

Fünfter Abschnitt

Meldungen, Datenschutz, Fristen, Richtlinien zum Stand der Erkenntnisse der medizinischen Wissenschaft

§ 13

Meldungen, Begleitpapiere

(1) Die Koordinierungsstelle verschlüsselt in einem mit den Transplantationszentren abgestimmten Verfahren die personenbezogenen Daten des Organspenders und bildet eine Kenn-Nummer, die ausschließlich der Koordinierungsstelle einen Rückschluß auf die Person des Organspenders ermöglicht. Die Kenn-Nummer ist in die Begleitpapiere für das entnommene Organ aufzunehmen. Die Begleitpapiere enthalten daneben alle für die Organübertragung erforderlichen medizinischen Angaben. Die Koordinierungsstelle meldet das Organ, die Kenn-Nummer und die für die Organvermittlung erforderlichen medizinischen Angaben an die Vermittlungsstelle und übermittelt nach Entscheidung der Vermittlungsstelle die Begleitpapiere an das Transplantationszentrum, in dem das Organ auf den Empfänger übertragen werden soll. Das Nähere wird im Vertrag nach § 11 Abs. 2 geregelt.

(2) Die Koordinierungsstelle darf Angaben aus den Begleitpapieren mit den personenbezogenen Daten des Organspenders zur weiteren Information über diesen nur gemeinsam verarbeiten und nutzen, insbesondere zusammenführen und an die Transplantationszentren weitergeben, in denen Organe des Spenders übertragen worden sind, soweit dies zur Abwehr einer zu befürchtenden gesundheitlichen Gefährdung der Organempfänger erforderlich ist.

(3) Der behandelnde Arzt hat Patienten, bei denen die Übertragung vermittlungspflichtiger Organe medizinisch angezeigt ist, mit deren schriftlicher Einwilligung unverzüglich an das Transplantationszentrum zu melden, in dem die Organübertragung vorgenommen werden soll. Die Meldung hat auch dann zu erfolgen, wenn eine Ersatztherapie durchgeführt wird. Die Transplantationszentren melden die für die Organvermittlung erforderlichen Angaben über die in die Wartelisten aufgenommenen Patienten nach deren schriftlicher Einwilligung an die Vermittlungsstelle. Der Patient ist vor der Einwilligung darüber zu unterrichten, an welche Stellen seine personenbezogenen Daten übermittelt werden. Duldet die Meldung nach Satz 1 oder 3 wegen der Gefahr des Todes oder einer schweren Gesundheitsschädigung des Patienten keinen Aufschub, kann sie auch ohne seine vorherige Einwilligung erfolgen; die Einwilligung ist unverzüglich nachträglich einzuholen.

§ 14

Datenschutz

(1) Ist die Koordinierungsstelle oder die Vermittlungsstelle eine nicht-öffentliche Stelle im Geltungsbereich dieses Gesetzes, gilt § 38 des Bundesdatenschutzgesetzes mit der Maßgabe, daß die Aufsichtsbehörde die Einhaltung der Vorschriften über den Datenschutz überwacht, auch wenn ihr hinreichende Anhaltspunkte für eine Verletzung dieser Vorschriften nicht vorliegen oder die Daten nicht in Dateien verarbeitet werden. Dies gilt auch für die Verarbeitung

und Nutzung personenbezogener Daten durch Personen mit Ausnahme des Erklärenden, an die nach § 2 Abs. 4 Auskunft aus dem Organspenderegister erteilt oder an die die Auskunft weitergegeben worden ist.

(2) Die an der Erteilung oder Weitergabe der Auskunft nach § 2 Abs. 4 beteiligten Personen mit Ausnahme des Erklärenden, die an der Stellungnahme nach § 8 Abs. 3 Satz 2, die an der Mitteilung, Unterrichtung oder Übermittlung nach § 11 Abs. 4 sowie die an der Organentnahme, -vermittlung oder -übertragung beteiligten Personen dürfen personenbezogene Daten der Organspender und der Organempfänger nicht offenbaren. Dies gilt auch für personenbezogene Daten von Personen, die nach § 3 Abs. 3 Satz 1 über die beabsichtigte oder nach § 4 über eine in Frage kommende Organentnahme unterrichtet worden sind. Die im Rahmen dieses Gesetzes erhobenen personenbezogenen Daten dürfen für andere als in diesem Gesetz genannte Zwecke nicht verarbeitet oder genutzt werden. Sie dürfen für gerichtliche Verfahren verarbeitet und genutzt werden, deren Gegenstand die Verletzung des Offenbarungsverbots nach Satz 1 oder 2 ist.

§ 15
Aufbewahrungs- und Löschungsfristen

Die Aufzeichnungen über die Beteiligung nach § 4 Abs. 4, zur Feststellung der Untersuchungsergebnisse nach § 5 Abs. 2 Satz 3, zur Aufklärung nach § 8 Abs. 2 Satz 3 und zur gutachtlichen Stellungnahme nach § 8 Abs. 3 Satz 2 sowie die Dokumentationen der Organentnahme, -vermittlung und –übertragung sind mindestens zehn Jahre aufzubewahren. Die in Aufzeichnungen und Dokumentationen nach den Sätzen 1 und 2 enthaltenen personenbezogenen Daten sind spätestens bis zum Ablauf eines weiteren Jahres zu vernichten; soweit darin enthaltene personenbezogene Daten in Dateien gespeichert sind, sind diese innerhalb dieser Frist zu löschen.

§ 16
Richtlinien zum Stand der Erkenntnisse der medizinischen Wissenschaft

(1) Die Bundesärztekammer stellt den Stand der Erkenntnisse der medizinischen Wissenschaft in Richtlinien fest für

1. die Regeln zur Feststellung des Todes nach § 3 Abs. 1 Nr. 2 und die Verfahrensregeln zur Feststellung des endgültigen, nicht behebbaren Ausfalls der Gesamtfunktion des Großhirns, des Kleinhirns und des Hirnstamms nach § 3 Abs. 2 Nr. 2 einschließlich der dazu jeweils erforderlichen ärztlichen Qualifikation,

2. die Regeln zur Aufnahme in die Warteliste nach § 10 Abs. 2 Nr. 2 einschließlich der Dokumentation der Gründe für die Aufnahme oder die Ablehnung der Aufnahme,

3. die ärztliche Beurteilung nach § 11 Abs. 4 Satz 2,

4. die Anforderungen an die im Zusammenhang mit einer Organentnahme zum Schutz der Organempfänger erforderlichen Maßnahmen einschließlich ihrer Dokumentation, insbesondere an

   a) die Untersuchung des Organspenders, der entnommenen Organe und der Organempfänger, um die gesundheitlichen Risiken für die Organempfänger, insbesondere das Risiko der Übertragung von Krankheiten, so gering wie möglich zu halten,

b) die Konservierung, Aufbereitung, Aufbewahrung und Beförderung der Organe, um diese in einer zur Übertragung oder zur weiteren Aufbereitung und Aufbewahrung vor einer Übertragung geeigneten Beschaffenheit zu erhalten,

5. die Regeln zur Organvermittlung nach § 12 Abs. 3 Satz 1 und

6. die Anforderungen an die im Zusammenhang mit einer Organentnahme und -übertragung erforderlichen Maßnahmen zur Qualitätssicherung.

Die Einhaltung des Standes der Erkenntnisse der medizinischen Wissenschaft wird vermutet, wenn die Richtlinien der Bundesärztekammer beachtet worden sind.

(2) Bei der Erarbeitung der Richtlinien nach Absatz 1 Satz 1 Nr. 1 und 5 sollen Ärzte, die weder an der Entnahme noch an der Übertragung von Organen beteiligt sind noch Weisungen eines Arztes unterstehen, der an solchen Maßnahmen beteiligt ist, bei der Erarbeitung der Richtlinien nach Absatz 1 Satz 1 Nr. 2 und 5 Personen mit der Befähigung zum Richteramt und Personen aus dem Kreis der Patienten, bei der Erarbeitung von Richtlinien nach Absatz 1 Satz 1 Nr. 5 ferner Personen aus dem Kreis der Angehörigen von Organspendern nach § 3 oder § 4 angemessen vertreten sein.

Sechster Abschnitt

Verbotsvorschriften

§ 17

Verbot des Organhandels

(1) Es ist verboten, mit Organen, die einer Heilbehandlung zu dienen bestimmt sind, Handel zu treiben. Satz 1 gilt nicht für

1. die Gewährung oder Annahme eines angemessenen Entgelts für die zur Erreichung des Ziels der Heilbehandlung gebotenen Maßnahmen, insbesondere für die Entnahme, die Konservierung, die weitere Aufbereitung einschließlich der Maßnahmen zum Infektionsschutz, die Aufbewahrung und die Beförderung der Organe, sowie

2. Arzneimittel, die aus oder unter Verwendung von Organen hergestellt sind und den Vorschriften des Arzneimittelgesetzes über die Zulassung oder Registrierung unterliegen oder durch Rechtsverordnung von der Zulassung oder Registrierung freigestellt sind.

(2) Ebenso ist verboten, Organe, die nach Absatz 1 Satz 1 Gegenstand verbotenen Handeltreibens sind, zu entnehmen, auf einen anderen Menschen zu übertragen oder sich übertragen zu lassen.

Siebter Abschnitt

Straf- und Bußgeldvorschriften

§ 18

Organhandel

(1) Wer entgegen § 17 Abs. 1 Satz 1 mit einem Organ Handel treibt oder entgegen § 17 Abs. 2 ein Organ entnimmt, überträgt oder sich übertragen läßt, wird mit Freiheitsstrafe bis zu fünf Jahren oder mit Geldstrafe bestraft.

(2) Handelt der Täter in den Fällen des Absatzes 1 gewerbsmäßig, ist die Strafe Freiheitsstrafe von einem Jahr bis zu fünf Jahren.

(3) Der Versuch ist strafbar.

(4) Das Gericht kann bei Organspendern, deren Organe Gegenstand verbotenen Handeltreibens waren, und bei Organempfängern von einer Bestrafung nach Absatz 1 absehen oder die Strafe nach seinem Ermessen mildern (§ 49

Abs. 2 des Strafgesetzbuchs).

§ 19
Weitere Strafvorschriften

(1) Wer entgegen § 3 Abs. 1 oder 2 oder § 4 Abs. 1 Satz 2 ein Organ entnimmt, wird mit Freiheitsstrafe bis zu drei Jahren oder mit Geldstrafe bestraft.

(2) Wer entgegen § 8 Abs. 1 Satz 1 Nr. 1 Buchstabe a, b, Nr. 4 oder Satz 2 ein Organ entnimmt, wird mit Freiheitsstrafe bis zu fünf Jahren oder mit Geldstrafe bestraft.

(3) Wer entgegen § 2 Abs. 4 Satz 1 oder 3 eine Auskunft erteilt oder weitergibt oder entgegen § 13 Abs. 2 Angaben verarbeitet oder nutzt oder entgegen § 14 Abs. 2 Satz 1 bis 3 personenbezogene Daten offenbart, verarbeitet oder nutzt, wird, wenn die Tat nicht in § 203 des Strafgesetzbuchs mit Strafe bedroht ist, mit Freiheitsstrafe bis zu einem Jahr oder mit Geldstrafe bestraft.

(4) In den Fällen der Absätze 1 und 2 ist der Versuch strafbar.

(5) Handelt der Täter in den Fällen des Absatzes 1 fahrlässig, ist die Strafe Freiheitsstrafe bis zu einem Jahr oder Geldstrafe.

§ 20
Bußgeldvorschriften

(1) Ordnungswidrig handelt, wer vorsätzlich oder fahrlässig

1. entgegen § 5 Abs. 2 Satz 3 die Feststellung der Untersuchungsergebnisse oder ihren Zeitpunkt nicht, nicht richtig, nicht vollständig oder nicht in der vorgeschriebenen Weise aufzeichnet oder nicht unterschreibt,

2. entgegen § 9 ein Organ überträgt,

3. entgegen § 10 Abs. 2 Nr. 4, auch in Verbindung mit Abs. 3, die Organübertragung nicht oder nicht in der vorgeschriebenen Weise dokumentiert oder

4. entgegen § 15 Satz 1 eine dort genannte Unterlage nicht oder nicht mindestens zehn Jahre aufbewahrt.

(2) Die Ordnungswidrigkeit kann in den Fällen des Absatzes 1 Nr. 1 bis 3 mit einer Geldbuße bis zu fünfzigtausend Deutsche Mark, in den Fällen des Absatzes 1 Nr. 4 mit einer Geldbuße bis zu fünftausend Deutsche Mark geahndet werden.

Achter Abschnitt
Schlußvorschriften

§ 21
Änderung des Arzneimittelgesetzes

Das Arzneimittelgesetz in der Fassung der Bekanntmachung vom 19. Oktober 1994 (BGBl. I S. 3018), zuletzt geändert gemäß Artikel 3 der Verordnung vom 21. September 1997 (BGBl. I S. 2390), wird wie folgt geändert:

1. In § 2 Abs. 3 wird nach Nummer 7 der Punkt am Ende des Satzes durch ein Komma ersetzt und folgende Nummer 8 angefügt:

   „8. die in § 9 Satz 1 des Transplantationsgesetzes genannten Organe und Augenhornhäute, wenn sie zur Übertragung auf andere Menschen bestimmt sind."

2. § 80 wird wie folgt geändert:

   a) In Satz 1 wird nach Nummer 3 der Punkt am Ende des Satzes durch ein Komma ersetzt und folgende Nummer 4 angefügt:

„4. menschliche Organe, Organteile und Gewebe, die unter der fachlichen Verantwortung eines Arztes zum Zwecke der Übertragung auf andere Menschen entnommen werden, wenn diese Menschen unter der fachlichen Verantwortung dieses Arztes behandelt werden."

b) Nach Satz 2 wird folgender Satz angefügt:

„Satz 1 Nr. 4 gilt nicht für Blutzubereitungen."

§ 22
Änderung des Fünften Buches Sozialgesetzbuch

§ 115 a Abs. 2 des Fünften Buches Sozialgesetzbuch - Gesetzliche Krankenversicherung - (Artikel 1 des Gesetzes vom 20. Dezember 1988, BGBl. I S. 2477), das zuletzt gemäß Artikel 39 der Verordnung vom 21. September 1997 (BGBl. I S. 2390) geändert worden ist, wird wie folgt gefaßt:

„(2) Die vorstationäre Behandlung ist auf längstens drei Behandlungstage innerhalb von fünf Tagen vor Beginn der stationären Behandlung begrenzt. Die nachstationäre Behandlung darf sieben Behandlungstage innerhalb von 14 Tagen, bei Organübertragungen nach § 9 des Transplantationsgesetzes drei Monate nach Beendigung der stationären Krankenhausbehandlung nicht überschreiten. Die Frist von 14 Tagen oder drei Monaten kann in medizinisch begründeten Einzelfällen im Einvernehmen mit dem einweisenden Arzt verlängert werden. Kontrolluntersuchungen bei Organübertragungen nach § 9 des Transplantationsgesetzes dürfen vom Krankenhaus auch nach Beendigung der nachstationären Behandlung fortgeführt werden, um die weitere Krankenbehandlung oder Maßnahmen der Qualitätssicherung wissenschaftlich zu begleiten oder zu unterstützen. Eine notwendige ärztliche Behandlung außerhalb des Krankenhauses während der vor- und nachstationären Behandlung wird im Rahmen des Sicherstellungsauftrags durch die an der vertragsärztlichen Versorgung teilnehmenden Ärzte gewährleistet. Das Krankenhaus hat den einweisenden Arzt über die vor- oder nachstationäre Behandlung sowie diesen und die an der weiteren Krankenbehandlung jeweils beteiligten Ärzte über die Kontrolluntersuchungen und deren Ergebnis unverzüglich zu unterrichten. Die Sätze 2 bis 6 gelten für die Nachbetreuung von Organspendern nach § 8 Abs. 3 Satz 1 des Transplantationsgesetzes entsprechend."

§ 23
Änderung des Siebten Buches Sozialgesetzbuch

§ 2 Abs. 1 Nr. 13 Buchstabe b des Siebten Buches Sozialgesetzbuch — Gesetzliche Unfallversicherung — (Artikel 1 des Gesetzes vom 7. August 1996, BGBl. I S. 1254), das zuletzt durch Artikel 3 des Gesetzes vom 29. April 1997 (BGBl. I S. 968) geändert worden ist, wird wie folgt gefaßt:

„b) Blut oder körpereigene Organe, Organteile oder Gewebe spenden,".

§ 24
Änderung des Strafgesetzbuchs

§ 5 des Strafgesetzbuchs in der Fassung der Bekanntmachung vom 10. März 1987 (BGBl. I S. 945, 1160), das zuletzt durch Artikel 1 des Gesetzes vom 13. August 1997 (BGBl. I S. 2038) geändert worden ist, wird wie folgt geändert:

1. In Nummer 14 wird der Punkt durch ein Semikolon ersetzt.

2. Nach Nummer 14 wird folgende Nummer 15 angefügt:

„15. Organhandel (§ 18 des Transplantationsgesetzes), wenn der Täter zur Zeit der Tat Deutscher ist."

§ 25
Übergangsregelungen

(1) Bei Inkrafttreten dieses Gesetzes bestehende Verträge über Regelungsgegenstände nach § 11 gelten weiter, bis sie durch Vertrag nach § 11 Abs. 1 und 2 abgelöst oder durch Rechtsverordnung nach § 11 Abs. 6 ersetzt werden.

(2) Bei Inkrafttreten dieses Gesetzes bestehende Verträge über Regelungsgegenstände nach § 12 gelten weiter, bis sie durch Vertrag nach § 12 Abs. 1 und 4 abgelöst oder durch Rechtsverordnung nach § 12 Abs. 6 ersetzt werden.

§ 26
Inkrafttreten, Außerkrafttreten

(1) Dieses Gesetz tritt am 1. Dezember 1997 in Kraft, soweit in Satz 2 nichts Abweichendes bestimmt ist. § 8 Abs. 3 Satz 2 und 3 tritt am 1. Dezember 1999 in Kraft.

(2) Am 1. Dezember 1997 treten außer Kraft:

1. die Verordnung über die Durchführung von Organtransplantationen vom 4. Juli 1975 (GBl. I Nr. 32 S. 597), geändert durch Verordnung vom 5. August 1987 (GBl. I Nr. 19 S. 199),

2. die Erste Durchführungsbestimmung zur Verordnung über die Durchführung von Organtransplantationen vom 29. März 1977 (GBl. I Nr. 13 S. 141).

Das vorstehende Gesetz wird hiermit ausgefertigt und wird im Bundesgesetzblatt verkündet.

Berlin, den 5. November 1997

Der Bundespräsident
Roman Herzog

Der Bundeskanzler
Dr. Helmut Kohl

Der Bundesminister für
Gesundheit
Horst Seehofer

Der Bundesminister der
Justiz
Schmidt-Jortzig

Der Bundesminister
für Arbeit und Sozialordnung
Norbert Blüm

Anhang C: Internationale Daten zur Organspende und Transplantation für das Jahr 1999

Die Daten folgen im wesentlichen Matesanz / Miranda (Eds.), International figures on organ donation and transplantation activities 1999, in: Transplant Newsletter (Madrid), vol. 5 N° 1, 2000, 18 f. (dort auch zu den hier nicht aufgeführten Herz-, Herz-/Lungen-, Pankreas, und Darmtransplantationen) sowie Council of Europe, International figures on organ donation and transplantation (1999); ergänzt und korrigiert durch: Smit / Molzahn / Kirste / Grupp / Köhler (2000) Organspende und Transplantation in Deutschland 1999, Deutsche Stiftung für Organtransplantation, Neu-Isenburg 2000; Etablissement français des Greffes, Rapport préliminaire sur les activités de prélèvement et de greffe en 1999, in: Entante n° 12 (avril 2000), 3; United Kingdom Transplant Support Service Authority (UKTSSA), Transplant Activity 1998, London 1999; TPI Transplant Information, Transplant-Statistik 2000 – Weniger Transplantationen in Österreich, 2001 (http://www.tpi.web.com/ausgaben/2001/txStatistikAT.htm); Swisstransplant, Jahresbericht für 1999 (http://www.Swisstransplant.org); für die USA: U.S. Scientific Registry of Transplant Recipients and Organ Procurement and Transplantation Network (UNOS), 2000 Annual Report Transplant Data 1990-1999; sowie diverse Einzelmitteilungen. Berechnung des Anteils der Lebend-Nierentransplantationen an der Gesamtzahl der Nierentransplantationen durch die Autoren.

(Tabellen siehe nächste Doppelseite)

STAATEN	Belgien/Luxemburg	Bulgarien	Dänemark	Deutschland	Estland	Finnland	Frankreich	Griechenland	Großbritannien und Irland	Italien	Kroatien	Litauen	Niederlande	Norwegen	Österreich	Polen
EINWOHNER x 10^4	10,5	8,2	5,36	82,09	1,5	5,16	59,9	10	62,88	57,61	4,7	3,70	16,00	4,44	8,0	38,50
LEICHENSPENDER	265	27	76	1039	8	85	970	45	816	788	23	24	174	69	207	314
Ppm	25,2	3,3	14,2	12,7	5,3	16,5	16,2	4,5	13,0	13,7	4,9	6,5	10,9	15,5	25,9	8,1
LEICHEN-NIEREN-TRANSPL.	434	54	126	1895	19	159	1760	69	1432	1274	45	30	346	122	381	589
ppm	41,3	6,6	23,5	23,1	12,7	30,8	29,4	6,9	22,8	22,1	9,6	8,1	21,6	27,5	47,6	15,3
NIEREN-LEBENDTRANSPL.	26	16	42	380	1	4	77	85	269	82	6	14	134	82	39	12
ppm	2,5	2,0	7,8	4,6	0,7	0,8	1,3	8,5	4,3	1,4	1,3	3,8	8,4	18,5	4,9	0,3
ANTEIL %	5,7	22,9	25	16,7	5	2,5	4,2	55	15,8	6	11,8	31,8	27,8	40,2	9,3	2
LEBERTRANSPLANTATIONEN*	193		31	757		30	699	12	703	680	9		95	29	149	35
ppm	18,4		5,8	9,2		5,8	11,7	1,2	11,2	11,8	1,9		5,9	6,5	18,6	0,9
LEBER-LEBENDTRANSPL.				41			33		14				0	0	6	

Anhang C

STAATEN	Portugal	Slowakei	Slowenien	Schweden	Schweiz	Spanien	Tschechische Republik	Türkei	Ungarn	Zypern	Eurotransplant	Scandia Transplant	USA	Kanada	Australien
EINWOHNER x 10⁶	9,96	5,36	2	8,91	7	39,66	10,29	65	10,3	0,6	114,5	24,14	267,8	30,5	18,97
LEICHEN-SPENDER	190	43	26	108	101	1334	164	60	119	6	1704	338	5849	422	164
Ppm	19,1	8,0	13,0	12,1	14,4	33,6	15,9	0,9	11,6	10,0	14,9	14,0	21,8	13,8	8,6
LEICHEN-NIEREN-TRANSPL.	358	77	37	196	188	2006	299	95	215	12	3055	603	7926	641	286
Ppm	35,9	14,4	18,5	22,0	26,9	50,6	29,1	1,5	20,9	20,0	26,7	25,0	29,6	21,0	15,1
NIEREN-LEBEND-TRANSPL.	9	2		105	63	17	17	273	9	29	579	233	4466	378	167
Ppm	0,9	0,4		11,8	9,0	0,4	1,7	4,2	0,9	48,3	5,1	9,7	16,7	12,4	8,8
ANTEIL %	2,5	2,5		34,9	25,1	0,8	5,4	74,2	4,0	70,7	15,9	27,9	36	37,1	36,9
LEBERTRANSPLANTATIONEN*	159		9	93	77	960	67	14	22		1194	183	4586	380	124
Ppm	16,0		4,5	10,4	11,0	24,2	6,5	0,2	2,1		10,4	7,6	17,05	12,5	6,5
LEBER-LEBENDTRANSPL.					3								218		

Abkürzungen:

ppm = Organspenden bzw. Transplantationen pro Million Einwohner
Anteil % = Anteil der Lebend-Nierentransplantationen an der Gesamtzahl der Nierentransplantationen in Prozent
Lebertransplantationen* = einschließlich Lebend-Lebersegmentspenden
Eurotransplant: Deutschland, Österreich, Belgien, Niederlande, Luxemburg und Slowenien (erst seit 2000)
ScandiaTransplant: Dänemark, Finnland, Norwegen und Schweden

Anhang D: Literatur

1. Ach, J.S. / Anderheiden, M. / Quante, M., Ethik der Organtransplantation, Erlangen 2000

2. Akveld, H., Living organ donation – who pays the bill?, in: Price, D. / Akveld, H. (Eds.), Living organ donation in the nineties: European medico-legal perspectives (EUROTOLD), Leicester 1996, 157-168

3. Allen, R. / Lynch, S. / Strong, R., The living organ donor, in: Chapman, J.R. / Deierhoi, M. / Wight, C. (Eds.), Organ and tissue donation for transplantation, London 1997, 162-199

4. Amelung, K., Die Einwilligung des Unfreien. Das Problem der Freiwilligkeit bei der Einwilligung eingesperrter Personen, in: ZStW 95 (1983), 1-31

5. American Medical Association Council on Ethical and Judicial Affairs, The use of minors as organ and tissue donors (Policy E-2.167), in: Code of Medical Ethics Report 5 (1994), 229-242

6. American Society of Transplant Surgeons Ethics Committee, American Society of Transplant Surgeons' position paper on adult-to-adult-living donor liver transplantation, Originaldokument vom 25.5. 2000; veröffentlicht in: Liver Transplantation 6 (2000), 815-817

7. Andrews, L.B., My body, my property, in: Hastings Center Report 16 (1986), 28-38

8. Andrews, L.B., The body as property: Some philosophical reflections – A response to J.F. Childress, in: Transplantation Proceedings 24 (1992), 2149-2151

9. Annas, G.J., Life, liberty and the pursuit of organ sales, in: Hastings Center Report 14 (1984), 22-23

10. Antwort der Bundesregierung auf die Große Anfrage der Abgeordneten Frau Schmidt (Hamburg) und der Fraktion DIE GRÜNEN: Probleme der Transplantationsmedizin I-V, BTDrs. 11/7980 vom 26.9. 1990

11. Appelbaum, P.S. / Lidz, C.W. / Meisel, A., Informed consent – Legal theory and clinical practice, New York 1987

12. Arbeitsgemeinschaft der Leitenden Medizinalbeamten der Länder, Entwurf eines Mustergesetzes der Länder über die Entnahme und Übertragung von Organen (Transplantati-

onsgesetz), Anlage zur Ergebnisniederschrift über die 65. Sitzung der Gesundheitsministerkonferenz am 5./6. November 1992

13. Arbeitsgemeinschaft der Transplantationszentren in der Bundesrepublik Deutschland e.V., Entwurf eines Transplantationsgesetzes [1990], Essen / Neu-Isenburg 1991

14. Arbeitsgemeinschaft der Transplantationszentren in der Bundesrepublik Deutschland e.V., Transplantationskodex, 1987

15. Aristoteles, Die Nikomachische Ethik, nach der Übersetzung von Eugen Rolfes bearbeitet von Günther Bien, Hamburg 1995

16. Aydin, E., Regulations and organ transplantation in Turkey, in: European Journal of Health Law 7 (2000), 327-332

17. Bakker, D., Living related and living unrelated organ donation. A clinician's view of the ethical aspects, in: Price, D. / Akveld, H. (Eds.), Living organ donation in the nineties: European medico-legal perspectives (EUROTOLD), Leicester 1996, 25-31

18. Barr, M.L. / Schenkel, F.A. / Cohen, R.G., Recipient and donor outcomes in living related and unrelated lobar transplantation, in: Transplantation Proceedings 30 (1998), 2261-2263

19. Beasley, C.L. / Hull, A. / Rosenthal, J.T., Living kidney donation: A survey of professional attitudes and practices, in: American Journal of Kidney Diseases 30 (1997), 549-557

20. Beauchamp T.L. / Childress J.F., Principles of biomedical ethics, New York / Oxford ^{4}1994

21. Beck, U., Risikogesellschaft. Auf dem Weg in eine andere Moderne, Frankfurt a. Main 1986

22. Benn, S.I., The principle of respect for persons, in: ders., A theory of freedom, Cambridge 1988, 103-121

23. Bertaux, G., Les donneurs d'organes vivants ne doivent pas être oubliés, in: Revivre n° 80/81 (Juin 1999), p. 8

24. Bia, M.J. / Ramos, E.L. / Danovitch, G.M. et al., Evaluation of living renal donors, in: Transplantation 60 (1995), 322-327

25. Bickeböller, R. / Gossman, J. / Kramer, W. / Scheuermann, E.H., „Sich in besonderer Verbundenheit offensichtlich nahestehen". Eine Interpretation des Gesetzestexts zur Le-

bendnierenspende im Sinne personaler Freundschaft, in: Zeitschrift für medizinische Ethik 44 (1998), 325-333

26. Bilancetti, M., La responsibilità penale e civile del medico, Milano ³1998

27. Blackie, J.W.G., Landesberichte England und Schottland, in: Fischer, G. / Lilie, H., Ärztliche Verantwortung im europäischen Rechtsvergleich, Köln u.a. 1999, 195-252

28. Blake, P.G. / Cardella, C.J., Kidney donation by living unrelated donors [Editorial], in: Journal of the Canadian Medical Association [CMAJ] 141 (1989), 773-775

29. Blumstein, J.F., Commentary: Live-donor liver transplants, in: Cambridge Quarterly of Healthcare Ethics 4 (1992), 307-311

30. Blumstein, J.F., The case for commerce in organ transplantation, in: Transplantation Proceedings 24 (1992), 2190-2197

31. Bock, N., Rechtliche Voraussetzungen der Organentnahme bei Lebenden und Verstorbenen, Diss. Frankfurt a. Main 1999

32. Böhler, J., Grenzen der Möglichkeiten zur Lebendspende: Medizinische Aspekte, in:

Kirste, G. (Hg.), Nieren-Lebendspende. Rechtsfragen und Versicherungs-Regelungen für Mediziner, Lengerich 2000, 125-135

33. Boudjema, K., Transplantation hépatique à donneur vivant, in: Revivre, N° spécial (XXIIIe congrès international 16 et 17 septembre 2000), 21

34. Brams, M., Transplantable human organs: Should their sale be authorized by State statutes?, in: American Journal of Law & Medicine 3 (1977), 183-196

35. Brecher, B., Buying human kidneys: autonomy, commodity and power, in: Journal of Medical Ethics 17 (1991), 99

36. Brecher, B., The kidney trade: or, the customer is always wrong, in: Journal of Medical Ethics 16 (1990), 120-123

37. British Medical Association Medical Ethics Committee, Organ donation in the 21st century: Time for a consolidated approach, 2000, http://web.bma.org.uk/public/

38. British Transplantation Society and the Renal Association, United Kingdom guidelines for living donor kidney transplantation, London 2000

39. British Transplantation Society, Towards standards for or-

gan and tissue transplantation in the United Kingdom, Richmond Surrey 1998

40. Broelsch, C.E. / Malagó, M. / Testa, G. / Gamazo, C.M., Living donor liver transplantation in adults – outcome in Europe, in: Liver Transplantation 6 (2000), S64-S65

41. Broyer, M. / Affleck, J., In defense of altruistic kidney donation by strangers: a commentary, in: Pediatric Nephrology 14 (2000), 523-524

42. Broyer, M., Aspects of living organ donation with emphasis on the fight against commercialism, in: Land, W. / Dossetor, J.B. (Eds.), Organ replacement therapy: ethics, justice and commerce, Berlin / Heidelberg / New York 1991, 197-199

43. Bruns, W. / Debong, B. / Andreas, M., Das neue Transplantationsgesetz. Was müssen die Krankenhausärzte beachten?, in: Arztrecht 11 (1998), 283-286

44. Bundesärztekammer, Empfehlungen zur Lebendorganspende, in: Deutsches Ärzteblatt 97 (2000), A 3287 f.

45. Busuttil, R.W. / Goss, J.A., Split liver transplantation, in: Annals of Surgery 229 (1999), 313-321

46. Buttle, N., Prostitutes, workers and kidneys: Brecher on the kidney trade, in: Journal of Medical Ethics 17 (1991), 97-98

47. Byk, C., Living organ donation: European perspectives, in: Price, D. / Akveld, H. (Eds.), Living organ donation in the nineties: European medico-legal perspectives (EUROTOLD), Leicester 1996, 53-62

48. Calne, R., Ethics in organ donation and transplantation: The position of the Transplantation Society, in: Chapman, J.R. / Deierhoi, M. / Wight, C. (Eds.), Organ and tissue donation for transplantation, London 1997, 62-66

49. Caplan, A., Commentary: Living dangerously. The morality of using living persons as donors of lobes of liver for transplantation, in: Cambridge Quarterly of Healthcare Ethics 4 (1992), 311-317

50. Carstens, Das Recht der Organtransplantation, Frankfurt a. Main u.a. 1978

51. Casabona, R., Legal issues concerning the living donor and some criteria for harmonised European legislation, in: Price, D. / Akveld, H. (Eds.), Living organ donation in the nineties: European medico-

legal perspectives (EURO-TOLD), Leicester 1996, 139-155

52. Cecka, J.M., Results of more than 1000 recent living-unrelated donor transplants in the United States, in: Transplantation Proceedings 31 (1999), 234

53. Cecka. J.M. / Terasaki, P.I., Living donor kidney transplants: Superior success rates despite histoincompatibilities, in: Transplantation Proceedings 29 (1997), 203

54. Chapman, J.R. / Deierhoi, M. / Wight, C. (Eds.), Organ and tissue donation for transplantation, London 1997

55. Childress, J.F., The body as property: Some philosophical reflections, in: Transplantation Proceedings 24 (1992), 2143-2148

56. Childress, J.F., The gift of life: Ethical problems and policies in obtaining and distributing organs for transplantation, Primary Care: Clinics in Office Practics 13 (1986), 379-394

57. Childress, J.F., The place of autonomy in bioethics, in: Hastings Center Report 20 (1990), 12-17

58. Childress, J.F., Who should decide? Paternalism in health care, New York 1982

59. Council of Europe, International figures on organ donation and transplantation (1999); abrufbar auch unter http://www.social.coe.int/en/qoflife/publi/steercom.htm

60. Council of Europe, Preliminary Data Report Organ Donation and Transplantation 1995, Transplant Newsletter March 1996

61. Council of the Transplantation Society, Commercialization in transplantation: The problems and some guidelines for practice, in: Lancet 2 (1985), 715-716

62. Crouch, R.A. / Elliott, C., Moral agency and the family: The case of living related organ transplantation, in: Cambridge Quarterly of Healthcare Ethics 8 (1999), 275-287

63. Daar A.S. / Gutmann, Th. / Land, W., Reimbursement, 'rewarded gifting', financial incentives and commercialism in living organ donation, in: Collins, G.M. / Dubernard, J.M. / Persijn, G. / Land, W. (Eds.), Procurement and preservation of vascularized organs, Dordrecht 1997, 301-316

64. Daar, A.S. / Jakobsen, A. / Land, W. / Gutmann, Th. / Schneewind, K.A. / Tahya, T.M., Living-donor renal

transplantation: Evidence-based justification for an ethical option, in: Transplantation Reviews 11 (1997), 95-109

65. Daar, A.S. / Sells, R.A., Living not-related donor renal transplantation – a reappraisal. Transplantation Reviews 4 (1990), 128-140

66. Daar, A.S., Nonrelated donors and commercialism: A historical perspective, in: Transplantation Proceedings 24 (1992), 2087-2090

67. Daar, A.S., Paid organ donation – towards an understanding of the issues, in: Chapman, J.R. / Deierhoi, M. / Wight, C. (Eds.), Organ and tissue donation for transplantation, London 1997, 46-61

68. Daar, A.S., Renal transplantation from living donors – additional justification (Electronic response to Nicholson, M.L. / Bradley, J.A., Renal transplantation from living donors should be seriously considered to help overcome the shortfall of organs [Editorial], in: British Medical Journal 318 [1999], 409 f.), 15.2.1999, http://www.bmj.com/cgi/ eletters/ 318/7181/409

69. Daar, A.S., Rewarded gifting and rampant commercialism in perspective: Is there a difference?, in: Land, W. / Dossetor, J.B. (Eds.), Organ replacement therapy: Ethics, justice and commerce, Berlin / Heidelberg / New York 1991, 181-190

70. Daar, A.S., Rewarded gifting, in: Transplantation Proceedings 24 (1992), 2207-2211

71. Daar, A.S., Use of renal transplants from living donors. Practice is essential to alleviate shortage of organs, in: British Medical Journal 318 (1999), 1553

72. Danish Council of Ethics, Waiting lists and number of organ transplants in selected European countries, http:// www.etiskraad.dk/publikation er/orgdon_eng/ [Appendix B]

73. Daul, A.E. / Metz-Kurschel, U. / Philipp, T., Kommerzielle Nierentransplantation in der „Dritten Welt", in: Deutsche Medizinische Wochenschrift 121 (1996), 1341-1344

74. Deutsch, E., Das Transplantationsgesetz vom 5.11.1997, in: NJW 1998, 777-782

75. Deutsche Gesellschaft für Medizinrecht (1990) Empfehlungen der DGMR zu medizinrechtlichen Fragen der Organtransplantation [1988], in: Hiersche, H.D. / Hirsch, G. / Graf-Baumann, T. (Hg.), Rechtsfragen der Organtransplantation, Berlin 1990, 164-

166

76. Deutsche Transplantationsgesellschaft (DTG), Transplantationskodex, in: Medizinrecht 1995, 154 f.

77. Dickens, B. / Fluss, S.S. / King, A., Legislation in organ and tissue donation, in: Chapman, J.R. / Deierhoi, M. / Wight, C. (Eds.), Organ and tissue donation for transplantation, London 1997, 95-119

78. Dickens, B., Donation and transplantation of organs and tissues, in: Kennedy, I. / Grubb, A. (Eds.), Principles of Medical Law, Oxford 1998, 787-842

79. Dickens, B., Human rights and commerce in health care, in: Transplantation Proceedings 22 (1990), 904-905

80. Dippel, K.-H., Zur Entwicklung des Gesetzes über die Spende, Entnahme und Übertragung von Organen (Transplantationsgesetz – TPG) vom 5.11.1997, in: Ebert, U. et al. (Hg.), Festschrift für Walter Hanack, Berlin / New York 1999, 665-696

81. .Donnelly, P.K. / Oman, P. / Henderson, R. / Opelz, G., Predialysis living donor renal transplantation: Is it still the „Gold standard" for cost, convenience, and graft survival?, in: Transplantation Proceedings 27 (1995), 1444-1446

82. Dorozynski, A., European kidney markets, in: British Medical Journal 299 (1989), 1182

83. Dossetor, J.B., Kidney vending: „Yes!" or „No!", in: American Journal of Kidney Diseases 35 (2000), 1002-1018

84. Dossetor, J.B., Rewarded gifting: Is it ever ethically acceptable? in: Transplantation Proceedings 24 (1992), 2092-2094

85. Dreier, H. (Hg.), Grundgesetz. Kommentar, Tübingen 1996

86. Dufkova, J., Zur Frage der Zulässigkeit von sog. Cross-Spenden bei Nierentransplantationen lebender Organspender, in: Medizinrecht 2000, 408-412

87. Dujmovits, E., Das österreichische Transplantationsrecht und die Menschenrechtskonvention zur Biomedizin, in: Barta, H. / Kalchschmidt, G. / Kopetzki, Ch. (Hg.), Rechtspolitische Aspekte des Transplantationsrechts, Wien 1999, 55-77

88. Duraj, F. / Tydén, G. / Blom, B., Living-donor nephrectomy: how safe is it?, in: Transplantation Proceedings 27 (1995), 803 f.

89. Dute, J.C.J., Landesbericht Niederlande, in: Fischer, G. / Lilie, H., Ärztliche Verantwortung im europäischen Rechtsvergleich, Köln u.a. 1999, 281-299

90. Dworkin, G., Is more choice better than less?, in: ders., The theory and practice of autonomy, Cambridge 1988, 62-81

91. Dworkin, R., Bürgerrechte ernstgenommen, Frankfurt a. Main 1984

92. Dworkin, R., Die Grenzen des Lebens. Abtreibung, Euthanasie und persönliche Freiheit, Reinbek 1994

93. Dworkin, R., Life's dominion, London 1993; dt. Die Grenzen des Lebens. Abtreibung, Euthanasie und persönliche Freiheit, Reinbek 1994

94. Edelmann, H., Ausgewählte Probleme bei der Organspende unter Lebenden, in: VersR 1999, 1065-1069

95. Eibach, U., Organspende von Lebenden: Auch unter Fremden ein Akt der „Nächstenliebe"?, in: Zeitschrift für medizinische Ethik 45 (1999), 217-231

96. Eigler, F.W., Das Problem der Organspende vom Lebenden, in: Deutsche Medizinische Wochenschrift 1997, 1398-1401

97. Elick, B.A. / Sutherland, D.E.R. / Gillingham, K. / Najarjan, J.S., Use of distant relatives and living unrelated donors: A strategy to increase the application of kidney transplantation to treat chronic renal failure, in: Transplan-tation Proceedings 22 (1990), 343-344

98. Elliott, C., Doing harm: Living organ donors, clinical research and The Tenth Man, in: Journal of Medical Ethics 21 (1995), 91-96

99. Elsässer, A., Die Transplantation lebend gespendeter Organe aus heutiger christlicher Sicht, in: Transplantationsmedizin 12 (2000), 184-188

100. Elsässer, A., Ethische Probleme bei der Lebendspende von Organen, in: Zeitschrift für Transplantationsmedizin 5 (1993), 65-69

101. Engelhardt, H.T., Is there a universal system of ethics or are ethics culture-specific?, in: Land, W. / Dossetor, J.B. (Eds.), Organ replacement therapy: Ethics, justice and commerce, Berlin / Heidelberg / New York 1991, 147-153

102. Engelhardt, H.T., The foundations of bioethics, New York / Oxford 1986

103. Englert, Y. (Ed.), Organ and tissue transplantation in the

European Union: Management of difficulties and health risks linked to donors, Dordrecht 1995

104. Erdmann, J.-P., Kostenübernahme und Versicherungsschutz bei Transplantation menschlicher Organe, in: Die Leistungen 1999, 321-323

105. Esser, D., Verfassungsrechtliche Aspekte der Lebendspende von Organen (Diss. Gießen), Düsseldorf 2000

106. Etablissement français des Greffes (Ed.), „Dossier de Presse" zur Rede der Ministerin für Beschäftigung und Solidarität, Martine Aubry, anläßlich der „Journée Nationale de la Greffe" am 22.6.2000, http://www.sante.gouv.fr/htm/actu/34_000622.htm

107. Etablissement français des Greffes, Rapport du Conseil Médical et Scientifique sur le prélèvement et la greffe en France en 1998, Paris, édition fin 1999

108. Etablissement français des Greffes, Rapport préliminaire sur les activités de prélèvement et de greffe en 1999, in: Entante n° 12 (Avril 2000)

109. Europäisches Parlament, Resolution on Prohibiting Trade in Transplant Organs vom 14.9.1993, abgedruckt bei S.S. Fluss, Trade in Human Organs: National and International Responses, in: Englert (Ed.), Organ and tissue transplantation in the European Union: Management of difficulties and health risks linked to donors, Dordrecht 1995, 74-98, Annex 4 (92 ff.)

110. EUROTOLD Project Management Group, Questioning attitudes to living donor transplantation. European multicentre study: Transplantation of organs from living donors – ethical and legal dimensions (Commission of the European Community Ref: BMHI-CT92-1841), Leicester 1996

111. Evans, M., Organ donations should not be restricted to relatives, in: Journal of Medical Ethics 15 (1989),17-20.

112. Faden, R. / Beauchamp, T.L., A history and theory of informed consent, New York 1986

113. Favereau, E., Dossier: Greffes d'organes. L'appel aux vivants, in: Libération, 22.11. 2000, 1-4

114. Fehrmann-Ekholm, I. / Elinder, C.-G. / Stenbeck, M. / Tydén, G. / Groth, C.-G., Kidney donors live longer, in: Transplantation 64 (1997), 976-978

115. Fehrmann-Ekholm, I. / Wadström, J. / Tufveson, G., Lebendspende-Nierentransplan-

tation aus schwedischer Perspektive, in: Fahlenkamp, D. / Schönberger, B. / Tufveson, G. / Loening, S.A., Lebendspende-Nierentransplantation, Podium Urologie 3, Wien 1997, 123-134

116. Feinberg, J., The moral limits of the criminal law, III: Harm to self, New York 1986

117. Finkel, M., This little kidney went to market, in: The New York Times Magazine, May 27, 2001

118. First, M.R., Controversies in organ donation: Minority donation and living renal organ donors, in: Transplantation Proceedings 29 (1997), 67-69

119. Fischer, G. / Lilie, H., Ärztliche Verantwortung im europäischen Rechtsvergleich, Köln u.a. 1999

120. Fleischhauer, K. / Hermerén, S. / Holm, S. et al., Comparative report on transplantation and relevant ethical problems in five European countries, and some reflections on Japan, in: Transplantation International 13 (2000), 266-275

121. Fluss, S.S., Legal aspects of transplantation: Emerging trends in international action and national legislation, in: Transplantation Proceedings 24 (1992), 2121-2122

122. Fluss, S.S., Preventing commercial transactions in human organs and tissues: An international overview of regulatory and administrative measures, in: Land, W. / Dossetor, J.B. (Eds.), Organ replacement therapy: Ethics, justice and commerce, Berlin / Heidelberg / New York 1991, 154-163

123. Fluss, S.S., Trade in Human Organs: National and International Responses, in: Englert, Y. (Ed.), Organ and tissue transplantation in the European Union: Management of difficulties and health risks linked to donors, Dordrecht 1995, 74-85

124. Forst, R., Kontexte der Gerechtigkeit, Frankfurt a. Main 1994

125. Foss, A. / Leivestad, T. / Brekke, I. et al., Unrelated living donors in 141 kidney transplantations, in: Transplantation 88 (1998), 49-52

126. Fost, N., Reconsidering the ban on financial incentives, in: Kaufman, H.H. (Ed.) Pediatric brain death and organ/tissue retrieval. Medical, ethical and legal aspects, New York / London 1989, 309-315

127. Fox, R.C., Regulated commercialism of vital organ donation: A necessity? Con, in:

Transplantation Proceedings 25 (1993), 55-57

128. FRANCE ADOT (Fédération des associations pour le don d'organes et de tissues humains), Motion pour le réexamen des lois de bioéthique, in: Revivre n° 83 (Janvier 2000), 12-13

129. Frishberg, Y. / Feinstein, S. / Drukker, A., Living Unrelated (Commercial) Renal Transplantation in Children, in: Journal of the American Society of Nephrology 9 (1998), 1100-1103

130. Gabolde, M. / Hervé, Ch., Transplantation rénale avec donneur vivant: Refléxions á partir de l'étude de la pratique des centres français de greffe, in: Journal International de Bioétique 9 (1998), 141

131. Garwood-Gowers, A., To pay or not to pay: That is the question. The economic rights of the living donor, in: Price, D. / Akveld, H. (Eds.), Living organ donation in the nineties: European medico-legal perspectives (EUROTOLD), Leicester 1996, 179-189

132. General Medical Council (London), Guidance for doctors on transplantation of organs from live donors (22.12.1992), abgedruckt bei Fluss, S.S., Trade in Human Organs: National and International Responses, in: Englert, Y. (Ed.), Organ and tissue transplantation in the European Union: Management of difficulties and health risks linked to donors, Dordrecht 1995, 74-98 (84 f.)

133. Gerrand, N., The notion of gift-giving and organ donation, in: Bioethics 8 (1994), 126-150

134. Giesen, D., International Medical Malpractice Law, Tübingen 1988

135. Gilligan, C., In a different voice. Psychological theory and women's development, Cambridge, Mass. u.a., 1982

136. Gillon, R. (Ed.), Principles of health care ethics, New York 1994

137. Gillon, R., Transplantation: A framework for analysis of the ethical issues, in: Transplantation Proceedings 22 (1990), 902-903

138. Grewal, H.P. / Thistlethwaite, J.R. / Loss, G.E. at al., Complications in 100 living-liver donors, in: Annals of Surgery 228 (1998), 214-219

139. Gridelli, B. / Remuzzi, G., Strategies for making more organs available for transplantation, in: The New England

Journal of Medicine 343 (2000), 404-410

140. Grubb, A., Consent to treatment: The competent patient – A. Consent and battery, in: Kennedy, I. / Grubb, A. (Eds.), Principles of Medical Law, Oxford 1998, 109-136

141. Gruessner, R.W. / Kandall, D.M. / Drangstveit, M.B. et al., Simultaneous pancreas-kidney transplantation from living donors, in: Annals of Surgery 226 (1997), 471-482

142. Gründel, J., Ethische Probleme bei der Lebendspende von Organen, in: Zeitschrift für Transplantationsmedizin 5 (1993), 70-74

143. Gutmann, Th. / Elsässer, A. / Gründel, J. / Land, W. / Schneewind, K.A. / Schroth, U., Living kidney donation: Safety by procedure, in: Terasaki, P.I. (Ed.), Clinical Transplants 1994, Los Angeles 1995, 356-357

144. Gutmann, Th. / Fateh-Moghadam, B., Rechtsfragen der Organverteilung. Das Transplantationsgesetz, die „Richtlinien" der Bundesärztekammer und die Empfehlungen der Deutschen Gesellschaft für Medizinrecht, in: Oduncu, F. / Schroth, U. / Vossenkuhl, W. (Hg.), Organtransplantation – Organgewinnung, Verteilung und Perspektiven, 2001, i.E.

145. Gutmann, Th. / Gerok, B., International legislation in living organ donation, in: Collins, G.M. / Dubernard, J.M. / Persijn, G. / Land, W. (Eds.), Procurement and preservation of vascularized organs, Dordrecht 1997, 317-324

146. Gutmann, Th. / Land, W., Ethics regarding living donor organ transplantation, in: Langenbeck's Archives of Surgery 384 (1999), 515-522

147. Gutmann, Th. / Land, W., Ethische und rechtliche Fragen der Organverteilung: Der Stand der Debatte, in: Seelmann, K. / Brudermüller, G. (Hg.), Organtransplantation, 2000, 87-137

148. Gutmann, Th. / Schroth, U., Recht, Ethik und die Lebendspende von Organen – der gegenwärtige Problemstand, in: Transplantationsmedizin 12 (2000), 174-183

149. Gutmann, Th., An den Grenzen der Solidarität? Gerechtigkeit unter Fremden im liberalen Rechtsstaat am Beispiel der Organspende, Vortrag auf der Jahrestagung der Deutschen Sektion der Internationalen Vereinigung für Rechts- und Sozialphilosophie (IVR),

Heidelberg, September 2000, im Druck

150. Gutmann, Th., Freiwilligkeit als Rechtsbegriff, München 2001

151. Gutmann, Th., Gesetzgeberischer Paternalismus ohne Grenzen? Zum Beschluß des Bundesverfassungsgerichts zur Lebendspende von Organen, in: NJW 1999, 3387-3389

152. Gutmann, Th., Lebendspende von Organen – nur unter Verwandten?, in: Zeitschrift für Rechtspolitik 1994, 111-114

153. Gutmann, Th., Medizinische Ethik und Organtransplantation, in: Ethik in der Medizin 10 (1998) [Supplement 1, Symposium Medizin und Ethik, 4.-5. Februar 1998, Davos], S58-S67

154. Gutmann, Th., Probleme einer gesetzlichen Regelung der Lebendspende von Organen, in: Medizinrecht 1997, 147-155

155. Gutmann, Th., Rechtsphilosophische Aspekte der Lebendspende von Nieren, in: Zeitschrift für Transplantationsmedizin 5 (1993), 75-88

156. Guttmann, A. / Guttmann, R.D., Sale of kidneys for transplantation: Attitudes of the health care profession and the public, in: Transplantation Proceedings 24 (1992), 2108-2109

157. Guttmann, R.D., Regulated commercialism in transplantation, The factitious focus. in: Transplantation Proceedings 25 (1993), 58-59

158. Halvorsen, M., Living donors – Social welfare and other material support, in: Price, D. / Akveld, H. (Eds.), Living organ donation in the nineties: European medico-legal perspectives (EUROTOLD), Leicester 1996, 169-177

159. Hansmann, H., The economics and ethics of markets for human organs, in: Blumstein, J.F. / Sloan, F.A. (Eds.), Organ transplantation policy: Issues and prospects, Durham / London 1989, 57-85

160. Harris, J., The value of life. An introduction to medical ethics, London 1985

161. Hart, H.L.A., Between utility and rights, in: ders., Essays in jurisprudence and philosophy, Oxford 1983, 198-222 (200)

162. Harvey, J., Paying organ donors, in: Journal of Medical Ethics 16 (1990), 117-119

163. Haslinger, A., Rechtliche Aspekte von Organspende und Transplantation, in: Österreichisches Organspendemanual, Wien 2000, 7/1 – 7/6

164. Hausheer, H., Landesbericht Schweiz, in: Fischer, G. / Lilie, H., Ärztliche Verantwortung im europäischen Rechtsvergleich, Köln u.a. 1999, 321-334

165. Häyry, H., The limits of medical paternalism, London 1991

166. Hebborn, A., Möglichkeiten und Grenzen eines Marktes für Organtransplantate. Eine konsitutionenökonomische Analyse der Eigenkommerzialisierung menschlicher Organe zum Zwecke der Transplantation, (Diss.) Bayreuth 1998

167. Hessing, D., Living donors: Some psychological aspects of informed consent, in: Price, D. / Akveld, H. (Eds.), Living organ donation in the nineties: European medico-legal perspectives (EUROTOLD), Leicester 1996, 99-105

168. Hillebrand, G.F. / Schmeller, N. / Theodorakis, N. / Illner, W.D. / Schulz-Gambard, E. / Schneewind, K.A. / Land, W., Nierentransplantation-Lebendspende zwischen verwandten und nicht verwandten Personen: Das Münchener Modell, in: Transplantationsmedizin 8 (1996), 101-110

169. Hillebrand, G.F. / Theodorakis, J. / Illner, W.D. / Stangl, M. / Ebeling, F. / Gutmann, Th. / Schneewind, K.A. / Land, W., Lebendspende bei Nierentransplantation – Renaissance durch nicht verwandte Speder? in: Fortschritte der Medizin 142 (2000), 798-799

170. Hippokrates, Fünf auserlesene Schriften, eingeleitet und neu übertragen von Wilhelm Capelle, Zürich 1955

171. Hirsch, G. / Schmidt-Didczuhn, A., Transplantation und Sektion. Die rechtliche und rechtspolitische Situation nach der Wiedervereinigung, Heidelberg 1992

172. Hondrich, K.-O. / Koch-Arzberger, C., Solidarität in der modernen Gesellschaft, Frankfurt a. Main 1992

173. Hopf, G., Ärztekammer hilft bei der Transplantation, Rheinisches Ärzteblatt 2000, 17-18

174. Hou, S., Expanding the kidney donor pool: Ethical and medical considerations, in: Kidney International 58 (2000), 1820-1836

175. Hoyer, J., Die altruistische Lebendspende, in: Nieren- und Hochdruckkrankheiten 27 (1998), 193-198

176. Hunsicker, L.G., A survival advantage for renal transplantation (Editorial), in: New

England Journal of Medicine 341 (1999), 1762-1763

177. Hylton, K.N., The law and ethics of organ sales, in: Byrd, B.S. / Hruschka, J. / Joerden, J.C. (Eds.), Jahrbuch für Recht und Ethik / Annual Review of Law and Ethics, Berlin 1996, 115-136

178. Ignatieff, M., The Needs of Strangers, New York 1984; dt. Wovon lebt der Mensch? Was es heißt, auf menschliche Weise in Gesellschaft zu leben, Berlin 1993

179. International Transplantat Coordinators Society (ITCS), World Transplantat Statistics [1997], http://www.kuleuven. ac.be/facdep/medicine/itcs/stat istics/statistics.html

180. Isensee, J., Das Grundrecht als Abwehrrecht und als staatliche Schutzpflicht, in: ders. / Kirchhof, P. (Hg.), Handbuch des Staatsrechts, Band V, Heidelberg 1992, 143-240

181. Jakobsen, A. / Albrechtsen, D. et al., Allowing relatives to bridge the gap: the Norwegian experience, in: Land, W. / Dossetor, J.B. (Eds.) Organ replacement therapy: ethics, justice, and commerce, Berlin / Heidelberg / New York 1991, 48-49

182. Jakobsen, A., A second opinion. In defence of the living donor transplant, in: Health Policy 16 (1990), 123-126

183. Jakobsen, A., Ethics and organ donation and transplantation [Vortrag], The 2nd European day for organ donation and transplantation, Wien, 19.9. 1998

184. Jakobsen, A., Living donor practices and processes in Europe, in: Price, D. / Akveld, H. (Eds.), Living organ donation in the nineties: European medico-legal perspectives (EUROTOLD), Leicester 1996, 1-11

185. Jakobsen, A., Living renal transplantation – the Oslo experience, in: Nephrology Dialysis Transplantation 12 (1997), 1825-1827

186. Jakobsen, A., The Oslo experience with living donor kidney transplantation, Vortrag auf dem Symposium Lebendorganspende der Europäischen Akademie der Wissenschaften und der Deutschen Akademie für Transplantationsmedizin, München, 9.12.2000

187. Jakobsen, A., Unrelated living donors in 141 kidney transplantations, in: Transplantation 66 (1998), 49-52

188. Jarass, H.D. / Pieroth, B., Grundgesetz, München ^{5}2000

189. Jescheck, H.H. / Weigend, Th., Lehrbuch des Strafrechts. Allgemeiner Teil, Berlin ⁵1996
190. Johnson, E.M. / Anderson, J.K. et al., Long-term follow-up of living kidney donors: Quality of life after donation, in: Transplantation 67 (1999), 717-721
191. Johnson, E.M. / Remucal, M.J. / Gillingham, K.J. et al., Complications and risks of living donor nephrectomy, in: Transplantation 64 (1997), 1124-1128
192. Jones, J.W. / Halldorson, J. / Elick, B. et al., Unrecognised health problems diagnosed during living donor evaluation: A potential benefit, in: Transplantation Proceedings 25 (1993), 3083-3084
193. Jung, A., Die französische Rechtslage auf dem Gebiet der Transplantationsmedizin, Medizinrecht 1996, 355-365
194. Kalchschmidt, G. / Barta, H., Rechtspolitische Überlegungen zur Organtransplantation. Plädoyer für ein Transplantationsgesetz, in: Barta, H. / Kalchschmidt, G. / Kopetzki, Ch. (Hg.), Rechtspolitische Aspekte des Transplantationsrechts, Wien 1999, 13-42
195. Kalchschmidt, G., Die Organtransplantation. Überlegungen de lege lata und de lege ferenda, Wien 1997
196. Kant, I., Metaphysik der Sitten [1797], Werkausgabe, Ed. Weischedel, Band VIII, Frankfurt a. Main 1968
197. Kaplan, B.S. / Polise, K., In defense of altruistic kidney donation by strangers, in: Pediatric Nephrology 14 (2000), 518-522
198. Kasiske, B. / Snyder, J. / Matas, A. et al., Pre-emptive transplantation: The advantages and the advantaged, 2000, in: United States Renal Data System (USRDS) Presentations, http://www.usrds.org/pres/
199. Kennedy, I. / Grubb, A. (Eds.), Principles of Medical Law, Oxford 1998
200. Kerényi, K., Die Mythologie der Griechen, Band I, München 1966
201. Kern, B.R., Zum Entwurf eines Transplantationsgesetzes der Länder, in: Medizinrecht 1994, 389-392
202. Keupp, H., Ambivalenzen postmoderner Identität, in: U. Beck / E. Beck-Gernsheim (Hg.), Riskante Freiheiten. Individualisierung in modernen Gesellschaften, Frankfurt a. Main 1994, 336-350.
203. Kikuchi, K. / Narumi, Y. /

Hama, K. et al., Kidney transplantation from spousal donors, in: Transplantation Proceedings 32(2000), 1817-1818

204. Kim, S.T. / Kim, J.H., Organ donation-third-party donation: Expanding the donor pool, in: Transplantation Proceedings 32 (2000), 1489-1491

205. Koch, H.G., Aktuelle Rechtsfragen der Lebend-Organspende, in: Kirste, G. (Hg.), Nieren-Lebendspende. Rechtsfragen und Versicherungsregelungen für Mediziner, Lengerich 2000, 49-63

206. Koch, H.G., Rechtsfragen der Organübertragung vom lebenden Spender, in: Zentralblatt für Chirurgie 124 (1999), 718-724

207. Koene, R., Long-term clinical and ethical issues in living organ donation, in: Price, D. / Akveld, H. (Eds.), Living organ donation in the nineties: European medico-legal perspectives (EUROTOLD), Leicester 1996, 33-42

208. König, P., Das strafbewehrte Verbot des Organhandels, in: Roxin, C. / Schroth, U. / Knauer, Ch. / Niedermair, H. (Hg.), Medizinstrafrecht, Stuttgart / München ²2001, 291-312

209. König, P., Strafbarer Organhandel, Frankfurt a. Main 1999

210. Koppernock, M., Das Grundrecht auf bioethische Selbstbestimmung. Zur Rekonstruktion des allgemeinen Persönlichkeitsrechts, Baden-Baden 1997

211. Kramer, M.R. / Sprung, Ch.L., Living related donation in lung transplantation: Ethical considerations, in Archives of Internal Medicine 155 (1995), 1734 - 1738

212. Kraushaar, H.-G., Versicherungsrechtliche Aspekte und Absicherung der Lebend-Organspende, in: Kirste, G. (Hg.), Nieren-Lebendspende. Rechtsfragen und Versicherungs-Regelungen für Mediziner, Lengerich 2000, 74-80

213. Kreis, H., Why living related donors should not be used whenever possible, in: Transplantation Proceedings 17 (1985), 1510-1513

214. Kreis, H., Worldwide organ trafficking: fact or fiction?, in: Englert, Y. (Ed.), Organ and tissue transplantation in the European Union: Management of difficulties and health risks linked to donors, Dordrecht 1995, 67-73

215. Küfner, N., Rechtsphilosophische Aspekte moderner Medi-

zintechniken am Beispiel der Organtransplatation und der Intensivmedizin (Diss. München), Frankfurt a. Main 1997

216. Kühn, H.-Ch., Das neue deutsche Transplantationsgesetz, in: Medizinrecht 1998, 455-461

217. Lamb, D., Ethical aspects of different types of living organ donation, in: Price, D. / Akveld, H. (Eds.), Living organ donation in the nineties: European medico-legal perspectives (EUROTOLD), Leicester 1996, 43-52

218. Lamb, D., Organ transplants and ethics, London 1990

219. Land, W. / Cohen, B., Postmortem and living organ donation in Europe. Transplant laws and activities, in: Transplantation Proceedings 24 (1992), 2165-2167

220. Land, W. / Dossetor, J.B. (Eds.), Organ replacement therapy: Ethics, justice and commerce, Berlin / Heidelberg / New York 1991

221. Land, W., Das belohnte Geschenk? Überlegungen zur Organspende von gesunden Menschen, in: Merkur 45 (1991), 120-129

222. Land, W., Editorial, in: Fünf Jahre Erfahrung mit der Lebendspende-Nierentransplantation – Modell München, Transplantationsmedizin 12 (2000), 124-125

223. Land, W., Ergebnisse der nichtverwandten Lebendspende-Nierentransplantation: ein eindrucksvolles Paradigma in der Argumentation für die „Reperfusionsschädigungs"-Hypothese, in: Transplantationsmedizin 12 (2000), 148-155

224. Land, W., Lebendspende von Organen – derzeitiger Stand der internationalen Debatte, in: Zeitschrift für Transplantationsmedizin 5 (1993), 59-63

225. Land, W., Lebendspende-Nierentransplantation unter erhöhtem Risiko beim Empfänger: Die Schwierigkeit bei Beurteilung der Transplantabilität – ein Kommentar, in: Transplantationsmedizin 12 (2000), 156-158

226. Land, W., Medizinische Aspekte der Lebendspende: Nutzen/Risiko-Abwägung, in: Zeitschrift für Transplantationsmedizin 5 (1993), 52-58

227. Land, W., The problem of living organ donation: Facts, thoughts and reflections, in: Transplantation International 2 (1989), 168-179

228. Laufs, A. / Uhlenbruck, W. et al., Handbuch des Arztrechts, München ²1999

229. Laufs, A., Rechtsfragen der Organtransplantation, Hiersche, H.D. / Hirsch, G. / Graf-Baumann, T. (Hg), Rechtsfragen der Organtransplantation, Berlin 1990, 57-74

230. Leenen, H. J. / Gevers, J. K. / Pinet, G., The rights of patients in Europe. A comparative study, Deventer u.a., 1993

231. Leipziger Kommentar zum Strafgesetzbuch, hg. v. Jescheck, H.H. u.a., Berlin [10]1978 ff. / [11]1992 ff.

232. Lemke, M., Stand der Diskussion zum Entwurf eines Transplantationsgesetzes – eine rechtspolitische Bestandsaufnahme, in: Medizinrecht 1991, 281-289

233. Levinsky, N.G., Organ donation by unrelated donors (Editorial), in: The New England Journal of Medicine 343 (2000), 430-432

234. Luman M., Unrelated living donor transplants in Estonia, in: Nephrology Dialysis Transplantation 13 (1998), 1636

235. Lyons, D., Utility and Rights, in: Waldron, J. (Ed.), Theories of Rights, Oxford 1984, 110-136

236. Mackie, J.L., Ethik, Stuttgart 1981

237. Manga, P., A commercial market for organs? Why not, in: Bioethics 1 (1987), 321-338

238. Mange, K.C./ Joffe, M. / Feldman, H., Effect of the use or nonuse of long-term dialysis on the subsequent survival of renal transplants from living donors, in: New England Journal of Medicine 344 (March 8, 2001), 726-731

239. Marcos, A. / Fisher, R.A. / Ham, J.M., Selection and outcome of living donors for adult to adult right lobe transplantation, in: Transplantation 69 (2000), 2110-2114

240. Marcos, A. / Fisher, R.A. / Ham, J.M., Selection and outcome of living donors for adult to adult right lobe transplantation, in: Transplantation 69 (2000), 2410-2415

241. Marcos, A. / Ham, J.M. / Fisher, R.A., Emergency adult-to-adult living donor liver transplantation for fulminant hepatitic failure, in: Transplantation 69 (2000), 2202-2205

242. Marcos, A., Right lobe living donor liver transplantation: A review, in: Liver Transplantation 6 (2000), 3-20

243. Marcos, A., Right-lobe living donor liver transplantation, in: Liver Transplantation 6 (2000), S59-S63.

244. Margreiter, R., Living-donor pancreas and small-bowel transplantation, in: Langenbeck's Archives of Surgery 384 (1999), 544-549

245. Markus, J., Die Einwilligungsfähigkeit im amerikanischen Recht, Frankfurt a. Main u.a. 1995

246. Matas, A. / Garvey, C.A. / Jacobs, Ch. / Kahn, J.P., Nondirected donation of kidneys from living donors, in: The New England Journal of Medicine 343 (2000), 433-436

247. Matesanz, R. / Miranda, B. (Eds.), International figures on organ donation and transplantation activities 1999, in: Transplantat Newsletter (Madrid), vol. 5 N° 1, 2000, 13 ff.

248. Maunz, Th. / Dürig, G. / Herzog, R. / Scholz, R. et al., Grundgesetz, Kommentar, München (Loseblatt)

249. Mavrodes, G.I., The morality of selling human organs, in: Basson, M.D. (Ed.), Ethics, humanism and medicine. Proceedings of three conferences sponsored by the committee on ethics, humanism and medicine at the University of Michigan 1978-79, New York 1980, 133-139

250. Menikoff, J., Organ swapping, in: Hastings Center Report 1999 (Nr. 6), 28-33

251. Michielsen, P., Medical risk and benefit in renal donors: the use of living donors reconsidered, in: Land, W. / Dossetor, J.B. (Eds.), Organ replacement therapy: Ethics, justice and commerce, Berlin / Heidelberg / New York 1991, 32-39

252. Millis, J.M. / Cronin, D.C. / Brady, L.M. et al., Primary living-donor liver transplantation at the University of Chicago, in: Annals of Surgery 232 (2000), 104-111

253. Morris P.J. / Cranston, D., Use of renal transplants from living donors. Surgical techniques should be fully evaluated, in: British Medical Journal 318 (1999), 1553

254. Munby, J., Consent to treatment: Children and the incompetent patient, in: Kennedy, I. / Grubb, A. (Eds.), Principles of Medical Law, Oxford 1998, 179-279

255. Najarian J.S. / Chavers, B. / McHugh, L. / Matas, A.J., 20 years ore more of follow-up of living kidney donors, in: The Lancet 340 (1992), 807-810

256. National Kidney Foundation / American Society of Transplantation / American Society of Transplant Surgeons / American Society of Nephrology et al., Consensus statement on

the live organ donor, in: Jounal of the American Medical Association [JAMA] 284 (13.12.2000), 2919-2926

257. New, B. / Solomon, M. / Dingwall, R. / McHale, J., A question of give and take. Improving the supply of donor organs for transplantation, King's Fund Institute Research Report no. 18, London 1994

258. Nicholson, M.L. / Bradley, J.A., Renal transplantation from living donors should be seriously considered to help overcome the shortfall of organs (Editorial), in: British Medical Journal 318 (1999), 409 f.

259. Nickel, L. / Schmidt-Preisigke, A. / Sengler, H. Transplantationsgesetz. Kommentar, Stuttgart 2000

260. Nida-Rümelin, J., Theoretische und angewandte Ethik. Paradigmen, Begründungen, Bereiche, in: ders. (Hg.), Angewandte Ethik, Stuttgart 1996, 57-85

261. Niedermair, H., Körperverletzung mit Einwilligung und die Guten Sitten, München 1999

262. Nielsen, L., Living organ donors – Legal perspectives from Western Europe, in: Price, D. / Akveld, H. (Eds.), Living organ donation in the nineties: European medico-legal perspectives (EUROTOLD), Leicester 1996, 63-77

263. Nunner-Winkler, G. (Hg.), Weibliche Moral, Frankfurt a. Main 1991

264. Nys, H., Desirable characteristics of living donation transplant legislation, in: Price, D. / Akveld, H. (Eds.), Living organ donation in the nineties: European medico-legal perspectives (EUROTOLD), Leicester 1996, 127-137

265. O'Neill, O., Distant strangers, moral standing, and porous boundaries, in dies., Bounds of justice, Cambridge 2000

266. Oduncu, F., Organtransplantation, in: Stimmen der Zeit 2000/2, 85-98

267. Pacholczyk, M., Polish Law of 26.10.95 – Regulating the removal and transplantation of human cells, tissues and organs, in: Price, D. / Akveld, H. (Eds.), Living organ donation in the nineties: European medico-legal perspectives (EUROTOLD), Leicester 1996, 87-98

268. Park, K. / Kim, J.S. / Kim, S.I., Analysis of risk factors affecting the outcome of primary living donor renal transplantation in Korea, in: Transplantation Proceedings 24 (1992), 2426-2427

269. Park, K. / Moon, J.I. / Kim, S.I. / Kim, J.S., Exchange donor program in kidney transplantation, in: Transplantation 67 (1999), 336-338

270. Park, K. / Moon, J.I. / Kim, S.I. / Kim, J.S., Exchange donor program in kidney transplantation, in: Transplantation Proceedings 31 (1999), 356-357

271. Paul, C., Zur Auslegung des Begriffes „Handeltreiben" nach dem Transplantationsgesetz, in: Medizinrecht 1999, 214-216

272. Peters, D.A, Marketing organs for transplantation, in: Dialysis & Transplantation 13 (1984), 40-42

273. Piechowiak, H. Lebendspende von Organen – nur als ultima ratio akzeptabel, in: Fortschritte der Medizin 114 (1996), 305(41)-306(42)

274. Pleyer, A. / Theodorakis, J. / Illner, W.D. / Hillebrand, G. / Land, W. et al., Fünf Jahre Erfahrung mit der verwandten/nicht-verwandten Lebendspende-Nierentransplantation im Zuge der Kooperation mit der interdisziplinären Arbeitsgruppe „Lebendspende" der Universitäten München und Eichstätt – Klinische Ergebnisse, in: Transplantationsmedizin 12 (2000), 141-147

275. Price, D. / Akveld, H. (Eds.), Living organ donation in the nineties: European medico-legal perspectives (EUROTOLD), Leicester 1996

276. Price, D. / Garwood-Gowers, A., Legisearch. A synopsis of transplant laws in Europe related to living organ donor transplantation, 1996, http://www.maths.lancs.ac.uk/~henderr1/EuroTold/Legisearch/

277. Price, D., Legal and ethical aspects of organ transplantation, Cambridge 2000

278. Price, D., The texture and content of living donor transplant laws and policies, in: Transplantation Proceedings 28 (1996), 378-379

279. Price, D., The voluntarism and informedness of living donors, in: Price, D. / Akveld, H. (Eds.), Living organ donation in the nineties: European medico-legal perspectives (EUROTOLD), Leicester 1996, 107-121

280. Radcliffe Richards, J. / Daar, A.S. / Guttmann, R.D. / Hoffenberg, R. / Kennedy, I. / Lock, M. / Sells, R.A. / Tilney, N. (for the International Forum for Transplant Ethics), The case for allowing kidney sales, in: The Lancet 351 (1998), 1950-1952

281. Radcliffe Richards, J., From him that hath not, in: Land, W. / Dossetor, J.B. (Eds.), Organ replacement therapy: Ethics, justice and commerce, Berlin / Heidelberg / New York 1991, 191-196

282. Rapaport, F.T., The case for a living emotionally related international kidney donor exchange registry, in: Transplantation Proceedings 18 (3/1986), Suppl. 2, 5-9

283. Ready, A. / Jain, N., Reaching out to Asia for living kidney donors, in: Transplantation Proceedings 32 (2000), 1572-1573

284. Reich, K., Organspendeverträge. Geldzahlungen als Anreiz zur Organspende in den USA und in der Bundesrepublik Deutschland, (Diss.) Hamburg 2000

285. Reiter, J., Auch Organspenden von Lebenden sind denkbar, in: Glaube und Leben Nr. 36 (5.9.) 1999, 3

286. Reiter-Theil, S., Altruismus mit ethischen Komplikationen? Erfahrungen aus der Begutachtung vor Lebendnierenspende, in: Zeitschrift für medizinische Ethik 45 (1999), 139-148

287. Reiter-Theil, S., Ethische Aspekte der Nieren-Lebendspende: Entscheidungskriterien, kasuistische Beispiele und Thesen zur Orientierung, in: Kirste, G. (Hg.), Nieren-Lebendspende. Rechtsfragen und Versicherungs-Regelungen für Mediziner, Lengerich 2000, 10-22

288. Renz, J.F. / Roberts, J.P., Long-term complications of of living donor liver transplantation, in: Liver Transplantation 6 (2000), S73-S76

289. Rittner, Ch. / Besold, A. / Wandel, E., Die anonymisierte Lebendspende nach § 9 Satz 1 TPG geeigneter Organe (§ 8 I 2 TPG lege ferenda) – ein Plädoyer pro vita und gegen ärztlichen und staatlichen Paternalismus, in: Medizinrecht 2001, 118-123

290. Rixen, St., Datenschutz im Transplantationsgesetz, in: Datenschutz und Datensicherheit (DuD) 1998, 75-80

291. Rogiers, X. / Broering, D.C. / Mueller, L. / Burdelski, M., Living-donor liver transplantation in children, in: Langenbeck's Archives of Surgery 384 (1999), 528-535

292. Röhl, K.F., Verfahrensgerechtigkeit (Procedural Justice), Einführung in den Themenbereich und Überblick, in: Zeitschrift für Rechtssoziologie 14 (1993), 1-34

293. Roscam Abbing, H.D.C., Organ trading: Responsibilities of the EU countries, in: Englert, Y. (Ed.), Organ and tissue transplantation in the European Union: Management of difficulties and health risks linked to donors, Dordrecht 1995, 99-102

294. Roscam Abbing, H.D.C., Organ transplantation: Challenges for the EU, in: Englert, Y. (Ed.), Organ and tissue transplantation in the European Union: Management of difficulties and health risks linked to donors, Dordrecht 1995, 18-23

295. Ross, L.F. / Rubin, D.T. / Siegler, M. / Josephson, M.A. / Thistlethwaite, J.R. / Woodle, E.S., Ethics of a paired-kidney-exchange program, in: The New England Journal of Medicine 336 (1997), 1752-1755

296. Ross, L.F. / Woodle, E.S., Ethical issues in increasing living kidney donations by expanding kidney paired exchange programs, in: Transplantation 69 (2000), 1539-1543

297. Rothman, D.J. / Rose, E. / Awaya, T. et al., The Bellagio Task Force report on transplantation, bodily integrity, and the international traffic in organs, in: Transplantation Proceedings 29 (1997), 2739-2745

298. Rothman, D.J., The international organ traffic, in: The New York Review of Books 45 (26.3.1998), 14-17

299. Roxin, C., Strafrecht. Allgemeiner Teil, Band I, München ^{3}1997

300. Royal College of Surgeons of England, The report of the working party to review organ transplantation, London 1999

301. Rudge, C., Policy issues relating to living donation in the United Kingdom, in: Price, D. / Akveld, H. (Eds.), Living organ donation in the nineties: European medico-legal perspectives (EUROTOLD), Leicester 1996, 13-18

302. Sachs, M. (Hg.), Grundgesetz, München ^{2}1999

303. Sachs, M., Organentnahme bei lebenden Personen (Transplantationsgesetz) [zur Entscheidung des Bundesverfassungsgerichts vom 13.8.1999], in: JuS 2000, 393-395

304. Sasse, R., Zivil- und strafrechtliche Aspekte der Veräußerung von Organen Verstorbener und Lebender, Frankfurt a. Main 1996

305. Sauer, J., Sozialhilfe und Lebendorganspende, in: NDV (Nachrichtendienst des Deut-

schen Vereins für öffentliche und private Fürsorge) 2000, 97-101

306. Schlich, Th., Transplantation. Geschichte, Medizin, Ethik der Organverpflanzung, München 1998

307. Schmidt, V., Politik der Organverteilung. Eine Untersuchung über Empfängerauswahl in der Transplantationsmedizin, Baden-Baden 1996

308. Schmidt, V., Some equity-efficiency trade-offs in the provision of scarce goods: The case of lifesaving medical resources, in: The Journal of Political Philosophy 2 (1994), 44-66

309. Schmidt-Didczuhn, A., Transplantationsmedizin in Ost und West im Spiegel des Grundgesetzes, in: Zeitschrift für Rechtspolitik 1991, 264-270

310. Schneewind, K.A. / Ney, B. / Hammerschmidt, H. / Oerter, R. / Pabst, O. / Schultz-Gambard, E., Veränderungserwartungen und faktische Veränderungen der Lebensgestaltung bei Nierentransplantation: Ein Vergleich zwischen verwandten und nichtverwandten Spender-Empfänger-Paaren, in: Transplantationsmedizin 12 (2000), 164-173

311. Schneewind, K.A., Psychological aspects in living organ donation, in: Collins, G.M. / Dubernard, J.M. / Persijn, G. / Land, W. (Eds.), Procurement and preservation of vascularized organs, Dordrecht 1997, 325-330

312. Schneewind, K.A., Psychologische Aspekte der Lebendnierenspende, in: Zeitschrift für Transplantationsmedizin 5 (1993), 89-96

313. Schneewind, K.A., Stellungnahme zum Begriff „enge persönliche Beziehung" im Forschungs- und Anwendungskontext der Psychologie. Zur Vorlage an das Bundesverfassungsgericht im Verfahren 1 BvR 2181-83/98, 26. 11. 1998

314. Schockenhoff, E., Verkannte Chancen der Lebendspende?, in: Zentralblatt für Chirurgie 124 (1999), 725-728

315. Schönberger, B. / Loening, S.A., Das Risiko des Spenders, in: Fahlenkamp, D. / Schönberger, B. / Tufveson, G. / Loening, S.A., Lebendspende-Nierentransplantation, Podium Urologie 3, Wien 1997, 69-78

316. Schöne-Seifert, B., Medizinethik, in: Nida-Rümelin, J. (Hg.), Angewandte Ethik, Stuttgart 1996, 552-648

317. Schönke, A. / Schröder, H., Strafgesetzbuch, München ^{25} 1997

318. Schreiber, H.L. / Wolfslast, G., Ein Entwurf für ein Transplantationsgesetz, in: Medizinrecht 1992, 189-195

319. Schreiber, H.L., Legal implications of the principle primum nihil nocere as it applies to live donors, in: Land, W. / Dossetor, J.B. (Eds.), Organ replacement therapy: Ethics, justice and commerce, Berlin / Heidelberg / New York 1991, 13-17

320. Schreiber, H.L., Recht und Ethik der Lebend-Organtransplantation, in: Kirste, G. (Hg.), Nieren-Lebendspende. Rechtsfragen und Versicherungsregelungen für Mediziner, Lengerich 2000, 33-44

321. Schroeder, F.-Ch., Gegen die Spendenlösung bei der Organgabe, in: ZRP 1997, 265-267

322. Schroth, U. / Schneewind, K.A. / Elsässer, A. / Land, W. / Gutmann, Th., Patientenautonomie am Beispiel der Lebendspende von Nieren (Projekt im Rahmen der Förderinitiative Bioethik der Deutschen Forschungsgemeinschaft, 2001-2003), Antrag vom April 2000

323. Schroth, U., Das Organhandelsverbot. Legitimität und Inhalt einer paternalistischen Strafrechtsnorm, in: Schünemann, B. / Achenbach, H. et al. (Hg.), Festschrift für Claus Roxin zum 70. Geburtstag, Berlin / New York 2001, 869-890

324. Schroth, U., Die strafrechtlichen Grenzen der Lebendspende, in: Roxin, C. / Schroth, U. / Knauer, Ch. / Niedermair, H. (Hg.), Medizinstrafrecht, Stuttgart / München ^{2}2001, 271-290

325. Schroth, U., Die strafrechtlichen Tatbestände des Transplantationsgesetzes, in: JZ 1997, 1149-1154

326. Schroth, U., Präzision im Strafrecht. Zur Deutung des Bestimmtheitsgebots, in: Grewendorf, G. (Hg.), Rechtskultur als Sprachkultur, Frankfurt a. Main 1992, 93-110

327. Schroth, U., Stellungnahme zu dem Artikel von Bernhard Seidenath, „Lebendspende von Organen: Zur Auslegung des § 8 Abs. 1 S. 2 TPG", in: Medizinrecht 1998, 253-256, in: Medizinrecht 1999, 67-68

328. Schwabe, J., Der Schutz des Menschen vor sich selbst, in: JZ 1998, 66-75.

329. Schwindt, R. / Vining, A.R., Proposal for a future delivery market for transplant organs,

in: Journal of Health Politics, Policy and Law 11 (1986), 485-500

330. Scott, R., The body as property, New York 1981

331. Seidenath, B., Anmerkung: Zur Verfassungsmäßigkeit der Regelung der Organentnahme bei Lebenden im Transplantationsgesetz, in: Medizinrecht 2000, 33-35

332. Seidenath, B., Lebendspende von Organen: Zur Auslegung des § 8 Abs. 1 S. 2 TPG, in: Medizinrecht 1998, 253-256

333. Sells, R.A., Paired kidney-exchange programs (Correspondence), in: The New England Journal of Medicine 337 (1997), 1392-1393

334. Sells, R.A., The case against buying organs and a futures market in transplants, in: Transplantation Proceedings 24 (1992), 2198-2202

335. Sells, R.A., Transplants, in: Gillon, R. (Ed.), Principles of health care ethics, New York 1994, 1003-1025

336. Sells, R.A., Voluntarism and coercion in living organ donation, in: Collins, G.M. / Dubernard, J.M. / Persijn, G. / Land, W. (Eds.), Procurement and preservation of vascularized organs, Dordrecht 1997, 295-300

337. Shapiro, R.S. / Adams, M., Ethical issues surrounding adult-to-adult living donor liver transplantation, in: Liver Transplantation 6 (2000), S77-S80

338. Sheil, A.G.R., Policy Statement from the Ethics Committee of the Transplantation Society, in: The Transplantation Society Bulletin Nr. 3 (June) 1995, 3

339. Shelton, D., Seeking the kindness of strangers with organ transplants, in: American Medical News, 6.11.2000

340. Shelton, D.L., Group will track, insure live organ donors, in: American Medical News, 9.10.2000

341. Siebels, M. / Theodorakis, J. / Hofstetter, A. / Land, W., Risiken und Komplikationen bei 125 Lebendspender-Nephroureterektomien, in: Transplantationsmedizin 12 (2000), 126-140

342. Simmons, R.G. / Klein, S. / Simmons, R.L., Gift of life: The effect of organ transplantation on individual, familiy and social dynamics, 1987

343. Simmons, R.G., Long-term reactions of renal recipients and donors, in: Levy, N.D. (Ed.), Psychonephrology 2, Plenum, New York 1983, 275-287

344. Smit, H. / Schoeppe, W., Organspende und Transplantation in Deutschland 1995, Deutsche Stiftung für Organtransplantation, Neu-Isenburg 1996

345. Smit, H. / Molzahn, M. / Kirste, G. / Grupp, R. / Köhler, A., Organspende und Transplantation in Deutschland 1999, Deutsche Stiftung für Organtransplantation, Neu-Isenburg 2000

346. South-Eastern Organ Procurement Foundation (SEOPF) [U.S.], Presseerklärung vom Oktober 2000: Major new initiative will track and protect health status of living kidney donors, http://www.seopf/press.htm

347. Sowada, Ch., Die „notwendige Teilnahme" als funktionales Privilegierungsmodell im Strafrecht, Berlin 1992

348. Spartà, G. / Thiel, G., How living related donors think about their organ donation 1 to 21 years later, in: Kidney International 44 (1993), 262

349. Spital, A., Do U.S. transplant centers encourage emotionally related kidney donation?, in: Transplantation 61 (1996), 374-377

350. Spital, A., Public attitudes toward kidney donation by friends and altruistic strangers in the United States, in: Transplantation 71 (2001), 1061-1064

351. Spital A., The ethics of unconventional living organ donation, in: Clinical Transplantation 5 (1991), 322-326

352. Spital, A., Unrelated living donors: Should they be used?, in: Transplantation Proceedings 24 (1992): 2215-2217

353. Spital, A., Evolution of attitudes at U.S. transplant centers toward kidney donation by friends and altruistic strangers, in: Transplantation 69 (2000), 1728-1731

354. Spital, A., When a stranger offers a kidney: ethical issues in living organ donation, in: American Journal of Kidney Diseases 32 (1998), 676-691

355. Starnes, V.A. / Woo, M.S. / MacLaughlin, E.F. et al., Comparison of outcomes between living donor and cadaveric lung transplantation in children, in: The Annals of Thoracic Surgery 68 (1999), 2279-2283

356. Starzl, T.E., Will live organ donation no longer be justified?, in: Hastings Center Report 15 (1985), 5

357. Strong, R., Whither living donor liver transplantation (Editorial), in: Liver Trans-

plantation and Surgery 5 (1999), 536-538

358. Sweden, Ministry of Health and Social Affairs, The Swedish Transplant Act (incl. Guidance on the Provisions), Stockholm 1997

359. Swisstransplant, Jahresbericht für 1999, http://www.Swisstransplant.org

360. Tarantino, A., Why should we implement living donation in renal transplantation, in: Clinical Nephrology 53 (2000), 55-63

361. Terasaki, P.I. / Cecka, J.M. / Gjertson, D.W. / Takemoto, S., High survival rates of kidney transplants from spousal and living unrelated donors, in: The New England Journal of Medicine 333 (1995), 333-336

362. Terasaki, P.I. / Gjertson, D.W. / Cecka, J.M., Paired kidney exchange is not a solution to ABO incompatibility, in: Transplantation 65 (1998), 291

363. Testa, G. / Malago, M. / Broelsch, C.E., Living donor liver transplantation in adults, in: Langenbeck's Archives of Surgery 384 (1999), 536-543

364. Thiel, G. / Vogelbach, P. et al., Crossover renal transplantation: hurdles to be cleared, Manuskript 2000

365. Thiel, G., 5 Jahre Schweizer Nierenlebendspende-Register (SNLR 1993-1998), in: Abstracts der 7. Schweizerischen Transplantationstagung, 29./30.01.1999, 33-34

366. Thiel, G., Emotionally related living kidney donation: pro and contra, in: Nephrology Dialysis Transplantation 12 (1997), 1820-1824

367. Thiel, G., Excuses of nephrologists not to transplant, in: Land, W. / Dossetor, J.B. (Eds.), Organ replacement therapy: Ethics, justice and commerce, Berlin / Heidelberg / New York 1991, 353-363

368. Thiel, G., Living kidney donor transplantation – new dimensions, in: Transplantation International 11 Suppl. 1 (1998), S50-S56

369. Thiel, G., Living unrelated kidney transplantation, in: Collins, G.M. / Dubernard, J.M. / Persijn, G. / Land, W. (Eds.), Procurement and preservation of vascularized organs, Dordrecht 1997, 367-374

370. Thiel, G., Möglichkeiten der Cross-over-Lebendspende bei der Nierentransplantation, in: Kirste, G. (Hg.), Nieren-Lebendspende. Rechtsfragen und Versicherungs-Regelungen für

Mediziner, Lengerich 2000, 169-179

371. Thomson, J.J., The Realm of Rights, Cambridge 1990

372. Tomlinson, T., Inducements for donation: Benign incentives or risky business? in: Transplantation Proceedings 24 (1992), 2204-2206

373. Tuffs, A., Organspende und Transplantation in Deutschland im Jahr 2000, in: Diatra Journal 1/2001, 29

374. Tugendhat, E., Vorlesungen über Ethik, Frankfurt a. Main 1993

375. U.S. Scientific Registry of Transplant Recipients and Organ Procurement and Transplantation Network (UNOS), 2000 Annual Report Transplant Data 1990-1999; http://www.unos.org/Data/

376. U.S. Task Force on Organ Transplantation, Organ transplantation. Issues and recommendations, Washington 1986

377. Uhlenbruck, W., Die zivilrechtlichen Probleme der Organtransplantation, in: Laufs, A. / Uhlenbruck, W. et al., Handbuch des Arztrechts, München ²1999, § 131, 1040-1050

378. UK [United Kingdom] Transplant, Transplant Update: National Transplant Database activity for the period 1 January – 28 February 2001, über: United Kingdom Transplant Support Service Authority (UKTSSA), http://www.uktransplant.org.uk

379. Ulsenheimer, K., Strafrechtliche Aspekte der Organtransplantation, in: Laufs, A. / Uhlenbruck, W. et al., Handbuch des Arztrechts, München ²1999, § 142, 1164-1173

380. United Kingdom Department of Health, Review of the Unrelated Live Transplant Regulatory Authority, London 2000 (auch unter http:/www.doh.gov.uk/ultrareview.htm)

381. United Kingdom Department of Health, Unrelated Live Transplant Regulatory Authority (ULTRA), http://www.doh.gov.uk/ultra.htm; in deutsch unter http://www.doh.gov.uk/ultra/german.htm

382. United Kingdom Department of Health, Unrelated Live Transplant Regulatory Authority (ULTRA) Report 1995 – 1998, 1999, http://doh.gov.uk/ultrarep.htm

383. United Kingdom Transplant, Transplant Activity in the UK and Republic of Ireland. Preliminary Data 2000, London 2001

384. United Kingdom Transplant Support Service Authority

(UKTSSA), Transplant Activity 1998, London 1999

385. United Kingdom Transplant Support Service Authority (UKTSSA), Transplant Statistics 1 January 2000 to 31 December 2000, http://www.uktransplant.org.uk

386. United Network for Organ Sharing 1991 Ethics Committee, Ethics of organ transplantation from living donors, in: Transplantation Proceedings 24 (1992), 2236-2237

387. United Network for Organ Sharing Ethics Committee (Presumed Consent Subcommittee), An Evaluation of the Ethics of Presumed Consent and a Proposal Based on Required Response (30.6.1993), abrufbar unter http://www.unos.or/resources

388. United States Renal Data System (USRDS), 2000 Annual Report, http://www.usrds.org

389. v. Münch, I. / Kunig, Ph. (Hg.), Grundgesetzkommentar, Band 1, München ⁵2000

390. van Oosten, F., The doctrine of informed consent in medical law, Frankfurt a. Main u.a. 1991

391. VanDeVeer, D., Paternalistic interventions. The moral bounds of benevolence, Princeton 1986

392. Veatch, R.M. (Ed.), Medical Ethics, Boston 1989

393. Veatch, R.M., A theory of medical ethics, New York 1981

394. Veatch, R.M., Resolving conflicts among principles: Ranking, balancing, and specifying, in: Kennedy Institute of Ethics Journal 5 (1995), 199-218

395. Veatch, R.M., Theories of medical ethics: The professional model compared with the societal model, in: Land, W. / Dossetor, J.B. (Eds.), Organ replacement therapy: Ethics, justice and commerce, Berlin / Heidelberg / New York 1991, 3-9

396. Veatch, R.M., Transplantation Ethics, Washington 2000

397. Veitch, P., Recent initiatives from the British Transplantation Society, in: Price, D. / Akveld, H. (Eds.), Living organ donation in the nineties: European medico-legal perspectives (EUROTOLD), Leicester 1996, 19-23

398. Voll, D., Die Einwilligung im Arztrecht, Frankfurt a. Main 1996

399. Vollmann, J., Medizinethische Probleme bei der Lebendspen-

de von Organen, in: Fortschritte der Medizin 114 (1996), 303(39)-306(42)

400. Walter, U., Organentnahme nach dem Transplantationsgesetz – Befugnisse der Angehörigen, in: FamRZ 1998, 201-211

401. Walters, L. (Ed.), Bibliography of Bioethics, Washington D.C. (jährlich fortlaufend)

402. Warren, J., Physician, health care provider guidelines to assure proper care of live organ donors published in JAMA, in: Transplant News 10 Nr. 23, 15.12.2000, 1-3

403. Weber, K., BtMG – Betäubungsmittelgesetz, Kommentar, München 1999

404. Weigend, E. / Zielinska, E., Das neue polnische Transplantationsgesetz, in: Medizinrecht 1995, 445-451

405. Westlie, L. / Talseth, T. / Fauchald, P. / Jakobsen, A. / Flatmark, A., Quality of life in living donors, in: Kidney International 37 (1990), 1984-1989

406. Whitington, P.F. / Siegler, M. / Broelsch, C.E., Living donor nonrenal organ transplanta-tion: A focus on living related orthotopic liver transplantation, in: Land, W. / Dossetor, J.B. (Eds.), Organ replacement therapy: ethics, justice and commerce, Berlin / Heidelberg / New York 1991, 117-129

407. Wolber, K., Krankenversicherung – Auslandsbehandlung – keine Leistungspflicht bei Organspende gegen Bezahlung, in: Die Sozialgerichtsbarkeit 1998, 484-485

408. Wolber, K., Unfallversicherungsschutz bei Organspenden nach dem Transplantationsgesetz. SGB VII und Organspenden, in: Die Sozialversicherung 1998, 147-150

409. Wolfe, R.A. / Ashby, V.B. / Milford, E.L. et al., Comparison of mortality in all patients on dialysis, patients on dialysis awaiting transplantation, and recipients of a first cadaveric transplant, in: New England Journal of Medicine 341 (December 2, 1999), 1725-1730

410. Wolff, G., Stellungnahme zur Anhörung des Gesundheitsausschusses des Deutschen Bundestags am 9.10.1996, Ausschußdrucksache 593/13

411. Wolff, G., Zur Klärung der psychologischen und ethischen Konflikte vor der Lebendnierenspende im Kinder- und Jugendalter, in: Fahlenkamp, D. / Schönberger, B. / Tufveson, G. / Loening, S.A., Lebendspende-Nierentrans-

plantation, Podium Urologie 3, Wien 1997, 33-44

412. Wolfslast, G., Comparative European legislation on organ procurement, in: Baillière's Clinical Anaesthesiology 13 (1999), 117-119

413. Wolfslast, G., Legal aspects of organ transplantation. An overview of European law, in: Journal of Heart and Lung Transplantation 11 (1991), 160-163

414. Wolter, J., Notwendige Teilnahme und straflose Beteiligung, in: JuS 1982, 343-349

415. Woodle, E.S. / Ross, L.F., Paired exchanges should be part of the solution to ABO incompatibility in living donor kidney transplantation, in: Transplantation 66 (1998), 406-407

416. World Health Organisation, Human organ transplantation. A report on developments under the auspices of the WHO (1987-1991), Genf 1991

417. World Health Organisation. Guiding principles on human organ transplantations, in: Lancet 337 (1991), 1470-1471, sowie in: World Health Organisation, Human organ transplantation. A report on developments under the auspices of the WHO (1987-1991), Genf 1991

418. Zargooshi, J., Iranian Kidney Donors: Motivations and relations with recipients, in: Clinical Urology 165 (2001), 386-392.

***

MIX
Papier aus verantwortungsvollen Quellen
Paper from responsible sources
FSC® C105338

If you have any concerns about our products,
you can contact us on
ProductSafety@springernature.com

In case Publisher is established outside the EU,
the EU authorized representative is:
**Springer Nature Customer Service Center GmbH
Europaplatz 3, 69115 Heidelberg, Germany**

Printed by Libri Plureos GmbH
in Hamburg, Germany